现代社会学与公共管理系列

广东省社会工作省级综合改革试点专业配套教材

广东省社会工作省级特色专业配套教材

社会工作导论

主 编 张兴杰

副主编 苏巧平 李侨明 易 钢

科学出版社

北 京

内 容 简 介

本书从两大方面对社会工作进行了比较全面、系统的介绍和阐述：一是社会工作理论与教育方面，包括社会工作基本常识、发展历程、价值体系和专业伦理、社会工作教育等；二是社会工作方法与实务方面，包括社会工作实务过程、社会工作督导与评估等。本书力图吸收同类教材的优点，也希望在一定程度上反映广东社会工作发展的现状和特色。

本书可作为高等院校社会工作、社会学、社区管理、行政管理等相关专业“社会工作导论”课程的教材，也可作为社会各界人士了解社会工作的入门读物。

图书在版编目（CIP）数据

社会工作导论 / 张兴杰主编. —北京：科学出版社，2016

现代社会学与公共管理系列

ISBN 978-7-03-046645-7

I. ①社… II. ①张… III.①社会工作-高等学校-教材 IV. ①C916

中国版本图书馆 CIP 数据核字（2015）第 300758 号

责任编辑：王京苏/责任校对：张怡君

责任印制：吴兆东/封面设计：蓝正设计

科学出版社出版

北京东黄城根北街 16 号

邮政编码：100717

http://www.sciencep.com

北京九州迅驰传媒文化有限公司印刷

科学出版社发行 各地新华书店经销

*

2016 年 7 月第 一 版 开本：787×1092 1/16

2024 年 7 月第八次印刷 印张：18

字数：433 000

定价：56.00 元

（如有印装质量问题，我社负责调换）

目　录

第一章

社会工作基本常识[①]

2006年10月，十六届六中全会通过的《中共中央关于构建社会主义和谐社会若干重大问题的决定》做出了“建设宏大的社会工作人才队伍”“造就一支结构合理、素质优良的社会工作人才队伍”的战略部署，指出要“建立健全以培养、评价、使用、激励为主要内容的政策措施和制度保障，确定职业规范和从业标准，加强专业培训，提高社会工作人员职业素质和专业水平。制定人才培养规划，加快高等院校社会工作人才培养体系建设，抓紧培养大批社会工作急需的各类专门人才。充实公共服务和社会管理部门，配备社会工作专门人员，完善社会工作岗位设置，通过多种渠道吸纳社会工作人才，提高专业化社会服务水平”[②]。在这个“决定”的激励、推动下，九年多来，我国的社会工作获得了很大的发展。截至2015年年底，全国已有321所高等院校开办了社会工作专业本科，70所高职高专院校开设了社会工作专业专科，已有104所大学设置了社会工作

---

① 本章编写者张兴杰，现为华南农业大学公共管理学院社会工作系教授，兼任中国社会工作学会理事、广东省民政厅“社会工作专业人才队伍建设专家委员会”主任委员、广东省社会工作学会常务副会长等二十多种学术和社会职务。2005年以来，共主持“广东省社会工作机构与街道家庭综合服务中心建设研究”等各类课题34项，其中国家级课题1项、省部级6项、厅局级4项、行业委托23项；共发表《政府购买社会工作服务：实践检视与未来政策选项》等学术论文51篇，其中独著或第一作者、通讯作者28篇，第二作者23篇；出版《社会工作实务研究》等著作和教材11部，均为主编、第二主编或署名第一；主持的“社会工作专业类别化、社会化、国际化人才培养模式的探索与实践”等两项教学成果分别荣获第六届、第七届“广东省高等教育教学成果奖”一等奖；先后被评为“华南农业大学教学名师”“南粤优秀教师”“广东省优秀社工导师”“中国优秀社工人物”。

本章编写者李侨明，中山大学社会学与社会工作系2014级博士生，广州市北斗星社会工作服务中心兼职督导。曾获2009年深圳市“十佳”优秀社工称号以及2010年联想青年公益创业大赛深圳赛区二等奖。新近研究成果有《谁在社区：社会心理、空间及社会福利视角下的社区营造》、《社会工作与社会企业在汕头的融合发展前景研究》、*‘We’ or ‘they’: who build community? ——base on community-building of B village in Foshan city* 等。

本章编写者尚庆文，广州大学市政学院讲师、中级社工师、广州市花都区绿叶社会工作服务中心理事长、华南农业大学MSW在职研究生，发表多篇（部）论著。

② 2006年10月8日新华网，http：//news.xinhuanet.com/politics/2006/-10/18content_5218639.htm。

专业硕士学位授权点。社会工作在我国社会建设、社会治理中的作用越来越受到各级政府和社会各界的重视。2015 年 3 月，李克强总理在 2015 年政府工作报告中提出，“加强和创新社会治理。……支持群团组织依法参与社会治理，发展专业社会工作、志愿服务和慈善事业”[①]。这是我国政府工作报告第一次写进“社会工作”一词。

那么，到底什么是社会工作？它具有什么样的功能和目标？它有哪些构成要素？它具有什么样的特点？学习本教材首先要了解这些基础知识。

第一节 什么是社会工作

一、社会工作的概念[②]

（一）国内外关于社会工作的多种定义

虽然专业的社会工作已经存在了将近百年，但因世界各国、国内各地社会工作发展情况很不一样，人们的关注点存在很大差别，因而迄今为止，国内外对社会工作还没有一个大家一致认可的定义。

联合国 1960 年出版的《国家社会服务方案的发展》指出，“社会工作是协助个人及其社会环境，以使其更好地相互适应的活动”（全国社会工作者职业水平考试教材编写组，2015）。

美国社会工作者协会（National Association of Social Worker，NASW）于 1973 年提出，“社会工作是协助个人、团体、社区增强或恢复其社会功能的能量，以及创造有利于达成目标的社会条件的一种专业活动”（林万亿，2013）。

美国犹他大学 O. 威廉·法利等在其影响广泛的《社会工作概论》一书中写道：“社会工作可以定义为一门艺术，一门科学，一个专业，它通过社会工作实践帮助人们解决个人、群体（特别是家庭）和社区的问题，并帮助人们获得满意的人际关系、群体关系和社区关系。”

《中国大百科全书》对社会工作的解释是：“国家和社会解决并预防社会成员因缺乏社会生活适应能力、社会功能失调而产生的社会问题的一项专门事业。”[③]

中国人民大学李迎生（2004）教授认为，“社会工作是指社会工作者运用专业知识与方法，帮助社会上处于不利地位的个人、群体和社区，克服困难、解决问题并预防问题的发生，恢复、改善和发展其功能，以适应和进行正常的社会生活的服务活动”。

复旦大学顾东辉（2011）教授认为，“社会工作即福利部门和服务机构针对个人、团体（家庭或小组）、社区、组织等与其外在环境的不当互动而形成的弱势情况，利用专门的方法和技术，协助当事人改变或推动环境的改变，促进两者的适应性平衡”。

① 2015 年 3 月 17 日新华网，http：//news.xinhuanet.com/house/cs/2015-03-17/c_1114659805.htm。

② 本部分由张兴杰、尚庆文编写。

③ 胡乔木：《中国大百科全书》（简明版，修订本，8），中国大百科全书出版社，2004 年，第 4206 页。

北京大学王思斌（2011）教授认为，“现代社会工作是以利他主义为指导，以科学的知识为基础，运用科学的方法进行的职业性的助人服务活动”。

2014 年 7 月，国际社会工作者联合会会员大会在墨尔本开幕，会议重新定义了社会工作概念：“社会工作是以实践为基础的职业，是促进社会改革和发展、提高社会凝聚力、赋权并解放人类的一门学科。社会工作的核心准则是追求社会正义、人权、集体责任和尊重多样性。基于社会工作、社会学、人类学和本土化知识的理论基础，社会工作鼓励人们和各类机构应对生活挑战和改善福利。”[①]2015 年 12 月底举行的 2016 年社会工作专业硕士学位招生考试中，中山大学、兰州大学等高校“社会工作原理”课程的试题都涉及这一定义。

（二）本教材对社会工作的新定义

综合国内外多种相关定义，我们认为可以这样来界定社会工作：它是在特定的价值观及其伦理原则的指导下，运用科学的知识、方法和技能，针对特定对象或一般民众，在众多领域进行的助人自助的专业服务活动。社会工作既是一门科学，也是一门艺术，既是一个专业，也是一种职业，还是一种制度。社会工作与社会福利、社会保障、社会服务及民政工作既相联系又相区别。社会工作的功能和目标既有利于服务对象，也有利于整个社会。

社会工作最初的对象是物质生活最需要帮助的个人、最困难的人群，如流浪乞讨者、年幼的孤儿、生活不能自理的孤寡老人、重度残疾人、长期失业者、精神病患者等。后来的对象扩大到所有遇到自己不能克服的困难而陷入危机状态的个人、人群和社区，即从物质生活上最困难的个人、人群扩展到所有基本生活——既包括物质生活也包括精神生活——遇到困难而难以自拔从而需要帮助的个人、人群，从面临困境的个人、人群扩展到有问题、欠发展的社区，从困难民众扩展到一般民众。目前我国的社会工作对象主要限于社会弱势群体和边缘群体，针对一般民众的普惠性社会工作还很少。

经过几十年的发展，我国社会工作涉及的领域已非常宽广：从年龄和性别的视角来看，有儿童社会工作、青少年社会工作、老年社会工作、妇女社会工作和家庭社会工作；从特定行业的视角来看，有学校社会工作、企业社会工作、医务社会工作、农村社会工作等；从特殊人群的视角来看，有残疾人社会工作、矫正社会工作、社会救助社会工作、优抚安置社会工作等。本教材第十一章至第十三章将分别予以论述。目前在我国的不同城市，社会工作服务的主要领域也有所不同。2013 年度，广州市 120 间“家庭综合服务中心”中，排在前三位的服务领域是家庭、长者、青少年，其次是

---

① 雷建华：《2014国际社工联会员大会举行 调整社会工作定义》，社工中国网，http://news.swchina.org/ trends/2014/0710/15769.shtml，2014年7月10日。香港社会工作人员协会曾组织四人工作小组，于2015年将该定义译为：“作为一个以实践为本的专业及学术领域，社会工作推动社会改变和发展、社会凝聚、和人民的充权及解放。社会公义、人权、集体责任和尊重差异等原则是社会工作的核心。基于社会工作、社会科学、人文和本土知识的理论，社会工作以联系个人和组织去面对人生的挑战和促进人类的福祉。”参见吴水丽：《社会工作专业全球定义》，http://mp.weixin.qq.com/s?__biz=MzAxOTM1NTIzNw==&mid=209031868&idx=1&sn=fd306b35f691873d1635aa99ea386ca0&scene=2&srcid=1007V0PCKlgh3ByDEFAr1HJ3&from=timeline &isappinstalled=0#wechat_redirect。

残障康复、义工（图1-1）。

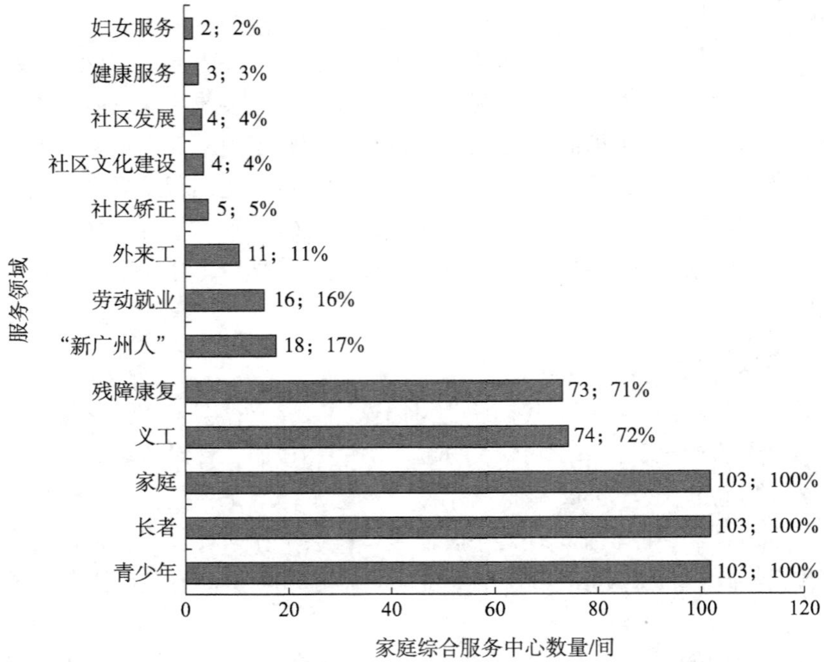

图 1-1　广州市家庭综合服务中心 2013 年度主要服务领域分布

资料来源：雷杰等（2015）

"助人自助"是社会工作的基本概念之一，也是社会工作的基本理念之一。所谓"助人"，是指在个人、家庭、群体、社区出现困难时，社会工作者向其提供专业的服务和支援；所谓"自助"，是指通过社会工作者的专业服务，来整合社会资源，挖掘困难人群和社区的潜能，推动其走向"自救、自立、自助和自强"。"助人自助"的基本意思是指社会工作者帮助那些有困难的人群和社区自己解决自己的问题，自己挖掘自己的潜力，自己超越自己，自己成为自己命运的主人。

社工界公认，社会工作者助人并非单纯提供物质方面的帮助，而是致力于服务对象（案主）自信的恢复，帮助他们重新走上社会正轨。社会工作者本着坚信服务对象具有相应的领悟力、自决力和创造力的原则，在助人过程中不求教训服务对象，而求开导服务对象，不是包办代替，而是减少服务对象的依赖性，增强他们的独立性和自主性，启发他们用自己的意志和能力，自主决策，自我做主。社会工作者绝不追求永远帮助某一服务对象，而是追求通过发挥服务对象自身的潜能，使其尽可能快地从"由人助"变为"自助"。所以，社会工作者助人的过程主要是对于服务对象一种心灵支持的过程。社会工作这种助人自助的专业特征可用古语概括，即既授人以鱼，更授人以渔。

助人自助具体可分为多种类型：助人（如贫困者）链接资源，使其自己养活自己；助人（如衣食无忧但精神贫困的独居老人）乐观生活，使其自己充实自己；助人（如青少年）发展能力，使其自己提升自己；助人（如吸毒者、性工作者）矫正过错，使其自己重塑自己；等等。

（三）社会工作既是一门科学，也是一门艺术，既是一个专业，也是一种职业，还是一种制度

社会工作的科学性至少体现在社会工作知识的客观性、社会工作方法的有效性和社会工作过程的逻辑性三个方面。社会工作的通用过程包括接案、预估、计划、介入、评估、结案六个阶段、步骤，每个阶段和步骤有不同的工作任务、内容和方法与技巧，这些阶段和步骤充分体现了社会工作过程的逻辑性。

怎样认识社会工作的艺术性？最重要的一点是，社会工作过程是对社会工作方法和技术的灵活运用。“社会工作是一门艺术，它需要出色的知人技巧和助人自助技巧。”（法利等，2010）“社工服务的对象来自不同的社会环境，拥有不同的年龄，不同的生活经历，不同的社会地位，不同的社会感受，当然，他们遇到的问题也不尽相同，通过社工的帮助要达到的目的也不一样。在进行工作时，社工将各个寻求帮助的对象分为以下几类，即个案、小组和社区。根据不同的对象采取不同的工作方法。与其他职业比较起来，社工所面临的对象是不断变化的，有时是一个单个的人，有时是一个特殊的群体，还会是一个由某种关系搭建起来的社区。针对这些不同的个体、群体和社区，社工运用不同的方法，解决他们在生活中遇到的各种各样的问题。正是这些差异、这些不同，才造成了社工这个特殊职业与其他职业的最大差别。同时，也是这些不同决定了社会工作是一门艺术一样的工作。”[①]“因为面临的服务对象情况比较复杂，社工如要胜任自己的工作，除了富有爱心之外，应通晓心理学、社会学等专业知识和理论，团队精神、沟通能力、观察力、技巧等更是必不可少。所以说，社会工作是一门助人的艺术。”（安宇，2012）

社会工作作为一个专业，在国内外都已完全得到承认：它有一套系统的理论体系，被社会所认可，具有专业权威，职业群体内部有伦理守则，有专业文化。“根据社会工作形成和发展的历程，可以将社会工作专业化的实现分为两个模式，即自我成长模式和政府推动模式。最早实现‘福利国家’的英国即政府推动模式的典范，其社会工作专业化的特点是政府部门在社会工作专业化过程中发挥着主导作用、社会工作主要向政府部门寻求合法性、社会工作被定位为一门社会服务技术、社会工作的专业化发展水平比较低、社会工作专业化发展的动力不足。相反，在注重民主生活的美国，社会工作的发展则代表了自我成长模式的成功，其专业化主要特点是社会工作专业协会及专业人士在社会工作专业化发展过程中发挥着主导作用；社会工作通过自身发展证实社会工作专业存在的合法性；社会工作被定位为实用性较强的社会科学和具有较高专业水平的服务性专业；社会工作的专业化水平比较高；社会工作专业化可持续发展的基础比较好。”（张隆隆，2014）

社会工作是一种职业，是因为社会工作者不但以提供社会工作服务作为谋生手段，而且以此作为职业规划、职业追求乃至人生理想，就像医生行医、教师教书一样。国际、国内的经验都表明，社会工作日益发展、日益成熟的过程，就是不断走向职业化的过程。

---

① 王庆玲：《社工是一门艺术》，http：//wenku.baidu.com/link?url=VaZ6Y_XRUurLXwvjY2yqQDZV2qs_RnuGmy Gvcfyx3n4fCf4n ZQsUcSo3XGogEvDivS20tET7Qm58HQeJo4YX95vZnw8l1aFToI3yFSrtd9a，2014年9月15日。

"职业化是社会工作活动具有满足人类需要的特定功能并不断得到社会认可的过程；职业化是指社会工作能够通过相关职业人群，发挥其专业功能、达成其专业目标、实现其专业理念和价值的过程；职业化是社会工作职业群体的利益逐渐被确认并获得市场保护的过程；职业化是一个与社会工作的专业化相辅相成的历史过程。"（尹保华，2008）近年来，在广州、深圳、上海、北京等城市，都活跃着数以千计的职业社工，其中半数以上还持有社工证。但遗憾的是，虽然社工在中国已是一种正式职业，可社会认知度还很低。据报道，高达 73.4%的受访者"不了解社工是一种职业"（周易，2014）。社工职业化在我国尤其是中西部地区还将经历一个比较漫长的过程。

为什么说社会工作是一种制度？一是它有一套系统的理论做指导；二是它已成为现代社会治理的重要方法，已成为贯彻政府的福利政策、确保社会和谐发展的一种不可或缺的手段，是现代社会庞大福利制度体系的有机组成部分[①]；三是它有明确的相关规章制度，例如，原人事部、民政部联合发布的《社会工作者职业水平评价暂行规定》和《助理社会工作师、社会工作师职业水平考试实施办法》；四是它有正式注册的组织机构，目前仅广东省以社会工作命名的社会服务组织就已经超过 1 000 家，如"广州市北斗星社会工作服务中心""深圳市宝安区阳光社会工作服务中心""东莞市普惠社会工作服务中心"等；五是有严密而科学的职业行为规范，如由民政部颁发的《社会工作者职业道德指引》；六是有受过专门训练的社会工作者，从而确保社会工作科学、有效地进行[②]。

（四）社会工作与社会福利、社会保障、社会服务及民政工作既相联系又相区别[③]

社会福利与社会工作相似之处在于：都关注困难群体，提供各种物质和精神帮助；都致力于提高社会大众的福祉，力图创造一个稳定有序、繁荣昌盛的社会生活环境。

二者的区别在于：社会福利侧重于政策、法规、制度建设，社会工作则致力于社会福利政策和制度的具体落实；社会福利的实施主体主要是政府和当事人单位（还有社会团体和个人），而社会工作的实施主体主要是社会工作机构和社会工作者（还有受助者即案主）。

社会保障与社会工作相似之处在于：主要都是为处于困难境地的人们提供帮助。

二者的区别在于：社会保障是由国家法律规范的援助制度与措施，社会工作则是具体、直接的援助服务活动（性质）；社会保障属于收入或物质帮助，社会工作还要提供精神帮助（内容）；社会保障的直接目标是维持困难者的基本生活不至于发生危险，因此又叫生活安全制度，社会工作还有发展受助者能力的任务（目标）；社会保障是对个人及家庭而言，社会工作的对象更为广泛（对象）；社会保障的基本责任主体是国家，

---

① 民政部社会工作司原司长柳拯在《规律与模式：从制度视角构建中国本土社会工作》一书中对社会工作制度的解释："社会工作制度广义上包括社会工作发展相关的人才、就业、福利、财政、税收等制度体系。狭隘的社会工作制度以社会工作的人才为核心，即为专业社会工作制度。"他认为，我国专业社会工作的基本制度需要包含以下方面的具体内容，即"社会工作者教育和培训制度"、"社会工作者评价和认证制度"以及"社会工作者使用和激励制度"。转引自：http://www.zhihu.com/question/23031845。

② http：//baike.baidu.com/link?url=U4BYlPRi-KZ7i8wlk8R-gfuWXY8QRO_-O2_DSwxi7oZlQnVMcF278nkgtde0vHsmvzr8k2fn7dmgB35xzmDrG_。

③ 本部分系根据相关教材、专著、论文综述而成。

而社会工作的责任主体则是社会工作者和受助者双方（主体）。

社会服务与社会工作相似之处在于：都为困难人群提供帮助；都是社会福利和社会保障的实施方式和实施过程；社会工作在广义上可纳入社会服务的范畴，即广义的社会服务。

二者的区别在于：较之社会服务，社会工作具有更强的专业性，社会工作是专业的社会服务。例如，它有明确的专业价值观及其伦理原则；有专业的方法、技巧；既重视具体服务的提供，又强调活动的策划、组织和管理。

民政工作与社会工作相似之处更多。著名社会学家雷洁琼曾说："民政工作是中国特色的社会工作"（董洁，2012）。从服务对象来看，二者都是为困难群体以及有服务需要的群体提供服务的。从使命来看，二者是相同的：民政工作是从"以人为本"的价值观出发，遵循"以民为本、为民解困、为民服务"的理念开展工作；社会工作也是从"以人为本"的价值观出发提供服务的。无论是在民政工作中还是在社会工作中，都注意了被服务对象的价值和需要。从工作内容和服务功能来看，二者都以服务为手段开展助人活动，都有助人的功能。据广东省民政厅网站信息，截至 2015 年 12 月底，该厅共有 13 个内设机构：①办公室；②政策法规处；③计划财务处；④优抚处；⑤安置处；⑥救灾处；⑦社会救助处；⑧基层政权和社区建设处；⑨区划地名处；⑩社会福利和慈善事业处；⑪社会事务处；⑫社会工作处；⑬人事处。不难看出，其中有 9 个处（②、④、⑤、⑥、⑦、⑧、⑩、⑪、⑫）都直接同社会工作有关[①]。

二者的区别在于：从服务理念看，民政工作代表党和政府依法行政，依法服务；而社会工作则遵循"尊重""接纳""案主自决"等专业理念，更强调和服务对象平等的地位，使服务对象能够自立自强。从服务内容看，民政部门还有大量其他社会事务，如民间组织管理、行政区划管理、婚姻登记等社会管理职能，而社会工作主要是为服务对象提供专业服务。从服务方式看，现阶段我国的民政工作主要是对不同对象施以不同帮助，而社会工作主要是用个案工作、小组工作、社区工作等专业方法进行服务性的助人。从服务功能看，民政工作多侧重于救济性、保障性功能，而社会工作则多侧重于福利性、服务性功能。

二、社会工作的功能和目标[②]

（一）服务对象层面

第一，解救危难，缓解困难，恢复服务对象的正常生活。

在结构功能主义看来，社会就是一个既分工又整合的系统。服务对象的个体问题，有时需要从其个体—家庭体系着手；有时需要从更宏观的个体—社区（社会）系统着手。自 1601 年伊丽莎白推行《济贫法》后，以"慈善访问"活动起步的社会工作发展就天然地带着扶危济困的"基因"。在此意义上，社会工作的首要目标就是要恢复服务对象的

① http：//www.gdmz.gov.cn/jggk/jgzn/，2015 年 12 月 28 日。

② 本部分由李侨明编写。

个体——社会功能，从而恢复服务对象的正常生活。从两个层次去看，解救危难和缓解困难是社会工作对服务对象的两大基本职责：前者是指因身体/精神受损、经济破产等原因而威胁到自身或者家庭成员的生存状态，社会工作者通过心理咨询/辅导，整合社会资源，申请社会救助等途径“救人于水火”；后者是指服务对象遇到身心或者经济等的问题，但尚未威胁到其生存时，社会工作者对其提供如心理辅导、培训、再就业等的服务，帮助其脱离困境。此类型的社会工作服务可以概括为“恢复的社会工作”，可以做的实务工作诸如对离家出走的少年的咨询、帮助失业者得到培训和就业、为受虐家庭和家庭成员提供保护、为工伤劳务工提供法律援助资源、对地震 /火灾后的家庭提供创伤辅导和社会救济、对临终患者提供临终关怀服务、为戒毒/戒酒提供脱瘾治疗、为刑满释放人员提供司法矫正服务等。

第二，调适服务对象与社会环境的互动，激发其潜能，促进其发展。

社会工作相信人的潜能及改变、发展的能力。在优势视角理论看来，每个人都有自己的强项和潜能。这意味着我们应当把人们及其环境中的优势和资源作为社会工作助人过程中所关注的焦点。从埃里克森的成长理论来看，人的成长包括了其身心与社会成长、人生任务的协调发展。贝姆（Boehm）将社会工作的功能分为三个方面：①恢复——致力于识别、控制或者消除导致社会关系崩溃或者损害的因素；②提供资源——致力于创造、充实、改进和协调社会资源；③预防——包括早期发现、控制和消除妨碍有效发挥社会功能的情况（法利等，2010）。从贝姆的角度去理解，“发展的社会工作”包括了预防和发展两个目标。前者是防患于未然，在服务对象问题尚未发生时或者问题的萌芽期，将其控制和消除；后者是充分发挥服务对象的潜能，与服务对象一起创造更有利于其发展的条件和社会环境。我们以城市劳务工和农村“返乡”青年为例，从城市和乡村社会工作的角度来讨论发展性社会工作。劳务工初到城市，容易发生城市环境和社会交往适应障碍，社会工作者除了提供培训、就业、咨询和援助等服务外，还能及早地提供城市适应服务，连接其社会支持网络，预防社会适应障碍的发生，发展与预防并重。“返乡”青年是指外出城市打工后返回自己家乡工作和生活的农村青年人。他们回到家乡后，可能会面临工作机会匮乏、收入减少和短期内生活不适的问题。农村社会工作者可以通过社区营造等社区工作模式，从社区经济、环境和社区发展等方面入手，改善返乡青年的生存环境，与返乡青年一起寻找新的生活和工作目标，激发他们建设故乡的激情和潜能，让他们“返得了乡”，也能在家乡“留得住”。

（二）社会层面

第一，维持社会秩序，保持社会稳定。

社会秩序与社会自由是人们谈论社会时永恒的基本主题。孔德认为，社会秩序是社会存在诸条件之间的持久的和谐。按照这一说法，社会秩序至少包括两层含义，即社会结构的稳定和社会运行的有序性。社会结构的稳定性是指社会各组成部分之间关系的相对稳定，是对这些关系的静态描述。社会运行的有序性则从动态的角度，在过程之中考察关系的协调状态。于是，维护某种社会结构是维持社会秩序，改变不甚合理的社会结构或社会关系，使之更有利于社会的协调发展，这也是对社会秩序的建造和维持（王思斌，2013）。社会工作维护社会秩序，保持社会稳定的功能，有时会被等同于政治意义上的“维稳”工作。不可否认，社会工作具有政治立场，但这并不完全等同于“维稳”工作。首先，我们必须意识到，稳定的社会经济环境是社会生存和发展的必要条件，维护社会秩序，有利于社会的可持续发展。其次，社会工作维护社会秩序的方式更具科学性和人性化，注重社会结构和个体主观能动性的协调互动。最后，根据吉登斯的社会结构“双重解释”理论，社会工作一方面作为社会福利政策的传递过程，另一方面也通过社会行动不断地巩固、修正以及生成更为完善的社会福利制度，社会秩序得以持续地维系，社会稳定得以保证。同社会工作一样，行政管理也有维持社会秩序和社会稳定的功能，但二者有不同之处，如表 1-1 所示。

表 1-1　社会工作在维持社会秩序和社会稳定的功能方面与行政管理的不同之处

项目	行政管理	社会工作
目标取向	维持社会秩序和社会稳定是行政管理的直接目标	社会工作的最终目标是社会的公平正义，维持社会秩序和社会稳定只是社会工作达到目标的中介
途径（手段）	行政力量（自上而下的系统和权力）	服务方法
解决问题的方法	强调秩序的重要性	既强调秩序的重要性，也强调通过改变社会环境、完善社会政策来解决社会问题、推动社会进步

第二，解决社会问题，增进社会和谐。

从系统论的角度看，社会问题的产生乃是社会系统的失衡导致的。人与自然、社会的关系失衡，很容易导致社会问题的产生。因此解决社会问题也就从两个方面着手：一是预防社会问题的发生；二是解决社会问题。从预防入手将社会问题解决于萌芽期或者未发期，将最大程度的节省社会资源，从根源上将社会问题降至最低。以美国全国社会工作者协会在 1962 年的报告《预防与处置》为例，其引言强调：“社会工作对预防的关注源自于社会工作行业的服务承诺。如果大部分的社会工作者所处理的社会病态问题可以预防的话，那么许多人就不会受到破坏性的影响，社会也将受益，这就足以说明应该进一步发展有效的预防工作。举例来说，如果能避免家庭的瓦解而不只是协助破碎家庭的成员面对分离的痛苦，那么会有谁否认预防性措施的价值呢？”（法利等，2010）我们可以处理的一些常见的预防社会工作包括抑郁症、家庭暴力、青少年（留守儿童）自杀、虐待妇女儿童等。在解决社会问题的层面上看，如外来劳工权益保障、社区业主委员会权益保障、少数人群（艾滋病、同性恋、乙肝患者等）权益保障、人口老化问题、贫困问题、环境污染问题（如 Lena 倡导的“绿色社会工作”）等都应该是社会工作应该去回应、倡导和解决的问题。

第三，促进社会公平，推动社会进步。

社会公平是社会工作的核心要义之一。社会工作的基本社会立场是“弱势优先”。“弱势”，在此意味着社会地位的弱势（如农民）、身体的弱势（如残障人士）、经济的弱势（如失业人士）等。这些人群在社会的各个方面都处于相对弱势的位置，他们很可能在市场经济的浪潮中无法发出自己的声音。市场经济主导下的社会发展最注重的是效率优先，以至于社会公平经常被放置在次要的位置。因此社会工作的核心使命之一就是要平衡社会发展的“天平”，自觉为社会弱势人群发声，以改善他们的社会、经济、政治的不利处境作为社会工作的天职①（calling）。促进社会工作公平的方式多种多样，对于社会工作来说，最重要的就是积极运用社会政策，整合社会资源，增强弱势人群的自我发展能力；与媒体等多方合作对社会大众进行社会公平教育，减少社会排斥和社会歧视，为弱势人群创造更宽松和公平的社会环境；与弱势群体一起进行社会倡导，推动修订不利于社会公平的社会福利政策和公共产品供给制度，改变不合理的社会关系与制度结构等。只有弱势人群的权益得到了保障，潜能得到了发挥，社会才有可能整体地向前发展，而不只是部分人先发展。以城乡失衡发展为例，由于户籍的城乡二元划分，社会福利长期向城市倾斜，养老、教育、医疗等社会福利资源过多地集中于城市；对于农村户籍的人来说，想要享受到与城市人同等的社会福利待遇，他就必须通过社会流动、人口迁徙的方式，可能通过争取上大学、进城务工、做买卖等的机会，然后在城市里努力拼搏，等到积累了一定的社会经济资源后，将农村户籍换成城市户籍，才能享受到一般的城市居民一出生就伴随而至的社会福利待遇。因此，城乡的社会公共产品及福利供给“均等化”就是推进我国社会公平与社会进步的重要过程。

第二节　社会工作的构成要素②

一、服务对象

服务对象即社会工作者帮助的对象，或者社工服务的接受者。如前所述，传统社会工作的服务对象一般是社会弱势群体。随着社会的发展，社会工作的服务对象也在不断扩大，一般人也可以成为社会工作的服务对象，他们在社会工作者的帮助或服务下可以发挥出自己的潜能，提升个人和家庭的生活质量。现代的社会工作服务对象已经远远超出了“社会弱势群体”，实现了社会各领域的基本覆盖。这就出现了一个问题，作为“全能”的社会工作范围是否会淹没社会工作“弱势”优先的精神？在新自由主义和管理主义的全球浪潮下，社会工作不断地被卷入评估和问责的制度当中，社会工作开始追求绩效和开源节流。“广撒网”的服务人群覆盖一方面提升了社会工作的专业应用范围和职业地位，但另一方面，我们必须看到它可能在扩展服务对象的过程中丧失“自我”。

自社会工作发展之日起，什么是服务对象的真正需求、服务对象接受服务是赋权还是被去权等问题，就一直被关切和挑战。例如，伊丽莎白的《济贫法》关于“习艺所”的规定，就被批评其假定了失业者是懒惰而不愿意就业，使得受助者尊严受损。而在具体的社会工作实务中，我们也经常发现一些服务对象被动“被服务”的现象。所以关于服务对象的第一个核心要素是——真正的需求。根据建构论的观点，服务对象的需求是社会工作与之一起发现、一起“构建”、一起解决的。也就是说，面对社会工作者，服

① 天职，calling，引自马克斯·韦伯的《新教伦理与资本主义精神》。

② 除二、外，本部分由李侨明编写。

务对象并不是“低人一等”的、无能力的求助者，他们与社会工作者的关系是平等的，他们的“主体性”应在接受社会工作服务的时候得到完好的保护，并在与社会工作者的互动中发挥潜能、满足需求及解决问题。

二、社会工作机构①

（一）社会工作机构的含义

社会工作机构属于社会服务机构，是我国目前一种重要的社会组织。我国的社会工作机构绝大部分属于民办社会工作机构。民政部在《关于促进民办社会工作机构发展的通知》中指出：“民办社会工作服务机构，是以社会工作者为主体，坚持‘助人自助’宗旨，遵循社会工作专业伦理规范，综合运用社会工作专业知识、方法和技能，开展困难救助、矛盾调处、权益维护、心理疏导、行为矫治、关系调适等服务工作的民办非企业单位。”②我国的社会组织分社会团体、基金会和民办非企业单位三大类。社会工作机构具有民间性、非营利性、志愿性、公益性、自治性等社会组织的一般特征（郭景萍，2015）。

我国目前的社会工作机构种类繁多、背景复杂，依其理事会的主要组成人员尤其是法人代表和理事长本来的身份，大致上可以分为五大类：一是有官方或半官方背景，由街道、工会、共青团、妇联、残联、义工联、司法部门等支持开办的；二是由高等学校或专科学校的老师开办的；三是已存在多年的草根非政府组织（non-govern-mental organizations，NGO），近年来转向提供社工服务；四是由企业人士开办的；五是由社会其他界人士新开办的。截至 2015 年下半年，我国社会工作机构总数已达 3 000 家左右，其中广东省已有“超过 800 家社工机构，约占全国的 27%”③。

每个社会工作机构都有自己特定的服务范围，例如，广州市北斗星社会工作服务中心就有五大服务重点：一是接受委托，管理社会福利机构或运作社会福利项目；二是向有需要的个人或单位提供社会工作专业咨询、培训、督导、策划及评估等服务；三是为普通社区和特定社区提供社区发展项目策划及服务、社区社会工作项目策划及服务；四是为家庭、妇女、儿童、青少年、残障人士、失业人群、外来人群及其他社会弱势群体、边缘群体提供专业的社工服务；五是单独或同境内外、国内外其他有关合法机构一起，开展社会工作、社会服务方面的各类公益活动。

相对比较成熟的社会工作机构还有自己明确的使命、宗旨和愿景。例如，广州市北斗星社会工作服务中心的使命是：“让每个服务对象均享有获取幸福的权利和能力！”宗旨是：“向有需要的个人、家庭、组织和社区提供专业化、人性化的社会工作服务；推动社会工作和社会福利制度的健康发展，为社会和谐与进步贡献力量；为区域内各大

---

① 本部分节选自张兴杰《广州社会工作发展模式》一文（待发表）。

② 民发〔2009〕145 号，参见 http://www.mca.gov.cn/article/zwgk/fvfg/shgz/200910/20091000039649.shtml。

③ 广东省社会工作师联合会行动与研究中心“广东社会工作发展现状调研组”：《社会治理创新背景下社会工作本土之路——广东专业社会工作发展路径调研报告》，2015 年 11 月 21 日发布于第二届“广东社会工作本色与本土论坛”。

学社会工作等专业师生的实习实践、社会服务及理论研究提供平台。”愿景是：“力争成长为一家有信念、有灵魂、有良知、有专业操守的创新型一流社工组织；力争发展为社工行业的金字招牌和百年老店！”[①]

（二）我国社会工作机构普遍存在的问题及解决思路

目前，我国的社会工作机构还存在多种问题，需要在发展中逐步解决。

第一，多数社会工作机构的治理结构、运行机制还不太完善，不足以确保机构的专业性和良性运转。

虽然社会工作机构都是在民政部门正式注册成立的，都有章程，都按章程设有理事会、管理层、监事会，但实际上很多机构目前都存在着不规范之处：一是理事会成员没有社工专业背景，甚至连法人代表、理事长在成立机构前都从未涉足过社工行业；二是理事会、管理层、监事会三者的组成人员多是同学、同事、朋友，甚至是亲戚、家人，无法体现机构是社会的，也无法体现社会监督；三是理事会、管理层二者之间的关系没有理顺，职能没有分清，理事会成员尤其是理事长、副理事长常常在做总干事、副总干事的事；四是重大决策基本上是由理事长、总干事等少数领导人决定，甚至是由理事长或总干事一人决定，理事会、监事会形同虚设，发挥的作用非常有限，几乎不存在对理事长或总干事的有效约束；五是机构决策和日常运转随意性大，“人治”色彩浓厚，相关制度包括最重要的人事制度、薪酬制度、财务制度等不健全，制度化程度不高；等等。

针对上述问题，政府有关部门一方面应清理整顿现有的社会工作机构，例如，通过评估，淘汰一批明显不合格的机构。另一方面，应适当提高注册成立新的社会工作机构的门槛条件。例如，为了确保机构具有良好的专业性，应明确规定今后凡注册成立新的机构，其法人代表、理事长、副理事长、总干事必须具有社工、社会学或心理学本科专业以上教育背景，或者从事过 5 年以上社工、社会学或心理学方面的教学、科研或咨询工作，或者持有社工师证或心理咨询师证。

第二，多数社会工作机构“同质”性过强，不足以确保机构提供有特色的、高质量的服务。

例如，目前广州市的社会工作机构，除极少数专门提供残障、婚恋等专项服务外，其余绝大多数机构都是综合性、“全能”型的，似乎什么服务都可以提供，在服务领域、服务内容乃至服务方式和手段方面大同小异，甚至连那些刚刚成立的机构都“勇于”“敢于”去投标街道“家庭综合服务中心”这种综合性项目。机构之间没有适当分工，“趋同化”严重，既造成恶性竞争，又明显不利于机构服务走向专、精，形成特色和品牌。

政府有关部门应通过制定和实施合适的政策，引导社会工作机构向专、精、特方向发展。建议把社会工作机构分成两大类：一是综合性、“全能”型的机构。这类机构至少应具备三方面的条件：人员规模较大，如有 100 人以上的持证社工；专业背景深厚，如机构理事会成员尤其是法人代表、理事长、副理事长及总干事从事社工方面的教学科

---

① http：//www.bdxsw.org/a/beidouxingjianjie/。

研咨询等工作，或者持有中级社工证或心理咨询师证；社会美誉度较高，如机构和机构负责人获得了较多的相关奖项，机构承接的项目在评估中多次获得优、良等级。应该明确规定，只有这类机构才有资格去投标“家庭综合服务中心”这类综合性项目。拿广州来说，目前全市约有 170 个街道（镇），如果一个大型社会工作机构平均负责运营五六个街道（镇）的“家庭综合服务中心”，则全市只需 30 家左右综合性、“全能”型的社工机构。二是提供专项服务的社会工作机构。应采取切实可行的措施，引导多数社会工作机构向专项服务型机构发展。力争用 5～15 年的时间，在全国各大中城市分别培育、形成若干家主要服务家庭的机构，若干家主要服务长者的机构，若干家主要服务青少年的机构，还有主要服务企业、医院、学校、残障人士、戒毒者、性工作者、流动人口、外来移民等单位和群体的机构。当然，还应在全国培育、形成一大批主要服务于农村和农民的机构。这样既可以弱化机构之间在投标项目时的恶性竞争，达致合作互补，又有助于提高机构的专业水平和服务质量。

第三，多数社会工作机构经费来源单一，面临多重资金风险。

目前，绝大多数社会工作机构的经费主要来源于政府，尤其是来自政府购买社会工作服务的项目经费，而从基金会、慈善组织、企业、个人捐赠等方面吸纳的社会资金所占比例很低。同时，多数社会工作机构在很多方面都面临经费短缺的风险，且机构项目越多、规模越大，这种风险也越大：①社工在服务过程中伤亡，服务对象在机构负责运营的服务场所意外伤亡；②机构负责运营的服务场所相关设备、物资因灾损毁或被盗；③有些项目的经费不能按时到账，导致不能按时给社工发工资；④有些项目前期投入了人力、财力、物力等成本，但最后因故不能去投标；⑤有些项目由于某一或某些特殊原因，收支不平衡，入不敷出；⑥有些项目由于某种特殊原因，做完后根本就拿不到一点经费；⑦有些项目结束后，较长一段时间找不到新项目，但社工的工资必须照发；⑧有些项目结束后要辞退社工，根据有关法律规定，需要支付适量的辞退费；等等。

社会工作机构是非营利机构，但“非营利”绝不是指机构不能“谋利”，不能“盈利”或“赢利”，而仅仅是指不能由私人占有、瓜分机构的“盈利”或“赢利”。为了实现可持续发展，机构在提供优质服务的同时，必须理直气壮地“谋利”。社会工作机构要把培养自身的理财能力、筹资能力放到与提升自身的专业能力同等重要的地位。政府要消除社会工作机构不能“谋利”的误解，要鼓励和引导机构扩大经费来源，特别是要允许机构积累适量的应急经费，为机构可持续发展构筑经济基础。政府有关部门应该尽快出台相关政策，明确允许社会工作机构至少可以从以下途径积累适量的应急经费：一是机构从基金会、慈善组织、企业、个人等方面争取捐赠或资助；二是机构自主开发一个甚至多个收费项目；三是机构适当节约各项成本，力争至少部分项目的经费略有节余；四是凡 50 万元或 100 万元以上的大型项目，允许机构提取一定比例的资金积累应急经费。

三、社会工作者

社会工作者，通常简称为社工，是社会工作的基本要素。社会工作者首先要确立社会工作价值观，要熟知社会工作的职业道德规范和相关伦理守则。其次要熟练掌握社会工作及相邻学科的相关理论知识，熟练运用各种助人技巧，在实践中不断积累助人经验。

可以从不同角度对社会工作者进行分类，目前比较被人们接受的分类方法是将之分为专业的和实际的社会工作者。专业的社会工作者主要是指受过专业社会工作教育或相关专业（社会学、心理学、法学、教育学等）教育，并获得职业资格认证（助理社会工作师以上），且在社工机构或者 NGO 从事社会工作的工作者；实际的社会工作者是指没有接受过专业社会工作或相关专业教育（有些人员可能已经考取职业资格），但实际上从事“传统社会工作”的人，如民政部门的工作人员、居委会的工作人员以及工会、妇联、共青团的工作人员。从定义看，我们可以对两者进行主要的区分：首先，前者一般接受过社工专业或者相关专业教育，后者一般没接受过专业教育；其次，前者一般在社工机构或者 NGO 以专业社会工作者的名义从事社会工作，后者一般在与民生利益密切相关的居委会、民政部门、工会、妇联、共青团等政府部门或者团体，以政府工作员或者居委会干部的身份进行工作；最后，前者强调与服务对象的平等关系，遵循专业伦理，而后者一般靠行政系统自上而下地开展工作，遵循行政权威。

有些人把社会工作者与志愿者混淆在一起，其实二者大不一样。首先，社会工作者从事的是一门职业，一般要求全职时间投入；而志愿工作是人们在业余时间根据自己的意愿灵活安排的活动。其次，社会工作者一般要求接受过社会工作教育，获得专业资格认证；而志愿者一般不需要接受专业教育并获取专业资格（特殊的志愿服务除外）。最后，社会工作者需要遵守更严格的职业操守和价值伦理，而志愿者遵守的志愿服务伦理，相比之下没有那么严格。

社会工作者扮演着多种角色（扎斯特罗，2005）。

（一）赋能者

在这种角色中，工作者帮助个人或者小组形成他们的需求，界定并确定其问题，寻找解决策略，选择并运用某一策略以及发展其有效地应对他们问题的能力。在个人、小组和家庭咨询中，这也许是最常使用的方法。当目标是帮助人们组织起来以帮助他们自己时，这种模式也同样在社区实践中加以应用。

（二）经纪人

经纪人把需要帮助的个人或者团体与社区服务联结起来。例如，把常受丈夫躯体虐待的妻子转介到受虐妇女庇护所；把流浪儿童转介到社会救助站等。在这种角色里，经纪人的功能就是整合社会资源，在合适的服务对象和资源之间做出适当的“配对”。

（三）倡导者

这是一种积极的、指导的角色。在其中，社会工作者为服务对象或者居民组织倡导。当服务对象或者居民组织需要帮助以及现存的机构没有兴趣提供服务时，倡导者角色可能是恰当的。在这种角色中，倡导者为领导提供收集到的信息，为案主需求的正确性辩护，并且对机构不提供服务的决定加以挑战。目标不是激进的或者责难某种特定的制度，而仅仅修正或者转变服务政策的某些方面。在这种角色中，倡导者是全部地服务于服务对象或者居民组织利益的坚定支持者。

（四）教育者

教育者的角色是给服务对象提供信息，教育他们适应的技巧。要成为有效的教育者，工作人员首先要有知识。此外，他必须是好的沟通者，以使得信息清晰地传达，被接受者理解。这方面的例子包括把做父母的技巧教给年轻的父母、提供找工作策略给失业者以及把愤怒控制技巧教给脾气不好的人。

（五）谈判者

谈判者把那些由于一个或者多个问题陷入争端的人撮合到一起，寻求讨价还价和妥协已达到各自可接受的协议。有些调停者、谈判者热衷于找到双方均可接受的中间地带。然而，与调停者不同的是，后者保持中立，谈判者常常与争端一方结成同盟。

（六）赋权者

社会工作时间的重要目标是赋权，即帮助个人、家庭、小组、组织和社区增加他们个人、人际、社会经济以及政治的优势和影响的过程。这一目标要借助于改善他们的环境来达到。从事赋权视角实践的社会工作者试图发展案主对环境理解的能力。赋权视角的社会工作者也会寻求获得社会中不同群体对资源和权力的更平等的分配。这种平等和正义的关注一直是社会工作专业的标志，正如早期睦邻运动组织运动工作者简・亚当斯所做的那样。

（七）协调员

协调员用某种有组织的方式把不同的要素聚合起来。例如，对于许多的问题家庭来说，若干机构通常有必要一起工作满足家庭成员的各种复杂的经济、情感、法律、健康、社会、教育、娱乐及沟通的需求。这种协调员的角色，由其中的一个社工担当，并通过个案管理的模式使得协调工作得以顺利进行，避免社会服务资源的浪费和重复。

（八）活动家

社会活动家寻求社会的公平正义，促使权力和社会资源向弱势人群流转和传递。社会工作者通常会分析事实，传播信息，推动社会公众对某一问题的关注和支持，并寻求地方甚至全国范围内的社会问题的解决。

除了以上角色外，社会工作者还有发起者、研究者、小组促进者和公开发言人等的一系列角色。总的来说，社会工作者的角色是随着工作性质和服务对象的需求而进行不间断的补充和调整的，他们的角色总随着工作进程而表现出单一或者复合的角色，不同的角色之间也没有像以上分析那么清晰的界限。此处只是为了分析的需要，将社会工作者所扮演的“角色丛”进行举例说明。

四、助人的理论和价值观

（一）助人的理论

社会工作理论是社会工作实践的先导，离开了理论指导社会工作就无法成为一门专业，也无法成为一门职业。理论是由一系列逻辑上相互联系的概念和判断组成的知识体系，它从一个一般性水平较高的层次上来描述和解释某种类型的存在与变化，是对经验知识的抽象概括（王思斌，2013）。在派恩（Malcolm Payne）看来，社会工作领域的“理论”包含三种含义。

一是模型（models），在很多情形下以机构化对实务中发生的事情进行普遍性的描述。模型提取了活动的某些原则和模式，使实务得以具有一贯性。模型帮助人们就如何处理复杂情形进行安排和组织，如任务中心实务模型。

二是视角（perspectives），表述的是对世界的价值观或者看法，让参与者充分整理思路，能够在参与中管理他们自己。视角帮助人们用有系统、有组织的方式去思考正在发生的情况。应用不同的视角，能让人从不同角度去理解情境，如女性主义和系统理论。

三是解释性理论（explanatory theory），说明一个行动为什么能够导致或者引起某些特定的结果，并辨识在什么环境条件下会如此。有些作者仅把“理论”一词用来表示那些能够提供因果解释的思想。对他们而言，理论必须告诉人们“什么在起作用”。认知行为理论就是一个解释性理论的一个范例。

（二）助人的价值观

社会工作价值观则是社会工作实践的灵魂，是社会工作者共同认可和遵守的一系列专业价值理念和专业伦理的总称，主要包括社会工作对助人活动的看法、对自己和服务对象的看法。社会工作的价值观是利他主义，即以帮助他人、服务他人、促进社会福利和社会公正为自己行动的目标。美国的全国社会工作者协会总结了社会工作者的核心价值观如下（多戈夫，2010）。

（1）服务——社会工作和推动超越个人私利给他人的服务。

（2）社会公正——社会工作和追求社会变革，特别是同弱势和受压迫的个人和群体一道工作，代表他们寻求社会变革。

（3）个人的尊严和价值——社会工作者对每个人都给予关心和尊重，意识到个体的差异和文化及种族上的多元性。

（4）人际关系的重要性——社会工作者明白人际关系与人群内部的关系是重要的变革工具。

（5）诚信——社会工作者始终意识到专业的使命、价值观、伦理原则和伦理标准，并用与之相契合的方式开展实际工作。

（6）能力——社会工作者不断致力于增进专业知识和技能，并将之运用到实际工作中。

以上几项价值观内容是目前较为被认可的。不过，既然是价值观，便难以判断“错对”，在实际的助人活动中，尚且存在许多模糊的地带。从理念上的价值观到具体的实践应用，就是社会工作伦理的问题。后面会有专门章节展开论述，此处不做赘述。

五、助人活动

社会工作者会经常组织很多小组活动或社区活动等，这些活动的目的都是以助人为导向的。例如，社工带领新移民在新社区进行的“社区游”，除了介绍当地社区的历史故事、人文地理和公共资源，以便让新移民尽快融入当地社区生活外，也需要在服务的过程中有意地促进新移民之间的交流和互动，促使他们变成彼此熟悉的社区支持网络。在这个社区活动中“互动”就是该活动最能体现“社工元素”的核心。又如，社会工作者组织一个老年人电脑培训班的活动，这样的活动和社会上办学机构举办的电脑培训班有什么区别呢？社会上办学机构的培训班的目的就是为了让学员学会电脑，这是他们主要或者唯一的目的；而社会工作者组织的培训班仅仅是方式手段，他们真正的目的是助人。社会工作者通过电脑学习小组活动可能会有如下的助人考虑。

（1）老人觉得“老有所乐”，在学习中收获学习的快乐。

（2）让老人在培训班里结识朋友，扩展社会支持网络，避免一个人待在家里生活过于单一、乏味。

（3）让老人学会电脑后可以缩小与子女或青少年的代沟，与其他年龄群体有更多的共同语言，与社会共同发展。

（4）让老人锻炼手指、锻炼大脑预防老年人痴呆症。

如此等等，社会工作者可能会考虑到很多因素才设计一个电脑培训学习小组。而这个小组就是一个助人活动，培训仅仅是其手段而已。在助人活动中，社会工作者有时充当教育者，有时充当组织者，有时也充当使能者。在不同的情景和助人阶段中，社会工作者会充当相应的角色。总之，我们可以看到社会工作助人活动的表现形式丰富多样，在活动形式和活动内容的背后，总会有希望达成的专业目标以及支撑活动目标的理论和理念。这些具体情况将在个案社会工作、小组社会工作、社区社会工作等课程中详细介绍。

六、助人方法

社会工作是专门的助人活动、助人方法，如前所述如果没有巧妙的助人方法或者助人技巧，仅凭助人的热情我们会面临诸多问题，如伤害了服务对象的自尊、没有切实地帮到服务对象、让服务对象产生了依赖心理、助人效率低下、助人效果不好等。如同销售商品一样，为了把产品卖出去，销售员会使用各种方法技巧去推销；如同生产产品一样，为了把产品质量提高，生产工人会不断提高技术；社会工作者也一样需要不断学习助人方法、提高助人技巧。在助人方法上，我们常见有两种类型：首先是直接服务的方法，包括个案社会工作、小组社会工作、社区社会工作；其次是间接的服务方法，包括社会工作行政、社会工作研究、社会工作督导等。

社会工作的方法并非一成不变，实际上，每一种方法都有其发展的历史及脉络，而且它们都随着时代的发展而不断地变化。以个案社会工作为例，20 世纪初的社会工作关注个人之外的社会条件。以受虐儿童的安置为例，社工一般会将孩子安置在收养机构。我们可以看出其处理策略是原生环境如果无法改变，人就可以通过脱离它而解决问题，就算孩子和家人分离。而第一次世界大战（1914 ~ 1918 年）之后的十年，即在 20 世纪 20 年代，心理因素取代了社会因素，成为了个案社会工作的工作核心。而美国经济“大萧条”（1929~1933 年）之后带来有益的转变是，从强调心理因素重新回归社会因素。而到了 20 世纪 40 年代，弗洛伊德的精神分析几乎统治了社工实务。而后又有些流派与之分道扬镳，即自我心理学、行为模式、认知模式、人本主义模式、存在主义模式、社会心理模式和沟通模式。70 年代以后，又增添了系统模式和生态模式，重新强调社会工作实务中个人（心理）和环境（社会）的平衡。从中我们可以看见，社会工作的主导模式一直在社会因素和心理因素之间二择其一，或者在两者之间寻求平衡。直到现在，个案社会工作的发展还在继续，我们要敏锐地捕捉社会发展和个体进化的新动态，才能在变动不居的时代创造出最能回应时代需求的社会工作。

后面相关章节还将论及社会工作方法问题。

第三节　社会工作的主要特点①

一、道德的实践

通常，我们会把社会工作称之为“道德的实践”。这样的说法其合理性有三：其一是社会工作根植于人道主义，有自身独特的专业伦理操守和规范；其二是社会工作不单单是做理论研究，还必须结合民众及社会的需求去精确地进行社会服务；其三是社会工作者须有“兼济天下”的大情怀，以“服务人民”与推动社会正义及社会发展为自身的使命。总的来说，社工的理念和社工的伦理是社工之所以有别于其他行业/职业的灵魂所在。

在实践中，我们总会讨论服务当中有无蕴含“社工元素”“社工理念”，讨论社会工作者及其所做的服务有无“社工味”等，都是对“道德的实践”的坚守。例如，社工带领新移民在新社区进行的“社区游”，除了介绍当地社区的历史故事、人文地理和公共资源，以便让新移民尽快融入当地社区生活外，也需要在服务的过程中有意地促进新移民之间的交流和互动，促使他们变成彼此熟悉的社区支持网络。在这个社区活动中“互动”就是该活动最能体现“社工元素”的核心，而社工亲和的形象、活动的轻松温馨氛围、陌生居民之间通过活动而发展了此后友好的邻里关系等，都体现实践中强调的“社工理念”“社工元素”“社工味”。如果社工在开发“社区游”的活动时，没有花心思去构思背后的社工理念、社工元素，没有在活动中体现专业独有的“社工味”，那么这样的社会工作活动及社会工作者，没有展现其职业理念、能力和方法，与一般的旅游导游无异。我们可以称之为有悖职业道德。

当然，在实践中，社会工作仍然存在不少与道德、伦理相关的争议，存在许多伦理的“两难”问题，其中最为常见的是，服务对象的自决权及其限制。顾名思义，自决权是指服务对象对自己所面临的情况和困难，一般情况下都有自行决定处理方式的权利。在个别案例中，服务对象的自决权则可能需要受到一定的限制。例如，某服务对象为 75

① 本节主要内容节选自李侨明《“流动”的社会工作：走向飽曼的社工理论与实践》一文（即将发表）。

岁的老妇人，长期忍受儿媳言语上的辱骂，偶尔还遭受其殴打。社会工作者看到老妇人身上的伤痕后，第一反应可能是建议其报警。而此时老妇人坚持不让社会工作者报警，原因是清官难断家务事，报警的话她儿子也没面子，她只是希望社会工作者警告其儿媳不要再有类似的行为。在此情况下，社工该考虑的问题首先是老妇人有没有面临即时的人身安全（生命原则），这个问题的考虑影响到需不需要对服务对象的自决权进行限制。如果此时社会工作者限制服务对象的自决权，贸然报警将有可能给老妇人及其家庭带来极大的负面影响。

道德的实践，并非把社会工作这一门专业/职业在道德上凌驾于其他的专业/职业之上，而是对社会工作者及其服务提出了更为严格的要求，尤其涉及了社会工作者自身的道德修养及其社会责任。

二、开放的理论和实践边界

社会工作发展一百多年来，其理论建构和实践边界一直在发生新的变化和整合。例如，在心理动力学主导的个案工作阶段，心理学的视角在社工专业中处于全盛的时期（Lina，2008）。以弗洛伊德的精神分析为代表的心理动力学派，社会工作在其影响下，曾一度陷于精神“诊断”的模式，注重个人因素。后来不同的理论家异军突起，环境因素重新获得比较重要的地位。社会工作专业的理论建构来自自我心理学、行为模式和认知模式、人本主义模式和存在主义模式、社会心理模式和沟通模式等，特别在 20 世纪 70 年代后，系统理论和生态理论赋予了社会工作理论与实践更多整合发展的趋势。

在实践上，传统上的社会工作集中在个人和家庭领域，后来逐渐打开了社区、学校、医院等领域。基本上，几乎所有的社会工作领域都是因为回应当时当地社会和经济的变化而有所发展。例如，社会工作在美国的兴盛是在第二次世界大战之后，这个时期的社会工作将精神健康称为社会工作较为重要的领域；中国台湾是地震多发的地区，其社会工作发端于医务社会工作，这与当地地震灾害频繁及伤员较多有莫大关系；中国深圳和东莞因其外来劳务工众多，发展出了“工会”“劳务工”服务等多种领域；2008 年 5·12 汶川地震之后，2014 年的云南鲁甸地震后，四川及云南的“灾害社会”工作都有相当程度的发展。

尽管如此，世界各地，从欧美等社会工作发展较快的国家和地区，到像中国一样的社会工作发展的新兴国家和地区，各界对社会工作的理论边界和实践范围有不同的看法。Lena （2012）认为，在西方国家，各界对于社会工作公信力的诟病疏漏多变的理论和实践边界是其作为一门专业受到质疑的原因之一。可以理解的是，社会工作作为一门当地性（nativeness）很强的学科，其发展模式基本上都如上述般回应当地社会发展需要的，自然会打上各个国家和地区特色鲜明的烙印。当然，在全球化的时代，在社会工作内部及其与其他学科之间都会同时出现更明显的分化和交叉，我们可以期待并参与推动它在未来的发展。

三、注重资源整合及“跨界”协调

社会工作者没有资源，亦拥有很多资源。不错，这是个看似相悖的判断，但在社会工作的场域内，它是合理的。首先，社会工作者一般受雇于政府等公立单位和私立机构，不持有资源，工作中使用的资源都为工作机构所有；其次，就是社会工作者一般比较擅长建立团队，协调各种合作项目，在这个意义上说，社会工作者又拥有很多可以整合使用的社会资源，而社会工作者的这种资源整合功能，在现今职业分工越发精细，组织功能越发分化的世界里，其意义尤为显著。“跨界”主要是指跨团队与跨领域。

以个案管理（case management）为例，某服务对象的家属，外来劳务工 A 因交通意外成为“植物人”，医生诊断其为“无医学上的医疗价值”，家里一贫如洗，根本承担不了医药费；A 所在的国企认为 A 的事故不属于工伤范围，拒绝支付医药费；医院则因为患者未及时缴纳医药费而消极治疗，甚至停止治疗；而社保局等单位则因为服务对象无法提供医疗发票而对报销拖延处理；交通事故事发地所属的街道办和民政部门则因为 A 是外地户籍而提供不了太多的援助。此个案需要协调的关系有：一是工伤认定及工伤补偿时与劳动保障部门的关系；二是劳动仲裁、民事诉讼时与法律援助部门、国企的关系；三是服务对象与医院的医患关系；四是当地的相关政府部门（救济体系）与服务对象的矛盾关系；五是服务对象与新闻媒体的公共关系。需要特别强调的是，该历时三年的个案，最后是借力于媒体的力量，运用社会舆论的压力逐步疏通解决问题的各个渠道。在本案中，社会工作者需要与律师、医生、政府工作人员、企业行政人员一道去协商，为解决个案而一起努力；整合的资源包括法律援助、社会救援基金（劳务工关爱基金及红十字医疗基金）、新闻媒体、政府资源等在内。可以看出，社会工作所服务的个人或者群体，可能会涉及多方的需求和利益的协调，社会工作者有时需要代表服务对象——特别是在社会倡导个案中，去与各方协商，一起工作，直到取得较为满意的结果。

四、注重人的完整性

社会工作中的“人”，是生态系统视角下的人，与其所处的自然和社会环境，与其所处的经济文化脉络是一体的。社会工作者能看到人遇到的问题很多时候是其所在的社会“设置”出来的，人不是问题，“设置”才是问题。有人说好的制度能使坏人变好，而坏的制度则使好人变坏。这句话放在社会工作的语境中同样适用。例如，开着宝马车的居民可以轻松回避制度的审查而领取失业救济金和申请经济适用房；低保家庭为了保持低保的待遇而不愿意让其大学毕业子女工作等。这些都是制度设计者没有充分考虑到人的心理和行为与制度设计之间的密切关系而造成的。结果就是催生了各种“坏人”。

另外，我们知道 2014 年的国际社工日主题是：“社会与经济危机——社会工作的回应”，这对中国社会工作来说是一个积极的信号。根据以往的经验，一方面是，在国际经济危机或者金融风暴中，社会工作一般会随着经济形势的变化而遭受各种挑战。最为直接、显著的变化是社会服务经费的减缩，欧美一些国家还因为经济危机消减经费而导致局部社会暴乱。另一方面则是在经济危机中，大量的失业人士需要相应的社会服务。可见，经济发展对社会工作本身及其服务群体都有深刻的影响。

中国内地的社会工作发展主要是“师承”港台地区，特别是香港地区的家庭综合服务模式。在服务过程中往往我们可以常见社工在极力地回避“商业”和“政治”因素，认为这些因素是非专业的，一旦涉及将使自己丧失专业的独立性，谈商谈政则色变，对相关知识的学习也有较强的抗拒心理。其实这是个较大的误区，难以想象一个不懂什么叫人大代表制度，不知道人大、政协如何产生，不懂得政府、居委会，不懂法律政策，不懂基本的经济市场运作规律的社工，如何在社区中去倡导和教育居民积极参与社区建设。懂经济、懂政治、懂社会、懂文化，“四懂”社工才能将服务对象放置在其经济社会脉络汇中，注重人的完整性，才能精准有效地理解一个完整的“人”或“人群”，才能提供适切有效的服务。

社会工作除上述的四项主要特点外，还有其他如采用督导制、注册制、行业自我管理、注重社工与服务对象之间的关系等特点，在此不一一展开叙述。后面有专章论述社会工作督导问题。

参考文献

安宇. 2012-01-18. 社会工作是一门助人的艺术——访香港知名社工督导梁嫣红. 无锡日报.
董洁. 2012. 民政工作与社会工作的关系. 社会工作，（1）：54-56.
多戈夫 L. 2010. 社会工作伦理：实务工作指南. 第七版. 隋玉杰译. 北京：中国人民大学出版社.
法利 O W，史密斯 L L，博伊尔 L W. 2010. 社会工作概论. 第十一版. 隋玉杰译. 北京：中国人民大学出版社.
顾东辉. 2011. 社会工作概论. 北京：北京大学出版社.
郭景萍. 2015. 社会工作机构的运作与管理. 北京：北京大学出版社.
雷杰，罗观翠，段鹏飞，等. 2015. 探索・回顾・展望：广州市政府购买家庭综合服务分析研究. 北京：社会科学文献出版社.
李迎生. 2004. 社会工作概论. 第二版. 北京：中国人民大学出版社.
林万亿. 2013. 当代理论与方法. 台北：五南图书出版股份有限公司.
全国社会工作者职业水平考试教材编写组. 2015. 社会工作综合能力（中级）. 北京：中国社会出版社.
王思斌. 2011. 社会工作导论. 第二版. 北京：北京大学出版社.
王思斌. 2013. 社会工作概论. 第二版. 北京：高等教育出版社.
尹保华. 2008. 社会工作职业化概念解读. 社会工作下半月：理论，（8）：18-20.
扎斯特罗 C H. 2005. 社会工作与社会福利导论. 孙唐水译. 北京：中国人民大学版社.
张隆隆. 2014. 社会工作专业是如何成为可能的. 青年与社会，（8）：224-227.
周易. 2014-05-22. 73.4%受访者不了解社工是一种职业. 中国青年报.
Lina D. 2008. 社会工作社会学. 刘梦译. 北京：中国人民大学出版社.
Lena D. 2012.Green Social Work：From Enviromental Crises to Environmental Justice. Cambridge：Polity Press.

第二章

社会工作的发展历程[①]

要全面了解社会工作，一个重要的维度是认识其历史发展的轨迹，知道它从哪里来、到哪里去。社会工作职业作为人类福利的专业化实现方式，在其早期常借助宗教的力量实现。近代以来，随着市场经济的发展和工业化进程的深入，社会工作的“国家责任”逐渐凸显，并在形态上走向专业化和职业化。当代中国专业社会工作的引入，是在经济发展和快速的社会转型背景下，通过政府力量的主导，以“嵌入”的方式实现的。这种特定场景下的发展模式，既型塑了中国社会工作的基本特征，也影响着未来的发展方向。

第一节　欧美社会工作的缘起

社会工作作为一种职业形态，始于西方的欧美国家。虽然专业社会工作的历史不过一百多年，但如果将社会工作理解为对社会中问题人群、弱势群体的帮扶方式，一种实现人类良善的福利过程，社会工作已经有数千年的历史。早期欧美的社会福利实践，经历了从教会到政府，再逐渐走向国家化、组织化、技术化的过程。

一、欧美十七世纪前的社会福利

社会福利在欧美有古老的传统。早在公元前 1750 年，古巴比伦帝国的《汉谟拉比

① 本章编写者刘忠权，岭南师范学院社工系主任、博士、副教授，兼任广东省民政厅“社会工作专业人才队伍建设专家委员会”委员、广东省社会工作教育与实务协会副会长、湛江市社会工作协会副会长、湛江市尚义社会工作服务中心总干事等职。主持广东省哲学社会科学“十二五”规划项目“社会工作职业共同体行为自律性研究”等 5 个科研课题，发表《对城市弱势群体“话语政治”的一种探讨》《国家构建与国家潜在自主性——重读斯科克波的〈国家与社会革命〉》《论制度事件——一种观念嵌入过程的考察》等多篇学术论文。

法典》中就有规定：当时局困苦时，同胞间应该相互帮助。古希腊也鼓励公民捐钱捐物，以满足公共需要。这说明，相互友爱、互相帮扶是潜存的人类天性。从欧美的历史来看，基督教在社会福利的发展史上有重要意义。基督教宣称：彼此相爱是上帝的旨意。《圣经》中说："把善事做在最卑微的人身上，其实就是做在上帝身上。"这种博爱观构成了西方社会福利思想的早期来源。因此，1 600 年前西方的社会福利，可以说是宗教影响下的社会福利，其济贫的措施和制度，主要由教会主导，由牧师或神职人员去施行，济贫的款项也由教会支付。期间发生的一些重要事件，如 1084 年英国在坎特伯里设立贫民救济院，1100 年左右罗马教会颁布"教令"，强调富人救济贫民是法律和道德方面的义务，都反映了教会在其中的积极活动。

在中世纪的福利发展中，一种观念逐渐明晰，即穷人不能因为受到救济而变得更懒惰、更依赖他人。因此，救济必须是针对"值得帮助"的人展开的。换言之，人们认为贫穷的出现主要是个人原因造成的，个人应对自己的处境负责，社会提供福利会使个人丧失自尊。所以，这时的社会福利是"补残式"或"残余式"的。只有在个人及其亲属都无能为力的情况下，社会才介入救助事务。1349 年英国颁布的《劳工法》将贫民分为值得帮助的与不值得帮助的两类，残障孤疾者值得帮助，身体健壮的人不准行乞。后来的新教革命与新教伦理也强调这一点，新教徒应该自我约束，勤奋工作，对依赖人口或不劳作者是不齿的。

二、1601 年《伊丽莎白济贫法》

16 世纪之后，欧洲的工业革命导致社会经济结构发生巨大变化，出现了各种社会问题。英国原来由教会办理济贫事务，但到了 16 世纪，贫民数量迅速增长，教会财力已不堪重负。伊丽莎白一世登基后，针对贫穷问题，颁布了各种济贫法案，其中以 1601 年的《伊丽莎白济贫法》最为有名。该法案正式承认政府对济贫负有责任，并建立了初步的救济行政制度与救济工作方法，成为各国现代社会救济事业的开端。《伊丽莎白济贫法》的主要内容有：教区向地主征收济贫税；贫民救济由地方教区举办，教区设监察员，中央政府设监督人员；凡有工作能力的贫民必须参加劳动，不得行乞游荡；教区设贫民习艺所，配给原料及工具，强迫有劳动能力者从事生产；对不能工作的贫民（如患病者、老人、残疾人）实行救济；家庭、亲属对贫困者负有救济义务，教区作为公共救济机构仅在贫民不能从其家人或亲属处获得帮助时才给予救济。《伊丽莎白济贫法》的颁布，是社会福利史上的重大事件。它使福利措施不再是私人行善事业，而是一种制度、一种必需的政府责任，使社会福利具备了强制性行政干预的性质。

《伊丽莎白济贫法》并不是突然"发明"的，而是一个漫长演进的结果。例如，1215 年英国的《大宪章》提出天赋人权观，使人民和政府的关系发生改变，权利和义务关系转换，从而使社会福利的政府责任成为可能；1531 年英国《穷人救济法案》授权地方法官，对于某些特定的人，如老人及无生活能力的人给予在临近地区乞讨的许可；1536 年《亨利济贫法案》认为照顾穷人应该是国家责任，而非教会或志愿者的事；1572 年《教区分配比例法案》规定不再依赖自愿捐款照顾穷人，而是由国家税收和教区分担额来支付。总之，《伊丽莎白济贫法》传承了英国300年福利服务的经验，针对济贫的原则、方法、理念等提出了划时代的做法。转变教会的爱心关怀为政府的统筹责任，既反映了特定的社会要求，也是英国人权、宗教和法治观的展现。

三、欧美的慈善组织会社

欧美国家的社会福利，在经历着从教会慈善向国家责任转移的同时，社会层面的实施主体也逐渐在实践中提高组织化水平。这些福利慈善组织的成长，对推进社会工作的技术化、合理化具有重要作用。其中欧美的慈善组织会社（charity organization society，COS）已经具备了专业社会工作的雏形。

《伊丽莎白济贫法》之后，工场济贫方式颇为流行。1697年，工场济贫方式在布里斯托设立，很快传遍整个英国及欧洲部分国家和地区。其宗旨是为了避免济贫税的增加，穷人必须在工场工作，否则不予救济。但工场负责者常同私人企业订契约，委托其经营管理，导致贫民的生活条件非常差，甚至出现了一些不人道的现象。1782年，英国通过《季伯特法案》，为工场内贫民的生存状况呼吁，要求给他们更人道的待遇，使其可以留在家中接受救济。这反映了人们希望对济贫工作有更为合理的实现方式。

这一时期，德国也致力于解决贫民问题。1788年，汉堡市实行了一种比较有特色的救济制度，史称“汉堡制”。它规定在该市设中央办事处，统领全市救济业务。全市按救济需要设若干区，每区设监察员、赈济员若干人。1852年，德国爱尔伯福市仿效“汉堡制”，实行“爱尔伯福制”。在市设救济中央委员会作为最高救济机关，统一管理、支配全市济贫所、医院和院外救济。将全市划分为564段，每段设赈济员一人，负责对申请救济者进行家境调查，救助实施。每14段为一个赈济区，设赈济委员会，确立一人为监察员，监察员任赈济委员会主席。“汉堡制”和“爱尔伯福制”体现了德国对社会福利组织化过程的有益探索。

19世纪中后期，由于工业化的迅速推进，贫民、失业者人数大增。在这种情况下，各种具有不同目标的慈善组织纷纷出现，征募捐款，救济贫民。由于这些组织互不搭界，各自为政，造成不少混乱与浪费。为纠正这种现象，索里（Solly）牧师参考“汉堡制”及“爱尔伯福制”的做法，建议成立一个组织，以协调政府与民间组织的各种慈善活动的关系。于是，1869年伦敦成立了第一个慈善组织会社。其工作的具体方法为：①成立一个中央的管理与联系机构，并将伦敦全市划分为若干区，每区设立分支机构，主持救济分配工作。②各区办理受理申请救济案件的总登记，另设咨询部，供济贫法执行人员、慈善组织及慈善家搜集申请救济者的材料，以避免贫民同时向多家救济机构求助。③各区派人员对申请资料进行详细调查。第一个慈善组织会社在伦敦成立后，英国其他大城市纷纷仿效。1877年，美国的格廷（Gurteen）牧师效仿英国的慈善组织会社，在纽约州的水牛城成立美国慈善组织会社。其后，该类组织在其他城市相继建立，6年之内美国共有25个城市成立了慈善组织会社。这些慈善组织会社无论是在英国还是在美国，都致力达到如下目的：增加救济过程的协调，减少草率补助的可能，消除浪费，不盲目施舍；采用调查的方法，有效做好济贫工作；将案主设定为独立的个体，而不是一个依赖者；将慈善提供给值得帮助的人，同时充分调动社区中的各种助人资源，使其参与到慈善活动中来。这种帮扶活动，已经不是简单地给予被救助者金钱，而是设法促进被救助者的自我发展。慈善组织会社运用“友好访问员”开展工作，具有专业社会工作的雏形。

四、欧美的睦邻组织运动

济贫作为实现社会福利的手段，它要充分发挥效益，就必须增加技术性，走向科学化。这里就有许多问题必须思考。例如，如何实现对济贫的预防？如何做到贫民服务的个别化？如何加强对穷人的鼓励和训练，以形成被救济者积极的劳动品质等。只有解决了这些问题，济贫才具有实效性。因此，社会福利必须走向“科学的慈善”，欧美的睦邻组织运动正是这一努力的结果。

1819 年，英国夏马士（Chalmers）牧师发展私人慈善团体，帮助穷人解决经济困境。他将义工组织起来，对穷人进行鼓励和训练，对困境中的人作个别化帮助。1835 年，受夏马士牧师的影响，美国的塔克曼（Tuckerman）成立了波士顿会社，安排义工探访，对贫民家庭做个别化工作，对慈善基金进行筹募协调。1843 年，哈特立（Hartley）使用夏马士和塔克曼的原则，在纽约创立纽约改善贫民生活条件会社，其致力于工作品德的建立，认为这是解决贫困最有效的办法，因此很快在美国流行。1883 年，德国宰相俾斯麦创立国家健康保险系统，为后来许多国家的社会安全计划提供了模式。

1884 年，东伦敦教区巴涅特（Barnett）牧师在其教区建立了一个大学社区睦邻服务中心，取名为汤因比馆（Toynbee Hall）。其在工作方法上强调：以居民的需求作为服务的重点，工作者与服务对象要相处在一起。同时，充分利用社区资源，使社区睦邻中心成为当地的社区服务中心。汤因比馆成立后，睦邻组织运动迅速推广，不仅成为英国社会改良运动的新潮流，而且成为一种世界性的社区改造运动，其中以美国最为发达。1886 年，柯易特（Coit）因循汤因比馆的理念，在美国成立第一家睦邻组织，取名为睦邻公社（Neighborhood Guild）。很快，有 400 多个社区中心在美国成立。1889 年亚当斯（Addams）与史代尔（Starr）在芝加哥创办赫尔馆，成为美国最具影响力的睦邻服务中心。欧美的这场睦邻组织运动，在理念上认为，帮助穷人最直接的方法是改善其社区，社区改善就是整个社会的改善。他们致力于住宅房屋的改进、就业问题的解决、穷人社交生活的教育、社区内学校体系的改进、社区内文化教育的发展等。透过邻里社区的帮助，使人人相识，进而强化个人责任，遏制受助者的“贫穷化”。睦邻组织运动也被称为社区改良运动，它同慈善组织会社相结合，使这一时期的社会福利活动具有了“科学的慈善”的美誉。

这一时期，为促进慈善基金募集的使用的合理化，欧美的联合劝募活动发展迅速。这种劝募活动始于 1873 年的英国利物浦，美国则出现在 1887 年，由丹佛的慈善联合会率先发起。第一次世界大战之后，美国的联合劝募活动在公益金的名义下组织起来，到第二次世界大战结束时，美国有 1 400 多家联合劝募机构。

第二节 欧美社会工作的发展

19 世纪末 20 世纪初，由于国家对社会福利事务干预的强化，也由于现代社会服务需求的多元性、层次性，传统慈善济贫的方式已难以满足发展的需要，西方社会工作走入专业化、职业化阶段。在社会工作专业教育、行业组织发展、社会工作理论与方法、社会政策和制度等方面都进入了大发展的时期。

一、初步的专业化进程：1890～1929 年

初步专业化的标志包括社会工作名称的提出、专业社会工作教育的出现、社会工作行业组织的发展、社会工作方法和理论的形成以及专业教科书的出版等。在这一时期，美国是社会工作专业发展的主要推动者，期间专业社会工作领域开始出现，社会工作方法不断丰富，社会工作职业团体不断增加。

1898 年，美国纽约慈善学校（即现在的哥伦比亚大学社会工作学院）成立，标志着第一所社会工作学校诞生。它开发了一系列暑期工作坊，培训义工和亲善访问员，还提供一年的教育课程。1899 年，阿姆斯特丹社会福利中心成立，并提供两年有关社会服务的课程。1900 年，社工教育工作者帕登（Patten）提出了社会工作的名称，并将其应用到亲善访问员和睦邻组织工作人员身上。1903 年，泰勒及其同事设立芝加哥公民与慈善学院（即现在的芝加哥大学社会服务与行政学院）。1905 年，波士顿麻省医院设立社会服务处，帮助穷人处理因疾病而产生的种种社会问题，此乃医务社会工作的前身。1906 年，学校社会工作在纽约启动。1907 年，麻省医院聘请社工员为心理疾病患者服务，这是精神医学社会工作的源起。

这一时期，社会工作职业团体纷纷出现。1918 年，全美医院社工协会成立（1934 年改名为全美医务社会工作协会）。1919 年，美国和加拿大 17 个院校成立专业社会工作训练学院协会（即后来的社会工作教育协会）。同年，学校社工员成立全美访问教师联盟。1921 年，美国专业社会工作人员协会成立。1926 年，全美精神医学社会工作协会成立。这些专业组织的相继成立，带动了社工专业化的成长。

对社会工作的专业属性也在讨论中。1915 年，在全国慈善与矫治会议上，富里克斯勒（Flexner）宣称社会工作仍未具备专业条件，其成员还难以担负个别责任，在服务输送中，如有不当，到底由谁负责难以认定。此外，社会工作还缺乏知识体系、专业理论和教育性沟通技巧。作为对这些问题的回应，1917 年，芮奇蒙（Richmond）发表《社会诊断》（*Social Diagnosis*）一书，以推进社会工作成为一门独立的专业，使社会工作的技术具有可传递性。这是一本社会工作专业的开创性著作，它借用弗洛伊德的精神分析理论，建立了调查、诊断、治疗的过程体系，为社会工作创造了一个整体的架构。其基本观点有：①强调会谈的重要性。社工初遇的场合是专业人员与案主之间的会谈，专业人员借着会谈输送专业关怀，对案主施行专业辅导和治疗。②重视

对案主的尊重和了解，接纳案主的个别差异。③主张社会工作的方向是“与他做”而不是“为他做”。④强调对资料进行系统化的搜集和分析，以了解个人和团体的背景和特质，并找出问题原因。⑤将个人视为社会人，个人的问题不是个人单一的因素，还同他的环境有很大的关系。

这一时期，社会工作的专业方法得到发展。1898年，围绕亲善访问员的活动，个案工作方法出现并迅速被广为接受，在美国的“未婚妈妈之家”充分运用。这一时期，芮奇蒙的诊断派个案工作拥有广泛市场。1903年芝加哥公民与慈善学院开设了社会行政课程。1921年，社工教育者莱德曼出版《社区发展》一书，讲述了有关社区组织的概念。1923年，在美国凯斯维斯顿大学，凯萨的《团体工作》一书出版，标志着社会工作的团体工作方法开始被教导。综合来看，个案工作仍是当时社会工作的主要方法。由于弗洛伊德精神分析心理学对社会工作的影响，社会工作者对案主个人经验特别是早年生活经历对当前行为的影响尤为重视。这时的社会工作者不再只是关心贫民的慈善布施者，同时是关注并解决个人心理问题的社会医师。

二、专业化的成长：1930～1950年

本书谈的专业成长，包括专业工作方法的发展和理论派别的出现、专业著作的出版、政府新福利措施的出台、重要政策法规的颁布、专业团体的增加等。这一时期的发展有如下特点：一是理论派别的复杂化；二是专业方法及训练方式多样化；三是社会工作与政府的关系紧密化。

社会工作的理论和方法有了发展。1930年罗宾逊与达夫特整合社会与心理动力学说，提出社会个案工作中的功能学派。这一派别认为人不是只会被动的反应，人有自己的选择、结构、组织、创造和积极改变的能力。助人就是要激发案主的潜能，鼓励案主自我成长。功能派对芮奇蒙的诊断派个案工作带来很大挑战，使团体社会工作开始受到重视。具体体现在如下方面：1930年柯霭尔（Coyle）出版《社会团体工作》一书；1935年，全美社会工作会议认定团体社会工作作为社会工作的主要方法之一；1939年，在美国社会工作会议上，团体社会工作成为一个独立的小组；1946年，团体工作方法开始被视为和个案工作处于同等地位。社区工作的方法也被提出，表现为1939年召开的美国社会工作会议上，有关社区组织的方法已提出讨论；1942年，魏特摩提出社区组织属于其他学科，也属于社会工作；1945年，强森提出社区工作者的专业性，因为它能帮助社区中的人去发现阻碍社区发展的问题，并组织社区的人去克服；1946年召开的美国社会工作会议上，成立了“社区组织研究协会”；1950年召开的美国社会工作会议上，社区组织正式被列为社会工作的专业方法之一。这样，社会工作三大专业方法先后形成，社会工作开始成为一种比较完善的专业。同时，这三大方法作为社会工作的经典方法，在社会工作专业训练和实务开展中，各自发挥着重要的作用。

由于认识到社会问题的结构性，政府参与社会工作的热情得到激发，1929年，美国经济危机发生，政府开始意识到，贫穷很大程度上不是个人的问题，而是宏观的政治、经济结构性问题。人民不做事不一定是懒惰，济贫工作也不能只限于地方层级，需要

中央政府来统一开展。因此，济贫工作不仅考虑受救济者是否有依赖性，还要以更加宏观的角度，了解经济制度与社会制度带来的危机与影响。政府在社会政策方面必须作出更多的努力。1933 年的罗斯福新政，颁布了许多社会福利措施，向贫穷和失业宣战。1935 年，美国《社会安全法案》通过，这是一个里程碑事件。在协助需要帮扶的弱势群体方面，联邦政府第一次担当了主角。该法案强制提供对一系列人士的安全保障，包括对老年人、遗属、残疾人的生活实行保险，财政来源是联邦工资税。规定实施失业保险制度，费用由雇主和雇员平等分担；向州政府拨款用于协助老年人、补助抚养儿童的家庭和救助盲人；政府提供母子健康、残疾儿童、儿童福利和职业康复等服务。1939 年《社会安全法案》修正，将社会安全界定为保障三个重要的风险：一是借由工作促进局的工作救济来提供失业者短期的协助；二是老人或退休者短期靠老年补助，长期则靠老年保险；三是寡妇和失依儿童短期靠政府补助，长期靠遗嘱保险。1942 年，英国的《贝弗利奇报告》诞生，主张建立整合的社会安全系统及保障人民从摇篮到墓地的社会福利政策，对第二次世界大战后的社会福利体系影响大。同年，美国《蓝汉法案》通过，由联邦政府首次拨款支助职业女性子女的日间照料费用。总之，这一时期社会福利的国家责任全面启动，为第二次世界大战后福利国家时代的来临打下了基础。

一些新地方社会工作职业团体相继涌现。1936 年，团体工作人员协会成立。同年，社会行政学院协会成立（1952 年与全美社工学院协会合并为社会工作教育协会）。1937 年，全美社工学院声称：从 1939 年起，社会工作人员需要具备两年硕士学位课程才能被承认。1945 年，美国加州通过《社会工作自治法案》，社工师必须注册才可以执行业务。1946 年，社区组织研究协会成立。1949 年，社会工作研究团体成立。1950 年，在加州的圣地亚哥，确定社工员可以领执照开业以执行业务。

三、走向全面与整合的社会工作专业化：1950 年至今

现代社会高度复杂，社会及案主问题多种多样且牵涉面广，单纯依靠某一种方法难以解决问题。为推动社会工作的进一步发展，自 1950 年起，要求将社会工作专业方法加以整合，以案主问题为中心，全面、灵活运用社会工作专业方法。同时，政府社会政策走向纵深，社会工作职业团体继续发展。

这一时期，政府的社会政策继续深入。1961 年对《社会安全法案》进行修订，增加了对失依儿童的家庭补助，1964 年约翰逊总统提出了“大社会”方案，内含有经济机会法案、公民权法案、志愿服务、邻里青年团、社区活动方案等。1965 年，扩充到医疗保险、医疗补助、老人方案、教育方案等。涉及对穷人的援助、对老年人的医疗保险、对公共学校的援助、对穷人的健康照顾、对弱势青年的工作训练、对妇女和幼儿的营养健康计划等。如果说 1935 年的《社会安全法案》集中落实社会保障的经费，那么这一时期的社会政策则主要集中在为人们提供平等的机会和保护弱势群体的权利，同时完善了社会福利体系和社会工作组织活动体系。

这一时期，各类社会工作职业团体相继涌现。1952 年，社会工作教育协会合并全美

社工学院协会与社会行政学院协会，并被赋予审查硕士及社会工作学院的权力；1955 年，美国社会工作协会成立，它整合了七大专业团体，成为美国最大的社工组织；1956 年，国际社会工作者联盟（International Federation of Social Workers，IFSW）在克利夫兰成立；1959 年，社会政策与社会规划学院成立；同年，巴姆编著的《社会工作教育改革报告》（共 13 册）出炉；1961 年，美国社会工作协会成立社会工作学术审查小组，并对社工教育做审查的工作；1962 年，社会工作教育协会承认社区组织在社会工作专业的正式课程；1968 年，黑人社工协会、波多黎各社工协会及亚裔社工协会相继成立；1970 年，全美印第安社工协会成立；1971 年，美国社会工作协会成立教育立法行动网络；1976 年，美国社会工作协会成立选举政治行动委员会；1977 年，社会工作博士教育增进团体成立；1987 年，美国社会工作协会成立社会政策与实务协调中心，负责社会工作、社会福利方面的咨询交流及教育、政策等规划；1991 年，学士社会工作员协会成立。可以说，欧美社会工作的发展历程，与之伴随的是社工团体的成长过程。

社会工作的理论和方法开始走向全面整合。1954 年，功能派与诊断派合并。虽然二者在理论假设方面、人的看法方面、促成案主改变的导因方面长期存在争论，但是与之相伴的是三大社会工作方法开始走向融通。个案工作从强调社会情境对人的影响，到进一步关注自我心理学，重视预防性理论和对贫穷问题的处理。团体工作除注重民主参与、教育、角色的发展及团体实务外，开始把团体动力模式化，认为团体是社会的缩影，团体成员和团体过程才是解释团体的主角。社区工作服务得到强调，重视计划、协调和募款。20 世纪 60 年代末至 70 年代，赫恩（Hearn）和比斯诺（Bisno）等学者开始努力发展一套整合、统一的社会工作实施知识与技术。平克斯（Pincus）、米纳汉（Minahan）和史坡林（Siporin）等则尝试探索社会工作共同的特征与干预阶段，以打破个案工作、群体工作及社区工作相互独立的局面。

在社会工作实务层面，个案管理开始被重视。个案管理也称个案整合，经常是由一个机构负主要责任，指派个案管理员，对与案主相关的服务进行统筹管理与协调。同时，整合不同机构的资源，对案主的问题进行综合解决。系统理论与生态理论被广泛使用。系统理论着重考察案主与其周围环境的互动，并根据案主问题的具体情境决定采取相应的干预措施。这对社会工作者提出了更高的要求，他们必须具有广博的知识和技能，方能自如地选择合适的服务方式，以满足案主及其环境系统的需求。这一时期，量化研究与质性研究出现。量化研究是指研究者能比较所研究的资料，并加以统计处理，带有实证主义、行为主义印记。质性研究是指研究者仔细并有深度的研究其主题，不排斥研究者的主观性。同时，一些建构性的社工理论开始出现，如任务中心理论（或称之为任务中心模型）、危机干预理论、社会网络干预模型、增权理论等。

第三节　中国社会工作的发展

中国社会工作的发展与欧美国家的逻辑不同。欧美国家的社会工作，是在社会推动下，以慈善事业为源头，由教会主办逐渐演变为政府参与的过程，是一种自发的内生发展。而传统中国的社会福利，具有较强的灾难救济特征，缺乏制度规划和学理分析。近代以来，西方社会工作开始传入中国，但由于政局动荡，成长并不顺利。1978年，中国开始改革开放，社会工作得到有力推进。但这是一种对外来制度的“嵌入式”移植，要完成社会工作的本土化，还有一个较长的过程。

一、传统中国的社会福利

传统中国社会福利无论是作为一种文化还是作为一种实践，都源远流长。其中最为典型的是《礼记》中的说法，“故人不独亲其亲，不独子其子。使老有所终，壮有所用，幼有所长，鳏寡孤独废疾者，皆有所养”（《礼记·礼运篇》）。可谓意境高远，理想宏大。在《尚书》中也有“德惟善政，政在养民”（《尚书·大禹谟》）的为政理念。《孟子》则提出 “人饥己饥，人溺己溺”（《孟子·离娄下》）的悲悯情怀。墨家认为，“天下之人皆相爱，强不执弱，众不劫寡，富不辱贫，贵不傲贱，诈不欺愚”（《墨子·兼爱》十五）。但这些福利思想，缺乏可操作的实施措施，许多都停留在理想状态。

在实践层面上，中国传统社会福利名目繁多。有常平仓、义仓、社仓、施粥、工赈、赈谷与赈银、疏遗、居养等措施。

常平仓：缘于管仲治齐时候的“敛轻散重”与“准平”政策。由政府设立，出资储存粮食。凶年粮贵时低价售出，丰年粮贱时以高价收入。借以调节民食和粮价。

义仓：隋朝文帝时设立。由政府课税或由富户义捐粮食积存于仓，由官府管理，遇荒年出仓以赈济灾民。

社仓：宋代朱熹设立。类似于一种农贷合作组织。各地人民捐集米谷，各乡设仓储存，凶年取出救济。常平仓和社仓到明清两代仍然是救荒与济贫的主要措施。

施粥：当灾情严重，灾民众多时，施粥以急用。粥厂分散各地，便民就食，将难民分别造册，凭票就食。所用量器由政府拨给，以资划一。

工赈，即以工代赈。

赈谷与赈银：汉武帝时，因为交通不便或仓存不足，赈谷难以施行，则赈银。

疏遗：甲地无粮，则迁徙民于乙地就食。疏远生产者，政府配给土地、种子、耕牛。

此外，历代还设置居养院、安济坊、福田院、漏泽园等以收容流民、乞丐、鳏、寡、孤、独、残疾无依者。《周礼》记载大司徒分别提出“保息六政”和“十二荒政”，是荒年善后救济重建社会的重要措施。前者包括慈幼、养老、振穷、恤贫、宽疾、安富，后者包括散利、薄征、缓刑、弛力、舍禁、去几、眚礼、杀哀、蕃乐、多昏、索鬼神、除盗贼。

总结传统中国的社会福利，以灾难救济为主轴，以家族伦理为出发点，主要是由家族执行的施舍式救济，具有地方性质。缺乏经费及专门人员的科学管理，更谈不上系统的调查，长远的规划。因此，历代救荒的内涵重叠性高，救济以生存为主，救急为要，各种措施和政策都只是暂时的权宜之计。

二、民国时期的社会工作与社会福利

中国专业社会工作的出现可以追溯到 20 世纪初。在西方殖民势力向中国入侵的过程中，一些在华的传教士、社会工作者通过创设服务机构、开办教育，在中国开始了社会工作专业教育和实务活动。与此同时，民国政府通过建立体制、完善政策等措施积极推进社会福利和社会工作的发展。

（一）社会工作专业教育的引入

社会工作最早在中国被翻译为“社会事业”。一般认为，其早期的推动者是美国人步济时（John Stewart Burgess），他于 1909 年来到中国，为基督教青年会筹划社会服务项目。1911 年，步济时组成北京社会服务俱乐部；1917 年，创立燕京大学社会学系；1918 年，开始以其工作经验教导学生社会服务课程，这是社会工作教学的开始。1925 年，社会学系改为社会学与社会服务学系，并于 1926 年成立研究院；到 1931 年时，每年训练 10～17 位社会工作者。与此同时，一些其他高校如沪江大学、之江大学、南京金陵女子学院、金陵大学、岭南大学、齐鲁大学等也纷纷开设社会工作专业。1945 年教育部召开大学课程修订会议，批准在社会学系开设社会行政课程，规定社会行政与福利为社会学系学生必修科目。这一时期还出现了一些相关的著作和教材，如蒋旨昂的《社会工作导论》、言心哲主编的《社会事业与社会建设》、马宗荣的《社会事业与社会行政》、王克的《中国社会服务事业》、林良桐的《社会保险》、柯象峰的《社会救济》等。

社会工作实务最早在医院萌芽。1913 年长沙的耶鲁医院提供医疗社会服务工作，同时，北京协和医院也设有宗教与社会工作部。20 世纪 30 年代的乡村建设运动，在一定程度上具有社区工作的性质。

（二）民国时期的机构与政策发展

1912 年民国成立，并设内政部，主管赈恤、救济、慈善、感化与卫生等工作。1915 年公布游民习艺所章程；1928 年，中华慈幼协会成立；1930 年，国民政府公布《救灾准备金法》，规范临时灾害救济金处理事宜；1932 年，国民政府设立救济水灾委员会；1938 年，战时儿童保育会在汉口成立；1939 年，赈济委员会成立，管理救济行政和救济业务；1940 年，国民政府设立社会部，职责包括社会救济、社会福利、社会组织、社会服务、劳工行政等，下设总务司、组织训练司、社会福利司、合作事业管理局；1943 年，国民政府公布《社会救济法》和《统一募捐运动办法》。这一时期，还出现了一些临时性区域救济机构，如 1934 年的华北战区救济委员会，1939 年的战时儿童保育会等。

国民政府社会部努力推进社会工作职业化。从 1945 年社会部发布的考试院公告《特种考试社会工作人员考试规则》看，将社会工作资格认证分成“甲级社会工作人员”和“乙级社会工作人员”两种。而《社会部南京伤残重建院组织规程》则明确规定：（在职人员）必须“掌理个案调查、就业指导、职业介绍及随访并心理测验精神病社会工作等事项”。可见，国民政府已经尝试将社会工作作为专业技术纳入社会福利和社会事业体制中去。

三、当代中国社会工作的发展历程

当代中国社会工作经历了一个曲折发展的过程。计划经济时期，专业社会工作完全消失。1978 年改革开放，社会工作迎来发展机遇。1992 年，我国确立了社会主义市场经济的改革方向，对社会工作的客观需要不断激发。2006 年，国家提出构建社会主义和谐社会，社会工作出现“井喷”的发展势头。

（一）传统计划经济时期的社会福利

从新中国成立到 1956 年，国家对各种社会组织进行改造，社会服务由政府的民政福利机构提供，专业社会工作完全消失。1956 年之后，中国进入计划经济时期，整个国家被高度组织起来，形成一种全能主义的社会政治结构状态，政府掌握对各种资源的动员和分配权，对全社会的经济和社会活动承担责任。在宏观的功能安排上，工会、青年团、妇联、民政部门等承担了一些实际社会服务工作，在微观上，民众个体被“嵌入”到“单位”中，由“单位”负责工作安排、经济生活和社会福利。单位变成“五脏俱全”的小社会。在农村，生产队包揽了村民生活的方方面面。总之，在计划经济体制下，中国形成了由政府全权负责、行政部门和单位承担具体社会福利的制度体系，专业社会工作不存在，也不必要。

（二）改革开放以来社会工作的恢复与发展

1. 社会工作的恢复与初步发展：1978～2006 年

1978 年，中国实行改革开放，僵化的计划经济及“单位”体制开始松绑，社会被释放出来并逐渐有了存在的可能。1984 年，为探索中国社会福利改革，民政部派出赴香港考察团，对香港的社会福利制度和社会工作教育进行考察。在此基础上，1987 年 9 月，民政部召开马甸社会工作发展论证会，论证专业社会工作对中国社会福利改革与发展的必要性。同年，国家教委将社会工作与管理列为本科专业，并批准北京大学、中国人民大学等高校试办。1989 年北京大学等校招收第一届社会工作与管理专业本科生。1991 年，成立中国社会工作者协会（China Association of Social Workers，CASW），次年加入国际社会工作者联合会。1994 年，中国社会工作教育协会（China Association for Social Work Education，CASWE）成立，吸收开办社会工作专业的学校参加，成为中国最大的社会工作专业教育团体。

1995 年以后，进入探索本土社会工作专业化的阶段。随着市场经济体制改革的全面推进和工业化的深入，大量社会问题产生，社会工作迎来了市场化环境下的发展高潮。从 1996～2005 年，开设社会工作专业的高校由不足 20 所快速增加到近 200 所，几乎增长了 10 倍。为适应教育本土化发展的需要，在社工教育课程设置、教材编写、社工教学方法和实习设计等方面，也开始展开探讨。2003 年，上海市举行社会工作者职业资格考试，并在社区矫正、青少年服务领域引入社会工作人才。2004 年，劳动和社会保障部颁布《社会工作者国家职业标准》，为社会工作职业化提供了依据。在一些政府的福利机构和政府支持的非营利机构，开始建立社会工作服务制度。

2. 和谐社会建设与社会工作的全面推进：2006 年至今

2006 年，中国共产党十六届六中全会通过《关于构建社会主义和谐社会若干重大问题的决定》，提出要“建设宏大的社会工作人才队伍”。这一政策目标的出台，带来专业社会工作的“井喷式”发展。2007 年 2 月，民政部发布《关于开展社会工作人才队伍建设试点工作的通知》，在全国的社会福利、社会救助、社区建设等领域开展以“普及社会工作知识，储备社会工作人才，明确社会工作岗位，积累社会工作人才评价经验”为目的的社会工作人才队伍建设试点工作。2008 年，中国开始实行全国社会工作者职业水平考试，将社会工作者纳入专业技术人员范畴。到 2009 年，各地区民政事业单位开发设置社会工作岗位 8 000 多个。2010 年，中国政府制定国家中长期人才发展规划，将社会工作人才列为优先发展的专业人才，提出到 2020 年建成 300 万社会工作者的目标。

高校社会工作教育空前发展，开设社会工作专业的高校进一步增加。到 2010 年，据中国社会工作教育协会统计，中国有社会工作本科专业的高校约 260 所。同时，社会工作教育体系也更加完备。2008 年，教育部和国务院学位办将社会工作专业硕士（MSW）列入专业硕士学位研究生专业目录，到 2010 年培养社会工作专业硕士研究生的高校达到 58 所。2011 年，中共中央组织部和民政部等 18 部委发布《关于加强社会工作专业人才队伍建设的意见》，成为当前和今后一个时期社会工作专业人才队伍建设的指导性纲领。中共十八大特别是十八届三中全会之后，“政府购买社会服务”“创新社会治理体制，激发社会组织活力”等成为政策热点，将极大地推进社会工作的专业化和职业化。

当代中国社会工作发展历程如表 2-1 所示。

表 2-1　当代中国社会工作发展重大事件一览表（1979～2014 年）

年份	主体	重大事件	地位与作用
1979	社会学界	社会工作与社会学专业恢复重建	社工专业恢复
1984	民政部	民政部门兴办社会工作教育机构与课程	民政部门努力
1987	民政部	马甸“社会工作发展论证会”	社工专业地位
1988	北京大学	试办“社会工作与管理”专业	大学专业教育
1991	民政部	中国社会工作者协会成立	社工组织建设
1992	香港大学	华人社会的社会工作教育：理论及发展	华人社工教育
1993~1994	香港理工大学	中国社会工作教育人员培训计划	社工师资培养
1994	北京大学	华人社区社工教育发展研讨会暨培训班	华人社工教育
1994	教育部	中国社会工作教育协会成立	社工教育组织
1996	IFSW / IASSW[1)]	1996 年世界社会工作国际研讨会	世界与中国社工
1998	CASWE	中国社工教育协会获香港凯瑟克基金会资助	社工教育发展
2000	CASWE	全国社会工作教师培训班	首个师资培训班
2002	CASWE	首届社会工作高级师资培训及教学研讨会	社工主干课程
2002	CASWE	《中国社会工作研究》第一辑正式出版	中国社工研究
2003	CASWE	中国社会工作专业实习师资培训班	专业实习师资

续表

年份	主体	重大事件	地位与作用
2004	CASWE	第二届中国社会工作师资培训班	四门主干课程
2004	CASWE	第二届中国社会工作高级师资研讨班暨教材编写会	师资与教材
2004	CASWE	十周年庆典暨社会工作发展策略高级研讨会	社工发展策略
2006	人事部民政部	《社会工作者职业水平评价暂行规定》颁布	社工职业评价
2006	中共中央	关于构建社会主义和谐社会若干重大问题的决定	社工队伍建设
2007	中组部等	社会工作人才队伍建设研讨班与专题调研	首次全国调研
2008	教育部和国务院学位办	批准设立社工硕士专业学位	MSW 专业学位
2008	民政部等	全国首次国家级社会工作职业资格考试	社工职业资格
2009	中共中央国务院	关于深化医药卫生体制改革的意见	医务社工角色
2010	中共中央国务院	国家中长期人才发展规划纲要（2010~2020 年）	社工人才地位
2011	中共中央国务院	关于加强社会工作专业人才队伍建设的意见	社工专业人才
2012	民政部等	关于政府购买社会工作服务的指导意见	购买社工服务
2013	国务院	关于政府向社会力量购买服务的指导意见	购买社工服务
2014	民政部	关于进一步加快推进民办社会工作服务机构发展的意见	社工机构发展
2015	国务院	李克强总理在政府工作报告中指出要“发展专业社会工作”	“发展专业社会工作”首次纳入政府议事日程

1）IASSW：International Association of Schools of Social Work，即国际社会教育联盟

资料来源：在左芙蓉和刘继同（2012）论文基础上整理

广东省是社会工作发展的热土。2006 年 10 月，深圳市出台《关于加强社会工作人才队伍建设推进社会工作发展的意见》和七个配套文件（简称“1+7”文件），对社工的职业定位、社会角色、社工资格认证、社工薪酬保障、社工专业岗位设置等作了规定。2007 年，深圳作为试点城市，在全国率先启动“政府购买，民间运作”的社会工作服务新机制。珠三角地区也积极行动起来，迅速形成了社会工作发展的“深圳模式”“东莞模式”“广州模式”等。为了促进社会工作的行业自律，广东省社会工作师联合会于 2013 年 10 月向社工界同工发出《关于制定广东社会工作行业约章的倡议书》，并于 11 月在广州举办了“社会工作本色与本土——广东社工发展论坛”。在论坛上，主办方同与会代表分享了“政府让渡空间背景下专业自律发展——广东社会工作发展现状”调研成果，论坛中还发布了《广东社工机构建设约章》和《广东社工操守约章》，旨在引导行业内社工机构和社工注重自律。两份约章获得了各社工机构的认可，社工机构及社工代表纷纷在约章上签名。到 2014 年，广东社工机构发展到 550 家[①]，社工专业人才供不应求。十八届三中全会之后，广东率先积极探索制约社会工作职业发展的人事聘用、户籍管理、档案管理、职称评定、工资福利等问题，确保他们与事业单位享受同等待遇[②]。

① 参见“广东社工网”李强、周潺文章《广东社工机构数量增至 550 家》，http://www.guangdongsw.com/html/haiwaishegong/dongtaizonglan/201401/02-4234.html。

② 参阅广东省民政厅原厅长刘洪文章《构建现代社会组织体制 激发社会组织发展活力》，见《中国社会报》2013 年 12 月 19 日。

四、未来中国社会工作的展望

反思近20多年中国社会工作的发展，呈现以下几个特点。

一是教育先行。当代中国社会工作的发展，高校的专业教育是先行者。从1988年开始，北京大学引进国外专业社会工作教育，培养本科生。20多年来，高等教育为社会工作培养了大量人才。但由于社会需求的不确定性和体制机制的不完善，也曾经出现一定程度的人才闲置，这种情况直到2006年之后才根本改变。

二是政府主导。由政府对社会工作的发展作出总体决策，并提供人力、资金等各种资源支持。由于中国与西方的历史和文化背景不同，社会工作的发展也遵循与欧美国家不同的逻辑。中国社会工作必须依靠政府的力量，进行行政主导的推动，在制度和政策方面做好顶层设计，实行自上而下的强力推进。

三是专业嵌入。由于长期以来社会和政府实务部门对社会工作缺乏认知，不知道社会工作是什么，更不知道该怎么办。这就迫使专业社工力量必须先期介入（就像深圳社工发展初期引进香港督导），指导操作。典型方式是高校中的社工资源走出校园，创办社会工作服务机构或担任民间机构的董事长、总干事等。

专业社会工作最初是从西方发展起来的，可以说是西方文化的产物。在中国的移入是政府强力推动的结果，要实现它的中国化需要解决许多问题。例如，如何实现中国化的社会工作伦理与价值成长，从而激发社会工作利他主义的内在动力？如何疏解专业社会工作与传统行政性社会工作之间的结构性张力？如何在政府自上而下的强力推进下，逐渐实现自下而上社会工作的民间自然发展？如何促进现有制度结构和文化认知改变，以优化社会工作的发展环境？如何在进行专业的“嵌入式”发展过程中，实现它同环境的互构式演化？

答案也许要在时间中去慢慢呈现但问题的关键在于，如何给未来社会工作的发展找到思维方式的指南？王思斌教授提出如下看法。

第一，中国社会工作是基于中国现实需要的社会工作。任何外部的经验都将在我国改革和发展的实践中受到检验。中国社会工作要面对服务对象的实际需要；要解决中国的社会问题；要找到适于问题解决的工作思路、途径和方法。

第二，中国社会工作是走向专业化的社会工作。在建立现代社会工作制度的过程中，传统的行政性社会工作将逐渐弱化，专业社会工作将得到发展。这是我国体制改革和社会变迁的需要，是构建和谐社会、实现人类幸福的基本方向。

第三，中国社会工作将吸收国际社会工作的先进成果。过去20多年，我国社会工作教育积极吸收国际先进成果，促进了社会工作的发展。我国在进一步融入国际社会的过程中，将学习国外先进经验，以推动社会工作专业化的更深入发展。

第四，中国独特的政治制度和文化传统使社会工作呈现出自身特点。中国社会工作将在社会主义制度的框架下发展。另外，社会工作是在特定的文化脉络下展开的，任何社会工作都必须充分顾及具体服务情境下的文化要素，考虑到本民族的特点。

十八届三中全会关于新时期一系列改革方案的出台，对未来社会工作的专业化、职业化带来深远影响。广东是社会工作发展的先行区域，对社会工作的认同正在形成。同时，社会工作群体的职业共同体意识正在萌生，社会工作的行业组织正在纷纷出现。它们自发开展问题研究，促进群体的专业成长，协助政府行业监管，推进行业自律。这些新气象将对广东社会工作的发展，进而引导中国社会工作的方向具有重要意义。

参考文献

法利 O W，史密斯 L L，博伊尔 S W. 2005. 社会工作概论. 第九版. 隋玉杰译. 北京：中国人民大学出版社.

顾东辉. 2005. 社会工作概论. 上海：上海译文出版社.

关信平. 2009 . 社会政策概论. 第二版. 北京：高等教育出版社.

何历宇，罗婷婷. 2013. 基督教伦理与现代社会工作的发展. 前沿，（12）：51.

简春安，赵善如. 2010. 社会工作理论. 台北：巨流图书公司.

李迎生. 2010. 社会工作概论. 北京：中国人民大学出版社.

林万亿. 2006. 福利国家——历史比较的分析. 台北：巨流图书公司.

林顺利. 2013. 民国时期社会工作引入和发展的路径. 河北大学学报，（3）：35.

王思斌. 2010. 社会工作本土化之路. 北京：北京大学出版社.

王思斌，阮曾媛琪. 2009. 和谐社会建设背景下中国社会工作的发展. 中国社会科学，（5）：136.

张昱. 2012. 社会工作发展：在国家、市场、社会之间. 中国社会工作，12：53.

左芙蓉，刘继同. 2012. 改革开放以来中国社会工作教育发展进程研究述评. 南京社会科学，（3）：77.

Pease B，Fook J. 1999. Transforming Social Work Practice：Postmodern Critical Perspectives. London：Routledge.

第三章

社会工作的哲学基础、价值体系和专业伦理①

知识、价值、方法与技巧是社会工作的基础，其中价值是社会工作的灵魂，也是完成社会工作使命的基点。长期以来，社会工作专业的发展以独特的哲学基础为逻辑起点，以明显的价值倾向为基础，逐渐形成了一系列核心的价值观和伦理原则。社会工作的哲学基础、价值体系和专业伦理是社会工作专业的核心所在，是实现社会工作使命的根基，也是其有别于其他应用社会科学的重要标志。

本章分别考察社会工作专业的逻辑起点，回答社会工作“何以如此”的社会工作哲学基础；论述社会工作的指导思想，回答和解决社会工作“是什么”的社会工作价值体系；阐述社会工作者的职业道德操守，回答和解决社会工作实践中“怎么做”的社会工作专业伦理。

第一节　社会工作的哲学基础

作为社会工作知识体系的重要基石，哲学基础是考察社会工作专业的逻辑起点，它探讨了关于人、社会、人与人的关系、人与社会的关系、社会发展等社会工作一般本质设立的方面，主要回答社会工作“何以如此”的问题。体现社会工作对人性、自由、尊严、价值、正义、平等和幸福等的看法，包括专业人员对同福利有关的道德哲学、政治哲学和伦理学的一系列思考，也包括对国家特定的福利意识形态的判断，是全部社会工

① 本章编写者刘春燕，广东外语外贸大学社会工作系主任、博士、副教授，社会工作研究与培训中心主任，中级社工师，兼任广东省民政厅“社会工作专业人才队伍建设专家委员会”委员、广东省社会管理研究会副秘书长、广州市怀德社会工作服务中心理事长、广州市社会学与人类学学会理事、广州市社会工作协会理事、广州市政府采购评审专家、广州市社会工作服务项目评估专家等职。主持、参与多项国家社科及省部级项目，已出版3部专著和教材，发表30多篇学术论文，多篇论文被人大复印报刊资料及《高等学校文科学报文摘》全文转载。

作得以建立和不断发展的价值依据和动力源泉。一方面，社会工作的理论体系是基于一系列的哲学假设建构而成的；另一方面，不同哲理基础决定着人们以相异的角度去看待社会工作理论和实践，社会工作者的不同哲学立场会对其实践活动产生影响。

社会工作从诞生起，就一直不断反思自己的哲理基础，并逐步形成四个基石：人道主义、社会正义、理想主义和实证主义。

一、人道主义

人道主义（humanism）起源于希腊的古典哲学，后在14~15世纪的西欧文艺复兴运动被重新挖掘，现已成为现代文化的一个重要组成部分。人道主义建立在相信人的可教化性和发展能力、尊重人的尊严和个性的基础之上，其目的在于全面地培养、自由地运用和发挥人的创造力和能力，从而高度发展人的社会，使整个人类越来越完善、越来越自由。人道主义是关于人性的道德学说，它承认人的价值，把人看做是平等的、自主的个体，每个人都应享有生存与发展的权利。

虽然社会工作者不纯粹是人道主义者，但他们的价值观很多是建立在人道主义的价值观之上的。美国社会工作人员伦理守则的第1条就写道：社会工作是建立在人道主义与民主理想的基础上的。概括起来，社会工作哲理基础中的人道主义传统有如下组成部分：第一，哲学上的人道主义。人道主义主张“人”是探究问题的出发点和归宿的，它以人为本位，而不是以神或其他。这是一种对人的价值的肯定，对人的尊严的赞美。第二，伦理上的人道主义。作为一种道德伦理原则和自觉的思想，人道主义承认自己与他人都是人，人人平等，每个人都应享有生存与发展的权利。它承认人与生俱来的一切权利，包括经济、政治、社会、文化和公民等方面的权利。第三，人道主义对人的本性持乐观的态度。其关心和重视人，相信人的理性、进步、自我完善能力，强调个人通过理性达到自我实现的潜能。

二、社会正义

在人类发展的历史上，正义问题始终都是人们探究的核心问题之一。人们认为只有当所有人——不论他们有着怎样不同的特质——都得到了平等关注，正义才算得到实现。以罗尔斯为代表的社会正义理论流派被公认为对社会工作价值观的形成和发展影响最大的流派。总的来说，社会正义理论强调每个人的利益，并强调每一个人机会的均等，其关注的就是如何让社会成员觉得他们得到了平等关注。

首先，是构建平等的社会理想。在罗尔斯看来，一个社会的基本制度应当遵循正义原则，正义的社会制度就是能够最大限度地实现平等的制度。这种平等既涉及个人基本自由和权利的分配，包括政治、思想、言论和人身自由上，又包括社会财富或经济好处的分配。其次，在强调正义的社会制度是平等制度的前提下，罗尔斯认为，只有一种不平等是合乎正义的或者说是公平的，那就是他的差别原则所表述的“要使最少受惠者获得最大利益”的思想，其认为国家或者所谓的公共权力必须介入社会上的不正义。这种关注最少受惠者利益的公平观念，反映了一种对最少受惠者的偏爱，一种尽力想通过某种补偿或再分配使一个社会的所有成员都处于平等地位的愿望。

基于对人类固有价值和社会正义的坚信，社会工作专业将自己的使命规定为实现社会正义。倡导正义的社会应当承担起对个人的责任，个人是社会的主体，是构成社会的基本单元，因而社会存在的目的是满足人的物质和情感需要，社会应当充分地保护个人、关心个人；个人在生活中所遇到的问题，往往是个人无法控制的外部环境（如受教育的机会、经济地位、家庭出身、社会环境等）造成的，因而社会有责任为个体的生存与发展提供更好的环境条件，避免社会问题的发生；社会上的贫困者、弱小者、残障者往往都是历次社会变迁的直接受影响者，因而社会有责任给予他们人道的考虑与待遇，保障他们基本的生活需求，从而使他们享有做人的基本尊严。

三、理想主义

社会工作者是有信念和理想的专业人员，理想主义深刻地影响了社会工作专业人员的行为，使社会工作专业从一个广阔的层面去看待社会公正、社会平等、自由、幸福等重大问题，他们将理想付诸实践，是富有行动力的理想主义者。

托马斯·莫尔于1516年在《乌托邦》一书中利用希腊文字“美好”（eu）与“乌有”（ou）创造了“乌托邦”一词，意指一个“美好的”但并“不存在”的地方。现在，人们把乌托邦当做理想国的代名词，即一个完美社会。乌托邦主义宣扬的是一种不分阶级、人人平等和公民富足的社会图景，一个以公有制为基础，在保障全体公民富裕的基础上，促进社会正义实现的国家。理想主义同乌托邦主义有着密切的关联，它是乌托邦主义持续发展的产物。理想主义乌托邦精神的实质是一种批判反思、追求至善的超越性精神，引导、激励、塑造了一大批追求真理、献身正义、服务人类、造福人民、执著理想的人类精神楷模，极大地推进了人类社会的历史进程。

理想主义乌托邦精神对早期社会工作者的实践和后来的社会工作专业的价值观和实践都产生了深刻的影响。一方面，作为一门解决社会问题和促进弱势群体福利的专业，社会工作就是在这些基本的理念和精神的指引下，通过积极的社会改良和倡导，改变不公平的社会制度，促成社会平等和社会正义。另一方面，理想主义乌托邦精神给予社会工作者一种实践的激情，激励着人们生活实践的热情、积极的态度、顽强不屈的意志与崇高的献身精神。从某种程度上来说，社会工作者都是理想主义者，他们对美好的社会和正义目标都怀有持久的热诚，并相信通过人们的努力可以解决社会中的不同问题，通过积极的社会制度安排和专业实践，可以满足不同的社会需要。

四、实证主义

起源于19世纪末并在20世纪初成为独立思想运动的实证主义（positivism），对社会科学具有深远影响。实证主义为哲学指定了科学的方法和外延，具有明显的工具理性特点。

实证主义认为存在一个客观现实，这个现实可以经由科学研究而揭示真相，科学研究中的价值中立可以保证客观性。实证主义具有决定论倾向，主张因果线性思维且强调任何事件都有特定的原因。在方法论上，实证主义坚持认为存在所谓的客观现实，即人类、文化与社会都存有实实在在的、可以通过研究发现的本质特点。实证主义坚持认为存在普遍法则，即变量之间具有恒定性，这样的关系具有可复制性，即可以以单一视角去解释所有事物，强调一致性，淡漠差异性。实证主义相信自然科学的方法可以应用于对人和社会的研究；实验法可以应用于社会工作研究以测定变量之间的关系，进而从样本群体演绎至一般群体；中立观察可能带来类似结果的标准化资料收集方法，即结果具有可复制性；换句话说，研究人员要力争客观性、避免将偏见导入研究结果之中。实证主义支持现代主义的目的论，即人类社会朝特定的社会或人文目标迈进，即秉持进化观，认为人类社会具有线性的发展轨迹，并且这样的轨迹是可以预测的。

实证主义的科学观对社会科学产生了深远影响，为社会科学提供了重要的哲学依据和方法论，它所强调的主客观分离、价值中立、工具理性、实验和演绎的方法影响了社会科学的哲学思考的定位、目标和方法，为现代科学的知识体系奠定了基础，也对社会工作产生了无可估量的作用。实证主义科学世界观不仅对社会工作的研究提供了重要的思想前提，而且影响了关于社会工作实践的哲学思考的定位、目标和方法。其对社会工作实务的研究，特别是对临床社会工作的研究带来深远影响。

第二节　社会工作的价值体系

价值观是指人对人、事物和世界具有的怎样和应怎样的看法和观念。高登斯坦把社会工作者描述为“充满价值的人”，他指出“价值被认为是社会工作定义的基础，同时被看做是社会工作的唯一基础或不可缺少的基础”。社会工作的价值体系主要回答和解决社会工作“是什么”的问题。人的价值、尊严、潜力、权利以及人与人、人与社会的关系，都置于它的视野之中。社会工作的价值体系是社会工作者和社会工作过程的指导思想和价值依据，它能够深入认识社会工作专业本质，沟通并划分社会工作与其他相关学科的联系和区别。

在社会工作专业发展的历史过程中，很多学者和专家对社会工作的价值观作出了自己的论述。Skidmore 和 Thackeray（1982）认为，社会工作有三个前提，即：非常重要的人；在与他人的互动中人会产生个人、家庭、社区等问题；这些问题以及生活的改善是可以找到方法解决的。这三个前提本身就是社会工作对人、人与他人、人所在的环境系统及工作手法的态度和看法。布特雷姆（Z. T. Butrym）在其著作《社会工作本质》一书中曾指出社会工作的三个假设：第一，对人的尊重；第二，相信人有独特的个性；第三，坚守人有自我改变、成长和不断进步的潜能。莫雷李斯（Morales）和雪佛（Sheafor）认为社会工作伦理价值体系包含三个基本方面：一是对人的价值观，即每个人不论贫富贵贱都有与生俱来的价值与尊严，都有能力与动机去追求更美满的生活；二是对社会的价值观，即社会必须提供机会让每个人发挥潜能，充实精神与物质生活；三是对工作的价值观，即相信所有的人均应受到关怀与尊重，协助个人与他人互助，共同建立符合他们需求的社会。巴特利（Baretlett）更明确地提出了应被社会工作者所接受的六项基本伦理价值观：一是个人应受到社会的关怀；二是个人与社会是互相依赖的；三是个人对他人负有社会责任；四是个人有人类共同的需求，但也有个人的独特需求；五是要使个人的潜能得以充分发挥，并透过社会参与来尽其社会职责；六是社会应有职责为他人提供机会，让每一个人克服困难，达成自我实现。徐道稳认为，社会工作作为一种助人的活动，其价值取向主要有尊重人的价值，满足人的需要；作为一种专业和职业，其价值取向主要有个别化原则、接纳原则、民主自决原则、职业道德原则；作为一种福利制度，其价值取向主要有秩序、正义和效益。

从上述中西方学者对社会工作价值体系的论述中，我们可以从对人的价值理念、对社会的价值理念以及对人与社会关系的价值理念三个方面来理解和领悟社会工作的价值体系。

一、社会工作对人的基本价值理念

（1）尊重原则。社会工作最基本的价值信念就是相信每一个人都有与生俱来的价值和尊严，而这种价值和尊严带给每一个人不可剥夺的社会权利。其强调社会性是人的本质属性，每个人都是与社会相联系的独立的生命个体，都有获得社会理解、社会尊重、社会关怀的权利。

（2）需求原则。承认和尊重人的基本生活需求及发展需求的客观合理性；人有共同需求，但也有独特偏好；强调不断满足社会成员的各种社会需求是社会进步的重要标志。

（3）潜能原则。相信每一个人都有发展的潜质，强调每个人都有自己的生命潜能，都有处理和解决危机实现自我发展的可能；社会有责任向社会成员提供条件和机会，帮助成员解决困难，促进个人能力发展；社工有责任鼓励及协助个人在顾及他人权益的情况下实现自我。

二、社会工作对社会的基本价值理念

（1）秩序原则。由于群体内和群体间存在利益的差异和冲突，所以社会生活必须要有秩序，没有秩序就会出现弱肉强食、人人自危的局面。秩序关注的是社会结构的和谐稳定，强调为人类群体的进步和发展做努力。建立在法制基础上的社会秩序具有必要性、合理性的特点，要求人们实施符合规则的行为模式秩序。

（2）正义原则。由于社会发展的阶段性，人们的身份差异和地位差异是客观存在的，社会生活不同领域中偏离公平公正的现象时有发生。社会工作强调社会分配的原则公正性，形成地位差异的原因合理性，由此产生了对正义、合理、平等的社会秩序和社会关系的需要与追求；社会工作致力于减少乃至消除社会分配领域中的身份差别，进而实现社会平等。

（3）效益原则。保证社会资源分配的公正性和平等性是社会工作的目的，使有限的社会资源产生更多的效益是社会工作的追求。社会工作的效益价值是指社会工作能够使社会或人们以较少的投入获得较大的产出，以满足人们的效益需要。社会工作通过影响社会政策的制定和实施，以强调合理使用和分配社会资源的重要性，从而增加社会投入及社会工作的效益。

（4）变革原则。强调社会或群体执行社会价值判断的公正性与合理性，追求秩序又不满足于秩序，要求不断变革，努力改变社会运行、分配领域中的不合理因素，只有推动社会趋向公正合理的发展，才能最大限度地实现其公平正义的全部价值。

三、社会工作对人与社会关系的基本价值理念

（1）依赖原则。认为人与社会是相互依赖的，个人对他人负有责任，同时个人也应得到社会关怀。

（2）终身原则。认为人生命的每一阶段都会产生行为变化，人类行为与社会环境相互影响，处在社会环境中的人类有能力改变自己的行为以适合环境的要求，社会对于人的行为的改变负有责任。

（3）发展原则。强调个人发展与社会发展的密切联系，社会发展是个人发展的前提和基础，个人发展是社会发展的目的和体现。

第三节　社会工作的专业伦理

专业伦理是指社会工作者的职业道德操守，是社会工作价值观在实务工作中的操作化，回答和解决社会工作实践中“怎么做”的问题，是社会工作机构与社会工作者的重要指导思想和行为规范视角。早在 1920 年，美国玛丽・里士满（Mary Richmond）就试图建立社会工作的行为守则。但是，直到 1947 年当时最大的社会工作组织——美国社会工作者协会才建立了道德守则。在 1960 年美国社会工作协会才第一次使用了正规的道德守则。可见，表现为行为守则的专业伦理是社会工作实践发展到一定阶段的产物，以达到社会公正和普遍福利、便于执行和帮助解决实务中的道德困境。专业伦理既是社会工作实务的重要指南，也为评判社会工作从业者的道德行为提供依据。

一、美国社会工作者伦理守则

美国最重要也是最著名的社工伦理守则是美国社会工作者协会（NASW）的伦理守则。这个伦理守则经历了数个修订版本，体现出社会文化背景的变迁及社会工作内部标准的调整。现行的美国社会工作伦理守则（1999 年修订版）包括序言、伦理守则的目的、伦理原则和伦理标准四部分，是目前国际社会工作领域最全面的一份伦理守则。

序言部分简述了社会工作的使命与核心价值，指出社会工作专业的首要使命是致力于增进全体人类的福祉，协助满足其最基本的人性需要，尤其是关注弱势人群、受压迫人群和穷困者的需要，并增强案主力量。明确了社会工作核心价值为服务、社会正义、

个人的尊严与价值、人际关系的重要性、诚信和能力。基于这六项核心价值制定了社会工作实务中应当知道的六项原则。

价值一，服务。伦理原则是指社会工作者最首要的目标就是帮助有需要的人们，并致力于社会问题的解决。社会工作者应超越个人利益来提供对他人的服务，依其专业知识、价值和技术来协助有需要的人们。社会工作者被鼓励在不期望相当经济回报的前提下，自愿地奉献他们部分的专业技能（免费的服务）。

价值二，社会公正。伦理原则是指社会工作者要挑战社会的不公正。社会工作者追求社会变迁，尤其要协同和代表弱势、受压迫的个人和团体。社会工作者在社会变迁方面首要的努力应着重于贫穷、失业、歧视及其他形态的社会不公正。这些活动寻求增加对压迫、文化和种族多元性的敏感度和知识。社会工作者致力于确保服务对象能够获得必要的信息、服务、资源及平等的机会，以及在全民决策上有意义的参与。

价值三，个人的尊严与价值。伦理原则是指社会工作者尊重个人与生俱来的尊严与价值。社会工作者以一种关怀与尊重的态度对待每个人，关注个别差异和文化及种族的多样性。社会工作者促进案主对社会负责的自我决定并追求促进案主表达他们自我的需求和改变的能力和机会。社会工作者认识到自己对案主以及广大社会的双重责任，他们寻求能够在符合专业的价值、伦理原则和伦理标准下实践社会责任，以解决案主利益和广大社会利益间的冲突。

价值四，人际关系的重要性。伦理原则是指社会工作者应认识到人际关系的核心重要性。社会工作者了解人与人之间的关系是改变的重要工具，他们在助人过程中扮演案主的伙伴一角，并在有目的的努力之下尝试去增强人际关系，以增强、恢复、维持和促进个人、家庭、社会团体、组织和社区的福祉。

价值五，正直。伦理原则是指社会工作者的行为是值得信赖的。社会工作者要始终清醒地意识到专业的使命、价值、伦理原则和伦理标准，并能付诸实践。他们以真诚和负责的行为，去履行其所属组织实践符合伦理的实务工作。

价值六，能力。伦理原则是指社会工作者应在自己专业能力的范围内执行业务，并提升自己的专业技能。社会工作者应持续地增加自己的专业知识和技巧，将其运用于实务工作中，并鼓舞自己应对专业的知识基础有所贡献。

在上述六条伦理原则的基础上，又发展出155条明确的伦理标准，用以指导社工的行为操守，并提供裁决有关NASW成员各种伦理申诉问题的基础。这些标准涉及六大范畴：社工对案主的伦理责任、社工对同事的伦理责任、社工对实务机构的伦理责任、社工作为专业人员的伦理责任、社工对社会工作专业的伦理责任、社工对社会全体的伦理责任。主要关心三类议题：一是社会工作者可能会犯的错误，如在公共场所或公共领域提及案主的姓名，将与案主治疗有关的信息给第三者看等。二是社会工作者面对的伦理困境及困难的伦理抉择，如是否可以将一些机密信息通报给第三方，以避免案主受到伤害；如何去分配少量而有限的资源；是否需要去干涉案主自杀的行为等。三是社会工作者的伦理不当行为，如对案主的剥削、违反专业角色界限等。伦理守则特别指出，如上的伦理标准，有的对专业操守有强制性约束，有的只是期许。每项标准的强制程度，取决于负责处理违反伦理事件人员的专业判断。

二、中国社会工作伦理守则

1994年，中国社会工作者协会（后改为中国社会工作协会）制定了中国第一部社会工作伦理守则——《中国社会工作者职业道德》，它包括总则、职业道德、专业修养、工作规范四个部分。

总则指出，中国社会工作者继承中华民族悠久的历史和文化传统，吸收世界各国社会工作发展的文明成果，高举社会主义人道主义旗帜，以促进社会稳定和全面进步为己任。中国社会工作者通过本职工作，提倡社会互助，调节社会矛盾，解决社会问题，改善人际关系，为社会主义的物质文明和精神文明建设提供服务。

职业道德要求涵盖以下六个方面：①热爱社会工作，忠于职守，要有高度的社会责任感和敬业精神。②全心全意为人民服务，为满足社会成员自我发展、自我实现的合理要求而努力工作，并不因其出身、种族、性别、年龄、信仰、社会经济地位或对社会贡献不同而区别对待。③尊重人、关心人、帮助人。为保障包括人的生存权、发展权在内的人权而努力，并维护工作对象的隐私权和其他应予保密的权利。④同工作对象保持密切联系，主动了解他们的需要，切实为之排忧解难。⑤树立正确的服务目标，以关怀的态度，为工作对象的困难和问题进行预防和解决，并为其福利要求提供有效的服务。⑥清正廉洁，不以权谋私。

专业修养要求涵盖以下五个方面：①确立正确的社会工作价值观，具有为专业献身的精神。②努力学习和钻研业务，不断提高专业技术水平和专业服务质量。③通过参加培训和进修，努力实现专业化水平，并提高工作效率和强化服务技能。④通过专业的理论知识与方法技能，帮助社会成员改进和完善社会生活方式，不断提高生活质量，以利于民族素质的提高。⑤从广大群众的集体力量和创造精神中吸取专业营养，促进专业的发展与创新。

工作规范要求涵盖多方面。例如：①重视调查研究，深入了解社会成员的困难和疾苦，并采取有效措施，切实帮助他们摆脱困境，通过不断地调查研究，提高社会工作的服务水平。②对待工作对象应平易近人，热情谦和，注意沟通，建立互助依赖的关系，努力满足他们各种正当的要求，并帮助他们在心理和精神等方面获得平衡。③对待同行，应互相尊重，平等竞争，取长补短，共同提高。在业务上，诚意合作，遇到问题时，互相探讨，坦诚交换意见。善意地进行批评与自我批评，以促进专业水平、工作效率和服务效能的提高。④向政府有关部门、社会有关方面反映社会成员需要社会工作解决的问题，以及对社会工作的意见和建议。⑤向社会成员宣传贯彻国家有关社会工作的政策、方针和法规，鼓励和组织社会成员积极参与社会事务。

这一伦理守则体现了三个方面的特点：其一，守则涵盖了社会工作者需要处理的多方面的伦理关系。从其具体内容来看，守则基本涵盖了社会工作者对工作对象、同事、服务机构、专业、社会大众等方面的要求。其二，守则体现了国际化与本土化的结合。在价值观方面，既体现了尊重、理解等社会工作共同理念，又突出了社会主义的人道主义和全心全意为人民服务等中国社会工作理念的独特方面。其三，守则既体现了社会工作的专业要求，又体现了中国的政治特色。可以说，《中国社会工作者职业道德》为中国社会工作伦理守则的建立进行了很好的探索。但是，由于从《中国社会工作者职业道德》的制定到现在已经过去了二十多年的时间，且中国专业社会工作的历史比较短，专业化和职业化程度还不高。因此中国的伦理守则还存在不足，具体体现在如下方面：①核心价值观不够清晰。价值观是伦理守则的基础，任何伦理规范必须建立在一定的社会工作价值观的基础上，许多国家和地区的伦理守则都详细阐述了社会工作的价值观和理念。但是，从整体上来看，《中国社会工作者职业道德》并没有清楚地阐明中国社会工作的核心价值体系，这就使伦理守则显得理论根据不充分。②伦理标准过于笼统，内容较抽象，在专业价值特征、伦理标准和结构方面都存在着严重不足。许多国家的伦理规范都对社会工作者的从业规范做了深入细致的明确规定，甚至每一项守则条文都指向一类工作中可能发生的失范现象。中国的伦理守则中很多条文都是原则性甚至是口号性的表述，这样的规范很难在社会工作者的实务领域中发挥其应有的指引作用。

三、中国社会工作专业伦理价值重建

源起并发展于西方的社会工作专业和其中立足西方哲学基础和价值体系的社会工作伦理价值观如何适应中国这块土地，如何与中国文化相结合，并使其得以再生、再发展，是中国社会工作专业发展的根本。

开展社会工作伦理价值重建，关键是在马克思主义指导下，在批判地整合继承本土价值观的基础上，吸取借鉴西方社会工作价值观，综合当代中国社会文化思潮，建立起有中国特色、时代特点、国际视野的社会工作伦理价值，最终发展出既能满足专业需要又能服务本土社会的专业伦理价值体系。

社会工作价值观的本土化既是一个吸收借鉴的过程，也是一个发展创新的过程。首先要注重对中国传统文化的整合和传承。社会工作作为一个助人的专业，其价值的核心是对人及人与人关系的认识和把握。中华文化的核心价值观之一就是“仁”，即关于人的问题。很多人将这种仁的内涵概括为忠孝、仁爱、信义、和平或仁、义、礼、智、信等。无论是哪种概括，也无论这种概括中的具体内容怎样，都是对人的关注、思考、理解和探究，都是对人的关怀。基于这样的文化根基，我国社会的福利事业和助人行为才有基础和发展。关注人的发展，增强社会的人文关怀，既是中国文化的传统，也是发展中国社会工作的根本要求。

中国文化传统关注“人”，但却是一种轻视个体、强调整体的人文关怀，与西方传统价值观中以个人主义为核心的关于人的价值、人的尊严，以及人的权利、自由、平等具有本质区别。西方社会工作强调对人的价值的充分尊重，强调受助人的个别性，这是我国社会工作需要借鉴和重视的。但是，我们也应看到，在传统文化及其价值观念熏陶下成长起来的中国人对表达自己需要的方式、希望满足需要的方式、希望受他人帮助的方式等都有自己独特的理解，这就要求我们充分认识和把握具有特殊的国情和特殊的社会工作所能接受的不同方式。尤其要注意的是中国传统文化价值中的“集体主义”，虽然其中有压抑个性、忽视自我的方面，但是其整体主义的价值为当代社会工作者开展社区工作和小组工作提供了价值支撑。因为社区工作和小组工作的核心就是增强集体主义的凝聚力和向心力，借助传统伦理价值观中对群体归属感和自我牺牲精神的弘扬，社会工作者可以更好地激发社区人员和小组人员的集体荣誉感和团队精神。

本土化是中国社会工作发展的根本出路，而这个出路中的最大困难是适合中国国情的社会工作伦理价值体系的构建，这里需要借鉴、吸取西方社会工作伦理价值中有价值的东西。同时，要从中国传统文化价值中提炼出有助于社会工作发展的积极的东西。更为重要的是中西文化的整合重建，将西方文化和社会工作伦理价值中积极的东西与我国传统文化和社会工作实践中有价值的东西整合，重建出新的有利于我国社会工作发展的伦理价值体系。

总之，我们需要立足本土，批判地继承中国文化传统中的精髓；面向世界，借鉴和吸收当代西方先进文化；与时俱进，重建适合我国国情的社会工作伦理价值体系。

参考文献

范燕宁. 2004. 社会工作专业的历史发展与基础价值理念. 首都师范大学学报（社会科学版），（1）：94-100.
顾东辉. 2004. 社会工作的价值观、冲突及对策. 北京科技大学学报（社会科学版），20（2）：1-4.
何怀宏. 2001. 公平的正义——解读罗尔斯《正义论》. 济南：山东人民出版社.
何雪松. 2007. 社会工作的四个传统哲理基础. 南京师大学报（社会科学版），（2）：33-38.
罗肖泉. 2005. 践行社会正义：社会工作价值与伦理研究. 北京：社会科学文献出版社.
沈黎，刘斌志. 2008. 美国社会工作伦理守则：历史经验与文本解读. 北京科技大学学报（社会科学版），24（4）：1-4.
王思斌. 2004. 社会工作导论. 北京：高等教育出版社.
王思斌，夏学銮. 2008. 社会工作的价值体系. 社会工作，（3）：28-30.
魏永娟. 2011. 社会工作伦理守则：制定、完善与国际比较. 社会工作，（18）：27-29.
徐道稳. 2002. 论社会工作的价值取向. 求索，（6）：99-101.
易纲. 2008. 社会工作职业与伦理价值重建. 中国特色社会主义研究，（6）：95-97.
《哲学译丛》编辑部. 1981. 关于马克思主义人道主义问题的论争（译文集）. 北京：生活·读书·新知三联书店.
Payne M，冯亚丽，叶鹏飞. 2005. 现代社会工作理论. 上海：华东理工大学出版社.
Reamer F G. 2000. 社会工作价值与伦理. 包承恩，王永慈译. 台北：洪叶文化事业有限公司.
Butrym Z T. 1976. The Nature of Social Work. London and Basingstoke：The Macmilan Press Ltd.
Bartlett H M. 2003. Working definition of social work practice. Research on Social Work Practice，13（3）：267-270.
Skidmore R A，Thackeray M G. 1982. Introduction to Social Work. London：Prentice Hall.
Morales A，Sheafor B W. 1995. Social Work：A Profession of Many Faces. Boston：Allyn & Bacon.

第四章

社会工作理论与知识基础①

■第一节　理论及其在社会工作中的意义

一、什么是社会工作的理论

所谓理论，是按照已有的实证知识、经验、事实、法则、认知以及经过验证的假说，经由一般化与演绎推理等方法，进行合乎逻辑的推论性总结。因此，理论是由一系列相互关联的概念和判断构成的知识架构，它旨在从一般水平上或较高层次上来描述和解释现象的存在与变化，是对经验知识的抽象概括，即它来源于经验知识，但在抽象层次上高于经验知识，更具有概括性。理论的要素是概念以及概念与概念之间关系的判断（即命题或假设），这些概念和判断可以将复杂的现实或现象简单化或模式化，从而有助于人们辨识其间的关系和变化。所谓社会工作的理论无疑是对社会工作者在社会工作过程中运用的各种理论知识的总称。

社会工作是一门实际操作性很强的专业，这就使很多人经常产生疑问：社会工作专业的学生究竟有没有必要学习理论？有些人认为社会工作主要是一种具体的实务活动，而且，社会工作是一个动态的建构过程，它面对的工作对象和问题千变万化，缺乏共性或可概括性。因此它更多的是依赖社会工作者个人的经验和悟性，而不是依赖系统的理

---

① 本章编写者吴洁珍，华南农业大学公共管理学院社会工作系副教授，兼任广东省社会工作学会常务理事、广州市社会工作协会评估与监督部专业咨询委员会副主任、广州市采购服务评审专家、广州市人民政府决策咨询专家等职，曾任华南农业大学社会工作系系主任（1999~2004 年）。1999 年开始从事社会工作教育、科研工作，讲授《社会工作导论》《社区工作》《家庭社会工作》《社会工作伦理》等专业骨干课程和《情爱关系的选择》《伦理学概论》等全校性公共选修课程，已有 16 年的社会工作项目督导、评估经验。

论知识。所以在社工实务界，无论是过去还是现在，都存在着一种轻理论重经验的倾向，美其名曰“社工是做出来的，而不是想出来的”，甚至有个别社工为了应付督导或评估检查，只是把“理论支持”部分作为标签贴在个案记录的前面，但内心却是排斥和轻视理论学习和研究的。无可否认，一个有着丰富社会阅历和经验的社工在处理个案时会比一个初出茅庐的新手要游刃有余。个人经验与理论知识在社会工作过程中并不是相互排斥的，而是相互彰显的。理论知识是对许多个人经验的理性总结，它揭示了个人经验中所包含的共性、普遍性、恒常性内容，并对之加以深入系统的探究和合乎逻辑的说明，使人能把握住对象的本质与内在趋势。对社工来说，个人经验与理论知识都是有用的知识，舍弃其中的任何一个方面都会使他成为行动不便、缺乏理解力和执行力的“跛足善人”。

二、理论在社会工作过程中的意义

在社会工作过程中，理论至少有以下几种作用和意义。

（一）通过描述加深理解

理论能对事物或现象的状态及其变化发展做出科学的描述（describe），帮助人们了解社会事物和现象。社会工作涉及个人、群体和社会的各个类别及各个层次的问题，理论能够帮助社工在介入之前对社会问题有所了解。社会工作中的许多理论（如心理分析理论、标签理论、系统理论等）都可以帮助我们了解人的行为与社会过程，了解各种行为和社会问题的性质与原因，从而使社会工作者对即将面临的问题有更为清醒的认识。

（二）解释和验证

理论协助我们解释（explain）现象的产生。从本质上来说，理论是对长期的观察积累加以抽象化，虽然理论结构是抽象的，但却是我们由经验中提炼和概化的结果。理论是我们认识、研究、理解人类行为与社会关系的工具，并且帮助社会工作者了解和条理化我们所在的世界。理论与实务工作经验之间的关系是密不可分、相互验证的。Robbins和Canda在人类行为的科学研究中谈到，理论想追求的两个目标之一就是解释，经验结构是我们透过感觉（sense）在环境中所得的理论，而理论结构是以我们的心灵之眼（mind’s eye）建构的经验体系模式。社会工作实务和理论之间的关系是很密切的，主要体现在我们从社会工作实务经验中归纳出工作的方法和指引，经由实务工作验证后，转化为社会工作理论，再进一步由理论演绎成工作方法和指引，循环往复，以至无穷。

（三）预测和设定目标

从理论所描述的因果关系中，我们可以预测（predict）：当我们做出某一种介入时可能出现的效果；或就我们现所知的事实，我们能预估到未来可能发生的事情，而做出适当的未雨绸缪或确定我们的工作目标。例如，面对有偏差行为的儿童，如果采用标签理论，我们就可能得出这类问题产生于不公的社会环境，是社会排斥的使然。这样，社会工作的目标就是改变这种环境。同样，面对失业而造成的贫困现象，增能理论可以分析出个人和社会环境两个方面的原因，并把内部增能和外部增能作为社会工作的干预目标。

（四）提示方法和发展新的理论

社会工作理论对社会工作最重要、最直接的作用是为社会工作者的问题解决提供一套行之有效的程序、方法（prescribe）与技巧模式。很多理论尤其是实用型理论本身就是一套工作方法的经典模型。例如，精神分析学派的"疏导法"，行为主义学派的"系统减敏法"等，还有一些社会工作的理论，其内容能引起社会工作者思考，从而建立起有效的方法，如危机干预模式理论和任务中心模式理论等。另外，社会生活总是不断发展变化的，理论也必须对这种发展变化做出解释，一种是在原有理论的基础上补充完善，另一种是否定原有的理论建立全新的理论。

理论在社会工作过程中具有重要作用是不容置疑的。然而，在社会工作领域中，人们或许发现，有许多取向、观点不同的理论，如上面提及的心理分析学、行为主义、系统理论等，它们对大体相同的对象与问题作出了不同甚至截然相反的解释和说明，也提出了不同甚至相反的工作目标和工作模式。选择不同的理论，就可能意味着对同一对象和问题作出不同的界定，设立不同的工作目标，采取不同的工作方法，因而也意味着产生不同的工作效果。另外，从社会工作者的角度而言，理论的选择和应用具有"政治性"，背后涉及意识形态、哲学理念、实践情景、机构情景等主客观的因素。实际上，社会工作者往往容易在实践中以一种不自觉的方式含混地使用各种不同的理论知识，他们甚至形成了自己特定的知识架构。由此可见，社工本人的理论基础是否扎实，直接影响了社会工作的专业地位和服务质量。

第二节　西方社会工作理论的发展脉络、主要流派及应用实例

一、西方社会工作理论的发展脉络和主要范式

按照西方社会工作理论发展的历史进程及其内在逻辑演变，我们大体上可以将迄今为止的社会工作理论研究范式的发展划分为四个不同的阶段：第一阶段为 19 世纪末 20 世纪初至 20 世纪 20 年代，这是社会工作理论研究范式的开创期，以 1917 年里士满《社会诊断》的问世为标志。这一时期还没有形成基本的社会工作理论研究范式，社会工作理论也没有取得广泛的学术共识，但是相关的社会工作理论研究意识和基础已经形成。第二阶段为 20 世纪 20~50 年代，这是经典社会工作理论研究范式的初步形成期。这一时期，伴随着社会工作三大传统方法（个案工作、小组工作和社区工作）的形成和逐渐被社会工作界所接受，在各自内部也初步形成了不同的社会工作理论研究范式，并在具体的研究范式取向上开始产生分化，如心理动力理论、危机干预理论、人本中心理论以及个案工作等。第三阶段为 20 世纪 60~80 年代，这是社会工作理论范式的多元发展期。社会工作理论逐步走出心理学分析的主流范式，而走向社会学、认识论等多学科的理论

研究范式，其标志是认知行为理论、赋权视角以及系统视角等新的理论研究范式的出现。第四阶段为20世纪80年代至今，这是多维视角下社会工作理论范式的繁荣期与反思期。首先是受到后现代主义、女性主义、多元文化主义思潮的影响，各种后现代社会工作为社会工作理论范式的发展注入新的活力，同时给社会工作理论研究范式带来了更多的反思与批判。特别是进入21世纪后，随着全球化进程的加快和社会变迁的发展，社会工作的多样性和价值观的包容性也日益得到重视，它反映到理论的发展上就是更注重将概念与实践模式融合性和地方性紧密结合起来，从而提高理论应用张力。

除了从时间的纵向发展顺序梳理社会工作理论的发展脉络，我们还可以从横向视觉上把纷繁复杂的社会工作理论类型划分为四个理论范式。所谓社会工作的理论范式，就其本质而言，即探讨社会工作理论体系的哲理基础，包括认识论、方法论、价值基础乃至美学基础。不同的哲理基础决定人们以不同的角度去看待社会工作理论、实践和研究。进入21世纪以来，社会工作不断反思自己的哲理基础，并逐步形成四个理论范式：实证传统、人本传统、激进传统和社会建构传统，这四个理论范式在一定程度上可以将繁杂的社会工作理论类型化。

（一）实证传统

按照实证主义的逻辑，社会工作理论就是对真实世界的高度概括，而所谓的本质真理可以被通过科学方法收集的证据所支持。社会工作的理论的历史在某种程度上即为一个不断发展科学的思想体系的求知历程，实证主义正是以其独特的理论观主导了社会工作理论的历史演进。《社会诊断》一书开宗明义地提出要以科学的方式助人，从而揭开社会工作的科学大旗，“成为科学”即为社会工作追求的专业目标。实证主义正是在这一过程中成为主流的哲理基础，这一点体现在社会工作理论体系、研究方法和实践架构中①。

（二）人本传统

人本主义是社会工作兴起的重要哲理价值之一，社会工作的出现就是为了从制度上保证每个人的价值得到尊重。人本主义在研究方法上强调人的现象与物的现象之间存在着本质的差异，认为人的行为或者社会现象并非全然具有不证自明、可量化、能被客观测量的特点，因为其间充满意义和阐释。卡尔·罗杰斯是对社会工作具有很大影响力的人本主义心理学家之一，他认为一个成功理论的必要条件是案主要认知到助人者是以如下方式工作的：在治疗关系中是真诚和适当的；对案主无条件接纳；对案主关于世界的观点具有同理心。这三点成为现代社会工作的重要价值基础。人本主义心理学的很多观点源自马斯洛对“自我实现”的关注和“人类潜能”的实现。他的需求理论告诉我们人类的需要是多元的且分层次的，这在一定程度上颠覆了实证主义的需求标准化论述①。

（三）激进传统

激进传统是基于马克思主义理论、社会批评理论、社会主义思潮并在后期整合了女

---

① 何雪松：《社会工作理论》，上海人民出版社，2007年，第二章 社会工作理论范式。

性主义和后结构主义的理论贡献。激进传统抛弃了实证主义范式的客观性、经验测量和寻求普遍规律的核心原则，基于一种对社会科学传统的解释，旨在揭示人们赋予行动的意义以及由强势集团制定的规制个人行为和互动的社会规则。在激进传统看来，不同的话语体现不同的政治利益，强势的群体可以经由法律、制度而体现其意志，并将压制弱势群体制度化甚至习以为常化；相应的，弱势群体可能内化这样的话语体系，或者以强势群体的标签化语言进行自我污名化。因此，重新命名、改变定义、发出声音和表达利益是促进社会变迁的重要手段①。

（四）社会建构传统

社会建构主义和后现代主义在某种意义上可以互用，都是对现存设置、现存知识的质疑，对实证主义方法论的质疑。这意味着它具有实践层面的颠覆和解放含义，批评、改变或者摧毁自己并不喜欢的社会设置是社会建构主义者的重要社会实践。社会建构主义批评证据为本的实践过度遵循“决定论”。研究结果与实证假设立足于样本，而在实践中我们面对的是单个的个人，每个人都有其独特之处，负责任的社工实践应充分回应每一案主的特殊需要。社会建构主义认为既然存在多重的现实，那就要看人们以怎样的方式进行建构。这个逻辑表明，我们可以抵抗现有的叙事和建构，并代之以新的叙事和建构，这是解构与重建的交织，两者并行不悖。社会建构主义影响下的具体社工实践理论有叙事治疗、寻解治疗、优势模式三方面内容。与传统模式不同，社会建构主义取向的助人模式不再拘泥于缺陷、问题和障碍，而是试图关注案主的优势、意义、故事和能动性，并以此为出发点帮助案主改变境遇。

二、西方社会工作理论的主要流派

西方社会工作理论是复杂的，既有外借理论，即来源其他学科，如社会学、心理学、精神病学、医学、经济学等，又有实施理论，即来自社会工作实践的积累，并可直接用于指导社会工作实践。任何一本教科书试图把所有的理论囊括其中都是困难的，鉴于此，本小节聚焦于影响广泛的理论流派并在后面附上应用实例。

（一）优势视角理论

优势视角（strengths perspective）理论的核心理念是：相信人们天生具有一种能力，即通过利用他们自身的自然资源来改变自身的能力。

“优势视角”是社会工作学领域的一个基本范畴、基本原理，是指社会工作者不只关注案主的问题和不足，更关注案主及其所处环境的资源和潜能，包括个人在挫折中的体验、成功或失败的经历、个人在困境中形成的品质与美德等。并运用专业知识技能协助案主将其资源和潜能转化为优势，达成其目标。这一视角强调人类精神的内在智慧，强调即便是最可怜的、被社会所遗弃的人都具有内在的转变能力。概括地说，优势视角就是着眼于个人的优势，以利用和开发人的潜能为出发点，协助其从挫折和不幸的逆境

---

① 何雪松：《社会工作理论》，上海人民出版社，2007年，第二章 社会工作理论范式。

中挣脱出来，最终达到其目标、实现其理想的一种思维方式和工作方法。

优势视角超越了社会工作的传统理论模式，其关注点在于个案的优势、潜能和成绩，这一突破在社工领域具有“范式革命”的意义。优势视角由美国堪萨斯大学社会福利学院教授塞勒伯（Dennis Saleebey）在《社会工作实践的优势视角》一书中提出，社会工作的优势视角反对将服务对象问题化，认为问题的标签对服务对象“具有蚕食效应，重复的次数多了之后，就改变了案主自己对自己的看法和周围人对他们的看法。长远来看，这些变化融入了个人对他们的自我认同（越来越没有自信心）”。塞勒伯明确提出：优势视角是对传统社会工作实践的一次戏剧性飞跃。优势视角取向的实践意味着，作为社工所应该做的一切，在某种程度上要立足于发现和寻求、探索和利用案主的优势和资源，协助他们达到自己的目标，实现他们的梦想，并面对他们生命中的挫折和不幸，抗拒社会主流的控制。

“优势”“赋权”“成员资格”“抗逆力”构成优势视角理论的核心概念体系。

（二）自我心理学

图 4-1 弗洛伊德

性是肉体生活，遵循快乐原则；爱情是精神生活，遵循理想原则；婚姻是社会生活，遵循现实原则。这是三个完全不同的东西，婚姻的困难在于，如何在同一个异性身上把三者统一起来。

——周国平

尽管对弗洛伊德（图 4-1）的学说一直存在着争论，但他他仍是人类思想史上的一位极其伟大的人物。弗洛伊德的心理学观点使我们对人类思想的观念发生了彻底的革命，他提出的概念和术语被普遍使用。例如，关于人格中的本我（id）、自我（ego）、超我（super-ego）的概念。弗洛伊德认为人格结构由本我、自我、超我三部分组成。

本我即原我，是指原始的自己，包含生存所需的基本欲望、冲动和生命力。本我是一切心理能量之源，它按快乐原则行事，不理会社会道德、外在的行为规范，唯一的要求是获得快乐，避免痛苦。本我的目标是求得个体的舒适，生存及繁殖，它是无意识的，不被个体所觉察。

自我，德文原意即自己，是自己可意识到的执行思考、感觉、判断或记忆的部分。自我的机能是寻求本我冲动得以满足，而同时保护整个机体不受伤害，它遵循现实原则，为本我服务。

超我，是人格结构中代表理想的部分，它是个体在成长过程中通过内化道德规范，内化社会及文化环境的价值观念而形成。其机能主要在监督、批判及管束自己的行为。超我的特点是追求完美，所以它与本我一样是非现实的，超我大部分也是无意识的，超我要求自我按社会可接受的方式去满足本我，它所遵循的是道德原则。

一个人在社会化过程中要想保持心理健康，上述三个部分必须始终是和谐的。社会工作者在对案主进行诊断时，首先根据这些理论分析其人格是否健全，其次探询其早年的生活经历，分析案主的精神状态，最后制订方案进行针对性治疗。

以 Sullivan 等为代表的新弗洛伊德学派，他们在研究人格的形成与发展时，虽然保留了弗洛伊德的许多概念，但不再强调性本能和性矛盾冲突在人的精神活动和行为中的特殊重要性，而重视社会、文化、人际关系在人格发展和形成方面的重要性。他们认为自我是在本能需要满足或挫折的矛盾之间发展起来的。据此发展成为一门新的科学——自我心理学（ego psychology ）。

（三）沟通理论

"工作就是开会""协调就是喝醉"，这些来自实践，讽刺领导的黑色幽默从沟通角度理解他们错了吗？

沟通理论（communication theory）是以社会心理学、人类学中有关人际沟通的一些理论为基础形成的社会工作理论。这种理论认为，人的很多行为问题都是由于人际沟通障碍造成的。沟通涉及七个基本的环节：信息来源、编码、信息、通道、解码、收讯人和回馈。沟通之所以总是不畅，是因为它要经历复杂的过程，在每个环节都可能出现干扰沟通的噪声。例如，任何人都有一些处理信息的内部规则，总是会重视一些信息而忽视另一些信息，这就是所谓的"选择性感知"；作出错误的评价或给出对方难以理解的反馈，都会使"信息处理阻断"；个人价值理念、背景、经验、学识的差异等。这都是沟通过程中出现障碍的干扰因素。

根据沟通理论，社会工作者的首要任务是与案主建立良好的沟通，了解案主的困境以及对社工的期望。涉及具体策略，帮助案主清除沟通过程中可能出现的障碍。特别是在家庭社会工作领域中，良好的沟通有利于家庭成员化解家庭冲突和紧张，促进家庭功能的正常发挥。

（四）标签理论

★案例 4-1

据报载：陕西西安未央区第一实验小学为部分学生发放绿领巾，要求这些学生进行佩戴。据该校教师解释称，学习、思想品德表现稍差的学生没有红领巾，所以该校便为这部分学生发放了绿领巾以资激励。但家长并不认可这一做法，指责此举会对孩子心理造成极大创伤。

学习标签理论后，相信你会对给差生发放绿领巾的做法有不同的思考[①]。

标签理论（labeling theory）认为，人终其一生都会不断发生大大小小的偏差行为，这是正常的现象，标签理论称之为"原始偏差行为"（primary deviance，或称初级偏差行为）。虽然如此，人却不一定会就此走上犯罪道路，大多仍然能够保有良好的行为分寸。

不过一旦原始偏差行为被施以某种社会控制（尤其是正式的社会制裁，如刑罚），行为人立刻就得到旁人施加的社会减等标签（social degrading label）。行为人被贴上社

---

① 西部网（西安）2011 年 10 月 18 日。

会减等标签后，便会遭遇到社会所施加的强大压力（如旁人开始会以标签描述的内容解释行为人过去的所作所为，称为“追溯既往的阅读”），最终使行为人本身发生自我概念的认同转变，进而改变行为，使其行为更符合标签的描述（称为“自我预言的实现”或“邪恶的戏剧化”）。因此犯下“衍生偏差行为”（secondary deviance，或称次级偏差行为），成为一个严重的犯罪者。

标签理论对社会工作最大的启示在于，一个人是正常还是有问题，其实与周围环境中的成员对他和他的行为的定义过程密切相关。因此，社会工作的一个重要任务就是通过重新定义将有问题的人变成正常人。在这种重新定义的过程中，社会工作者要充当协调者，努力使其他人肯定案主的行为，摘下为案主所贴的“越轨者”的标签。同时，要鼓励案主尝试改变自身行为。

（五）场地理论

“人在环境中。”

黎温（K. Lewin）以完形心理学的理念为基础，发表场地理论（field theory），此理论是用来解释人的行为与周围环境之间的交互关系的。黎温认为人类的行为表现是由整体环境中的各种可意识到的因素所决定，包括饥饿感、过往事件、某个情境或者是某个人等，凡是所有在环境中可意识到的因素，都会与个体产生交互作用，进而影响个体的行为表现。

根据黎温的说法，人类的一切行为无一不受他人的影响。同时，个人的一切言行举止，也随时随地都会影响他人，这个关系是互动的。简单来说，个体无时无刻不受到周围整体环境与个人交互作用的影响，这些影响有正面的，也有负面的。其中个人因素包括遗传、能力、情绪、动机等；环境因素包括社会的与自然的一切条件，也包括人与人的互动。此交互作用可用以下等式表示：$B=f(P+E)$。其中 B = behavior（行为）；P= person（个体）；E=environment（环境）；f=function（函数）。等式中的 $P+E$ 代表个体与环境所形成的物理与心理空间，也就是整个的生活空间（life space）。这个生活空间并非静止不变的，每当我们体验到一个新的环境因素，都将可能使整个生活空间重整。因此，行为的影响因素不断在改变，它是动态的。世界并非静止的，人们生活在一个不停变化的环境中，环境中所有的变动都可能会影响到存在在这个环境中的任何人，这也是这个理论被称为场地论的原因。社会工作实务过程中强调干预焦点应将个人置于其生活的场地中，重视人的生活经验、发展时期、生活空间与生态资源分布等有关个人与环境的交流活动，并从生活变迁、环境特性与契合度三个层面的互动关系中引导社会工作的实施。

（六）社会支持理论

社会支持源自鲍尔拜的依附理论，20 世纪 60 年代社会支持网络开始用于精神病学的临床治疗。20 世纪七八十年代，美国社会支持计划推进了社会支持网络的应用。社会支持理论（social support theory）的基本假设使人无法自绝于社会而存在，人类生存需要与他人共同合作，以及仰赖他人协助。人类生命发展历程都会遭遇一些可预期和不可预期的生活事件。遭遇生活事件时，需要资源以回应问题。资源分为内在与外在两种。社会支持网络为外在资源的一种，可分为有形与无形两类。

社会支持网络按不同的标准有不同的分法。例如，按内涵分，可以分为工具性支持和表达性支持；按主客观，可以分为实际支持和主观感受。另外一种分法可分为有形的支持和无形的支持，其中有形的支持包括物质或金钱的支持和援助，而无形的支持多半属于心理、精神上的，如鼓励、安慰、嘘寒问暖、爱及情绪上的支持等。

社会支持的功能包括：社会支持的增加，会使人们的心理素质及心理健康水平显著提高；支持适时介入有压力的环境中，可以预防或者减少危机的发生；适当的支持可以介入压力的处理，解决问题，减少压力所造成的不良影响。

社会工作需要对服务对象的社会支持网络在个人和社区不同的层面进行评估，从而拟订工作计划。正是从这个角度看，社会工作的任务一方面是帮助服务对象运用网络中的资源解决基本问题；另一方面是帮助服务对象弥补和拓展其社会支持网络，使他们提升掌握建立和运用社会支持网络的能力，从而达到助人自助的目的。

（七）角色理论

从角色的观点出发，分析和研究一个人的社会行为活动，在社会工作理论中，就称为角色理论（role theory）。角色理论主要包括角色的认知、角色的学习和角色的期待等。

角色认知是指在社会组织活动中，各种社会角色总是不断地相互影响和相互作用。一个人对自我行为和地位的认识，总是根据对他人的行为和地位的认识获得的，因为角色的行为以对应的另一角色的行为为基础。一个人在扮演某一个角色时，既要知道自己的身份和地位，也要知道对方的身份和地位。所以对角色的认识，只有在角色的相互关系中才能更加明确。由于明确了自己的地位，也就加深了对对方地位的认识。例如，母亲和孩子的关系、医生和病人的关系、厂长和员工的关系等，都是在与对方的相互关系中才明确的双方的地位。

角色的学习主要包括两个方面，一是学习角色的责任和特权（义务和权利），二是学习角色的态度与感情。例如，一个企业的经理，他必须明确地知道经理的职责、地位和权力，同时还要学习管理的技能，懂得决策和规划，组织和用人，以及协调各种人际关系。既注意关心员工的生活，又要注意自己的领导方法，并注意从各种反馈信息中了解员工的反应，从而调整自己的角色行为。

角色的期待，是指组织中的每个人，在组织中总是占有一定的职位，对于占有这个职位的人，人们对他总是寄予一定的期望，而人们对他所应具有的行为期望，就称为角色的期待。在这里，人们所期待的他的行为，一般地说是一种处在这类职位上的规范化的行为。为了使每个学习者进入角色，角色的期待往往是不可缺少的。期待有时是实现角色的有效手段。心理学研究表明，家长对子女升入大学的期望，是与其子女的升学率成正相关的。

角色理论在社会工作领域中被广泛应用。例如，角色扮演技术，就是让案主在一种特定的或创设的情境中去扮演某一角色，使其认清角色的理想模型，了解社会对角色的期望和自己应尽的角色义务。从而有助于他们去控制或改变自己的态度与行为，以达到改善人际关系和提高工作或学习效率的目的。

（八）社会批判理论

批判理论这个名词通常用来指各个领域里的新兴理论（约从 1960 年开始），其中有结构主义、后结构主义、解构主义、马克思主义、女性主义等。社会批判理论（social critique theory ）对现存社会进行的激烈批判涵盖了现代社会生活的一切方面，这令以往一切富有批判精神的思想家们都难以望其项背。具体地说，社会批判理论是一种致力于现代资本主义批判的理论。这种理论要求在总体上认识和理解社会生活，全面把握社会发展的源泉。在数十年的发展过程中，从一开始运用马克思批判资本主义的现成结论去度量现代资本主义，到把马克思主义与弗洛伊德主义等现代西方社会思潮结合在一起，再到最终形成一套独立的社会批判规范和方法，法兰克福学派在马克思主义的名义下实现了对现代资本主义社会的尽管远非彻底但却非常全面的批判。

批判理论的唯一功能就是变革社会。批判理论并不寄希望于财产关系的变革和新的社会合作方式所带来的生产率的增长，而是谋求社会性质的变革和新的生产关系的建立。对于持批判态度的人，他的职业就是斗争，通过他的斗争实现社会的根本变革。因为批判理论具有超越阶级利益和现实社会的性质，所以它彻底变革社会的功能是具有充分保障的。

批判理论的目标是彻底消除现存社会的非正义和追求未来社会的合理状态。霍克海姆说："批判理论追求的目标——社会的合理状态，是由现存的苦难强加给它的。"现存的苦难是批判理论的动力和源泉，因为现存的苦难能够促使人们要求建立起一个合理社会的趋向，而不至于使思想成为偶然地认识自己的东西。同样，正是现存的苦难把追求未来合理状态的努力放置在对现在的批判之中。在批判理论看来，对现在的批判本身就是把当代社会转化为一种正义社会的活动。对于批判理论来说，至关重要的是它形成了永远与被压迫阶级之间的动态统一，它对社会矛盾的描述不限于对具体的历史状况的表达，而且旨在促进社会变革。因此，批判理论是一种超越现在的现实，它关于消除社会分裂和非理性状态的见解，以及关于未来社会的构想，在其批判中不断得到更新。

社会批判理论的功能和目的与社会工作的本质高度吻合。社会工作的宗旨是变革社会的不合理现象和追求社会的公平、公正。

（九）九型人格理论

九型人格（enneagram），又名性格型态学、九种性格，是婴儿时期人身上的九种气质，包括活跃程度、规律性、主动性、适应性、感兴趣的范围、反应的强度、心理的素质、分心程度、专注力范围与持久性。

美国 Thomas 和 Chess（1977）认为我们可以在出生后第二个月至第三个月的婴儿身上辨认出九种不同的气质（temperament）。戴维·丹尼尔斯（David Daniels）则发现这九种不同的气质刚好和九型人格相配。九型中的每一型各有主要特征及缺点，如图 4-2 所示，第二型、第三型、第四型以情感和想象为导向，第五型、第六型、第七型以思考和分析为导向，第八型、第九型、第一型以本能和身体力行为导向。健康的人格会整合其他类型的优点而升华，不健康的人格会出现其他类型的缺点而恶化。图 4-2 中箭头顺向为人格升华方向，如第三型→第六型→第九型→第三型，逆向为人格恶化方向，如第三型→第九型→第六型→第三型。

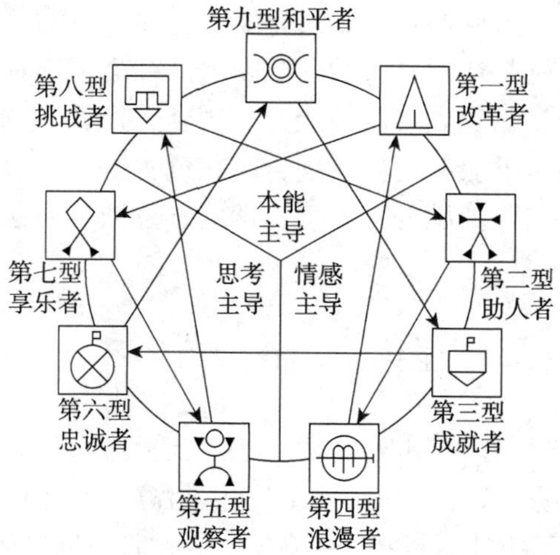

图 4-2　九型人格理论

九型人格不仅仅是一种精妙的性格分析工具，更主要的是为个人修养与自我提升、历练提供深入的洞察力，与当今其他性格分类法不同，九型性格揭示了人们内在最深层的价值观和注意力焦点，它不受表面的外在行为的变化所影响。它可以让人真正地知己知彼，可以帮助人明白自己的个性，从而完全接纳自己的短处、活出自己的长处；可以让人明白其他不同人的个性类型，从而懂得如何与不同的人交往沟通及融洽相处，与别人建立更真挚、和谐的合作伙伴关系。九型人格由美国斯坦福大学发扬光大，其应用范围广泛，包括个人成长、办公室管理及处理人际关系的窍门，更扩展至夫妻相处、教育子女及亲子关系方面，近十几年来风行欧美学术界及工商界。

从社会工作的角度来看，九型人格理论（enneagram of personality）有助于社工更好认识自我以及如何与性格各异的案主在有限的时间内建立良好的专业关系。九型人格的理论核心是发现自己，准确些就是发现自己内在的动力，了解为什么我要追求这些？而为什么我会烦恼？这些烦恼的源泉又是什么？另外，九型人格理论对于探索夫妻相处之道、子女教育以及亲子关系的建立有一定的参考价值。

（十）增能理论

增能（empowerment）即增强权能，是个人在与他人即环境的积极互动过程中，获得更大的对生活空间的掌控能力和自信心，以及促进环境资源和机会的运用，以进一步帮助个人获得更多能力的过程。索罗门（Barbara Soloman）于 1976 年出版的《黑人的增能：被压迫社区里的社会工作》中首次提出增能概念，并使其观点被社工界广为接受。增能观点的基本假设有以下几点：①个人的无力感是由于环境的排挤和压迫而产生的。社会中的弱势群体之所以会处于弱势地位，并非他们自身有缺陷，而是他们长期缺乏参与机会所致。②社会环境中存在着直接和间接的障碍，使人无法发挥自己的能力，但这种障碍是可以改变的。③服务对象是有能力和有价值的，个人的能力可以通过社会互动不断增加。④社会工作者与服务对象的关系是一种合作性的伙伴关系。增能理论（empowerment theory）已经广泛地运用到社会工作实践中，如一位受到家庭暴力伤害的妇女，由于长期受到丈夫的虐待，形成了强烈的无力感，对丈夫的暴力失去了反抗能力。在社会工作者看来，这位妇女并非没有能力，而是生活环境的限制，是她的个人能力被压制了，甚至自己都怀疑自身的反抗能力。社会工作者以增能观点来帮助她重建自信和自我控制能力，认识到自己的能力。社会工作者一方面采取措施控制她丈夫的暴力行为，另一方面帮助服务对象发现自己在过去生活中表现出来的长处，让她认识到自己是有能力的，消除掉她的无力感，帮助她逐渐走出家庭暴力的阴影，重建未来生活的信心。

三、西方社会工作理论应用实例①

（一）个案背景

陈先生，55岁，一家四口，一儿一女。案主曾做生意，但并不顺利，常拖欠工人工资。自尊心极强，与妻子争吵不断并分居两年。后左脚因淋巴发炎没及时治疗致残，一直待在家中。期间，案主失去收入来源，治疗花费颇大，经济拮据。由于和家人关系紧张，在社工介入之前，从没主动和家人联系。案主和邻居的关系也不好，常和朋友打麻将，但真心的交流和沟通很少。

（二）个案分析

从个案的表面来看，陈先生日常生活所出现的各种困扰和不幸，完全是属于案主个人的问题，但透过表象从深层次去挖掘，发现这些个人的困扰和不幸却是微观个人行为与宏观的结构性因素互动的结果。首先，从个人层面来看，案主的个人困扰和不幸是案主在社会交往中的各种需求得不到满足的结果。人与人之间的社会交往，有利于增进互动双方的情感交流，身体残疾使案主在社会交往中有着强烈的自卑感、无助感和被排斥感，导致对自我形象的失望和对自我的消极评价。其次，从家庭结构系统层面来讲，所有的案主都会链接到家庭结构系统中，家庭系统强调家庭是一个因果互动的网络系统，家庭成员彼此之间都通过家庭这个系统直接、间接发生关联。案主和妻子之间关系的恶化、不信任程度的加深、与家人联系的减少，都是家庭系统的均衡性遭到破坏的结果。最后，从宏观的国家层面来讲，社会保障的制度性缺失。陈先生身体致残，健康状况恶化，经常患病在床。由于医疗保障缺失，昂贵的疾病治疗费用对于像陈先生这样的贫困家庭来说无疑是雪上加霜。

（三）理论支持

根据优势视角理论，分析案主系统所具有的优势和资源，了解案主所具有困难，提高其抗逆力，使案主明白自己具有的优势，做出积极的改变决定。经过社会工作者的介入发现，案主具有很多优势和资源。例如，案主改变目前处境的意愿强烈，其愿意承担责任并相信社工，愿意积极主动配合社工一起探讨达到目标的路径；案主身体健康，对未来生活有远见，并试图通过自己的努力提高未来的生活质量；案主具有宽容性，重亲

---

① 潘泽泉、黄业茂：《残疾人家庭个案社会工作：基于优势视觉的干预策略与本土化实践》，《湖南社会科学》，2013年第1期，第93-96页。

情。但案主的劣势也很明显。例如，性格急躁，急于看到成效；对残疾存在认知偏见，认为残疾就是残废；自尊心强，没有勇气面对失败。

（四）基于优势视角的干预策略与本土化实践

（1）利用传统中国家族关系、家庭关系和亲友关系的结构性特征和原则，解决案主面临的困难。社工与案主建立一种特殊的“自己人”的信任关系，与案主一起制定干预目标，让案主清楚自己的优势和潜力，从而欣赏自己。

（2）在“个人—家庭—社会”的三级模式中，提高社会工作与本土社会结构的契合度。根据优势评估原则和技巧，社工与案主一起制订详细的家庭社会工作介入方案，包括每周家庭会谈的次数，与案主的妻子、儿女沟通，探讨解决问题的方法；利用社区的优势资源，找亲属帮忙、邻里互助解决生活难题。

（3）结合中国本土文化的传统，构造以“认同问题”为核心，实现优势视角下的社会工作实践效果和过程评估。通过社会工作的介入，案主能认同自己的处境，勇于放下自己，主动承认自己有错，并积极予以弥补；信任他人，坦然接受他人帮助；开始主动给家人打电话，不再被动地等待别人来照顾自己；案主和家人的关系也得到缓和，并获得持续联系的结果。

（4）探索适合中国国情的优势视角实践模式，增强本土社会工作实践的自主性。与西方社会主张个人权利和自由价值观相比较，中国的家庭和婚姻更注重家族延续和亲情以及邻里间的合作。在社会发展程度和经济水平的影响下，中国的个人在解决问题的能力和范围方面都有限。因此，在优势视角这一工作模式的本土化实践中，应该结合国情，将中国家庭的独特性考虑进去，并加以合理运用。

第三节 社会工作理论的本土化

一、对社会工作本土化概念的理解

如本章第一节所述，理论是对实践经验的概括和总结。要研究社会工作理论的本土化问题，首先要理解社会工作本土化的概念，因为对概念内涵的理解方式影响着研究问题领域的划定和研究的基本路向。梳理已有的相关研究，不同研究者对“本土化”三个字的着重点有不同的理解。比较常见的关注点放在“本土”两个字上，凸显的是社会工作本土化的空间性和结构性。就中国而言，在地域空间上存在着不同地区之间的经济、文化差异，在文化结构上也是“阳春白雪”和“下里巴人”并存。因此，本土本身不是一个单一固定的抽象概念，而是一个丰富多元、有着结构性差异的现实场域。所以，从这一角度看，中国社会工作的本土化是一个多层次的复杂过程，需要考虑中国地区经济与文化发展的多元性与差异性。另外一个理解的关注点在“化”字，其强调的是社会工作本土化的过程性，即外来社会工作的价值理念和知识体系融入中国本土而发挥作用的过程。在这一理解方式下，又大致概括出三种略有差异的具体观点，即结合论、适应论、双过程论。对中国而言，要将西化的社会工作教育方法和中国本土特殊环境相结合，把这种互动过程看做是本土化的一种明智的选择。

二、社会工作理论的本土化建构

社会工作专业的发展离不开理论的发展及其应用，好的社会工作理论要符合下列条件：第一，必须符合社会工作的价值与伦理；第二，遵循科学验证；第三，没有伤害性；第四，符合本土社会的文化情境。由于社会工作实践范围比较宽泛，涉及很多领域和人群，覆盖诸多机构与社会组织。因此，社会工作理论的知识基础也是多元的和宽阔的。中国特色社会工作理论的建构，既要注重吸收其他学科的相关理论成果，又要注重整合化的基础理论的建设。就前者而言，我国近期以社会学为基础同时吸收多学科成果、紧密结合当前社会现实、在科学发展观指导下逐步形成的社会建设理论，对社会工作的本质、地位、作用、领域、方式方法等都有比较明确的论述，无疑成为本土特色的社会工作理论基础的重要内容。

首先是本土特色的社会工作基础理论的建构对中国社会工作的发展更具有深远的意义。借鉴西方形成的社会工作基础理论框架，吸收马克思主义及其本土化思想成果中关于社会福利问题的论述，批判继承中国传统社会福利思想，紧密结合社会转型时期的社会工作实际，在此基础上经过不断地理论概括，最终形成本土特色的社会工作基础理论。在当前，对社会工作内涵和外延作出符合本土实际的界定，对我国社会工作的发展就具有特别重要的意义。

其次是本土特色的社会工作实施理论的建构。由于社会文化背景的不同，西方社会工作的实施理论也不能完全照搬照抄，必须加以本土化的改造。同时，本土非专业意义的社会工作也积累了一些有益的经验、方式方法、实践模式，经过总结提炼，使其成为本土特色的社会工作实施理论的组成部分。

西方社会工作实务中经常采用的个案工作、小组工作、社区工作、社会行政等基本方法，有的在我国的实施空间就受到一定的限制。总的来讲，由于“差序格局”的存在，中国人对陌生人难以产生真正的信任，因此社会工作者对单个的案主提供服务就难以取得明显的效果。此外，在中国这样一个人口众多、经济发展中的、社会服务需求却又十分巨大的大国中，个案工作方法就很难在大范围内全面实施，只能作为其他方法或社会政策的辅助方法。西方社会工作中普遍遵循的案主自决原则、个别化原则、为案主保密原则，由于社会及个人双方面的原因，实施起来会遇到种种困难与障碍。因此，对西方社会工作实施理论加以本土化改造是中国社会工作发展的必然要求。

对本土非专业意义的社会工作传统、经验加以科学地总结、提炼，也是建构本土特色的社会工作实施理论的一个重要途径。中国传统利用家族、亲友关系解决单个家庭、成员面临的困难的办法，就是民间解决弱者生存问题的有效办法，可以加以挖掘、提炼。新中国成立以来，从我国利用行政手段解决人们生存、发展问题，利用党团组织、群众组织解决困难群体生存问题、心理（思想）问题的模式中，只要我们善于总结、科学改造，可以发现一些可为专业社会工作所采用的本土方式方法与模式。十八届三中全会发布的《中共中央关于全面深化改革若干重大问题的决定》中提出的"全面深化改革的总目标是完善和发展中国特色社会主义制度，推进国家治理体系和治理能力现代化"（第2条），"改进社会治理方式，激发社会组织活力"（第47条）对我国专业社会工作的发展及运作模式将产生深远的影响，我们应当加以认真的分析研究，探索在这样一种社会管理格局下，即"发挥政府主导作用，鼓励和支持社会各方面参与，实现政府治理和社会自我调节、居民自治良性互动"格局下的专业社会工作的发展模式和方式方法。

快速的社会转型提出了发展社会工作的需要。在起源西方工业革命和市场经济实践的专业社会工作被证明是解决相关社会问题的有效途径，而本土非专业社会工作难以满足这一需要的情况下，在我国专业社会工作发展初期的背景下，借鉴西方社会工作相对成熟的理论体系是必然选择。随着这一进程的推进，对西方社会工作理论加以本土化改造及对本土社会工作传统加以科学提炼又成为一种现实的要求，目前我国社会工作的发展正处在这样的阶段中。"建构本土特色"是一个长期的工作，从"建构本土特色"过渡到"超越本土特色"，即使本土社会工作理论上升为一种国际化的理论或成为国际化的社会工作理论的一个组成部分，将成为中国社会工作者的不懈追求。

第四节　社会工作的知识基础

社会工作的知识基础主要包括以下几个方面：①理论方面的知识。科学的助人要把问题放到现实的社会背景下来认识和分析，这就要求社会工作者具备较丰富的关于人类社会、社会现象方面的科学知识，包括社会学、心理学、人类学等社会科学知识。②政策方面的知识。政策是政府制定的、涉及社会财富和公共利益分配的制度性安排。政府的政策也称公共政策，它是面对公众的。社会政策或社会福利政策是针对困难群体，对其给予优惠以促进社会公正的制度安排，社会政策是社会工作得以开展的重要基础。社会政策主要涉及就业、社会保障、住房保障、医疗保障、教育权利、老人与残疾人服务等领域，涉及儿童、老人、妇女、残疾人等弱势群体的权益保护，这些都是社会工作的基本领域。③技术方面的知识。社会工作者要有效地达到助人目的，就必须掌握多种技术方面的知识。重要的包括调查研究方面的方法和技巧、现代资讯工具方面的知识等。④文化方面的知识。社会工作者要解决的问题是多样化的，对这些问题的解决需要掌握多种文化知识。社会工作者必须掌握丰富的文化知识，包括宗教信仰、生活方式、生活习惯、婚丧嫁娶、生育死亡习俗等相关知识。由于篇幅所限，下面主要概述社会工作与社会学、心理学之间的联系与区别。

一、社会工作与社会学

The real difference between a sociologist and social worker is that the sociologist asks "why are these people poor?", while the social worker asks "what can I do about this poverty right now?"——社会学家和社工真正的不同在于：当社会学家问"那些人为何贫穷"时？社工问"我现在能为他们做些什么？"

社会学（sociology）源于19世纪末，是一门研究社会的学科。社会学使用各种研究方法进行实证调查和批判分析，以发展及完善一套有关人类社会结构及活动的知识体系，并以运用这些知识去寻求或改善社会福利为目标。社会学的研究范围广泛，包括由微观层面的社会行动或人际互动，到宏观层面的社会系统和结构。因此，社会学通常跟经济学、政治学、人类学、心理学等学科并列于社会科学领域之下。社会学在研究题材上或研究法则上均有相当的广泛性，其传统研究对象包括社会分层、阶级、社会流动、宗教、越轨行为等。从社会学的研究目标、对象及范围来看，社会学和社会工作有许多交叉、重叠的地方。

首先，社会学与社会工作的终极目标是一致的，都是以运用专业知识去寻求或改善社会福利、社会公平正义作为学科目标。社会工作和社会学都是借助人类与社会环境等理论帮助人类更好地与环境交流融合，都是基于人权与社会公正的基本原则而展开的。从某种意义上说，社会学是社会工作的理论基础，社会工作理论体系借用大量社会学的理论，如结构功能理论、社会系统理论、标签理论、角色理论等去诠释人与环境的互动关系。不论是社会工作理论研究还是社会工作实务过程都沿用了社会学研究方法和技巧，如问卷调查法、田野调查法等。

其次，借助社会学的理论，社会工作者可以更清晰地认识在社会系统中的个人。因其兴起的历史背景，社会学研究的重心很大一部分放在现代社会中的各种生活实态中，如当代社会如何形成、演变及发展。其不但注重微观现况描绘，也不忽略社会变迁。社会学的研究范围广泛，小到几个人面对面的日常互动，大到全球化的社会趋势和潮流。家庭、各种组织、企业工厂等经济体、城市、市场、政党、国家、文化、媒体等都是社会学研究的对象，而这些研究对象构成了人的社会环境，社会环境对人的行为和认知有影响，这是社会学家的共识。而社会工作的研究对象是个人，不是抽象的或真空中的人，而是在特定社会环境下的个人，社会工作以多种方式帮助个人与环境进行多样、复杂的交流。“人在环境中”是社会工作的重要命题。

学科建立、发展时间先后差异以及学术内容上的广泛关联等历史和现实的原因，以至相当长的一段时间人们都把社会工作看做是社会学的一个分支学科。事实上，社会学和社会工作作为两个学科，其不同点是明显的。主要表现在以下几个方面。

一是学科性质、介入方式不同。社会学是针对某一体系结构和运行方式进行分析的理论性学科，按照研究方法的不同分为定量研究和定性研究。定量研究不要求研究者与受访者建立深入的关系，研究者仅需要指导受访者完成受访资料填写即可，既可以通过实地样本收集，也可以是远程资料收集；定性研究是研究者针对每一个特定群体在较长一段时间里通过与受访者群体建立深入关系，分析受访群体系统结构及其特点。社会工作作为“以生命影响生命”的服务性实践学科，要求社会工作者全面介入服务对象及其生活环境，通过同理心去理解服务对象面对的困境。因此，社会工作者需要在服务过程中与服务对象建立真诚、分享、包容、接纳的信任关系，达到用心沟通的专业要求，而不是仅仅通过社会学调查研究分析就能完成的。

二是达到学科目的的路径不同。如上文所述，社会学和社会工作的终极学科目标是一致的，但达到目标的路径却明显不同。社会学是以解构分析某一系统或群体的运行方式、表现及其成因，以将事件外在表现总结出普遍性的规律为目的的理论性学科。其着重研究社会系统的运行发展规律，分析系统发展的成因和运行规律，着眼于系统整体。社会工作作为以服务为导向的实践性学科，不仅要求工作人员对其服务对象及其所在的社会环境进行综合分析，找出服务对象所处困境的成因，还要针对服务对象问题提出具体的解决方案并负责实施和评估，它是一个过程性的服务工作。

三是学科的覆盖内容不同。社会学作为以研究分析为主要内容的理论科学，需要以社会学理论为指导，通过社会学调查，应用问卷、访谈、口述等方式收集资料并进行分析，主要涉及社会学相关的学科以及统计学等内容。社会工作以服务为导向，需要对服务对象及其系统全面加以分析并最终找到解决服务对象问题的方法。涉及人类学、伦理学、生态环境学、组织行为、心理分析、社会保障等多学科多角度内容，既包括方法性的技术，也包括理论性的指导、实践经验总结等。

二、社会工作与心理学

心理学是一门研究人类及动物的心理现象、精神功能和行为的科学，包括理论心理学和应用心理学两大领域。心理学一方面尝试用大脑运作来解释个体基本的行为和心理机制。另一方面，心理学也尝试解释个体心理机能在社会行为与社会动力中的角色。心理学研究涉及知觉、认知、情绪、人格、行为和人际关系等许多领域，都和社会工作有着密切的关联。社会工作理论体系中借用了大量的心理学理论，如精神分析学、行为主义、人本主义、认知理论等。特别是社会工作三大方法之一的个案工作和临床心理咨询有很多相同之处，都是以个别的方式、沟通的手段帮助有需要的人，关注受助者的同感反应和情绪疏导，并遵循以受助者为中心、非评判、非指导、保密的专业价值原则。尽管心理学和社会工作具有某些共同与相似之处，但从比较层面来说，两者有着本质的区别。

第一，心理学与社会工作的问题属性与学科归属，这是观察理解两者本质区别的基础。心理学自诞生以来，便是一门以研究人类精神心理和人格发展规律为主的学科，属于人文社会科学重要学科和研究议题，学科视角、学科体系和学科研究领域清晰明确。从本质来说，社会工作是种社会服务体系、社会政策框架和社会福利制度，而非单纯的学科。

第二，心理学和社会工作的诞生时代、两者所处历史时期与社会经济发展阶段迥然不同。人类社会心理现象和心理活动是文明社会的历史产物与伴生物，有人就有精神心理活动。而严格来说，现代意义上的社会工作是工业化、城镇化与社会现代化的历史产物，运用社会服务满足社会需要，解决社会问题，集中体现现代社会服务体系发展的历史必然性。

第三，心理学与社会工作的价值基础、价值理念、价值目标和社会价值追求截然不同。心理学的价值基础是个人主义；核心价值理念是自我与自我发展；主要价值目标是精神健康和人格完善；追求的社会价值是个人责任与自我完善，个人与自我是行为主体。社会工作的价值基础是集体主义与社会利他主义思想；核心价值理念是社会平等、社会公平与社会发展；主要价值目标是社会结构功能协调均衡与社会福利；社会价值追求是社会福祉。

第四，心理学与社会工作的理论渊源、理论基础和理论视觉不同。心理学的理论渊源是哲学、宗教、社会学和生理学；理论基础是个人的精神心理健康理论；理论视觉是个人与环境、应激源与心理健康关系等。社会工作的理论渊源丰富多彩，除心理学以外，政治学、经济学、社会学、人类学、伦理学等人文社会科学，都为专业社会工作提供了取之不尽、用之不竭的思想理论营养。

第五，心理学与社会工作的服务性质不同。一般来说，林林总总的心理学的服务性质是"商业"服务性质，心理咨询服务收费是最典型的例证，其深层次的原因是心理学服务本质上不是公共服务、社会服务与福利服务，不是政府社会福利制度的延伸。相反，社会工作服务性质是"去商业化"的社会福利服务，通常是免费服务，深层次原因是社会服务本质上就是志愿、慈善、公益、福利和社会化，是政府社会福利制度的延伸和具体体现。

参 考 文 献

安秋玲. 2012. 中国社会工作本土化研究：已有探索与未来路径. 华东理工大学学报(社会科学版),(6)：21-52.

何雪松. 2007. 社会工作理论. 上海：上海人民出版社.

李迎生. 2008. 构建本土化的社会工作理论及其路径. 社会科学，（5）：75-77.

刘继同，孔灵芝，严俊. 2010. 心理学与社会工作本质区别及其对构建中国精神社会工作实务模式的启示.教育部哲学社会科学研究重大课题.

潘泽泉，黄业茂. 2013. 残疾人家庭个案社会工作：基于优势视觉的干预策略与本土化实践. 湖南社会科学，（1）：93-96.

宋海啸. 2013. 中国社会工作理论. 北京：时事出版社.

文军. 2012. 论社会工作理论研究范式及其发展趋势. 江海学刊，（4）：125-131.

Payne M. 2005. 现代社工理论. 何雪松，张宇莲，程福财，等译. 上海：华东理工大学出版社.

Saleebey D. 2012. The Strengths Perspective in Social Work Practice. 6th ed.Upper Saddle River：Pearson Education，Inc.

Thomas A，Chess S. 1977. Temperament and Development. New York：Brunner-Routledge.

第五章

社会福利①

社会福利与社会工作有着十分紧密的联系。一方面，社会工作者服务于社会福利面向的对象，如老人、青少年、残疾人等；另一方面，社会工作者需要了解社会福利的各项政策，既要将相关的资源传递到服务对象当中，又要保持对政策的敏感性，倡导政策层面的改变。本章介绍社会福利的定义、理论、类型及其在我国的应用。首先，本章将会介绍国际广义上的社会福利概念，指出我国的社会福利概念属于狭义的层面。其次，本章会简述三种社会福利的经典理论，包括工业化理论、新马克思主义和性别关系的视角。再次，从比较的视野上看，社会福利可分为不同的类型，如最常被提及的是蒂特马斯的三分类型和艾斯平-安德森的福利体制类型。最后，本章将以我国“社会福利社会化”和“适度普惠型”为例，进一步帮助社会工作者理解“社会福利”。

第一节　社会福利的概念

一、广义的社会福利

welfare 的字面意思是 well 和 fare 两词的综合。“well 的意思是好，fare 的意思是生

① 本章编写者雷杰，中山大学社会学与社会工作系副教授、博士，中山大学社会工作教育与研究中心副主任，兼任英国巴斯大学社会和政策科学系客座研究员、广东省民政厅“社会工作专业人才队伍建设专家委员会”委员、广州市社会工作协会常务理事、“社会工作专家人才库”专家等职。主持教育部人文社科青年基金项目“社会管理创新背景下的社会工作专业化建构：以广东省为例”等多项课题，发表《反压迫社会工作》《“社会福利社会化”的陷阱：以广州老人院舍为例》《“社区建设”概念的逻辑分析及社区社会工作介入的方向》等十多篇学术论文或报告。黄婉怡，中山大学 2013 级社会工作专业研究生。

活；两者综合起来就是幸福人生、美好生活或追求幸福生活。”①当国家成为责任主体，通过建立制度来帮助社会成员满足多样的需求、提升福利水平的时候，福利就演变成为社会福利（social welfare）。

社会福利因其内涵的多样性、动态性和情境性，至今仍没有形成统一的概念界定。美国社会工作人员协会出版的《社会工作百科全书》②认为：“社会福利是一个宽泛的和不准确的词，它最经常地被定义为旨在对被认识到的社会问题做出反应，或旨在改善弱势群体的状况的有组织的活动、政府干预、政策或项目。社会福利可以被理解为一种关于一个公正社会的理念，这个社会为工作和人类的价值提供机会，为其成员提供合理程度的安全，使他们免受物质匮乏和暴力胁迫之苦，促进公正和基于个人价值的评价系统，从经济上看，这是一个能稳定生产的社会。这种社会福利的理念基于这样的假设：通过组织和治理，人类社会可以生产和提供这些东西，而因为这一理念是可行的，社会有道德责任实现这样的理念。”

由此可见，美国社会工作人员协会对于社会福利的定义是综合性的，包含社会福利的“状态”和“制度”双重含义。从社会福利的状态来看，詹姆斯·米基利（James Midgley）把社会福利定义为：“当社会问题得到控制、人类需要得到满足以及社会机会最大化时，人类正常存在的一种情况或状态。”③阿马蒂亚·森（Amartya Sen）提出功能-能力范式，认为社会福利状态等同于个人在生活中实现各种有价值的功能的实际能力（capabilities）。莱恩·多亚尔（Len Doyal）和伊恩·高夫（Ian Gough）进一步补充阿马蒂亚·森的观点，认为这些实际能力包括能够获得足够的具备营养的食物和水、足够的庇护住所、非危害性的工作环境、非危害性的生活环境、适当的医疗服务、儿童阶段的安全、有效的初级关系、人身安全、经济保障、安全的生育和控制生育、合适的基础教育和跨文化教育。

从社会福利的制度范畴来看，广义的社会福利制度是指国家和社会为达到一定的社会福利状态所承担的制度化集体责任。它的对象为全体公民，主要包括收入维持（如现金的转移支付）和社会服务（如提供劳务、机会和其他形式的服务）两种形式。作为制度的社会福利主要涉及社会福利的目标体系、对象、项目体系以及资金和服务的提供体系。广义的社会福利制度目标体系与层次结构丰富复杂，覆盖人类生活方方面面。高层次的社会福利制度把促进社会平等和促进所有的人实现发展的潜能作为目标，所推行的措施不仅包括社会安全网、社会保障，还包括更进一步的收入再分配的制度。例如，图 5-1 概括了中国的社会福利体系架构，包括教育保障、就业保障、基本生活保障、养老保障、健康保障、住房保障和其他保障项目④。同样，西方福利国家的社会福利也不仅包括处于基础地位的以社会保险、社会救助为主的社会保障，还包含更高层次的教育服务、住房服务、健康服务等公共服务体系。其中，社会保障承担着社会控制和社会稳定的功能。社会福利服务扮演着社会投资和社会发展的角色，这个有层次的福利结构既能满足弱势群体的物质福利、为他们提供收入保障，又能提高社会成员的社会发展能力。

---

① 一番濑康子：《社会福利基础理论》，沈洁、赵军译，华中师范大学出版社，1998 年。

② NASW. Encyclopedia of Social Work. NASW Press，1999.

③ Midgley J. Social Welfare in Global Context. Sage，1997：135-136.

④ 中国发展研究基金会：《中国发展报告 2008》，中国发展出版社，2009 年，第 27 页。

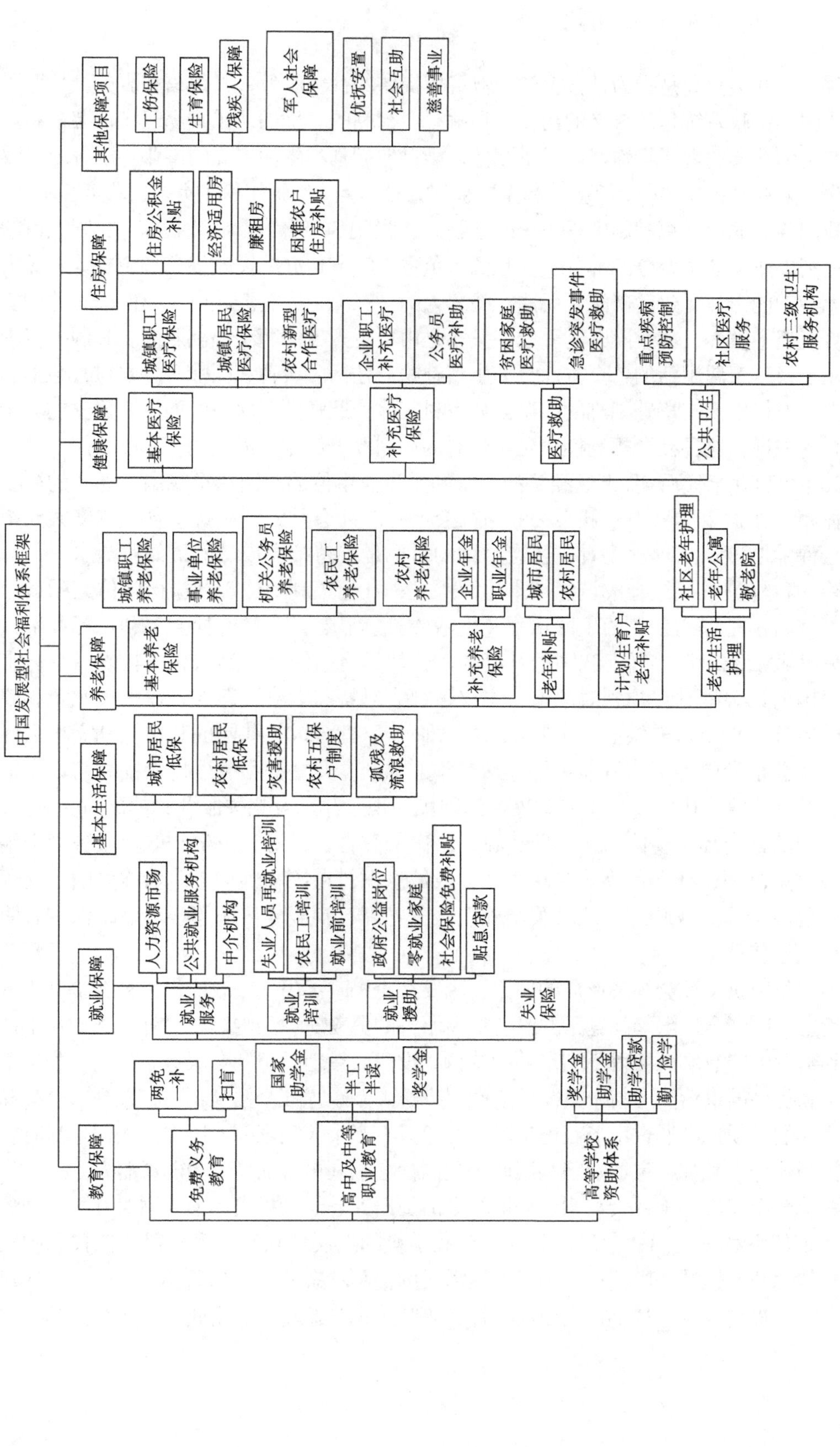

图5-1　中国社会福利体系架构

二、狭义的社会福利

狭义的社会福利是指为社会上的弱势群体提供的社会服务，又称福利服务。长期以来，我国的民政系统是从狭义的角度去理解社会福利的。例如，民政部门将社会福利定位为专门为社会弱者或特殊群体提供服务，满足他们基本生活保障的事业。以各级民政部门为主要福利提供单位，社会福利主要被视为针对老人、孤儿和残疾人的政策和服务。

我国狭义的社会福利制度是历史的产物。20 世纪 50 年代至 80 年代末，我国城市的社会福利事业发展主要分两部分：一是国家负责、官方包办的民政福利。主要针对城市中的无劳动能力、无生活来源、无法定赡养人的“三无”人员。政府民政部门对他们实施救济或集中供养，如政府办的养老院。二是由单位开展的职工福利服务。其服务范围涵盖职工及其家属生活的各个方面，如生活补贴、住房、教育和医疗等。农村社会福利主要针对农村生活有特殊困难的人群，如乡村集体为照顾“五保户”而出资建立的养老院。总的来说，这种社会福利模式是与当时的计划经济体制相适应的。

20 世纪 80 年代后期，市场经济的引入和企事业单位的改制要求我国建立新的社会保障体系。在这个体系中，社会福利与社会保险、社会救助、优抚安置等制度共同组成社会保障制度。从理念上看，社会救助的目标是维持社会成员的最低生活水平；社会保险的目标是维持社会成员的基本生活水准；社会福利则位于社会保障体系的最高层次，其目标是提高公民的生活水平和生活质量。显然，这样的社会福利目标并不只是强调补救功能，但实际上我国的社会福利仍然具有边缘化、残余化的特点。总体来说，我国的社会福利在福利对象上，主要被视为对特殊人群，即老人、困境儿童和残疾人的服务；在项目提供上，主要以人群（而非以社会成员共同的基本福利需求为标准划分社会福利内容），目前主要包括老年人福利、儿童福利、残疾人福利与妇女福利等，以及其他一切以社会化方式提供给国民的现金津贴及相关服务；在福利层次上，当前我国的社会福利整体结构偏低，较高层次的教育、住房、卫生和就业服务尚未纳入社会政策范围，社会各界普遍缺乏社会政策意识；在福利供给上，当前我国社会福利主要局限于国家或政府，从政策实施、服务管理，到服务传送等各环节，都带有明显的行政性特征。

当前我国狭义社会福利形成的原因，主要在于民政部门代表政府作为社会福利主要的供给者，因资金局限等问题，并没有扩展服务的覆盖对象和内容。另外，独立从事社会福利事业的非政府机构得不到足够的扶持，没法大量地承担社会服务。因此，为了不使国家和社会的供给能力与个人需求之间出现过大差距，社会福利不再直接介入个人和家庭。人们必须自己通过市场获得生活资料。只有当个人及家庭不能保证人们生活时，社会福利才介入来弥补市场缺陷。因此，我国社会福利更多的是专为弱者服务。

随着全面建设小康社会与构建和谐社会的提出，有学者指出当前我国对社会福利的狭隘性定位不利于我国社会建设和社会福利学科的发展，限制公民获得社会权利的实现，并与达到能提升人民福祉、满足人民需要的福利状态的目标相差甚远。所以，构建普惠型社会福利服务、从小福利迈向大福利等呼声也日益高涨。由此可见，我国政府和社会对社会福利的重新定义势在必行。

第二节　社会福利的理论

一、工业化理论

工业化理论的主要代表人物有威伦斯基（Harold Wilenshy）、瑞姆林格（Caston Rimlinger）等。工业化理论认为，工业化发展及其带来的经济增长是福利国家发展的根本原因，该理论从社会变迁和系统功能回应两方面来论证此观点。

在社会变迁方面，结构变迁（如工业化、城市化和市场化）使劳动力从农业向工业转移、人口从农村向城市转移。人们的生活和收入也越来越依赖市场交易。一方面，这些结构性因素的变迁削弱了传统社区和家庭的功能，为人们带来了养老、失业、工伤等“问题压力”。另一方面，为了满足工业化对熟练技术工人的需要，政府开始重视职业培训、义务教育等有助于劳动力再生产的政策的发展。简言之，现代化进程对社会福利的发展提出了功能性需求。

在系统功能回应方面，工业化理论认为社会福利的兴起与发展是对社会结构功能分化的系统性反应。工业化、现代化促进了国家经济的发展，进而为再分配提供了必要的经济剩余。同时，科层组织的发展使国家调配资源的能力得到增强。因此，政府可以通过大量增加福利开支，聘请专门的公务员和社会工作者，提供社会福利服务，力求满足个人和家庭需求，最终达成社会系统的整合与均衡。总之，工业化理论认为，国家的社会福利发展与其社会经济发展的水准高度相关，选择不同的社会安全福利服务是由经济因素决定的，随着工业化水平和经济发展的不断提高，所有国家不管其意识形态、制度结构都会最终发展出相似的社会福利体系，因此它又被称为趋同论。

但是，工业化理论也有一定的局限性。第一，其背后的理论假设——结构功能论，趋于保守。它倾向于支持已有社会秩序，忽略阶级冲突的因素（如新马克思主义）。第二，趋同论无法解释西方发达国家内部的差异性。例如，为何德国的经济发展水平低于英国，但是德国却先发展出体系化的社会保险制度；为何经济最发达的美国，其福利体系和水平远不如北欧甚至欧洲大陆的其他国家。另外，趋同论很容易陷入西方殖民主义的论调，一味地认为非西方国家的福利模式会按照西方工业化的思路进行。第三，过分强调社会系统的自我调节和回应的功能，忽略社会的个人、群体、价值观对建构社会福利的主观能动性。第四，由于工业化理论指导下的相关研究大多强调政府的福利开支，这就忽略了其他的福利提供者（如市场、家庭、社区）的作用。

二、新马克思主义

新马克思主义的代表人物主要有奥非（Claus Offe）、欧康那（James O’Connor）、高夫（Ian Gough）等。工业主义逻辑将国家视为中立的工具，认为国家能够为了提高社会的整合程度而及时回应工业的转变。与之相反，新马克思主义认为，福利国家的诞生是为了缓解资本积累和政权合法性之间存在的矛盾，是稳定资本主义社会的必要装置[①]。这是由于资本主义尽其所能地榨取剩余价值、积累资本，对工人进行严酷的剥削，工人的反抗此起彼伏，社会充满了动荡和冲突。充满社会冲突的资本主义是无法继续发展的，因此，为了加强合法性，资本家通过一定的利益让步，同意国家加税并再分配到工人身上，保证他们的基本生活水平，从而缓和阶级冲突。

在社会再生产方面，福利国家通过投资社会福利服务来培养技术熟练的工人，保证劳动力的代际更新。换言之，福利国家的发展是维持资本主义良好运转的必要工具。

在对福利国家的评价上，新马克思主义认为福利国家虽然能满足资本主义发展的需要，但也为资本主义的发展带来三对矛盾：一是去商品化与商品化的矛盾。在资本主义中，劳工在生产过程中需变成商品受资本家的支配，从而形成劳动的商品化（commodification）。然而，社会福利在实际上造成一定的去商品化（de-commodification）效果，使劳工有机会即使暂时不依赖市场，仍能维持自身的生活。资本主义必须维持劳动的商品化，与此同时又必须对劳动去商品化，以减少私有市场对其造成的伤害，这就形成了不可调合的矛盾。二是资本积累与国家征税的矛盾。一方面，资本主义国家需要为促进经济发展累积资本；另一方面，因福利国家福利开支不断增长而造成财政负担，最终引发福利国家的财政危机。三是官僚膨胀与自由市场的矛盾。福利国家福利开支的增长助长了官僚机构的膨胀，但其施加于市场之上的管制和约束与资本主义期望的自由市场产生冲突，福利国家针对劳动力市场制定的最低工资制便是一例。

新马克思主义对福利国家的起源、演变及其本质的揭示是深刻的，有助于克服对福利国家片面与肤浅的认识。它能弥补工业化理论的不足，承认阶级冲突和主观能动性对社会福利的贡献。但是，新马克思主义也有一定的缺陷，同工业化理论一样，它既无法解释发达资本主义国家之间为何产生差异的社会福利体系，也不能应用于非发达资本主义国家的社会福利体系，如社会主义的东欧或者尚处于农业社会的南亚。尽管新马克思主义预言资本主义将因福利国家的膨胀而坍塌，但是事实证明当代福利国家仍能与资本主义共存。这就给新马克思主义提出新的问题，需要它不断发展和改善理论的解释度。

三、性别关系视角

运用性别关系视角对福利政策进行分析是从女性主义对福利国家的研究中发展起来的，性别差异则是社会福利政策需要回应的问题。可惜在很长时间内，性别关系一直被社会福利的研究者所忽视。早期福利国家的福利政策以男性为中心视角制定，具有性别盲点。直到20世纪70年代后，学界对福利国家的研究才开始关注性别这一变量。随着性别关系研究的推进，至20世纪90年代初，性别关系视角开始与主流福利国家研究的对话。

性别关系视角重新审视福利国家暗含的男性主导模式，该视角认为性别关系及其话

① 奥菲 C：《福利国家的矛盾》，郭忠华译，吉林人民出版社，2006年，第8页。

语的变化与福利国家及其政策的发展相互影响。具体而言，可以把性别关系分别作为自变量和因变量进行分析。

当性别关系作为自变量时，它对福利国家的发展主要产生两方面的重要影响。首先，性别关系的论述影响福利国家的定位及政策的发展。例如，在发展的早期，福利国家基本上是按照成年男性是“单一负担家计者”、女性是“家庭照顾者”的核心家庭模式设计的。这反映了男权主导下的“男主外”“女主内”的性别模式。其次，女性及其组织作为政治参与者也影响着社会政策的发展。例如，在妇女运动中，女性主义者要求政府改革政策法规，通过为妇女提供争取投票、教育及平等就业的权利，来破除社会对女性的不利成见，协助女性提高社会地位。

当性别关系作为因变量时，福利国家的政策影响着两性的日常生活和公共参与。福利国家通过对家庭政策的干预影响着女性在工作与家庭间的平衡。以就业为例，北欧国家推行相对完善的儿童及家庭福利服务项目和注重性别平等的社会政策，提升女性在就业与家庭中的选择权，令她们更乐意投身劳动力市场。而由于欠缺完备的保障女性权利的家庭政策，东欧和南欧国家的女性在带薪工作和家务劳动上面临双重负担。

性别关系视角提升了人们在福利国家和社会福利研究中的性别敏感度。一方面，该视角揭示了福利国家暗含的男性主导模式，并鼓励发展对女性友好的社会政策。另一方面，当女性组织的政治社会活动被纳入分析框架后，我们也能从新的视角出发理解社会政策的形成过程。但是性别关系视角也存在一些不足。首先，性别关系视角虽然非常关注女性所承受的不平等待遇，但是它未必就能代表所有女性的利益。因为女性本身可以根据教育程度、种族、年龄、宗教、阶层、职业等社会因素的差异被细分为许多差异很大的次群体。George 和 Wilding 认为目前性别关系视角仅仅反映白领、中层女性等小部分群体的利益。其次，性别关系视角自身存在平等与差异的矛盾。正如部分性别关系学者所要求的，男性、女性之间应该实现平等（如同工同酬等）。但是，这就与他们要求给女性以特殊待遇的诉求相悖。最后，因为婚姻和家庭等历久的社会制度并不支持“性别关系之间仅仅是冲突”的论断，所以男性与女性之间是否就是零和的冲突关系仍有待商榷。

第三节　社会福利的类型

一、蒂特马斯的社会福利模型

社会行政学鼻祖理查德·蒂特马斯（Richard Titmuss）在著名的《社会政策十讲》中根据政策的价值与手段，把社会福利制度分为三个模型，即剩余福利模型（residual welfare model）、工业成就模型（industrial achievement-performance model）和制度性再分配模型（institutional redistributive model），如表 5-1 所示。

表 5-1　蒂特马斯的三分模型

模型	内容	
剩余福利模型	福利供给渠道	私有市场、家庭
	国家角色	最后一道防线；补充家庭、市场的不足
	社会政策特点	剩余性
工业成就模型	福利供给渠道	企业
	国家角色	规管、次要的
	社会政策特点	重视个人在工作中的成就
制度性再分配模型	福利供给渠道	国家
	国家角色	制度的，社会福利的责任主体
	社会政策特点	普惠性

剩余福利模型认为个人的需要可以通过私有市场和家庭这两个福利供给的渠道获得满足。鉴于此，政府办的社会福利只有当市场和家庭都崩溃的时候，才能进行有限期的介入。换言之，不管是中央或地方政府，其规模越小越好。与之相反，人民免受国家干涉的自由，则越多越好。与政府角色对应，社会政策只应担当剩余的角色，最好能以市场方式推行。国家此时的角色仅属于最后一道防线，因此社会政策的特点呈现剩余性的特点。

工业成就模型认为国家举办的社会福利应主要是激励劳动者在工作岗位上的绩效表现。换言之，社会福利就是按照个人的特长、工作表现和生产力来进行分配。因此，这种福利模型也被称为“婢女模型”（handmaiden model）。工业成就模型主要用来指代以德国为代表的社会保险制度。

制度性再分配模型认为，社会福利的供给渠道不应该被局限在私有市场与家庭中。社会福利是社会的主要统合制度，国家需要担负起福利提供的主体责任，获得社会福利应是每个公民所拥有的社会权利。因此，制度性再分配模型追求覆盖全人口的普惠性社会政策。它赋予了国家在社会福利供给上更多的职能，认为政府应通过构建一套完整的制度来提供公民所需的各种福利。

二、埃斯平–安德森的福利体制模型

除了蒂特马斯的三分模型外，另一被提及最多的社会福利模型当属埃斯平–安德森（Gosta Esping-Andersen）的福利体制模型。在《福利资本主义的三个世界》（1990 年）中，埃斯平–安德森使用“体制”（regime）这一术语以区分“福利国家”概念，“一种体制是用来指示这样一个事实：一系列法律的和组织的特征系统地交织在国家和经济之间的关系中”[①]。通过这样的定义，福利体制理论就否定了“国家一定在福利供给中占主导地位”，开启了福利多元的框架模式。

接着，埃斯平–安德森认为，福利体制的类型划分应基于三个维度。第一个维度是探

① Esping-Andersen G. The Three Worlds of Welfare Capitalism. Polity Press，1990：2.

讨福利多元，即国家、市场和家庭在福利供给中的关系。第二个维度是要评估福利体制产生的福利后果。福利后果可以从两个方面来显示：一是去商品化和去家庭化，衡量的是福利供给独立于市场和家庭的程度。去商品化表示一个人可以不依靠市场来维持生计的程度①，是衡量一国福利供给仰赖市场或者一国福利保障的程度，具体指标有：①所得替代率。因为去商品化意味着当人们因为某些原因（如老、残、病等）而无法工作时，如果政府提供优厚的福利，则可以使其完全退出职场，不需要再用劳力来换取所得。而在就业市场中，劳力是一种商品，所以如果福利的所得替代率高，就可达到去商品化的目的。②给付资格的条件限制（如工作经验、保费缴纳、资产调查）内藏"妨碍因素"的强度（如等待期间与有限制的给付期间等）。③给付非基于工作程度。因为除了看社会福利给付金额高低外，也要进一步检验给付是否主要基于一个人过去曾经长期缴过保费。如果具备"商品性"的工作对取得的福利仍有关键作用，就说明去商品化的程度较低。去家庭化是指一些政策，既能减轻个人对家庭的依赖程度，又能使个人独立于家庭或夫妻的互惠，从而最大化地掌握经济资源②。因为一个社会具有较高的去商品化程度有可能是家庭（特别女性）承担起了福利供给，并不意味着国家履行相对高的福利责任。简单来说，去商品化和去家庭化的程度越高，代表着国家的福利供给的作用越大，也意味着，社会权利在该福利体制中实现的程度就越高。二是分层（stratification），即探讨社会权利和社会阶层之间的关系。该指标研究社会福利是怎样影响社会分层系统的，是企图打破、保留，还是强化公民原来的社会阶层属性。具体指标包括：①国家主义，主要用来检视国家用在公务人员福利的支出占整体福利支出的比率。②组合主义，主要是指福利体系是否按职业类别组成。如果保险因职业的类别分开组成，那么各职业的福利条件也颇有可能存在差异，则福利制度具有维持甚至强化现有职业阶层差异的作用。第三个维度是通过深描体制的历史发展，来解释各种体制之间的差异。简单来讲，埃斯平–安德森认为单纯用工人阶级运动这个因素并不能完全解释社会权利在各种体制之间的差异，更为重要的是要看在历史发展的过程中，工人阶级和其他阶层在议会中的结盟情况。另外，阶级—政治结盟不但一直被该体制的福利后果（去商品化、去家庭化和阶层化）所强化，而且这个阶级—政治结盟反过来会通过其在议会中的主导作用来不断地巩固原来的福利体制③。因此，每个福利体制既可以对外保持一定的自我特色，又可以对内以路径依赖的方式保持相对的稳定。

根据福利多元、福利后果和历史发展三个维度，埃斯平–安德森把发达资本主义世界划分为三种不同的福利体制，即自由主义（liberal）、保守主义（conservative）和社会民主（social democratic），如表 5-2 所示。自由主义体制的去商品化程度最低，严重依赖市场，因此创造了两个极端，即依靠补缺型的公共福利，以及依靠私人（或职业保险）这两个阶层。与之相反，社会民主体制通过排斥私人供给，实行普惠型的福利金和社会服务，来达到高程度的社会平等（包括性别）。保守主义体制提倡工作单

① Esping-Andersen G. The Three Worlds of Welfare Capitalism. Polity Press，1990：22-23.

② Esping-Andersen G. Social Foundations of Postindustrial Economies. Oxford University Press，1990：45.

③ Esping-Andersen G. The Three Worlds of Welfare Capitalism. Polity Press，1990：29.

位、家庭和教堂的供给，而国家则通过辅助而非再分配的方式来保持阶层、身份和性别的区分。

表 5-2　发达资本主义世界的三种福利体制

体制特征	自由主义	社会民主	保守主义
家庭	边缘	边缘	中心
市场	中心	边缘	边缘
国家	边缘	中心	辅助
团结的关键点	市场	国家	家庭
团结的关键模式	个人的	普惠的	亲缘/合作主义/国家主义
去商品化的程度	最低	最高	高（仅对养家糊口者）
例子	美国	瑞典	德国、意大利

资料来源：Esping-Andersen G. Social Foundations of Postindustrial Economies. Oxford University Press，1990：85

总的来说，埃斯平—安德森的福利体制理论弥补了传统福利国家理论的不足。第一个维度福利多元的提出使学术分析更贴近实际情况，它承认西方国家在福利供给中可处于非中心的地位（边缘或辅助）。换言之，市场和家庭有可能承担起福利提供的主要责任。第二个维度不再如福利国家理论那样迷信福利支出，而是将其与福利后果区分开来。也就是说，福利体制要进一步研究社会权利的落实情况及其对社会阶层化的影响。第三个维度指明路径依赖的解释作用，要求对某个福利体制进行历史的考察，尤其是议会民主里面的政治角力与整个体制的相互影响。

第四节　中国的社会福利

一、社会福利社会化

我国的社会福利社会化政策学习西方的福利私营化。福利私营化源于 20 世纪 70 年代新右派的意识形态，该意识形态认为福利国家产生很多弊端。例如，在政治方面，福利国家的官僚机构不断膨胀，除了造成效率低下，还会使政府权力过大，威胁公民的自由；在经济方面，福利国家会影响人们的工作意愿，破坏市场的自行运作；在社会方面，福利国家会瓦解民间的慈善传统，制造一个长期依赖国家福利的社会底层。因此，福利私营化成为福利国家改革的目标，鼓吹政府不应成为主要的福利提供者。相反，个人、家庭、市场和社区应成为主要的福利提供者。

在此背景下，我国的民政部门从 20 世纪 80 年代中期开始，便提出了社会福利社会办的改革思路。1991 年民政部明确提出社会福利社会化的概念，鼓励社会各方面力量积极参与福利事业，尤其是在养老领域。1998 年 3 月，民政部在全国 13 个城市进行社会福利社会化试点，社会力量兴办的养老机构大量出现。随后，国家加快从社会福利和服务领域退出的进度，养老服务领域的市场化趋势日益明显。2000 年，民政部等 11 部委颁布《关于加快实现社会福利社会化的意见》，明确提出发展多种所有制形式的社会福利机构的目标和设想，由社会力量兴办的社会福利机构发展迅速，已成为我国社会福利事业的一个重要组成部分。同年，中央出台《关于加强老龄工作的决定》，提出“建立以家庭养老为基础、社区服务为依托、社会养老为补充的养老机制”，多元化主体的思想开始占据主导地位。

由此可见，社会福利社会化是指在政府倡导、组织、支持和必要的资助下，通过动员社会力量建设社会福利设施，开展社会福利服务，从而满足社会对福利服务的需求。该概念包含三个核心：一是社会福利主体社会化。这是指社会福利事业从以往的国家包办扩展到采取国家、集体和个人等多渠道投资方式，形成社会福利机构多种所有制形式共同发展的格局。二是社会福利对象社会化。这是指从民政部门传统认为的社会福利只面对弱者、不能应付基本生活的人拓展到所有需要帮助的人。三是国家所承担的角色是宏观政策上的制定和政策执行过程的监督。从本质上讲，我国民政部门提出的社会福利社会化是市场经济下的社会化福利模式。国家希望推行供给主体多元化、服务对象多元化、服务内容多元化、资金来源多元化这种社会化福利模式，再结合国家福利模式（专为弱者提供的服务）共同为全社会成员提供社会福利。

经过二十多年的探索发展，我国老龄服务的社会化取得重要发展，社会福利社会化框架初步形成。老龄服务市场化进程得到推动，老龄服务的市场支持政策明显增多、融资环境得到优化、市场投资的范围扩大以及以老龄服务为代表的老龄产业发展较快。但是值得注意的是，西方社会福利私营化的成功推行依赖强大的民间组织，而我国的民间组织一方面存在着资金短缺等先天不足的劣势，另一方面并没有与政府形成契约关系，使形成中的多元福利呈现不稳定的状态。另外，在社会服务的涵盖面扩大的同时，福利服务的范围并没有显著扩大。因此，由于市场体系和第三部门还没得到足够发展，国家减少养老服务的投入，众多老人的基本需求得不到满足，反而形成社会分化和养老危机。以院舍服务为例，民办养老院考虑到成本效益的问题，只接受那些有自我照顾能力或能够承担费用的老人。这意味着，不能自理或者收入困难的老人就被民办养老院拒之门外。即使在社会服务相对发达的广州，仍有近八成的老人因高昂的入院费而无法入住养老院。这些都反映出政府在社会福利事业发展进程中未能尽到应有的责任。

为了有效抑制社会福利过度社会化和市场化所造成的弊端，近年来我国政府开始反思该政策，重新评估国家在养老服务政策中的角色和作用。从近年的一些养老服务政策可以看出，国家主导再次成为新的方向。例如，2007 年党的十七大明确提出构建老有所养的老年服务体系是国家构建和谐社会的目标。2009～2010 年，民政部连同国家发展和改革委员会（简称国家发改委）在黑龙江、江苏等 12 个省份开展基本养老服务体系建设工程试点工作。国家发改委拨出 5 亿元支持试点，开启中央专项资金支持养老服务体系建设的先河。养老服务领域出现了把国家带回社会福利的趋势。

社会福利社会化为社会工作未来的发展带来了机遇。一方面，社会福利社会化促进老龄产业的发展，政府购买社会工作服务制度的逐步确立在一定程度上推进了社会工作的发展。另一方面，社会福利社会化迫切要求专业的社会工作人力资源。但是，社会福利社会化也对社会工作未来的发展提出了挑战。为保证社会福利社会化改革的成效，社会工作服务专业化的理念及专业人员队伍建设需要继续加强，行业的扶持和监督机制也亟待完善。

二、适度普惠型的社会福利

从2007年民政部明确表示我国社会福利将由狭义、补缺型逐渐向广义、适度普惠型转变后，学界围绕适度普惠型的社会福利体系建设展开更加热烈的讨论。从内涵界定上看，学界对于适度普惠型的理解主要从社会政策角度入手，具有较高的共性。王思斌（2009）认为“适度普惠型的社会福利是由政府和社会基于本国（或当地）的经济和社会状况，向全体国民（居民）提供的、涵盖其基本生活主要方面的社会福利”。彭华民（2011）指出适度普惠是基于以需要为本的原则，通过建立以普惠性福利为主、选择性福利为辅的组合式社会福利供给机制来满足社会成员福利需要，最终构建多元福利责任主体（包括政府、市场、家庭、社区等）间协调运作、相互支持、互为补充的社会福利体系。戴建兵和曹艳春（2012）则从历史的维度对适度普惠展开阐述。他们认为适度普惠型社会福利显示了我国社会福利建设的阶段性，它是从我国传统的补缺型社会福利向全民普惠型社会福利转变的历史产物，最终目标是要建立“普惠”的全体国民均能享受的福利模式。

在实施路径上，彭华民（2011）提出适度普惠型社会福利的制度设计主要是分需要、分目标、分阶段、分人群。分需要即按照社会成员的需要，差异化设计福利服务供给项目；分目标即根据不同的社会福利接受人群和他们的需要来制定福利制度的目标；分阶段即普惠型社会福利制度的建设需循序渐进，大致可分为三个阶段（第一阶段为2007～2010年；第二阶段为2011～2015年；第三阶段为2016～2020年）；分人群即按照社会福利的接受人群（老人、儿童、妇女、农民工等）分类型设计福利项目。

在支撑体系上，适度普惠型社会福利制度的建设首先，要坚持政府责任。具体来说，政府需要承担政策倡导和对相应福利观念的形成进行引导的责任，科学设计福利制度，为制度构建提供福利资源，广泛动员各方力量促进制度的持续发展。其次，企业需要承担起社会责任，在社会公益、社会慈善方面有更多作为，对适度普惠型社会福利给予有力支持。再次，需要保护和激活家庭的福利责任，以作为适度普惠型社会福利制度的基础。最后，社会服务机构需要得到大力的培育与发展，以作为适度普惠型社会福利制度有效发展的重要保障。

从社会福利的对象人群看，我国的适度普惠型社会福利可以划分为民政系统负责的特殊人群（如儿童、老人和残疾人）和非民政系统负责的其他弱势群体。

在儿童福利制度方面，适度普惠型是指逐步建立覆盖全体儿童的普惠福利制度。民政部社会福利和慈善事业促进司提出，适度普惠型儿童福利制度的理念是“适度普惠、分层次、分类型、分标准、分区域”。其中，“分层次”是将儿童群体分为孤儿、困境儿童、困境家庭儿童、普通儿童四个层次。“分类型”是将各层次儿童予以类型区分。孤儿分社会散居孤儿和福利机构养育孤儿两类；困境儿童分残疾儿童、重病儿童和流浪儿童三类；困境家庭儿童分父母重度残疾或重病的儿童、父母长期服刑在押或强制戒毒的儿童、父母一方死亡另一方因其他情况无法履行抚养义务和监护职责的儿童、贫困家庭的儿童四类。“分标准”是指对不同类型的儿童，分不同标准予以福利保障。“分区域”是指全国划分为东、中、西部，因地制宜制定适应本地区特点的儿童补贴制度。

在残疾人福利制度方面，残疾人的福利服务可进行“普惠+特惠”双层架构的制度安排，即以普惠性的制度安排为主体，同时兼顾残疾人的特别诉求，提供护理、保育、康复等个性化的服务，以保障和改善残疾人群体的生活质量。实施方法包括两方面：首先，完善普惠性的制度安排。具体来说，国家需要出台针对性措施完善最低生活保障、城乡医疗保险等社会保障制度。此外，在定点医院可以为残疾人开设专门的绿色通道，设置专门的政策解释员，协助办理报销手续等，以体现对残疾人群的特殊关爱。其次，推进特惠性制度安排的构建。具体而言，国家可以分别针对城乡采取相应的推进策略，继续加大对残疾人群体社会福利的投入力度，完善残疾人社会福利的各项内容。例如，鼓励兴办残疾人社会福利企业，让全社会都来关心和支持残疾人事业，实施国家为社会福利企业免税等优惠政策促进残疾人在福利企业就业，依法保障残疾职工合法权益等。

对于非民政系统的其他弱势人群，广东和北京建构普惠型的社会福利制度的经验值得借鉴。

广东经验主要包括两方面：首先，在实施理念上，广东“十二五”规划纲要提出“普惠共享，保障和改善民生”的口号，将把增加净福利支出作为改善民生的重点。2011 年，全国第一个省级幸福指标体系——幸福广东指标体系正式出台。该体系框架将教育、医疗、住房、收入分配、养老、就业和社会保障等广义社会福利视为核心的民生范畴，并将其纳入各级政府绩效考评范围。其次，在发展路径上，广东积极推进政府购买服务，以社会工作服务为切入点，立足于社区，将过去局限于老人、儿童和残疾人的社会服务领域拓展至个人-家庭-社区多层次的综合社会服务体系。截至 2012 年年底，全省已建立街镇社区服务中心 947 个、城乡社区公共服务站 5 360 个，家庭服务中心（含社区服务中心）1 150 个，其中近 400 个服务中心通过政府购买服务运营。

北京经验主要包括三方面：首先，推进了社会福利的城乡一体化进程。以养老福利制度为例，2009 年北京率先实现了城乡养老保障制度的一体化和全覆盖。其次，逐步构建多层次的大福利制度。目前北京初步形成了以就业保障、生活保障、养老福利、医疗福利、教育福利和住房福利为主的多层次大福利制度，社会福利的投入逐年增加。最后，扩展了社会福利的覆盖面，包括扩大了老龄、医保和残疾人补助津贴等。简言之，在构建适度普惠型社会福利制度的要求下，北京着重关注社会福利满足人们需要的层次，拓展社会福利体系的覆盖范围，探索多元化福利服务供给机制。

适度普惠社会福利与社会工作是我国社会福利事业的一体两面，缺一不可。两者在目标上具有内在一致性，都以实现社会和谐为旨归。两者在和谐社会建设进程中共同发挥着稳定社会、促进社会和谐发展的作用，都要遵循党委领导，政府主导，企业、社会、民众共同参与的运行机制。例如，在儿童福利制度方面，适度普惠型儿童福利制度要求社会工作者除了倡导系统设计新型儿童福利体系的框架，还要抓住政府购买服务的机遇，培育发展儿童福利服务的社会工作人才队伍，发展儿童公益社会工作机构，高度重视儿童服务的专业化建设。在残疾人福利制度方面，专业社会工作者可以在社区或机构开展残疾人生活照顾服务，广泛发动志愿服务，倡导慈善捐助，进行相关政策倡导等，以增进残疾人群的福祉。在其他弱势群体福利制度方面，社会工作可以依靠社区服务中心等多种形式，最大限度整合社区内资源，把握社区民众的需求，设计适合社区民众的服务方案，拓展社区社会工作的服务对象，最终为社区民众输送高品质的社区服务。

三、结语

当前，我国社会福利与社会工作都处于前所未有的发展机遇期。在大力推进社会福利社会化、逐步构建普惠型社会福利体系建设的今天，社会工作专业化、职业化水平亟待提升。一方面，社会福利体系的重构以及政府购买社会服务制度的确立既在一定程度上推进了社会工作的发展，也对社会工作专业服务标准的制定、实施监督及服务质量提出更高的要求。另一方面，社会福利社会化、构建普惠型社会福利也迫切需要高素质的社会工作人才队伍，以保障社会福利传递的效果和效率。简言之，如何保持社会工作与社会福利之间的协调发展和良性互动关系，发挥社会工作在适度普惠型社会福利体系中的作用，是今后学界关注的重要问题。

参考文献

戴建兵，曹艳春. 2012. 论我国适度普惠型社会福利制度的构建与发展. 华东师范大学学报，(1)：26-31.

蒂特马斯 R. 1991. 社会政策十讲. 江绍康译. 台北：台湾商务印书馆股份有限公司.

丁华，徐永德. 2011. “福利私营化”、“社会福利社会化”：辨析与反思. 江淮论坛，（4）：132-138.

窦玉沛. 2010-11-08. 加快建立健全社会养老服务体系. http：//shfl.mca.gov.cn/article/ldjh/201011/20101100113189. shtml.

范斌. 2006. 福利社会学. 北京：社会科学文献出版社.

广东省民政厅. 2013-03-27. 2012 年民政工作简况. http：//www.gdmz.gov.cn/zwgk/zwgb/gzgk/201302/t20130227_32421.htm.

黄晨熹. 2009. 社会福利. 上海：格致出版社.

景天魁，毕天云. 2011. 当代中国社会福利思想与制度. 北京：中国社会出版社.

刘春燕，杨罗观翠. 2010. 性别与福利——对福利政策社会性别分析的评述. 妇女研究论丛，（4）：100-104.

刘继同. 2009. 社会福利与社会保障界定的国际惯例及其中国版涵义. 学术界，（2）：57-66.

刘敏，王芳. 2013. 普惠型社会福利建设的经验与问题. 兰州学刊，（10）：85-90.

罗观翠，雷杰. 2008. “社会福利社会化”的陷阱——以广州老人院舍为例.华东理工大学学报，（1）：25-29.

民政部社会福利和慈善事业促进司. 2013-06-26. 民政部关于开展适度普惠型儿童福利制度建设试点工作的通知. http：//www.mca.gov.cn/article/zwgk/tzl/201306/20130600478862.shtml.

民政部社会福利司. 1995. 社会福利发展概况及改革思路//国家经济体制改革委员会. 社会保障体制改革. 北京：改革出版社.

彭华民. 2011. 中国组合式普惠型社会福利制度的构建. 学术月刊，43（10）：16-22.

彭华民，万国威. 2010. 从沉寂到创新：中国社会福利 30 年学术轨迹审视. 东岳论丛，31（8）：145-151.

尚晓媛. 2001.“社会福利”与“社会保障”再认识. 中国社会科学，（3）：112-121.

王顺民，王笃强，胡慧嫈，等. 2002. 社会福利与社会工作. 台北：洪叶文化事业有限公司.
王思斌. 2009. 我国适度普惠型社会福利制度的建构. 北京大学学报，（3）：58-65.
吴玉韶. 2013. 中国老龄事业发展报告蓝皮书. 北京：社会科学文献出版社.
熊跃根. 2013. 女性主义论述与转变中的欧洲家庭政策. 学海，（2）：95-102.
徐选国，阮海燕. 2013. 试论我国适度普惠社会福利与社会工作的互构性发展. 天府新论，(1)：109-115.
郑功成. 2013. 中国社会福利的现状与发展取向. 中国人民大学学报，（2）：2-10.
Banks O. 1993. The Politics of British Feminism，1918-1970. London：Edward Elgar Pub.
Doyal L，Gough I. 1991. A Theory of Human Need. London：Palgrave Macmillan.
George V，Wilding P. 1994. Welfare and Ideology. London：Prentice Hall.
Lei J，Walker A. 2013. The big society in China：a failed experiment. Social Policy and Society，12（1）：17-30.
Miliband R. 1969. The State in Capital Society. New York：Basic Books.
Skocpol T，Amenta E. 1986. State and sociology policies. Annual Review of Sociology，（12）：131-157.

第六章

人类行为与社会环境[①]

人类是在环境中生活的，人类的行为受到环境特别是社会环境的影响。人的成长和生活离不开社会，社会也离不开人及人与人的互动。研究人类行为与社会环境的关系是理解人类行为的出发点和基础。

第一节 人类需要和人类行为

很多学科都认为需要是人一切行为的内在根源和根本目的，社会工作专业从“环境中的人”出发，通过对人类需要的分析和研究来掌握人类行为的内在规律。

一、人类需要

（一）人类需要的含义

所谓人类需要，是指人为维持生存、发展和从事各种社会活动所产生的对各种外部和内部条件的依赖及其获取这些条件的主观愿望。人类需要体现的是生命有机体在或生理或心理的某些方面的不足或匮乏，这种不足或匮乏造成有机体的不平衡或紧张，驱使有机体产生动机，指向目标，采取行动，最后消除这种状态，进而满足其需求。在原有需要满足的基础上，人又会不断产生新的需要，从而不断推动人产生行为。所

① 本章编写者阎安，广东工业大学政法学院社会工作系副教授、硕士生导师，校十佳授课教师、学生最喜爱教师，社会工作师，2012 年度广东省优秀社工导师、2014 年度中国十大社工人物。主持社会工作科研课题三十多项，发表论文三十余篇，荣获中央组织部中国老龄委、中国老年学会颁发的多项国家级论文奖。兼任民政部社会工作行业标准文件起草专家、广东省民政厅“社会工作专业人才队伍建设专家委员会”委员、广东省社会工作师联合会副会长、广州阳光社会工作事务中心理事长等职。

以说，需要是产生行为的原动力，而行为本身必定也是朝向一定的需要，以满足某种需要为目的。

（二）马斯洛的需要层次理论

美国社会心理学家马斯洛（Abraham H. Maslow）主张将人的基本需要划分为五个层次，并且由低到高排列呈金字塔结构。按照由低到高的顺序，这些需要分别为生理需要、安全需要、归属与爱的需要、尊重的需要、自我实现的需要。层次越低的需要，其强度越大；层次越高的需要，其强度越弱。只有当较低层次的需要得到满足后，较高层次的需要才会出现并要求得到满足。

（三）人类需要的类型

人类需要的类型可分为以下几种：一是按需要的起源划分为生物性需要和社会性需要。生物性需要也称原发性需要，反映了人们对延续和发展自己生命所必需的客观条件的需要，如对生活资料的需要、生理保健的需要、繁衍后代的需要等。社会性需要也称为习得性需要，是人们在生理需要的基础上形成的一种特有的需要，它是在维持人们社会生产和社会交往的过程中形成的，如人对工作的需要、对知识的需要和对实现理想的需要等。

二是按需要的对象划分为物质需要和精神需要。物质需要是指个体对物质（如衣、食、住、行和日常用品）的需要。在物质需要中既包括生理需要，又包括社会性需要。精神需要是指人们对自己的智力、道德和审美等方面的发展条件的需要，是随着社会的发展而不断发展的，如人们对学习提高的需要、创造发明的需要、贡献能力的需要、独立尊重的需要等。

三是按需要的迫切程度划分为间接需要和直接需要。直接需要是自己完全可以感受得到的，具体的、眼前的需要，往往和生存有关，获取的欲望比较强烈。间接需要是指那些比较概括的、抽象的需要，如理想、志向、远大目标、将来发展等，不一定现在有强烈的欲望，也不是必须满足的需要。

二、人类行为

（一）人类行为的含义

行为是指个体为满足自身需要对环境所做出的生理、心理和社会的各种反应。人类行为有广义和狭义之分。广义的人类行为，是指人的一切活动，不仅包括外在的可以被观察和测度的活动，还包括内在的、不易被观察和测度的心理活动。狭义的人类行为仅仅是指外在的可被观察和测度的行为活动，包括表情、外部语言、动作等。

从社会工作角度来看，人类行为是指个体为适应环境与满足需要所表现出的活动或反应，它是遗传、生理、心理、社会过程等内外因素综合起来相互作用的结果。

（二）人类行为的特点

人类行为的主要特点有适应性、多样性、动态性、指向性、可控性、发展性等。

（1）适应性。人类行为的根本目的是为了适应环境，维持个体及种族的繁衍，并在适应环境的同时不断地改变自己的生存、生活环境。

（2）多样性。人类行为是个复杂的系统，存在着不同的侧面，有外显的，有内隐的；有来自遗传的，有后天习得的；有生理范畴的，有社会属性的。千姿百态，丰富多彩。

（3）动态性。人类行为一直处于变化之中，这种变化可能来自行为者自身的变化，也可能是社会生活条件改变所造成。

（4）指向性。人类行为不仅有原因，而且具有特定的目标指向。

（5）可控性。人类能够有意识地控制和调节自身的行为，使其向着目标前进。

（6）发展性。人类行为是连续不断的发展过程，现在行为是过去行为的延续，而现在行为又将成为未来行为的基础。

（三）人类行为的类型

按照人类行为的起源，可以把它分为本能行为和习得行为。本能行为来自遗传，是人类不需要学习就可以出现的定型的行为模式，如吃、喝、拉、撒、睡的基本行为，发育成熟后的性行为等。习得行为是人类后天在与环境的互动中逐渐学习而形成的，如工作、交往等。人类的大多数行为都是本能行为加后天学习的结果。

按照行为是否符合正常模式和社会规范，可将行为划分为正常行为和异常行为。正常行为是指符合正常模式和社会规范的行为。异常行为是指异于常态不符合社会规范的行为。因为正常模式和社会规范是相对的，因此正常行为和异常行为的区分也仅是相对的。划分正常行为和异常行为的常用标准有统计学标准、社会规范、价值标准和行为适应性标准等。

（四）影响人类行为的因素

影响人类行为的因素复杂多样，这也是导致人类行为多样性的一个重要原因。一般来说，影响人类行为的因素包括生物因素、心理因素和社会因素三个方面。影响人类行为的这三方面因素并不是单独作用于人类行为，而是相互交叉影响着人类行为的发展。

生物因素对人类行为的影响包括：影响人的成长，是人的行为的物质基础；生理因素的变化会影响心理因素的成长；不同阶段的人生理发育不同，直接影响人在不同时期的成长特征；生物因素主要通过遗传因素影响人类的行为发展。

心理因素对人类行为的影响包括：心理认知，帮助人们正确认识自己，正确认识他人和社会，从而正确处理自我与他人、社会的关系。只有正确的认识，才能确保人的行为的健康发展；人是有感情的，情感对人类行为的影响十分重要；心理的需要和动机影响行为的变化。

社会因素对人类行为也有重要影响。人是社会的人，人的行为既是对社会的适应，又深受所处社会环境因素的影响。社会因素包括家庭、群体、经济制度和政治制度、社会事件与文化等。社会因素对人的行为的影响非常深远。

第二节 社会环境及其与人类行为的关系

一、什么是社会环境

（一）社会环境的含义

环境是一种外在的东西。人类生存的环境是对人的生存带来影响的各种因素的总和。人类生存的环境包括自然环境和社会环境。

社会环境是指与人的生存相关的社会因素，以及其与人的生物遗传、心理状态相互作用而形成的社会系统。社会环境是一个极其复杂庞大的系统，包括人造物质环境和纯社会环境。人造物质环境包括房屋、道路、活动空间和各种服务设施，它们对使用者构成了行为的外部环境。纯社会环境简称社会环境，主要包括家庭、学校、单位、群体、组织、社区、文化等子系统。社会工作既关注社会子系统本身的作用，又关注各子系统与人们的生理、心理因素的互动所形成的动态环境，关注各种要素之间的联结和互动。

（二）社会环境的特点

一是多样性。社会环境包括影响人类行为的众多因素，小到家庭、学校、群体和组织；大到社区和国家。社会环境可以是实体性的社会群体或组织，也可以是客观存在的舆论、文化、社会政策和社会制度，涵盖影响人类行为的不同层次和不同方面的因素。

二是复杂性。社会环境的每一个子系统内部都具有复杂性，各子系统对人类行为的影响相互交叉，也具有复杂性。各子系统既是相对独立的，又是相互影响的，他们相互作用的机制非常复杂，从而使社会环境成为复杂的系统。

三是稳定性。社会环境具有相对稳定性。从微观来看，如一个人所生活的具体的家庭环境、所在的社区的文化价值观念、风俗习惯等，在一定时期是相对稳定的；从宏观来看，一个时代的社会结构、社会制度也具有相对稳定性。

四是变动性。社会环境始终处于动态变化之中，它是稳定性和变动性的相对统一。尤其是在全球化和市场经济的影响下，社会环境的变化速度日益加剧，如果人们的行为和观念与变化的社会环境不相适应就会产生一系列问题。

二、社会环境的构成

按照对人的成长影响的时间先后和直接间接关系，或者从微观系统到宏观系统的顺序，社会环境的构成主要包括家庭、朋辈群体、学校、工作单位和组织、社区、大众传媒、文化、社会系统等。

（一）家庭

家庭是指在婚姻关系和血缘关系或收养关系基础上产生的社会基本单位。家庭是社会最基本的单位，是人的第一个也是最重要的生存环境，它塑造了人的基本心理特征和行为方式，进而深远地影响着人的行为。家庭的结构、形式及成员和成员之间的关系，家庭的经济状况、家庭氛围、家庭的社会层次及父母的文化程度等，都会对其成员产生不同的影响。家庭内的互动包括纵向和横向两个方面，纵向影响主要来自家庭背景和家庭中过去的事件对当今家庭成员行为的影响，横向影响主要是家庭成员间的互动对个体行为的影响。在家庭内部互动方面，不同的家庭教养模式对孩子的影响是不同的，良好的教养模式可以使儿童、青少年向着积极主动的方向发展，不良的教养模式会导致他们向着攻击性、反抗性等消极的方向发展，如表 6-1 所示。

表 6-1 不同的家庭教养模式对孩子人格的影响

控制变量	民主型	专制型	支配型	娇纵型	放任型
感情纽带	+	−	溺爱	+	−
行为控制	+	+	期望值过高	−	−
对孩子人格的影响	独立性强 性格果断 社交能力强	暴躁 懦弱 缺乏安全感	懦弱 意志薄弱 清高孤傲	骄横 跋扈 疏懒散漫	自私 缺乏责任感 行为偏差

注：“+”表示强；“−”表示弱

资料来源：张文霞和朱冬亮（2008）

（二）朋辈群体

朋辈群体是指年龄相仿，或社会地位相同，或行为复杂程度相似的个体聚集在一起的规模较小的群体。

朋辈群体对个体行为的发展具有重要的作用：首先，它对个体的认知发展、行为塑造、情绪表达、精神追求及支持系统都有直接影响；其次，朋辈群体往往有一套自己的价值标准；最后，伴随着个体的成长，朋辈群体在不同的社会系统中扮演不同的角色，这种角色的多样化对群体成员来说具有多种意义。社会工作者要充分运用朋辈群体的正向功能开展服务工作。

（三）学校

学校是个体社会化最重要的场所，是传授知识、培养技能，以及儿童和青少年社会化的重要场所。在现代社会中，学校对人的作用非常大，人的一生通常要花费超过四分之一的时间在学校里度过。学校对儿童和青少年行为的影响主要表现在两个方面：一是学校对儿童和青少年进行长期的和系统的正规教育，传授现代社会所需要的文化和科学技术知识，挖掘个人的潜能，发现并发展其特长，使之走出校门后能够为社会做出贡献，实现个人价值；二是学校向儿童和青少年灌输和教化社会特定的价值规范和伦理准则，培养他们的良好行为习惯，使他们能够自觉遵守各种社会规则，训练学习各种社会角色，学习社会互动。学校系统、老师、家庭、学生，以及学校与所在社区之间往往有着密切的交互作用，并共同影响着学生的行为发展，因此学校工作者在开展工作时要对学校系统有完整的了解。

（四）工作单位和组织

工作单位是指个人在社会中从事一定职业时所归属的正式社会组织。“组织是为实现特定的目标而特意创立的社会单位。公司、军队、学校、医院、教会以及监狱均属此列。”[①]工作单位对其成员的影响主要有：一是促使个人学习和实践专门的职业知识、技能和道德规范；二是指导个人建立各种社会关系，正确调试自我行为，以适应工作和社会的需要；三是进入单位意味着获得某种职业，职业的获得能够使个人实现经济和生活的独立，是成人的主要标志。职业过程也是人生的主题内容和支柱，是生活中最不可或缺的部分。“上班”占据了成人的大部分时间。职业也给人提供了社会身份，在社会关系中能够拥有自己的空间，获得社会对自身的认知和认可。

（五）社区

社区是指以一定地域为基础的社会生活共同体。社区生活强化了人类的群体意识和共同体意识，并拥有社区成员共同遵守的社会规范。美国学者安德森提出，“社区是一种其成员自觉打成一片的人类群体，他们可能拥有共同的区域，从事共同的活动，具有某种为功能分化做准备的组织形式，这种组织形式使社区能适应自己的环境，从而满足其组成部分的需要”[②]。

社区对人类行为的影响主要有四个方面：一是社区成员具有某种共同特征，如相似的社会经济地位、生活方式、文化和风俗习惯等；二是社区成员之间存在着复杂的社会交往关系，在交往中彼此发生影响；三是社区本身是一种社会组织，具有本身的社会规范，对社区成员的行为具有约束作用；四是社区成员对社区具有强烈的认同感和归属感，这种认同感和归属感会影响社区成员的行为。

（六）大众传媒

大众传媒，包括广播、电视、报纸、杂志、书籍、互联网络、微博、微信等，对人的行为和社会实践的影响越来越大。大众媒体的影响一方面具有正面的积极作用，如通过信息发布、理论研究、分析评论，帮助人们了解情况，做出判断，满足要求或达到目标，引导和帮助人的发展和成长；另一方面也会有负面和消极的作用，如不当和不实的信息的发布，不恰当的价值观念和行为模式的传播等，会误导受众，造成人们价值观混乱、行为失范，甚至违法犯罪等。

（七）文化

文化是社会发展过程中人类创造物的总称，包括物质技术、社会规范和精神体系，是所有物质产品与非物质产品的总和。英国人类学家泰勒指出，“文化或文明是一个复杂的整体，它包括知识、信仰、艺术、伦理道德、法律、风俗和作为一个社会成员的人

---

① 安德森 R. E，卡特 I：《社会环境中的人类行为》，王吉胜等译，国际文化出版公司，1988 年，第 120 页。

② 安德森 R. E，卡特 I：《社会环境中的人类行为》，王吉胜等译，国际文化出版公司，1988 年，第 89 页。

通过学习而获得的任何其他能力和习惯”[①]。

文化是人们共同生活的基础，也是人类活动的重要环境。文化通过依附语言、文字、艺术作品及其他文化载体，对生活于其中的人们产生同化作用，进而成为维系社会和民族生生不息的巨大力量。个人的性格、能力、兴趣、认知、态度等都受文化的影响，个人的行为也受到其认同文化中的行为模式的影响。人类在深受文化影响的同时创造着文化，人类在接受文化影响的同时在进行着选择。

（八）社会系统

社会是人类生活的共同体，是以共同的物质生产活动为基础而相互联系的人们的有机体。社会主要包括八大功能子系统，即家庭系统、经济系统、教育系统、医疗系统、社会福利系统、政治系统、法律系统和军事系统。不同系统在各个层面和领域各司其职，满足人们的不同需求，使社会个体得以在有规范和有秩序的系统中互动，如表 6-2 所示。

表 6-2　社会子系统的类型和主要职责

类型	主要职责
家庭系统	抚养子女，照顾老人，规范道德行为
经济系统	生产和分配资源
教育系统	知识和文化的传递，个体社会化
医疗系统	治疗和预防疾病，促进健康
社会福利系统	为有需要的人提供个人的、社会的、经济的帮助
政治系统	权力分配，政府运作
法律系统	维护社会秩序
军事系统	维护国家安全，抵御入侵者

资料来源：韩晓燕和朱晨海（2009）

三、人类行为与社会环境的关系

人类是在环境中生活的，同时又具有能动性。人类行为和生活环境相互影响，二者的关系是复杂的，主要表现在以下几个方面。

（一）人类行为要适应社会环境

任何人都必须在一定的社会环境中生活，所以人们需要使自己的行为符合社会环境的要求，学习社会环境所允许和要求的行为，完成个人的社会化，符合社会期望。人的社会化主要是在社会环境系统中完成的，家庭、朋辈、学校、群体、单位、社区、大众传媒、文化等都在塑造和改变着人及其行为。社会制度和法律制度不同，其影响和规范下的人的行为也会不同。例如，有的国家同性恋婚姻是合法的，而有的国家则不允许同性恋婚姻。

---

① 泰勒 E. B：《原始文化》，连树声译，上海文艺出版社，1992 年，第 1 页。

（二）社会环境影响个人行为

社会环境影响人的行为的大致方向。各年龄段的人都会受社会环境的影响，但所受影响的程度可能有所不同。一般来说，年龄越小受到的影响越大，儿童、青少年的行为受到的影响会较大，成年人受到的影响会相对弱一些。

（三）社会环境和生物遗传共同对人类行为产生影响

社会环境对人类行为的影响与生物遗传密不可分，遗传是决定行为变化的物质基础，遗传和环境共同促成人的行为的出现和发展，并决定行为的程度、质量和效果。同时环境对人的行为的影响非常大，良好的遗传特性需要在良好的社会环境中发挥出来，环境所导致的行为偏差会影响个人良好人格的形成。人的发展是遗传和环境相互影响的产物。

（四）人类能够影响和改变社会环境

人类具有很强的能动性，可以改变自然环境，也可以改变社会环境。个人独创的行为模式被其他社会成员仿效，可以形成一种新的行为模式。领袖人物或者大众的一致行为，会对社会环境产生巨大的影响。例如，比尔·盖茨对个人电脑的巨大贡献，“视窗”Windows 无疑是 20 世纪最伟大的产品之一，这个无形的神奇的东西通过对数字技术的创新深刻地改变人类的生活方式，由此比尔·盖茨成为无数人心目中的偶像，成为亿万青少年学习的榜样。

（五）人类行为与社会环境相互影响的力度并不对等

虽然社会环境与人类行为交织在一起，相互影响，但是其力量和效果却不是对等的，社会环境对人类行为的影响要大得多。对个人来说，社会环境的影响较大，直接、长远而且深刻，而个人行为很难在短时期内明显改变环境，且主要是适应环境。

四、人类行为与社会环境的社会工作研究取向

社会工作十分重视人与环境的互动，认为人面临困境的根本原因是人与环境互动的不恰当，强调通过人与环境的互动来改变环境，达到解决困境的目标。“人在情境中”是社会工作评估和分析人的问题时的基本视角，评估的内容主要包括以下三个方面：人的行为受到生理、心理和社会环境三方面因素的影响；社会工作注重人与社会环境中各个子系统的相互作用，认为人的问题的产生除了个人的原因和社会的原因外，更重要的还在于个人与其所处社会环境的互动的问题；促进人与社会环境的良好互动是帮助个人摆脱困境的基本思路。

社会工作者要正确理解和把握人类行为与社会环境的关系，改变个人、改变环境和改变两者的互动都是重新达到人和环境间适应性平衡的专业方法。

★案例 6-1

小刚对爸爸妈妈说他要转学，因为他不喜欢语文老师，语文老师也不喜欢他，只喜欢女学生。小刚的爸爸妈妈向小刚学校的社工小张反映了这一情况。小张经过了解发现，小刚常常在课堂上吃零食，而且喜欢在课堂上与同学窃窃私语，几位老师都批评过他，但是，他的行为没有明显的改变。

语文老师是今年刚毕业的一位年轻男老师，工作热情、主动、认真，可是经验不足，尤其是不知道怎么教育"调皮"的学生。在批评了几次小刚却仍然不见效果之后，他对小刚大发雷霆，并再也不理小刚了。班上有几位学习成绩优秀的女生经常向语文老师请教问题，有一次小刚也去问问题，可是，语文老师转身就走开了。

在社工小张对小刚进行几次辅导之后，小刚在课堂上再也没有吃零食、窃窃私语了。当然，这也得益于小刚父母的配合，他们接受了社工小张的建议，鼓励小刚吃好一日三餐，禁止他带零食到学校。同时社工也提醒语文老师注意小刚的变化，并多次与语文老师交流有关教师与学生的关系、教师对学生应有的态度、教育学生的方法等问题，语文老师也更加重视与学生的交流和正面教育方法的运用。

一个月之后，小刚不想转学了，他对爸爸妈妈说语文老师很关心人，很认真负责，是一位好老师①。

在这个案例中，转变的不只是人或者环境中的一个方面，而是人与环境同时发生变化，"变化"体现的是人与社会环境之间的相互关系与相互作用，是双方的行为。不难想象，如果只是小刚或者语文老师单方面的变化，问题还是难以得到圆满解决。

第三节　人生发展阶段及主要特征

人的个体发展要经历不同的发展阶段，每个阶段都有其不同的特征，这些特征归纳为生理发展、心理发展和社会性发展三个方面，而且这三个方面的发展又是相互影响的。人生的每个发展阶段都会面临一些需要解决的问题，如果不能很好地解决这些问题，就会导致社会功能的不足，甚至引发危机。

一、弗洛伊德的人格发展阶段论

人格是构成一个人的思想、情感及行为的特有的综合模式，具有独特、稳定等特性，包括气质、性格、认知、自我调控等。

弗洛伊德认为，本能是一种决定心理过程方向的先天状态。本能的根源是身体的状态或需要，主要是身体在某种物质或精神方面的缺乏。本能的目的是寻求满足，消除身体的缺乏状态。在早期理论中，弗洛伊德把人的本能分为性本能和自我本能，大体相当于人类的两大需要，即爱与饥饿。性本能又被他称为里比多（libido）。

性本能是驱使人的所有行为的原始动力，人格的发展是建立在性生理和性心理发展的基础上的，他的人格理论也被称为"心理性欲发展理论"。在人格发展的每个阶段，都会有一个特殊的区域成为里比多兴奋和满足的中心。弗洛伊德据此把人格发展划分为五个阶段。

第一阶段：口唇期（0~1 岁）。

口唇区域为快感的中心。婴儿的活动大多以口唇为主，摄入、撕咬、含住、吐出和

---

① 库少雄：《人类行为与社会环境》，华中科技大学出版社，2005 年，第 28 页。

紧闭是五种主要的口腔活动模式。如果对一种原始模式产生固着作用，成年后就可能形成相应的人格特征。

第二阶段：肛门期（1~3岁）。

肛门区域为性感区。在这一阶段，儿童会接受排便训练，这是儿童第一次接触到外部纪律或权威，因此代表了个体与社会规范之间的冲突。一般地，如果排便训练过于严格，儿童会形成过度控制的行为习惯，如洁癖、吝啬和强迫的人格特征，也有可能造成儿童的反抗，从而形成过度铺张浪费、越轨的人格特征；如果排便训练过于随便，儿童在成年后容易形成肮脏、浪费、凶暴和不守秩序等人格特征。

第三阶段：性器期（3~6岁）。

生殖器成为快感的中心。这是人格发展的关键阶段。在这一阶段，儿童以异性父母作为自己性欲的对象，男孩对母亲产生爱恋，仇恨父亲，称为恋母情结或俄狄浦斯情结；女孩对父亲产生爱恋，仇恨母亲，称为恋父情结或克勒厄屈拉情结。

儿童在仇恨同性父母的同时又害怕报复，最后再压抑自己的性欲，停止对父母的敌视，逐渐接近、接纳、认同父母，并逐渐发展起同性父母的态度、价值观和行为模式。否则，儿童有可能因为性心理障碍而成为同性恋、异装癖或异性癖等。

以上的三个阶段称为前生殖阶段。弗洛伊德认为，它们是人格发展的最重要的阶段，能为成年后的人格模式奠定基础。他主张，人格的最初形成应是在5岁左右。

第四阶段：潜伏期（6岁~青春期）。

这一阶段，儿童的里比多受到压抑，没有得到明显的表现。儿童这时已经进入学校接受正规教育。因此，将兴趣从家庭成员转向同伴，特别是同性同伴，倾向于避开异性同伴。

第五阶段：生殖期（青春期~成年）。

这一阶段是个体的性发育成熟期。个体开始试图与父母分离，建立自己的生活，逐渐发展出成年人的异性恋。

弗洛伊德认为，个体的人格发展要想在性、心理和社会的方面都达到成熟状态，即达到生殖期人格的理想水平是很难的，很少有人能达到。因为人格在发展过程中会遇到两种危机：一是固着，即不论在哪个人格发展阶段满足过多或过少，都会使里比多停滞在那个阶段，从而使个体在成年后表现出该阶段的人格特征；二是倒退，即个体在人格发展过程中遇到挫折，从而由高级阶段返回到低级阶段，表现出低级阶段的人格。他认为固着和倒退是心理疾病产生的原因。

弗洛伊德的主要贡献是对潜意识的论述及重视童年期的经验，但他的“性泛论”也受到了很多批评。

二、埃里克森的心理社会发展理论

埃里克森（E. H. Erikson）发展了弗洛伊德的理论，引入社会文化因素，强调社会环境在自我发展中的重要作用。埃里克森把自我意识的形成和发展过程划分为八个阶段，如表6-3所示。这八个阶段的顺序是由遗传决定的，但是每一阶段能否顺利度过却是由环境决定的，所以这个理论可称为“心理社会”阶段理论。在每一阶段个体均需自我调整，以适应其中的心理社会冲突和危机。人们必须解决此阶段的冲突与危机，才能向更高阶段前进，所以，每一个阶段都是不可忽视的。

表 6-3 埃里克森的人类心理社会发展八个阶段

发展阶段	年龄/岁	主要冲突与任务	形成的美德
婴儿期	0~1	基本信任还是基本不信任 重要的联系：照护者 任务：对周围世界的信任超越不信任	希望
幼儿期	1~3	自主还是羞怯与疑虑 重要的联系：父母 任务：在怀疑和羞怯中发展独立性	意志力
儿童早期	3~6	主动还是内疚 重要的联系：家庭 任务：不断尝试新的事物，克服内疚，建立自信心	目的
儿童中期	6~12	勤奋还是自卑 重要的联系：学校和同伴 任务：学习重要知识、技能和生存技巧，勤奋感超越自卑感	能力
青少年期	12~20	同一性还是角色混乱 重要的联系：朋辈群体，角色模式 任务：发展自我同一性	忠贞
成年早期	20~40	亲密还是孤独 重要的联系：爱人、伴侣或亲密朋友 任务：对他人做出承诺，建立亲密联系，而非与社会疏离，专注自我	爱
成年中期	40~65	繁殖还是停滞 重要的联系：家族、同事、社会规范 任务：培养和指导下一代，生产与创造	关怀
成年晚期（老年期）	65 以后	自我整合还是绝望 重要的联系：所有人类 任务：回顾一生，坦然面对死亡，而非失望、沮丧，对死亡充满恐惧	智慧

资料来源：龚晓洁和张剑（2011）

（一）婴幼儿阶段

1. 婴幼儿阶段的生理、心理及社会性发展特征

人的婴幼儿阶段是从出生到 3 岁左右，主要具有大脑发育迅速、行为上开始目标取向、语言能力发展、开始形成依恋性等心理、生理和社会方面的发展特征。

（1）生理发展。在生命初期，大脑以惊人的速度发育。婴儿刚出生时大脑重量只有成人的 25%，半年后会增长一倍；到 2 岁时，已达到成人的 75%。庞大而高度复杂的神经网络为婴儿快速而广泛的学习奠定了基础。婴幼儿期也是动作发展最为迅速的时期，在此期间孩子逐步掌握独立行走及用手操作物体的能力。

（2）认知与心理发展。从认知发展的角度来看，这时的婴幼儿处于感觉运动阶段，从随意性的天生反射活动过渡到目标取向行为，在 2 岁左右形成符号思维的能力。该阶段也是语言发展的重要时期，孩子学习、记忆、语言理解能力快速发展。到 2 岁左右口

语词汇迅猛发展，对语言产生明显兴趣，并学会了大量用来命名物体的单词。

（3）社会性发展。婴幼儿期是形成依恋的重要阶段。依恋产生于婴幼儿与其父母的相互作用过程中，是一种感情上的联结和纽带。依恋是人类适应生存的一个重要方面，是漫长的进化过程中自然选择的结果。一旦婴幼儿与母亲分离，就会产生所谓分离焦虑。如果在此段时期缺乏母亲的抚育和照顾，孩子的生理、智力及社会发展都会受到影响，并可能产生生理和心理的病态。

2. 婴幼儿阶段的任务与挑战

埃里克森认为 1~3 岁是自主、羞怯与疑虑阶段，婴幼儿开始寻求自主性，自己穿衣、吃饭等，如果失败的话则会感到羞愧，并怀疑自己的能力；如果危机成功解决，则形成“意志”的美德，从而更乐观、更坚强地面对生活。

（二）儿童阶段

1. 儿童阶段的生理、心理及社会性发展特征

儿童阶段是 3~12 岁，其中 3~6 岁一般称为儿童早期，6~12 岁被称为儿童中期。这一阶段的生理特征是动作技能进一步发展、活动范围扩大；在心理方面，智力发展迅速，思维能力提高。同时，儿童的社会性增强，家庭生活、朋辈群体游戏成为重要的社会化环境。

（1）生理发展。3~6 岁时，儿童的肌肉技能已有良好发展，之后动作的熟练程度与协调能力日益增长。此时的环境因素对儿童影响很大。到 6~7 岁时儿童的脑重量接近成年人的水平，为儿童智能的迅速增长以及接受教育奠定了基础。

（2）认知与心理发展。6 岁到性成熟前的阶段，儿童的自我中心主义开始减弱，语言和记忆功能有所增强。到 11~12 岁，儿童的思维及推理能力增强。儿童早期掌握的词语迅速增多迅猛，口语表达能力不断增强，进步非常明显。儿童中期口头语言、书面语言进一步发展。

（3）社会性发展。自我与人格的发展：儿童早期，儿童可以经过训练自己做游戏，从而发展其创造力和主动性。在与他人交往和分享的过程中，自尊感、利他与帮助行为开始出现。儿童中期之后，强调人格特征的自我概念形成，儿童开始尝试从他人的视角来看待问题，朋辈群体成为生活的重要组成部分。

儿童的社会化：儿童早期，主要由家庭承担教化任务，家庭功能正常与否在很大程度上影响儿童各项能力的正常发展。到儿童中期，学校和朋友开始成为儿童的主要活动领域和交往对象。

2. 儿童阶段的任务与挑战

埃里克森认为，儿童早期面临主动性或内疚的冲突。如果父母鼓励儿童的独创行为和想象力，儿童自主性就会得到发展；如果儿童遭到嘲笑与粗暴地对待，则会丧失自信，在以后的行动中很容易产生内疚感。在儿童中期，如果儿童在学习的过程中屡屡受挫，那么就会形成自卑感，成功解决危机后，儿童会形成“有能力”的美德。

这一阶段的主要问题是：因家庭管教不当儿童性格出现偏差；因学校教育不当或儿童学习失败而形成消极性格，影响后来的发展。作为应对，要大力落实儿童权益保护法；

要教育为人父母者与子女建立积极的亲子关系，保护和引导儿童成长；要改进学校的教育方式，促进儿童的全面发展。

（三）青少年阶段

1. 青少年阶段的生理、心理及社会性发展特征

青少年阶段由青春期开始到 20 岁左右，是个体身心发展的关键时期。由于性发育成熟，青少年主要发展特征有：进入青春期，身体成长迅速，比较留意异性，智力发展达到高峰，重视朋辈团体规范，生理、心理不稳定但开始走向成熟，人生观开始形成等。

（1）生理发展。青春期的起始一般以女性初潮与男性梦遗为主要标志，青少年在性成熟后，生长迅速，生理机能逐步加强，出现第二性征并开始具有生殖能力。然而由于青少年在生理与心理发展方面并不平衡，他们对行为后果没有很深的认识，因此往往在尝试了性行为后对自己造成伤害。

（2）心理发展。青少年期是人一生中智力发展的高峰期。在这个阶段，推理和解决问题的能力达到了比较高的水平。从性成熟到 17 岁被称为青少年前期，他们拥有想象能力，好争辩，期望不受权威人士管制。由于其能力与期望存在差异，他们要求独立却心有余而力不足，从而导致内心矛盾。18~20 岁被称为青少年后期，青少年开始逐渐独立于父母，其心理和经验发展使得他们已经逐步能够控制情绪，行为比较稳定成熟，解决问题的手法逐步老练。

（3）社会性发展。在这一时期，青少年自我意识继续发展，并努力寻求自我的身份，在某些时候会出现个人的认同危机。如果认同失败，个体则会陷入角色混乱之中。这是大多数人成长的必经之路，也只有这样，青少年才能发展出一个多元化的身份认同，形成“忠贞”的美德与积极进取的人生目标。青少年时期的家庭、学校、同伴和社会等方面呈现出各自特征。一般而言，越轨少年多出现在家庭管教不当的家庭。

2. 青少年阶段面临的主要问题

这一阶段的主要问题是：少年经不住不良环境影响会出现行为偏差，或成为“问题少年”；学业上的失败会导致多重负面影响；对异性的好奇和社会责任感的缺乏可能会导致不良性行为或性犯罪。作为应对，家庭与学校要形成良好的合作关系，帮助青少年成长；要维护家庭的稳定，防止对青少年产生不利的影响；要正确地进行性教育，引导和保护青少年度过“危险期”；要净化文化环境，减少对青少年的不利影响。

（四）成年阶段

1. 成年阶段的生理、心理及社会性发展特征

结束校园生活、开始工作并在经济上独立、离家独立生活、结婚与为人父母是进入成年期的主要标志。本阶段的主要特征是：生理机能达到高峰后逐步衰退，进入更年期，人生经验丰富，社会角色丰富，家庭和社会责任沉重等。

（1）生理发展。人的身体发育一般在 22 岁左右基本完成，之后生理器官状况良好、功能优良，是生理发展的黄金时期。40 岁之后，生理状况从高峰衰退。进入更年期后，两性的性功能都有所下降。与此同时，身体疾病也日益增多。更年期综合征是这个年龄

阶段人普遍会遇到的困扰。

（2）心理发展。40 岁前，成年人尝试了多个角色的转型。通过学习和训练，他们的认识能力和实际操作能力上升，心智功能活跃，个人特长在工作中得以体现。40 岁后，由于长期的学习、反思和积累，能熟练处理各种社会关系，解决问题时更加充满智慧。

（3）社会性发展。成年人开始真正承担公民的责任和义务，并做出符合其身份的社会行为。这是人生任务的最繁重的时期。40 岁后，成年人的诸多方面发生了变化：其一，情感趋于深沉稳定。其二，婚姻更加务实。婚姻中责任已超越情感，成为维系夫妻和家庭稳定的关键因素。其三，本阶段是事业成败的关键期。如果在生活与工作中的问题得不到妥善解决，则可能会陷入“中年危机”。

2. 成年阶段面临的主要问题

成年早期的主要冲突是亲密对孤独。而那些没有形成有效工作与亲密能力的人会离群索居，回避与别人交往，从而形成孤独感。成功解决危机后个体会形成“爱”的美德。成年中期的主要冲突是繁殖对停滞。成功者在养育后代和事业上都有成就，否则会产生停滞感。如果成功解决了危机，个体会形成“关怀”的美德。

在这一阶段成年人面临的主要是婚姻问题（包括结婚与婚姻稳定）、精神健康问题和就业方面的问题。作为应对，社会要发展各种服务给成年人以多种支持。

（五）老年阶段

1. 老年阶段的生理、心理及社会性发展特征

65 岁后人进入老年期。这一阶段的主要特征有：生理功能和认知能力有较大退化，容易回忆过去，社会角色减少，开始退出社会生活的中心等。

（1）生理发展。进入老年期后，各项生理功能和认知能力较大退化。毛发脱落、脊椎弯曲、骨质疏松、记忆力下降，各类老年疾病开始出现，行动逐渐依赖他人。

（2）心理发展。进入老年期后，人们的思维内容偏重对往昔生活的回忆，以及对角色转变和发挥余热的认知。怀旧是老年人将生命意义赋予生活过程的一部分，在向下一代讲述过去生活的时候，怀旧同时充当了一种社会化的工具。

（3）社会性发展。老人会经历退休、儿女离家、丧偶、丧亲等重大人生事件，虽然退休使闲暇时间增加，但是，多数人对此有失落感，心理上抗拒退休，他们的社会参与减少并越来越封闭，从而导致社会地位下降。

2. 老年阶段面临的主要问题

埃里克森认为，自我整合与绝望是该时期要处理的主要心理危机，如果处理不当就无法摆脱对死亡的恐惧与焦虑，而危机成功解决后则会形成“智慧”的美德。这一阶段的主要问题有：退出就业领域可能产生无用感，经济收入减少会发生生活上的困难，退出社会生活的主要领域会使人际关系淡化，进而产生孤独感；各类疾病增加，受到疾病的折磨。作为应对，政府要进一步完善各项老年人社会保障政策，确保其基本生活和健康，维护其各项合法权利与生活尊严，推动其积极的社会参与，并适时对条例加以修订，保证老年人能同步享受社会发展的成果。

参 考 文 献

陈露晓. 2009. 老年期生理、心理变化及应对. 北京：中国社会出版社.
龚晓洁，张剑. 2011. 人类行为与社会环境. 济南：山东人民出版社.
顾东辉. 2005. 社会工作概论. 上海：上海译文出版社.
韩晓燕，朱晨海. 2009. 人类行为与社会环境. 上海：上海人民出版社，格致出版社.
侯玉波. 2011. 遗传与环境在人类行为发展中的作用. 北京社会科学，（2）：154-158.
全国社会工作者职业水平考试教材编写组. 2013. 社会工作综合能力（中级）. 北京：中国社会出版社.
师海玲，范燕宁. 2005. 社会生态系统理论阐释下的人类行为与社会环境. 首都师范大学学报，（4）：94-97.
孙瑞雪. 2010. 捕捉儿童敏感期. 北京：中国妇女出版社.
汪新建. 2009. 人类行为与社会环境. 天津：天津人民出版社.
易杏花，卢现祥. 2007. 论人类行为与制度的关系. 福建论坛，（7）：9-13.
张文霞，朱冬亮. 2008. 家庭社会工作. 北京：社会科学文献出版社.
Farley O W. 2004. 社会工作概论. 隋玉杰译. 北京：中国人民大学出版社.

第七章

社会工作教育①

中国内地正处在社会经济转型期，社会矛盾频发，迫切需要大量社会工作人才协助党和政府处理好社会问题、防止矛盾激化及促进和谐社会进程。党的十六届六中全会提出“建设宏大的社会工作人才队伍”作为构建社会主义和谐社会的重要人才支撑，党的十七大又发布了令人振奋的消息，“抓紧时机发展社会工作”。但是，社会工作专业是从西方引进的一个专业，改革开放后中国内地是从无到有创建这门专业与职业的。同美国、中国香港和中国台湾社会工作发展相比较，中国内地社会工作专业教育存在以下问题：起步晚、基础差，社会工作教育理念差距大、教育技术和设备落后，实习范围狭窄，缺少阐释有中国特色的社会工作理论与方法，缺乏既系统又规范的本土化教材，教学内容设计上大多盲目照搬西方模式、课程设置随意性比较大等。这些问题直接影响到学生专业素养和社工教育质量的提高。本章分五个小节分别探讨社会工作教育课程设置，境内外、国内外社会工作教育培养模式比较，社会工作教育职业化与专业教育，社会工作实习和督导，以及社会工作教育全球化与社会工作教育本土化，通过对两岸三地的比较研究，来借鉴中国香港、中国台湾社工教育发展经验，以提高社会工作教学质量和专业化水平。之后，以一节的篇幅介绍了广东省社会工作教育现状。

---

① 本章编写者周利敏，上海大学社会学系博士，复旦大学社会学系博士后，广州大学公共管理学院社会学系副教授、副系主任、执行主任，兼任广东省社会学学会常务理事等职，其主要研究方向为灾害社会工作与社会工作教育。2007 年 3 月参加工作以来共主持 14 项纵向科研课题，其中省部级以上课题 8 项（其中国家社会科学基金 2 项）；在省部级以上刊物独立或以第一作者身份发表论文 40 余篇，其中独立在 CSSCI 来源期刊发表论文 20 多篇，人大复印资料全文转载 4 篇，出版专著 3 部。先后获得“广州市优秀中青年哲学社会科学工作者”和“广东省青年文化英才培养工程”人选等重要荣誉称号。

第一节 社会工作教育课程设置

关于中国内地社会工作专业教育课程设置的模式选择，至今已产生了各种不同的课程设置的模式分类。学者对课程也有不同的理解，有的强调教育目标、特定知识及获得知识的最佳程序和计划；有的强调以学习者为本、学习经验的获得及学习者与学习环境的相互作用；也有的以课程与政治、文化等的关系来讨论有关课程的话题。本节通过研究内地教育核心课程的设置现状及特点，进一步认识内地目前课程设置存在的问题及完善途径。

一、课程设置情形

课程选择一直是课程设计的核心课题，但它也是一个很棘手的难题。中国社会工作教育协会在年会中，规定了社会工作专业（本科）课程设置的八门已定的主干课程，即社会工作导论、社会学概论、社会调查研究方法、社会个案工作、小组（群体）工作、社区工作、社会行政（社会政策）和社会保障。另外，还有两门拟加课程，即社会心理学和中国社会福利思想史（社会福利制度、社会福利思想）。其中括号内的课程可代替前面课程，协会还强调不少于400小时的专业实习①。

根据核心课程设置的要求，各高校主要开设了社会工作概论、社区建设、社会福利、社会保障、社会统计学、社会学、社会调查研究方法、社会政策、社会行政管理学、自我认知与自我发展、中外社会思想史、社会工作方法、人类行为与环境、人口经济学、西方社会学和社会问题等课程②。

二、课程设置特点

首先，沿袭传统的“以学科为中心”的课程模式。

目前国内社会工作专业教育还是沿袭传统的以学科为中心的课程模式，结构性、标准化、文本化的教育理念和教学方法仍然承袭传统的教育理念和模式而不做改变，恐怕很难培养出本土化的合格的社会工作人才的主流模式，根深蒂固地左右着社会工作的专业教育取向，这对以实践性为取向，强调互动性和个别化的社会工作教育有着比较大的限制。

传统课程模式设置的目的是以完成学科既有的知识为主要任务，强调课程的系统性和计划性，强调知识的标准化、抽象化和专门化，强调知识的传授性和教师的控制性。这种课程模式的知识观、学生/教师观与社会工作教育的价值理念可以说是格格不入，因此它很难在社会工作教育中有所作为，进而培养出优秀的本土化的社会工作人才。长此以往，对社会工作教育的品质是有伤害作用的，会阻碍社会工作教育的顺利发展③。

---

① 刘丽华：《社会工作教育在中国的发展》，《华南理工大学学报》（社会科学版），2006年第1期，第33-37页。.

② 周沛：《关于社会工作发展中的几个问题》，《江苏社会科学》，2003年第3期，第73-77页。

③ 史铁尔：《社会工作教育探索》，《文史博览理论》，2007年第8期，第53-54页。

其次，课程教学规范化程度不高。

专业教学与培训一无科学规范、结构合理的配套教材，二无合适、合情、有严格要求的技术技能操作规范①。这些年来，教育部社会学学科教学指导委员会、中国社会工作教育协会为此做了大量工作，如社会工作专业主干课程的选定、主干课程教学大纲的编写、教材和教学辅助资料的选编、专业师资的培训、实习基地的建设、专业学术交流的开展、专业条件和效果评估指标的酝酿等，都是为了满足专业教学最起码的规范性要求②，这一指标体系具有科学和指导意义，但对各学校并没有强制执行的效力，也不是教育部在审批社工专业时的考核指标。实际上，目前内地高校并没有真正形成统一的课程规范。同时，在课程教学中，实务课在一定程度上处于被忽视的地位，实务课占全部课程的比例没有统一的规定，其内容没有统一的安排。实习基地建设标准方面没有统一的规范或指导性标准，随意性与随机性很大。而且在实践中，由于社会福利机构数量少，社会化程度低，缺乏足够的实习机会，另外也缺乏专业的督导，无法给实习学生以专业的指导③。

最后，缺乏统一认识。

社会工作教育在中国内地还处于兴起阶段，内地各高校在社会工作课程体系设计上还没有统一的认识。虽然中国社会工作教育协会规定了八门主干课程，但并没有强制力。有的学校侧重介绍西方社会工作教育的理论和价值理念，有的学校偏重移植社会学的理论和方法，有的学校侧重对国外社会工作实务操作的简单模仿，还有相当一部分学校的社会工作在重视社会工作理论的前提下强调社会工作的实务性和本土化①。

因此，教育界与学术界应在课程设置上达成一些基本的共识，如专业课程体系应该包括学科基础理论课程和专业理论课程在内的专业基础必修课程，社会工作专业实务技巧课程、社会工作专业实践课程和社会工作专业伦理课程在内的专业实务应用课程，以及不同专业方向的课程、反映本校办学特色的课程和具有通用性与适应性课程的专业或与专业相关的选修课程④。在达成课程设置基本认识的基础上，再考虑各个学校自身的优势及特点，这才是当务之急。

三、中国内地社会工作课程设置现状：正处于规范化阶段

中国内地社会工作专业教学规范化程度相对较低，目前正处于规范化阶段。社会工作教育与培训没有科学规范、结构合理的配套教材⑤，中国社会工作教育协会虽然为促进学科发展，制定了专业评价指标体系以规范社会工作专业的学科建设和教材建设（只

---

① 熊跃根：《转型时期中国社会工作专业教育发展的路径与策略：理论解释与经验反思》，《华东理工大学学报》（社会科学版），2005 年第 1 期，第 23-28 页。.

② 史柏年：《新世纪：中国社会工作教育面对的选择》，《北京科技大学学报》（社会科学版），2004 年第 1 期，第 30-35 页。

③ 周沛：《关于社会工作发展中的几个问题》，《江苏社会科学》，2003 年第 3 期，第 73-77 页。

④ 史柏年、靳利飞：《共谋职业化背景下中国社会工作研究与实务发展的路径——中国社会工作教育协会 2008 年年会述评》，《理论探索》，2009 年第 2 期，第 10-15 页。

⑤ 熊跃根：《转型时期中国社会工作专业教育发展的路径与策略：理论解释与经验反思》，《华东理工大学学报》（社会科学版），2005 年第 1 期，第 23-28 页。

是针对本科教育），但对各学校并没有强制执行的效力，也不是教育部在审批社工专业时的考核标准，内地高校还没有真正形成统一的课程规范。例如，在社会工作课程教学中，实务课在一定程度上常常处于被忽视的地位，实务课占全部课程的比例没有统一的规定，其内容没有统一的安排。因此，目前中国内地社会工作课程设置还处于规范化阶段，这一阶段还没有完成，还谈不上自主设置阶段，即美国和中国台湾社会工作教育协会将社会工作课程设置归类为三大类之后，各院校自主设置课程。

第二节　趋同与趋异：境内外、国内外社会工作教育培养模式比较

本节着重介绍内地社会工作教育培养模式，本科、硕士、博士的增设与发展，反映出了社会工作人才的更高教育需求。通过与美国、中国香港和中国台湾社会工作教育模式的比较，学习借鉴境外、国外的先进之处，反思中国内地社工教育人才培养存在的不足与缺陷。

一、内地社工教育培养模式

中国内地社会工作专业教育恢复重建之初，在专业人才培养方面，侧重于较低学历层次（如专科、本科）专业点的设置。但是，随着社会的发展，社会对专业人才需求层次的提高，以及社会工作教育界自身能力的提升，开办更高学历层次（如硕士、博士）专业教育的必要性和可行性日益增加。内地社会工作教育学历层次发展概况如下。

（一）硕士教育

21 世纪初，中国人民大学、北京大学等多所高校在社会学一级学科下自主设置了社会工作研究生专业，开始提供社会工作研究生教育，社会工作硕士（master of social work，MSW）专业学位教育也在积极准备之中。MSW 正式实施后，高层次社会工作人才的培养将会急剧扩大①。以中山大学为例，在社工硕士培养方案中，MSW 修满学分，实习达到 800 小时，毕业论文答辩通过，方可毕业，也就是“课程学分制+实习工作量制度+毕业论文”。该校在 2005 年招收了 15 个硕士研究生。

（二）本科教育

第二个层面的社会工作人才是经过学校培养的专业社会工作者，以本科教育为主。目前，全国已有 200 多所高校设立了社会工作专业，形成了大专、本科、研究生三个办学层次，但其绝大多数处于本科教育层次，社会工作专业硕士学位和博士学位教育才刚刚起步，而且本科教育大多是挂靠在社会学系甚至其他系下面。

---

① 李迎生：《我国社会工作职业化的推进策略》，《社会科学研究》，2008 年第 5 期，109-114 页

（三）逐步实现本科、硕士与博士教育系列化

以专科为起点，进而设置学士、硕士、博士，建立完整的社会工作学科学位体系，这是中国内地社会工作教育发展的基本目标。目前，中国内地已经有一些高校开始尝试建立结构合理的专业培养体系，相继在社会学、社会保障专业名义下开设了社会工作硕士和博士专业，如表 7-1 所示。

表 7-1　内地社会工作教育培养模式及目标

培养模式	特点	培养目标
本科	在社会学一级学科下自主设置	基层或一线实践人才
硕士	在社会学一级学科下自主设置，MSW 刚刚起步	专业服务的能力和领导才能
博士	尝试在社会学专业下设立，尚未自主设立	学术性而非实务性

二、境内外、国内外社会工作培养模式比较

（一）与职业资质关系的比较

在中国香港，培养模式与社会工作的职业资质关系清晰而明确，如入门的文凭课程对应社会工作助理，主要培养一线社会工作者的工作技巧。社工学士学位对应社会工作助理主任，主要是政策分析和理论探讨。硕士及博士学位则是满足不同社工人员进修的需要，与职位升迁并没有直接关系，主要重视理论研究能力培养，基础学科的深与广，社会工作专业教育培养模式与职业资级紧密衔接、层次分明。

美国社会工作学士教育是以培养社会工作领域实践人才为主，硕士课程培养学生具有从事专业服务的能力和领导才能，博士学位的宗旨是满足高素质的社会工作教育人员、研究人员、社会规划人员和行政人员的需求①。美国社会工作教育培养模式和目标虽然清晰，但并未与职业资级明确联系起来。

中国台湾社会工作专科教育或职业学校培养的是基层社工人员；学士教育训练的是基层社工人员，并且提供专业人才训练；硕士教育培养的是中级行政主管和教学人员；博士教育除了培养学术人才之外，还培养高级行政主管。

中国内地社会工作教育的专科和本科培养的是实践人才，硕士培养的是专业服务能力和领导才能，但实际教育效果与培养目标之间存在着较大差距。而且博士教育还没有真正起步，因此，中国内地与中国香港、中国台湾和美国在培养模式上还存在着不小的差距。未来中国内地社工教育培养模式究竟是向中国台湾和美国学习，只要完善培养模式即可，还是向中国香港学习，在完善培养模式的基础上进一步与职业资质紧密联系起来，这仍需要我们在实践中探求答案。

（二）非学历教育比较——社会工作职业教育培训

中国香港、中国台湾及美国社会工作教育不仅注重学历教育，而且对非学历教育也同样重视。中国香港虽然没有实行美国那样的强制性非学历教育，但中国香港实务工作

① 李迎生：《我国社会工作职业化的推进策略》，《社会科学研究》，2008 年第 5 期，第 109-114 页。

者进入学校进行再培训也非常方便，中国香港社工教育为社会工作者提供了在职业化和专业化之间自由出入的平台。相比较而言，中国台湾社工在职培训面临着“僧多粥少”的局面，即需要培训的社工多，而培训机构或学校提供的培训机会相对较少。尽管这样，无论是实务界还是教育界一直以来都是非常重视在职培训的。

与中国香港、中国台湾和美国相比较，中国内地社工教育明显呈现出学历教育与非学历教育“失衡”的现象。由于中国内地传统社会工作的现实状况，目前实际从事社会工作的人员如下：一是专职者队伍，包括居委会、福利院和老年公寓等服务机构的工作人员；二是兼职者队伍，他们分布在政府民政部门及工会、妇联和青年团等不同组织与机构中；三是志愿者队伍，包括参与互助性活动和助人活动的社区居民（居委会）、在职职工和在读学生等。这三类在基层中从事社会工作事务的人员尽管其在工作性质上已经完成了社会工作的职业化，但是其专业化并未实现，可以说他们中的大多数人没有经过社会工作的专业培训，因此，将这部分人员组织起来进行非学历教育，提高他们提供服务的能力和专业性，实现专业化的过程势在必行①。但实际上，这些基层人员的在职培训或非学历教育目前是非常缺乏的，因此，我们要坚持学历教育与非学历培训并重，遵循质量内涵型的教育发展模式②。

第三节 社会工作教育职业化与专业教育

社会工作教育的发展一般都是建立在社会工作职业发展的基础上的，社会工作既是一种专业，也是一种职业，专业教育必须与职业规划有机结合，与社会需求的岗位开发紧密联系。专业化和职业化始终是制约中国社会工作教育发展的两个瓶颈问题，本节将对这两个概念进行探讨，理清两者的关系，并从职业化角度对社会工作教育提出建议。

一、什么是社会工作职业化

所谓社会工作职业化是指社会工作被社会认定为一种职业，其工作任务日益专业化，并被接纳为现代社会分工体系的一个组成部分。社会工作专业化、职业化和社会工作教育是相辅相成的关系，专业教育质量高，学生专业能力强，职业化进程的推进速度相对就快。而职业化的制度体系的建构，又会促使社会工作教育专业化、规范化的发展，从而真正提高专业教育的质量③。专业化概念本身就意味和强调专业知识在特定社会领域的应用，所以社会工作职业化特征的核心和根本是社会工作教育体系的建构及其在大学和学院中的教育基础。在中国的社会文化背景下，对于社会工作职业化的成熟、完善，以及其职能的发挥，专业化仍然是其不可或缺的重要推动。一种职业的形成不仅要求有大量的人员致力于获取和改进其专业知识，还在于把这些知识按照伦理道德规范进行实

① 杨柳：《职业化背景下的社会工作教育的回应》，《中国成人教育》，2009年第19期，第38-39页。

② 李迎生：《我国社会工作职业化的推进策略》，《社会科学研究》，2008年第5期，第109-114页。

③ 张曙：《论我国社会工作通才教育的理想和现实》，《北京科技大学学报》（社会科学版），2007年第1期，第1-4页。

践应用以增加个人的福利和维持社会秩序。因此，社会工作职业本身就是建立在大量社会工作专业知识基础上的实践体系，在实践中社会工作专业知识得到不断扩展和完善，并被应用到最广泛的人类和社会问题的解决之中，如表 7-2 所示。

表 7-2 中国内地社会工作人员职业化历程

社会工作职业化阶段	主要内容
2003 年	上海第一次以政府文件确立了“社会工作者”职业名称和形象
2004 年	“社会工作者”被正式认定为中国内地的新职业
2006 年	专业技术人员职业资格证书考试制度，社会工作者职业水平评价制度的正式建立
2008 年	中国内地首次举行全国性的社会工作师职业水平考试

二、社会工作职业化与专业教育的关系

（一）职业资格考试对专业教育的影响

社工职业资格考试的出现说明社工专业教育日益迈向专业化和职业化结合的道路，有利于学生学习动力的增加和学习质量的上升。但社会工作职业化是一个过程，职业资格的颁布只是一个起点，它还没有从根本上改变中国社会工作的现状，只是社会工作教育发展的一个契机，社会工作职业化的道路仍然较为漫长，尤其要防止“泡沫效应”。可以预测，在未来的几年时期，中国社会工作教育将进入一个辉煌的发展期，即各种培训、注册、考核和奖惩措施将逐步出现，专业的社会工作本科、研究生教育和培训也将在全国展开。但我们应慎重分析当前社会工作教育发展的空间，不应只是根据社会发展的一般性的估计来做出判断，以防止社会工作教育在发展中出现“泡沫效应”。同时，社会工作专业制度虽已经逐渐向法制化迈进，但如何在专业课程设计与实务应用上，缩短与西方发达国家甚至与中国香港、中国台湾的差距，也是目前面临的一大挑战。

（二）专业价值与职业期望

社工职业要求与个人职业期望的差异体现出社工本科生从事社会工作的意愿不太强烈。除了专业价值认同对学生就业意愿产生影响之外，专业的社会认同度也会影响学生的价值观和就业意愿。在调查学生对社会工作、社会地位的认同情况时，超过一半的同学都表示社会工作的社会地位“一般”或者“不太高”。他们还表示社会对社会工作的认同程度会影响其对社会工作的认同。学者在社会认同度与专业认同度的关系研究中发现，社工学生普遍认为专业的社会认同度对专业认同会产生“一定”的影响，仅有一小部分学生表示他们的专业认同不会受社会认同的影响。专业认同影响了学生从事社工的意愿，他们的专业认同由于社会认同度低而降低，进而减弱了从事社会工作的意愿。

（三）“有专业无岗位”或“有岗位无职业序列”

社会工作专业这一新兴专业，目前在中国内地作为一门职业受到了社会的“冷落”，就业市场对社工的认同度低下，大部分学校社工专业毕业生就业的专业对口率很低，很

多毕业生选择报考公务员或其他专业的研究生。与此相应的是：一方面，全国各大中城市从事协助青少年教育、妇女工作、残疾人康复辅导、心理咨询及社区服务等工作的社会工作从业者，大多数不具备相关专业素养和业务技能；另一方面，社会工作者职业资格认证在中国内地处于起步阶段，真正通过由国家或地方统一组织的资格认证考试，并获得从业资格证书的人员寥寥无几。同时，中国内地社会工作者的职业声望、社会地位和薪资报酬始终处于较低水平，这一现状也使一部分有志于从事社会工作的社工毕业生望而却步。

（四）社工专业教学缺乏职业性："半专业性社会工作"

第一，从教师的角度来看，社会工作教师很少参与到实务工作中，普遍缺乏职业经验，因此造成个案工作、小组工作、社区工作等操作性、实务性比较强的课程在教学过程中只能照本宣科，不能传递给学生职业经验，从而使教学质量大打折扣，无法满足社会工作发展的实际需求。

第二，教育过程缺乏职业性。无论是综合大学、工科大学还是高职院校，其开设的社会工作专业的职业性都不强，对学生的实务工作能力培养不到位，职业训练和专业技能的培养内容肤浅，在深入社会的实际训练工作方面做得更差，致使学生在具体操作上很难做到位，职业技能自然也就无法养成。正如国内学者所指出的那样，"现在的实际社会工作急需的是懂得社会福利政策、懂得对政策的具体实施与推动、懂得基层社会管理、懂得怎样调动及运用社会资源、懂得怎样组织活动的综合型、管理型、实务型、操作型的人才，而现有的课程却无法满足这样的要求"①。

第三，游离于福利体制之外的一种学术活动。中国社会工作专业发展在主轴上一直表现为以社会工作教育者为核心的学术界的强力推动，而由于这种推动对中国社会福利制度的影响十分有限，社会工作专业并没有成为社会福利体制内提供服务的主要专业。或者说，由于中国社会福利体制基本上没有认清运用专业人力资源提供服务的重要性，从而导致社会工作专业成为游离于福利体制之外的一种学术活动，而非实务和职业性活动②。

第四，应用学科不能应用，这是目前社会工作职业化教育中的重大弊端。由于学者和教育工作者缺乏有关职业经验，相当一部分学者往往只注重理论研究，社会工作实务教育脱离社会实际，对学生的实务工作能力培养不到位，应用学科不能应用于社会。在职业化的背景下，社会工作教育如何应对职业化的要求和挑战以适应并解决中国的社会问题，如何在有学理化偏好的中国高等教育体系中培养动手能力强的应用型人才，都是社会工作教育需要面对和解决的问题。

（五）要有效实现专业化与职业化之间的对接

中国内地首先是有了高等教育，其次是逐渐设置专业，再次是形成学科，最后才有社会工作职业的出现。专业化先于职业化，专业教育带动职业的发展，这种发展模式在

---

① 黄春梅：《职业化背景下的中国高校社会工作专业教育》，《传承》，2009 年第 8 期，第 104-106 页。

② 孙莹：《中国社会工作专业制度建设的政策考虑》，《华东理工大学学报》（社会科学版），2000 年第 3 期，第 66-70页。

缺乏职业土壤的情况下能起到一定的作用，但专业化毕竟不能脱离职业土壤，在社会工作教育发展到一定阶段之后，如果还不能很好地解决社会工作职业化问题，社会工作教育最终将失去存在和发展的理由与基础。以职业化为导向的课程体系建设的美国经验表明，MSW 教育在促进社会工作教育与社会工作职业化之间的良性互动过程中起到了至关重要的作用。美国 MSW 教育的培养目标就是与职业化直接联系，通过实习让学生能够有机会把课堂上学到的知识和技巧应用到社会工作实践中去，毕业后也能够顺利地适应职业角色。为了有效实现专业化与职业化之间的对接，中国内地也可参照美国经验，大力推动和发展 MSW 教育。

三、从职业化角度对社会工作教育提出的建议

社会工作专业教育应走向职业化，以职业发展定位社会工作专业教育。

第一，完善制度，加快社会工作者的注册及资质认证制度建设是推动中国内地社会工作教育发展的政策保证。这是专业化的一条现实可行且成效显著的发展道路，社会工作事业要与国际接轨必须要经过资质认证这一关。

第二，中国内地各级政府部门要真正发挥组织协调作用，加大资金投入推动社会工作职业岗位的设置，加快社会工作职业资格认证制度实施的速度和力度，政府制定相关政策是解决社会工作教育的体制性障碍的关键。

第三，中国内地社会工作协会和社会工作教育协会两大社会工作组织可以借鉴美国和加拿大相关组织的经验，在职业资格认证和教育项目评估方面加大参与力度，取得主导地位，进一步发挥推动社会工作专业发展的积极作用[①]。所有的社会工作教育课程必须遵守社会工作教育协会（Council on Social Work Education，CSWE）的教育政策及欧洲管理发展基金会专业认证体系（European Foundation for Management Development Programme Accreditation System，EPAS）的评审标准，它有专门的文件详细列明认证的政策、规章和程序。如果大学要颁发社会工作学位，其有关课程就必须得到社会工作教育协会的认证。本科生和研究生课程的教育政策是一样的，但认证标准各自独立。

第四，启动社会工作资格培训工程，建立社会工作者职业资格认定制度。这一制度既是社会工作教育工作者促进社会工作职业化的一种努力，又是社会工作教育工作者在培育社会工作市场方面所做的少数工作之一。这样可以规范社会工作教育职业体系，使社工教育职业化土壤拥有体制保障，社工毕业生在学习和就业过程中的目标及自身未来职业定位都比较明确，能促进社会工作教育的职业化进程。

第五，明确社会工作教育的职业定位，课程设置要满足社会工作职业化需求。在整个社会工作教育过程中，应突出职业化与应用性，加强学生职业能力教育，使培养出来的专业学生具有良好的职业道德和较强的专业实务能力，满足市场对人才的要求，使应用性学科进入社会便能运用。在强调社会工作教育应满足社会需求的同时，要特别注意

---

① 李绍伟、于海平：《和谐社会背景下社会工作发展的国际视野——以美国和加拿大社会工作为例》，《中国矿业大学学报》（社会科学版），2008 年第 1 期，第 40-43 页。

教育是为谁服务的问题。社会工作教育者应有自己的基本立场。因此，社会工作教育一方面需要及时了解社会需求，同时要保持专业发展的独立性和自主性，在二者之间找到平衡点。

第六，结合社会工作职业资格认证制度，对学生的职业技能进行训练。社会工作教育应突出职业化与应用性，进一步实现社会工作教育的职业化就要求做好社工专业学生的职业素质和专业能力的教育，使教育与职业需求相结合。

第四节　社会工作实习和督导

社会工作专业化发展从根本上来说是社会工作实践取向所要求的，社会工作在其专业化发展过程中一直保持着强烈的实践取向。社会工作教育不仅要传授理论知识，更重要的是培养能够直接解决问题的，具有操作能力、基层社会事务管理能力、人际沟通能力、组织活动与社会公关能力的实务型操作人才。

实习督导在社工实习中具有非常重要的地位，本节将重点讨论中国内地实习与社会工作督导的现状与特点，研究提高实习与督导质量的方法与建议。

一、社会工作实习

影响实习满意度的因素除了学校督导、机构督导、行政工作、实习成果和实习环境等因素之外，还有其他因素，由于篇幅限制本节不做讨论。但是必须说明的是物质和精神方面，即资金的激励和价值的认可，这两方面不但直接影响实习满意度，而且与五个因素紧密相关。另外，与五个因素紧密相关的还有专业知识的运用和提升，虽然专业知识的运用和提升与实习满意度和物质满意度没有直接的联系，但也会或多或少地影响对二者满意度的评价，图 7-1 为实习满意度内涵图。

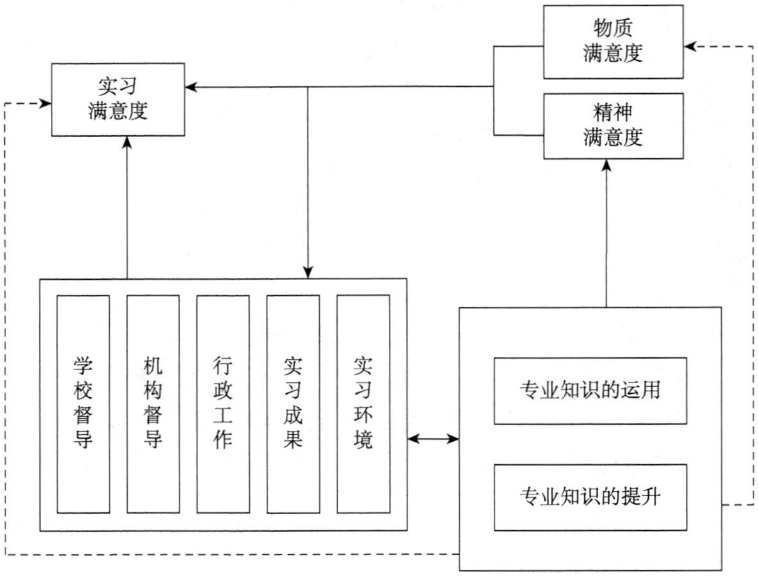

图 7-1　实习满意度内涵

（一）内地社会工作教育实习的现状

1. 关于实习课时

在中国内地，教育部高教司1998年编印颁布的《普通高等学校本科专业目录和专业介绍》，对社会工作专业的实习时间要求达到14~16周。也就是说本科社会工作专业的实习时间在600小时左右，虽然与800小时的国际标准尚有一些差距，但同其他一些专业相比，实习安排的时间要求是比较高的。但实际上，尽管已有200多所高等院校提供了社会工作本科教育，但大多数学校都达不到这个要求，基本仍然沿袭传统的和社会学等专业相差不大的实习模式。在实习环节上严重不足，即使数量上达到了，质量上也难以保证。很多学生在实习单位是以打杂和文字处理工作为主的，几乎很难与服务对象有面对面的交流，更谈不上运用专业的方法和技巧去帮助服务对象了。

2. 关于实习机构非专业化

由于社会工作教育的发展不是或者主要不是以社会工作实务为基础，从事社会工作教育的人士绝大多数没有接受社会工作的专业训练，没有实务经验。而且，在国内要寻找理想的、能为学生提供专业成长的社会工作机构，除广州、上海与北京等城市之外，其他城市实习机构、专业实习基地和场所严重不足。所以，许多学校只好把学生安排在承担着当前中国社会福利和服务的一些政府机构和社会团体中实习，如民政部门、司法部门、工会、妇联、共青团、残联、社区服务中心、街道、居民委员会、学校、青少年活动中心、福利院和劳教所等①。许多高校的社工学生在进行专业实习时，很多情况下扮演的都是勤杂人员和助手的角色，很少有机会扮演社会工作者的角色，这不利于学生职业技能的培养和实务技能的提高。目前，尽管一些学校都会（或者说是尽量）建立几个实习基地，也可以说成是都签署了协议，挂了张牌，但这些“基地”的实际运作状况很少能达到实习要求。因此，社会工作教育在一定程度上变成了以学术为导向的“课堂教育”。

3. 关于模拟实习与机构实习

在中国内地，大多数高校由于经费缺乏而没有自己的实验室，学生在机构实习之前并没有模拟实习而直接进入实习机构实习。目前，中国内地与其说缺乏机构实习，不如说一定程度上更缺乏模拟实习。由于缺乏模拟实习，当学生直接面对案主时，往往不能马上投入工作，甚至造成无所适从的现象。尤其在缺乏对口实习基地的情况下，模拟实验室的建立就更为重要了。本教材认为，与其抱怨对口实习基地缺乏，不如大力加强实验室建设，加强模拟教学力度与教学时数，也不失为解决当前实习教学不足的局面的好方法。当然，这只是一时之计，当社会发展到能够提供足够多的专业实习基地之后，还是要以机构实习为主，模拟实习为辅导，但模拟实习在前、机构实习在后这一程序还是必不可少的。

---

① 钱雪飞：《国内社会工作专业实践教学引入服务学习的思考》，《社会工作》（下半月），2010年第4期，第16-19页。

（二）内地社会工作教育实习的特点

1. 行政化和形式化

中国内地专业实习在某种程度上是低效能的形式主义，进而使学生常常体验到无助感，即他们很可能从实习中形成下述的一些心理预期，如自己的行动很少能产生有用的结果，这样他们在其他情境中也会放弃学习有用的行为方式，继而可能全面丧失学习动机，并在思考、学习过程中变得焦急而沮丧。就内地实习教学而言，一方面社会工作专业教师本身就缺乏相应的实践训练，不一定能担负起学生实践教学的重任。即使实习单位有相应的工作人员协助学生完成实习，但很多从事社会工作的人士对社会工作实习各个环节和具体的实习进度缺乏专业化的有效督导，社会工作实习没有体现专业特色，仅沦为一般义务劳动或公益服务。另一方面，党政机关及其延伸机构包揽了大部分传统社会工作，政府替代社会，民政代替民治，专业社会工作者的实践空间有限。此外，社会转型形成的社会新空白，以及党政部门权力边沿的“真空地带”，有诸多领域需要社会工作，但政府及相关政策尚未跟进，介入难度很大，实践渠道建设成本又太高。

2. 理论课与实践课教学的不平衡

目前国内一般的社会工作专业由于缺乏有实务经验的实习督导教师和实训基地，偏重理论教学，实践课程分配的学时较少，2006 版课程设计中理论课学分为 159 分，占总学分的 82.7%；实践课学分仅 33 分，占总学分的 17.3%，其中还包括毕业设计等内容。尽管部分理论课程内部也包含一定数量的实践内容，但可操作性不强且局限于发现问题层面，涉及解决问题和锻炼职业能力的内容较少。

二、社会工作督导

在社会工作实践教学中，督导有学院督导和机构督导等模式。学院督导主要由学校的专业老师担任，机构督导则主要是委任机构人员担任。

（一）实习督导的类型

1. 学院督导

中国台湾对学院督导的资格有较为严格的规定，每个学校的社工教师都有明确的资格规定。中国香港社会工作教育提倡先学习理论，再在实践中运用，其认为实习究其本质而言不过是印证学校理论知识的案例而已。中国香港社会工作起源于 20 世纪 40 年代，每个学院都有自己专门负责实习安排的老师和负责实习督导的导师，实习督导导师属于学院教学人员，他们都拥有至少 2~3 年前线社会工作经验，并受过督导训练。

中国内地则缺少专业督导，由于中国内地社会工作专业教育起步较晚，社会工作专业教师多是从社会学、心理学等专业转行而来的，受过社会工作督导训练的人更是凤毛麟角，因此有在象牙塔里做学问的倾向，很难将理论与实践相结合并开展实务督导。在专业实习过程中，督导只起到了一个简单的督促和协调作用，有的甚至处于“督”而“不导”的状态。社会工作督导主要提供“教育+提供必要的知识学习”及提供“支持+心理和人际关系支持”，这些都需要通过学校教师的督导来完成，因此，缺少了学院督导的环节，实习的效果就会大打折扣，甚至降低了学生对专业的认同。

2. 机构督导

中国内地机构督导的问题很多，中国内地由于大部分社会福利机构的工作人员没有受过社会工作专业训练，对学生一般只能提供工作安排等方面上的帮助，无法在专业上给予支持与有效指导。而机构的实习督导对实习学生主要发挥的是行政功能，机构督导理论知识的欠缺使其不能充分考虑学生的专业需求，致使学生参与工作的层次低，很难真正融入机构的实际工作中去。

3. 团体督导与个别督导

在中国内地，由于学生数量多，学院督导严重不足，从而出现了“僧多粥少”的局面。同时，机构督导对学校的实践教学目的不清楚，自身也缺乏教学经验和知识，虽然一些机构实行个别督导方式，但给实习生安排的是一些与教学内容不相关的事情或任务，往往无法满足学生实习的目的。如果机构督导实行团体督导的话，无法兼顾到每个学生的个别性需求，问题则会更多。

对学生来说，最希望学校督导采用个别督导的方式进行，这样学生对学校督导老师与学习成果的满意度就会提高，而且每次督导的间隔时间不宜太长，才能有效针对学生的实习内容给予回馈，并能适时解决学生在实习过程中所遇到的问题。

（二）可资借鉴的中国香港经验：设立专职实习督导老师

一些学者认为教师要改变以往“空谈理论”的教育导向，形成以“实践为导向”的社会工作教育工作模式，社工教师是实践的社会科学家，不能做图书馆式的学者，必须深入社会服务的实践领域，要以解决问题为目标，务实地去推动社会工作教育发展。这种观点本身没什么问题，但在目前情形下很难实现。专任教师既要完成大量的学术研究、课堂教学任务和各种学术考核指标，又要抽出大量时间参与社会实践的指导，这无形中增加了教师的工作任务，导致其往往无法同时完成课堂教学、学术研究和实践指导的三重任务。

由于实习教学在社会工作教育中的重要性，中国内地可以学习和借鉴中国香港的督导经验，即设立专门联系实习机构的专任老师和专职实习督导老师，将理论教学教师与实务督导教学教师区分开来，并建立对专职实习督导教师的科学评价体系，方不失为克服中国内地实习困境的一种有效途径。就美国而言，博士学位的社会工作人才也是侧重于学术研究，而非实务人才，理论教师从事理论研究而非实务工作，实务教师重视实务工作而非理论研究，二者同等重要，互为补充。这并不意味着从事理论研究的教师不重视或不需要实务操作，实务指导教师不需要理论，只是侧重点不同而已。因此，对理论教师和实务教师进行明确的角色区分，并建立相应的绩效评估体制，有利于克服目前实践督导的困境。否则，社工教师既要从事课堂教学和科研，还要从事实习督导，会造成教师的角色模糊和角色冲突，这样既不能静下心来做学问，也不能很好地从事实务教学工作。当然，也可以考虑通过聘用实务界资深人士或其他机构人员等途径来加强实习督导，但理论教师与实践教师分工体制的建立和角色区分是未来较为切实可行的途径。

第五节　社会工作教育全球化与社会工作教育本土化

社会工作在西方已经成为一种科学、一门专业和一种职业，处于相对成熟的发展阶段。虽然中国内地社会工作教育正逐步进入一个迅速扩张的时期，但是，相对于西方国家，仍然存在较大差距，尤其在当今教育全球化的浪潮下，中国内地社工教育更应积极地向西方国家学习，以适应全球化趋势。本节通过“全球化”视角从师资流动、教育技术的引进、教育制度的借鉴及教育内容多元化，对中国内地社会工作教育的全球化程度进行比较，以期促进中国内地社工教育适应全球化发展趋势。在社会工作职业化的发展历程中，首先面临的问题是要解决社会工作教育的本土化。在职业化发展的背景下，社会工作教育面临的挑战之一，就是引自西方国家的社会工作理论、方法和价值观如何适应中国社会文化的特点。

一、社会工作教育全球化比较

（一）师资全球化比较

随着世界日趋全球化，社会工作教育也出现了趋同现象，如何在全球化趋势中找到自己的立足点，同时与国际社会工作教育接轨，社会工作教育者又如何拥有全球视野，这是非常重要的课题，也对师资提出了更高的要求。就师资全球化比较而言，中国香港也领先于中国台湾和中国大陆。无论在社会工作教育早期，还是近期，都有大批社工学者曾留学于欧美等西方社会工作教育先进的国家，直接带回了西方社工教育知识。而且，中国香港特别行政区政府也曾经聘请外籍专家指导社工教育，他们的工作方法及训练内容深深地影响了中国香港社会工作教育及课程设置，这些外籍专家甚至在早期发展过程中起主导作用。在中国台湾，一些人士于20世纪五六十年代在中国台湾接受大学或研究所教育后至海外（仍是以美国居多）研究或进修，或至海外留学取得硕士或博士学位后回国任教，或是在中国台湾接受研究所教育之后投入社会工作教育的学术工作者开始增加。

比较而言，中国内地师资全球化程度最低，近年来，虽然有学者曾留学于海外，但取得的成果大多数是社会学或教育学等方面的硕士或博士学位，真正取得社工硕士或博士学位的教师还是非常少的。而且，尽管一些国内学者参与国外社工学术交流的机会逐渐增多，但这毕竟只占社工教师的极少数部分。中国内地社会工作教育课程设置应加强对中国香港和中国台湾两地社会福利制度的探讨，并邀请两地学者来中国内地进行社会工作教育交流，或者派遣社工本科生到中国香港、中国台湾攻读硕博士学位，或者每年暑假组织交流团到中国香港和中国台湾参观社会福利设施及考察两地的社会工作教育，这也是中国内地社会工作教育迈向全球化的一条途径，当然最好的途径是派遣师资到西方社会工作教育发达国家进行学习、交流与研究等。

（二）全球化趋势下实习制度的比较

在实习制度和个人能力的培养方面，如果能够对全球化趋势做出回应，将会使社会工作系学生未来充满无限发展潜能。社会工作系学生的实习场域也应不再只限于国内，而是可以前往海外实习，通过国际组织或跨校间的彼此合作，亲身体验他国文化与社会工作的差异性，让学生获得更佳的学习与成长的空间。因为未来面对的案主可能是不同国籍、文化和语言的人，培养具备国际观的社工人才刻不容缓，而案主所面临的问题可能因为全球化而更为复杂。如果社工具有多元思维与细腻的观察能力，更能以同理心服务案主，提升案主的福祉。但事实上，就实习场域而言，由于实践经费和场所的限制及精力不足等，中国台湾、中国香港和中国内地都没有实现跨地区，尤其是跨国界实习的计划。中国内地应尽量创造机会为学生提供到中国台湾和中国香港实习的机会，待时机成熟之后，也可以考虑派遣学生赴美国、加拿大等国进行海外实习。在实习制度上，中国香港和中国台湾已基本上与国际接轨，中国内地则要落后许多，即便中国内地在实习制度上努力学习与模仿国际经验，但一些高校在实践中并没有真正执行。

（三）全球化趋势下社工教育社会认同比较

在全球化趋势下，社会工作教育专业认同更为重要，在跨领域的技术合作中才能避免专业落差。中国台湾的社会工作随着中国台湾有关当局和社会的不断推广，专业认同度比以前已大为提高，但在全球化分工日益细致及专业化要求越来越高的趋势下，还没有得到充分认可及重视，社会工作专业认同还有努力的空间。在一般大众的眼中，时常将“社工”“志工”“义工”画上等号[①]。相比而言，中国香港社会工作由于起步早，在社会服务领域取得了明显的成就，再加上香港特别行政区政府和民间机构的共同努力，社会工作专业在中国香港社会中获得了较高的社会认同，专业教育也因此有了坚实的社会基础。而在中国内地，社会工作的社会认同度比较低，这使学生在学习上容易产生自我认同的怀疑，对学习质量造成影响，而且由于不被视为专业和职业，因此难以吸引优秀学生进入社会工作院系学习。目前高校的社会工作专业学生大多是调剂过来的，意愿不高导致学习效果有限。

（四）全球化程度比较

社会工作在中国香港发展已有半个多世纪，中国香港社工专业教育的专业水平可与欧美先进地区媲美，全球化程度也最高。中国香港曾被英国管制，采取的是欧洲国家高福利的政策，在亚洲乃至全球都屈指可数。因此，中国香港的社会工作教育经过几十年的发展，也走在了全球的前列。与中国香港相比，中国台湾社会工作教育全球化程度相对就低多了，中国台湾社会工作教育所培养的社工人才还很难与国际接轨。全球化对于社会工作教育造成了一定的影响，但中国台湾的社会工作学者很少谈论全球化，还没有形成明确且系统性的论述，造成了社会工作在课程规划上和回应全球化趋势上相当程度的困难。与中国香港和中国台湾相比，中国内地社会工作教育全球化程度就更低了，培养的社会工作人才难以与国际接轨。

---

①江柏毅：《全球化趋势下台湾社会工作教育之因应》，暨南国际大学社会政策与社会工作学系硕士学位论文，2007年。

二、社会工作本土化的比较

（一）本土化程度比较

中国香港社会工作教育本土化仍处于初始阶段。本土化主要是对一味套用西方社会工作理论的方式提出检讨，这一概念也是近年来中国香港社工研究所关注的热点问题。在中国香港，虽然社会工作者注册局试图规范专业社会工作的课程内容，但只不过是大纲指引而已，并没有及时根据社会变迁所产生的需求而做出应变。中国香港理工大学应用社会科学系阮曾媛琪教授认为，中国香港目前的本土化仍处于初始阶段，社会工作长期依赖西方理论及实践方法，一直没有积极着力建设本土社会工作理论，与社会服务的骄人成就实在是不匹配，这是中国香港社会工作专业所必须正视的严重议题。

相比较而言，中国台湾本土化起步比中国香港晚，自 20 世纪 90 年代以来，本土化脚步明显加快，成就斐然。中国香港社会工作教育本土化起步较早，但成效却不及中国台湾，主要原因是香港社会仍然重英文轻中文，社会福利机构文件和记录也都以英文为主，而各个社会工作学系的教师为了建立本身的学术地位仍然偏重以英文发表文章。中国内地社会工作教育本土化程度相对就更低了，由于中国内地本土性社会工作实践的时间较短，专业人才较为匮乏，没有在本土性社会工作实践的基础上，总结并整理出本土社会工作知识与技巧，并撰写出本土化实务教材。因此造成了教师教学时力不从心、学生学习时索然无味的现象。

总体而言，虽然在社会工作教育本土化方面，中国台湾后来居上走在了前列，但即使在中国台湾，在教育内容方面也明显没有配合社会工作发展实际情况进行本土化设计，这也使课程安排僵化、学术训练与实务领域脱节的现象出现，因此社会工作教育仍然有一段很长的本土化道路要走。对于两岸三地而言，社会工作与社会工作教育本土化一直都是教育领域的热门议题，但是一直也没有具体的解决方案与策略。

（二）西方社工教育扩散本土化效应的比较

虽然中国内地、中国香港与中国台湾的社会工作发展同样源自中国 20 世纪 50 年代，但两岸三地代表了三种不同的典型，在面临西方社工思潮扩散效应方面既具有相似性，又具有差异性。

首先，两岸三地被扩散的时间都比较长，但本土化反思却比较晚。中国香港受西方社工教育思潮的“扩散模型”影响最为深远，被扩散的时间也较长，然而，直到 20 世纪 80 年代才出现“本土化”反思，中国台湾直到 2000 年前后才出现“本土化”呼声，且处于起步阶段，而中国内地更是最近才出现“本土化”批判性反思的。

其次，“扩散效应”本土化主导力量及效果不同。从整体上讲，两岸三地都出现了不同程度的本土化反思，却呈现出明显的差异性。在“扩散效应”的影响下，中国内地直到近年才有社工教育学者呼吁对西方社工教育进行反思，本土性社会工作实务经验和理论成果都比较缺乏。中国台湾在西方“扩散效应”的影响下，“本土化”思潮兴起也不过十来年的时间，但相对中国香港而言，中国台湾的“本土化”成效要显著得多。在西方的社会工作思潮的“扩散作用”下形塑出来的中国香港社会工作教育发展面貌，一开始有着十分浓厚的欧美风采，盛行于中国香港各社会工作学校或机构，最终引起中国香港社会工作教育发展本土化的反思[①]。中国香港社工教育界虽然也开设出一些适合本地需求的课程，但一直以来，中国香港所用的教科书全是英文，所教授的社工概念、模式和价值观都借自西方，极少使用本地（中文）教材。目前，中国香港社工教育一方面 “国际化”趋势加快，另一方面“本土化”步伐却逐渐减慢，就连香港中文大学都已经增加了使用英语授课的趋势。值得一提的是，在中国香港，最早谈论社工教育“本土化”议题的竟是在香港推行社工教育的外籍学者。

第六节 广东省社会工作教育现状

一、广东省开设社会工作专业高校的地域分布情况

广东省开设社会工作专业的高校在30所左右，总数位居全国前列。具体院校如下：中山大学、仲恺农业工程学院、广东财经大学、华南农业大学、广东工业大学、广东外语外贸大学、 广东医学院、华南师范大学、深圳大学、深圳职业技术学院、北京师范大学珠海分校、吉林大学珠海学院、广东白云学院、广州大学、东莞理工学院、东莞理工城市学院、广东理工职业学院、中山职业技术学院、珠海城市职业技术学院、广东青年职业学院、番禺职业技术学院、湛江师范学院、广东药学院、汕头大学、五邑大学、广东农工商职业技术学院、江门职业技术学院、广州科技贸易职业学院、汕尾职业技术学院、南华工商学院等。

广东省内第一个设立社会工作本科专业的高校为华南农业大学，于 1999 年开办，当年招生达90多人。几年后，中山大学、广东工业大学、广州大学、广东财经大学等院校相继成立社会学系或社会工作系，社会工作在高校教师与社会工作专业人士的推动下缓慢发展。自十六大、十七大明确提出加快社会工作人才队伍建设后，广东省政府开始大力推进广东社会工作发展，从而促使更多高校开设了社会工作专业。

广东省开设社会工作专业的高校，主要分布在广州、珠海、深圳和东莞等珠三角地区的城市，粤西、粤东和粤北则呈现零星分布的状态。这是因为受到广东省各市经济发展情况与政府支持力度的影响。广东省珠三角地区各级民政部门认真贯彻落实民政部与广东省政府签署的《共同推进珠江三角洲地区民政工作改革发展协议》，围绕“率先建立现代社会工作制度”“将珠江三角洲地区逐步建成社会工作发展和社会工作人才队伍建设示范区”的目标，做了大量相关工作。由于非珠三角地区经济相对落后、政府财政难以供应社会救助事业，社会工作教育进程发展相对滞后。

① 王卓圣：《香港社会工作专业发展的研究：1950—1997》，中正大学社会福利研究所硕士学位论文，2003年。

二、广东省高校社会工作专业人才培养情况

当前广东省高校社会工作专业的课程设置与国内其他高校的课程设置相通，以社会工作导论、社会学概论、社会调查研究方法、社会个案工作、小组（群体）工作、社区工作、社会行政（社会政策）和社会保障八门核心课程为主，各高校根据自身实际情况开设社区建设、社会福利、社会保障、社会统计学、自我认知与自我发展、人类行为与社会环境等专业课程。同时，在广东地区，大学英语以及计算机等课程也归属为必修课程。

广东省高校以课程学习为主，穿插实践性环节为辅，对学生开展社会工作教育。大部分的学生通过接收教师课堂授课信息来了解社会工作相关知识，仍然体现为一种以学科为中心的课程设置，实践的时间及力度还远远不够。社会工作是一门强调实践性、人与人互动的学科，各高校应当利用广东充足的环境资源，加强学生在实践、实习上的提升。

广东省高校开设社会工作专业的学历层次包括中专、大专、本科和研究生，中专与大专约有 15 所，本科高校约有 16 所，其中，中山大学、华南理工大学、华南农业大学、广州大学和深圳大学有社会工作硕士点。本科及本科以下的社工教育主要培育中低层次人才，毕业后多数学生往一线社工方向发展。MSW 正式实施后，高层次社会工作人才的培养规模急剧扩大。中山大学、华南理工大学、华南农业大学、广州大学以及深圳大学五校的社工硕士点，既培养一线社工，也培养理论研究人才和社工机构管理人才。

广东省社工专业学生实习普遍存在着以下问题：第一，实习时间短。学校一般每学期为学生安排 2~4 周的实习时间，有的学校可能更短。在这么短的时间里，学生都没适应好环境就要谈工作未免有些牵强。第二，实习内容简单。社工机构一般安排较为简单的实习任务给学生，有的甚至只是让学生做打扫卫生等工作，学生发挥的作用与志愿者差不多，无法在实习中学到切实有用的知识。第三，实习监管力度不够强。大多数高校只是要求学生在实习周完成实习任务，实习结束后上交相应证明，学生可能通过其他途径获得实习证明而没有真正进行实习。第四，实习督导老师没有尽到责任。学生在实习阶段所分配到的相应指导老师，往往没有真正跟进学生的实习情况，学生在实习中遇到的问题无法得到专业性的指导意见。

三、广东省高校社会工作专业毕业生就业情况

21 世纪初，社工在广东地区还是一个鲜为人知的事物，社会工作专业毕业的学生基本上都找了专业不对口的工作，坚守在社工领域的屈指可数。而近几年，随着政府推动力度加强，珠三角地区社工岗位急需大量社工人才，从事本行业的社工学生相较之前大大增加。尽管如此，由于薪酬、工作性质等原因，每一年社工专业毕业生就业时真正专业对口的仍然少得可怜。据统计，多数社工专业学生最终流向了政府、事业单位、企业或者其他行业。超过一半的学生选择了中小型企业，20%左右的学生并不急于找工作，而是选择考研继续深造。广州大学 2010 年毕业的学生有 80 多人，从事社会工作相关工

作的只有 10 人以下。社工学生对于本专业的认可度极其低下，这说明高校社会工作教育仍需加强。要提升社会工作毕业生专业对口就业率，还需要政府、学校与社会共同努力。

参考文献

范燕宁. 2004. 社会工作专业的历史发展与基础价值理念. 首都师范大学学报（社会科学版），（1）：94-100.

黄春梅. 2009. 职业化背景下的中国高校社会工作专业教育. 传承，（8）：104-106.

黄慧娟. 2004. 是“升级”还是“旧瓶新酒”？——从社会工作硕士教育论台湾社会工作专业教育之分阶. 台湾大学社会工作研究所硕士学位论文.

江柏毅. 2007. 全球化趋势下台湾社会工作教育之因应. 暨南国际大学社会政策与社会工作学系硕士学位论文.

李绍伟，于海平. 2008. 和谐社会背景下社会工作发展的国际视野——以美国和加拿大社会工作为例. 中国矿业大学学报（社会科学版），（1）：40-43.

李迎生. 2008. 我国社会工作职业化的推进策略. 社会科学研究，（5）：109-114.

刘丽华. 2006. 社会工作教育在中国的发展. 华南理工大学学报（社会科学版），（1）：33-37.

钱雪飞. 2010. 国内社会工作专业实践教学引入服务学习的思考. 社会工作（下半月），（4）：16-19.

史柏年. 2004. 新世纪：中国社会工作教育面对的选择. 北京科技大学学报（社会科学版），（1）：30-35.

史柏年，靳利飞. 2009. 共谋职业化背景下中国社会工作研究与实务发展的路径——中国社会工作教育协会 2008 年年会述评. 理论探索，（2）：10-15.

史铁尔. 2007. 社会工作教育探索. 文史博览理论，（8）：53-54.

孙莹. 2000. 中国社会工作专业制度建设的政策考虑. 华东理工大学学报（社会科学版），（3）：66-70.

王卓圣. 2003. 香港社会工作专业发展的研究：1950—1997. 中正大学社会福利研究所硕士学位论文.

夏学銮. 2000. 社会工作的三维性质. 北京大学学报（哲学社会科学版），（1）：140-147.

熊跃根. 2005. 转型时期中国社会工作专业教育发展的路径与策略：理论解释与经验反思. 华东理工大学学报（社会科学版），（1）：23-28.

杨柳. 2009. 职业化背景下的社会工作教育的回应. 中国成人教育，（19）：38-39.

张曙. 2007. 论我国社会工作通才教育的理想和现实. 北京科技大学学报（社会科学版），（1）：1-4.

周沛. 2003. 关于社会工作发展中的几个问题. 江苏社会科学，（3）：73-77.

周晓焱. 2009. 职业化背景下社会工作课程设计初探. 石油教育，（6）：85-88.

第八章

社会工作方法：直接服务的视角①

社会工作专业有一个核心理念——“人在环境中”，在专业工作中，社工既关注个体层面的问题，也关心外在环境层面的问题，尤其关注外在环境与个体内在的交互影响。在社会工作的发展历史上，针对实务工作涉及的不同层面，社会工作专业逐渐发展出干预实务情境的三种工作方法，即个案工作、小组工作与社区工作方法。

第一节　个案工作方法

个案工作方法是社会工作发展历史上最早发展起来的工作方法。它主要是通过一对一的工作方式，帮助个人解决问题，协助个人良好适应外在环境或者改变对个体有不良影响的外在环境（扎斯特罗等，2005）。现在在中国，大部分的社会工作服务机构都会提供个案服务。例如，在广州，每条街道的家庭综合服务中心都提供针对长者、儿童、家庭、妇女、青少年等不同群体的个案服务。

一、个案工作的历史

个案工作的发展历史与西方现代化发展进程及社会工作的学科发展进程紧密联系在一起。从社会工作理论发展脉络来看，个案工作方法在不同时期强调的重点会有所

① 本章编写者陈香君，华南师范大学政治与行政学院社会工作系博士、讲师，承担社会工作专业多门课程的教学，科研主要偏重于社会工作实务，尤其是儿童保护、青少年精神健康、家庭治疗与研究等方面。近一两年发表的科研成果有：a）与刘学勇、陆小媛合著：《爱由心生地保护——儿童保护家长读本》，南方日报出版社，2014 年；b）《广东家庭综合服务发展报告——以广州家庭综合服务中心为例》，《广东社会工作发展报告》，社会科学文献出版社，2014 年，第 319~334 页；c）与刘学勇合著：《行动者视角下的社会工作服务体系——基于广东实践的理论思考》，《当代港澳研究》，2013 年，第 3 期。

区别。

（一）强调个人因素与环境因素并举时期

这一阶段主要是指 20 世纪 20 ~ 40 年代。这一时期，社会工作的先驱者们在实务工作中努力倡导社工的介入工作需要兼顾个人与环境两个方面。玛丽·里士满在 1922 年出版的《什么是社会个案工作》中写道：“社会个案工作就是推动个人在与环境的互动中获得良好适应。”（Richmond，1922）里士满不仅重视从案主与社工的专业关系中去推动案主问题的解决，还强调动员外在环境的资源来解决案主的问题。戈登·汉密尔顿强调社会工作首要关心的领域是个体内在与外在环境的交互影响。她认为社工在直接实务中的角色就是要理解案主的内在冲突，并从案主的优势着手，运用资源去帮助案主适应环境（Hamilton，1951）。汉密尔顿注重辅导工作的实效，认为社工在个案工作当中，需要了解案主所生活的社区、案主的社会需要及可供动员的社会资源。

（二）重视个体内在干预阶段

尽管社会工作先驱者们为这个专业订立了独特的专业视角——人在环境中，强调社会工作专业既关注个体，也关注环境，并致力于推动人与环境的调谐。然而，在 20 世纪 40 年代，受弗洛伊德精神分析理论的影响，美国一些临床社会工作者在辅导工作中走向强调个体内在，尤其是病理的一面。这些社工宣称自己是“精神病学社会工作者”，并坚持运用精神分析理论来开展介入工作。精神病学社会工作者主张个案工作以心理治疗为主，其主要的知识来自精神病理学而非社会工作。

（三）重申环境干预重要性阶段

20 世纪 60 年代，受民权运动、反贫困运动、伟大社会计划等社会运动的影响，社会工作界进行了反思，一些人批评直接实务中的心理辅导只是“治标不治本”，呼吁需要关注社会问题，推进社会变革。在这样的社会风气中，弗洛伦丝·霍丽斯在 1964 年出版了《个案工作：心理社会治疗》，她将个案工作的视野再次拉回到关注个体与环境并举的层面，力图使个案工作区别于心理治疗、精神病理学。她认为人在环境中是个案工作的核心概念，这一概念强调人、环境及人与环境的互动这三个层面（Hollis，1964）。只是，她对环境的理解主要局限在对个体产生重要影响的他人，如朋辈、家人，缺乏对更宏大的社会政治、文化环境的关注。霍丽斯强调在干预中需要注重对案主个人与环境层面的评估，介入工作主要在个体层面开展，但是基于对案主利益最大化的考虑，也要干预环境。干预环境的工作包括转介、协助案主使用身边资源、募集资源等。总之，基于案主利益最大化考虑的所有资源与服务都是个案工作的内容。

尽管有霍丽斯等的努力，20 世纪 60 年代社工界的关注点还是从直接服务转向社区组织、社会政策与社会行动。围绕着直接实务工作有许多的讨论，一些人批评直接实务工作是对穷人、弱势群体的压迫，而直接实务工作者则坚持如果取消对弱势群体的个别化服务，那么社会工作将面临去专业化的困局。一些直接实务工作者转向心理社会理论，力图从“人在情境中”视角去阐明临床辅导工作依旧是回应社会工作使命的。

到了 20 世纪 80 年代，在临床社会工作中，自我心理学、客体关系论、危机干预、夫妻与家庭理论、认知行为理论、任务中心理论及增能理论等被广泛应用。这些理论有各自不同的侧重点，在实务工作中，社工面对的挑战在于如何运用这些多元化的知识协助案主获得内外和谐。有关个案工作只处理个人内在问题，甚少处理结构性因素带来的压迫的批评依旧存在，但是，实务工作者仍然努力从“人在情境中”视角出发去整合相关理论，开展个案服务，其中需求评估、诊断、治疗、以案主为中心的增能与倡导工作、成效评估是个案服务的主要内容。

二、个案工作的一般过程

不同的学者对个案工作的过程有不同的看法。例如，潘淑满（1999）认为个案工作的过程可以分为初期阶段、预估阶段、干预阶段和结案阶段。隋玉杰（2007）认为个案工作包括：①初步接触，建立关系；②资料收集与问题评估；③确定目标和制订工作计划；④执行计划；⑤结案和评估。无论是怎样的一种划分，个案工作的过程都是一个协助案主解决问题的过程，在这个过程中社工推动案主发挥潜能，去更好地处理自己的问题，获得对环境的良好适应，从而实现社会工作“助人自助”的目标。

本章参照上述学者的划分以及实践中的经验，认为个案工作的过程是一个经历“预估—计划—干预—结案与评估”的过程。具体内容如下。

（一）预估

在前线服务里，当服务对象来到服务单位求助时，社工就开始与服务对象建立关系。无论服务对象是主动前来求助，还是被动前来求助，社工与服务对象一起工作时，首要的任务就是评估服务对象的情况与需要。

有关社会工作中的评估定义，不同学者有不同的理解。Hollis（1972）将评估视为心理诊断。Hepworth 等（2010）将评估视为收集、整理与分析案主信息的过程。心理诊断式的评估重点关注的是案主的问题、病因或功能失调的表现。这样的评估往往带有消极色彩。从社会工作优势视角来看，评估需要看到当事人的优点，这样可以更好地协助当事人提升自尊感，推动当事人更积极地去处理所面对的问题。因此，从系统性与全面性来看，评估工作需要收集的主要信息包括以下几点。

（1）当事人的问题是什么？它是怎么产生的？

（2）为了解决这些问题，当事人曾经做过些什么努力？曾经寻求过什么帮助？其结果如何？

（3）当事人希望面谈工作做出什么目标？需要做出什么改变？

（4）服务单位所掌握的资源或者是社工的能力是否足以为当事人提供切合的服务？

（5）当事人对服务单位或社工的期待是否符合服务单位或社工的实际？

社工对当事人的问题进行初步评估之后，认定有能力提供切合服务，而当事人也与服务单位建立初步的口头或书面契约关系。那么，个案工作将进入下一个阶段。

（二）计划

计划工作阶段是指社工在了解当事人的基本信息、问题与需要、可动员与运用的内外资源的基础上，有针对性地制订较为全面的干预计划。整个干预计划是围绕着案主具体问题来拟订的，包括处理案主的行为问题、内在情绪疏导、关系问题处理及外在环境干预等，最终的目的是要协助案主提升信心，增强案主解决问题的能力，获得对个体内在调适与环境的良好适应。

（三）干预

干预阶段又称“介入阶段”或“治疗阶段”，是具体执行计划的阶段。在这个过程里，社工会依据具体情况扮演不同的角色，包括使能者、联系者、教育者、倡导者、治疗者等角色。社工会根据案主的情况结合相关介入理论运用不同的干预技术去推动案主解决问题。

（四）结案与评估

在个案工作过程中，社工会不断评估当事人的改善情况与服务目标的达成情况。当服务目标基本达成时，社工则需要处理结案。在这个过程里，社工与当事人一起回顾整个服务过程，肯定当事人获得的正面改变，巩固其已有的成就，增强结案后当事人面对问题的信心。社工会在服务结束之后的一段时间内进行跟踪服务，以持续评估服务成效，检视当事人是否还需要进一步的协助。

三、个案工作的主要理论派别

个案工作发展至今，粗略估计至少有二三十种理论模式。从早期受精神分析影响的介入理论一直到近二三十年发展起来的建构主义、女性主义、增能理论等，现有的理论跨越从微观取向到宏观取向的不同纬度。由于篇幅限制，我们不能将这些理论一一阐述，这里主要选择比较经典的和比较新的理论来介绍。这些理论从不同的视角理解人及人的问题，并提出了干预的方向。在这里，我们主要介绍认知行为疗法、任务中心模式、危机干预模式、寻解导向疗法、女性主义疗法与优势视角。

（一）认知行为疗法

认知行为理论是一个获得广泛、深入研究的心理治疗理论。它建立在社会学习理论、经典条件作用理论和操作性条件作用理论基础上，是将认知治疗与行为治疗结合在一起的一个治疗理论。社会工作界引入认知行为疗法最重要的原因在于占主流地位的精神分析个案工作方法被批评为非科学的，其成效难以评估（Howe，2009）。认知疗法主要研究认知发展，包括人的思想与感受的发展，以及偏差的信念或者错误信息如何影响案主个人系统与社会系统。行为疗法主要研究行为的成因与形成机制，以及习得性行为如何导致现有问题。认知行为疗法则将导致个体心理压力与功能失调的认知层面与行为层面整合在一起考虑。

认知疗法认为：①人的认知会影响人的情绪与行为，错误的或者扭曲的认知会导致心理问题或功能失调；②要解决案主的心理问题或功能失调，需要修正、改变错误的认知与行为。社工在运用认知行为疗法时需要评估案主的行为、思想与感受，以及它们是如何导致问题发生的，并在此基础上开展介入工作。在认知行为治疗中，社工提供的干预是要通过改变案主的行为或者认知来达到一个更加积极、可接受的结果。整个治疗过程包括三个阶段：需求评估—干预介入—成效评估。其中，干预介入阶段所使用的技术包括认知重塑、放松技术、社会技能训练、果敢训练、问题解决技巧、厌恶疗法、系统脱敏法、强化技巧、角色扮演等。

认知疗法的优点在于：第一，对于治疗者而言，它高度结构化，相对容易使用；第二，它也是一个精要的治疗方法，教给案主一些工具，使他们可以运用在现实生活中；第三，这一疗法重视案主与社工之间的合作关系，强调案主是他们经验或处境的问题解决专家。它的限制在于：①认知行为疗法主要集中在个人层面工作，常忽略导致个人问题的社会、政治因素。②认知疗法强调案主对整个治疗过程积极、主动投入，为自己的行为、认知、情绪负责，并主动实现改变。这对于一些非自愿求助的案主来说是困难的。针对非自愿型案主，社工需要辅助其他的治疗技术，如动机晤谈法、人本治疗法等，直至案主有意愿改变。

（二）任务中心模式

任务中心模式是社会工作界发展起来的治疗模式，它最早源于北美地区的个案工作实践。1969 年 Reid 和 Shyne 发表了题为“精要与扩展性个案工作”的研究成果，这些研究将短期的个案工作（有 8 节面谈）与长期的传统个案工作（长达 18 个月）的服务成效进行比较，发现短期治疗的效果更加显著。后来，Reid 和 Epstein 在 1972 年出版了《任务中心个案工作》一书，书中系统地说明了任务中心治疗的方法、步骤。任务中心模式重点聚焦在有限时间内，社工与案主一起订立目标，发展任务，采取行动去实现目标。这一短期治疗模式从一般系统理论、沟通论、角色论、精神分析理论和学习理论那里吸取了相关观点，以问题解决为中心来开展工作，而今已经被广泛地运用于处理人际交往冲突、正规组织中的关系、角色适应困难、情绪压抑、社会转型问题等。

任务中心模式有六个基本原则：①聚焦于案主的问题；②解决问题的行动或任务；③整合性的立场，可以融合其他治疗理论一起工作；④简要的辅导计划，一般要求个案在 6~12 周完成；⑤强调社工与案主之间的协作关系；⑥注重经验研究与评估，社工需要在需求评估、干预和结果评估等不同阶段收集资料、数据，进行分析、研究，以确保服务质量与服务成效。

任务中心模式的工作主要围绕三个领域进行，即探索问题、设定目标与时间和发展任务。具体地来看，包括以下步骤：①准备阶段，即明确开展社工服务的缘由；②探索问题，其中包括问题扫描、问题具体化、问题优先次序；③确定目标和完成时间；④发展任务，以便实现目标；⑤评估、检讨工作过程是否有推动案主目标实现（Reid and Epstein，1972）。

任务中心模式的优点在于：①它是一个普遍性的干预策略，可以广泛地运用于处理各种问题。②富有极大包容性，可以和其他治疗理论整合在一起工作。③它是一个增能的策略，让案主与社工协同工作，尤其是案主自己认定问题、确定具体目标与采取行动达成目标。④易于研究，尤其易于开展成本收益分析。它的限制在于：①这一治疗方法并非适用于处理所有个案，尤其是当案主缺乏独立思考能力与行动能力的情况。②由于聚焦于问题，也受到一些优势取向工作者的批评。③由于聚焦于短期治疗与成效，容易忽略长期的个人问题或社会问题。

（三）危机干预模式

危机干预模式最早源于20世纪四五十年代美国心理学家林德曼和卡普兰的研究工作。林德曼从1944年开始在针对波士顿火灾事件研究工作的基础上发展危机理论。卡普兰扩展了林德曼的研究工作，将危机干预与系统理论整合在一起，发展了危机干预理论中的平衡、稳定、失衡等概念。林德曼将危机视为个体无法运用正常的应对机制与资源有效处理压力的结果，危机打破了个体的平衡状态，给个体带来身心困扰。莉迪亚·拉波波特是一位社工，她在卡普兰的基础上继续发展危机理论。她指出危机状态与三个要素相关，即灾难事件、对生命的威胁与没有能力做出良好应对。因此，危机干预的首要目标就是要协助案主回归平衡状态。后来，社工界的实务工作者与学者们以及精神健康领域的专家们将危机干预模式运用于精神健康危机、认知与行为失调和道德危机事件中。

今天，社会工作领域有关危机干预的研究与实践主要建立在艾伯特·罗伯特的危机干预理论基础上。当代危机干预理论仍沿用社会系统论的专业术语，但不同的是，它认为危机干预的目标不仅仅是协助案主回归到危机前的状态或者是平衡状态，更重要的是要协助案主提升应对能力、自信心、问题解决能力，提升案主的资源与优势，以便在未来再一次遭遇压力事件时，可以成功应对。危机干预模式着重在辅导中为案主提供成长与改变的机会。

危机干预模式由七个阶段组成，它们分别是：①危机评估，即评估案主身体、心理与社会层面，尤其需要评估案主是否有自杀或者伤害他人的倾向；②迅速建立和谐的专业关系，即注重以案主为中心的策略；③收集危机境遇资料，即允许案主充分表达所遭遇的问题或危机事件，尽情陈述他的经历或故事；④协助案主处理压力事件所带来的情绪、感受，即注重案主为中心的策略，使用积极聆听的技巧；⑤探索改变的可能性，即注重挖掘案主的资源、过往成功的应对经验或机制；⑥执行行动计划；⑦结案与后续跟踪服务（Eaton and Roberts，2009；Roberts，2005）。

危机干预模式的优点在于：①危机干预模式清晰、简明，易于操作。②它是一个精要的干预模式，旨在协助案主处理危机境遇，并提升其应对能力、自信心和问题解决能力，适用于各种危机境遇的处理。③富有包容性，可以和其他的治疗理论与方法整合在一起使用。它的限制在于：①主要聚焦在表征问题或危机的处理，往往忽略深层结构问题，如歧视、压迫、贫困等。②在所有的危机境遇中，要求社工与案主做到真正的合作是比较困难的，尤其在面对不合作的案主时，社工实施危机干预会比较困难。

（四）寻解导向疗法

寻解导向疗法的发展源于美国威斯康星州米华基（Milwakee）精要家庭治疗中心

（Brief Family Therapy Centre）一群家庭治疗师的临床实践。它是一门注重短期疗效的治疗方法，聚焦于案主现已做得好的地方、问题的解决方法以及问题没有发生的时候。寻解导向疗法受建构主义的影响，认为个人通过所使用的语言建构了属于自己的现实，因此在治疗工作中，可以通过重构语言来改变现实（de Shazer and Berg，1988）。寻解导向疗法是一个聚焦优势的治疗方法，不同于聚焦问题的范式，它认为聚焦问题的叙事会限制案主，令案主以此来定义自己以及自己的生活，从而恶化案主的处境（Miller，1997）。因此，社工需要将谈话的重点聚焦于案主做什么是正确的，怎样做是可以达成未来自己想要的目标的。寻解导向疗法还相信：改变的契机一直存在；一些小的改变会带来更大的改变；案主是自己问题解决的专家。

寻解导向治疗有五个步骤：①描述问题；②制定清晰、明确的目标；③寻找例外情境；④面谈结束的回馈；⑤评估案主的改善。寻解面谈的主要辅导技术包括：询问面谈前的转变、询问例外情境、奇迹问句、刻度问句和应对问句（杨家正等，2001）。

寻解导向疗法的优点在于：①聚焦于案主的优势，利用案主的优势与资源，推动案主实现自己的目标。②它是一个增能取向的治疗方法，强调案主是自己问题的解决专家，社工是一个协助者，推动案主自己定义自己的问题，并为自己的目标负责任。③可以广泛地运用于多个领域、多种类型的案主身上，如家庭暴力施暴者、少年犯、监禁人士、危机境遇青少年、精神病人、无家可归的流浪者、酗酒人士、癌症病患及其家属等。④治疗技术富有灵活性，既可以单独使用，也可以和其他治疗方法如动机晤谈法、危机干预等其他方法整合在一起使用。它的限制在于：①过于关注寻解之道，而容易忽略问题所带来的重要信息及对案主的影响；②过于关注案主对自己问题的解决能力，容易忽略结构性层面内嵌的不平等与权力不均对案主的影响。

（五）女性主义疗法

女性主义疗法是从 20 世纪七八十年代开始发展起来的干预理论与方法。它主要从生命发展视角出发去检视男性与女性的差异，以及这些差异对女性所带来的影响，并试图通过实务工作为女性增能，让女性成为自己生命的主人。

女性主义理论最早源于中产阶级白人女性对男女性别差异以及主流话语权的反思与批判。当时在社会工作、心理学和社会学等学科领域都发生了女性主义运动，这些运动很大部分始于对助人专业中不平等治疗关系的反思，这些不平等关系尤其表现在男性治疗师与女性当事人之间。除了专业领域之外，女性主义运动还指向政治领域，一些妇女组织为了争取女性的政治权利，将妇女动员起来，致力于推动社会变革。后来，一些批评人士也指出女性主义运动反映的只是白人中产阶级妇女的诉求，忽略了妇女在种族、民族、性取向、年龄和阶层上的多元性与差异性。发展至今日，女性主义社会工作领域已经有大量的理论产生，具体来看，主要有四类女性主义理论，它们分别是自由主义女性主义、激进女性主义、马克思主义女性主义与社会主义女性主义、有色人种女性主义。这些理论都致力于推动妇女增能与性别平等，但它们在不平等的起源以及如何实现妇女增能与推动妇女解放上是有差异的。

当前许多女性主义社工不仅关注妇女问题，为妇女增能，以满足女性自身的需要，推动妇女实现自己想要的目标，还关心在环境领域取消任何形式的压迫、剥削与歧视，从而实现男性与女性在关系与权利上的平等。为了实现这些目标，在女性主义工作中，社工常使用的治疗工具或技术包括性别角色分析、性别角色干预、权力分析与权力干预、果敢训练、重构技术和增能等。

女性主义疗法的优点在于：①它致力于推动男性与女性获得平等机会与资源，是一个反压迫的理论与实务方法。②它极具包容性，可以和其他理论与方法（如认知行为疗法、寻解导向疗法、人本疗法、增能理论、危机干预等）一起来使用。在女性主义社会工作实践中，在运用多重治疗理论时，社工首先要去除治疗理论本身所带有的性别偏见。③它是一个增能取向的疗法，挑战妇女在人际关系和社会中所遭遇的不平等与压迫，致力于推动妇女在个人、人际关系与社会层面的增能。它的限制在于：①女性主义社会工作缺乏相关价值与目标的深度共识，许多女性主义的社会工作实践是相互矛盾的。②女性主义社会工作实践要求挑战男性与女性在个体层面、关系层面和社会政治层面的诸多不平等，这样的目标很难在所有的组织中得以实现。

（六）优势视角

优势视角由社会工作学者Dennis Saleebey、Charles Rapp和Ann Weick等发展而成。优势视角的提出最主要是反对社会工作实务中的问题导向介入。优势视角认为：①每一个人、群体、家庭和社区都是拥有优势的。②创伤、虐待、疾病和斗争虽然是一种伤害，但是它们也可能带来机遇。③一个人成长与改变的潜能是无限的、不可估量的，因此要重视个人、群体和社区的渴望，激活他们改变的可能性。④作为社工，应该与我们的服务对象协作。⑤每一个环境都是充满资源的。⑥关怀是人类福祉的根本（Saleebey，2009）。

优势视角认为社工和服务对象之间必须要进行协作，去评估与认定服务对象的资源，推动当事人自决与成长。Kisthardt 提出了优势视角下的六条原则，这六条原则可以运用于发展专业关系、评估优势资源以及发展干预策略。具体来看，它们是：①在助人过程中，社工应该聚焦于服务对象的优势、利益、能力、知识而非他们的缺陷、症状。当然，协助案主解决他所面临的问题是社工始终关注的重点。只是服务对象前来求助的时候，往往聚焦在自己的困境上，看不到自身的资源与能力，社工需要通过尊重、欣赏、肯定案主来带出希望、梦想与力量，推动案主做出改变与成长。②服务对象与社工之间的关系应该是合作的关系、相互支持的关系。服务对象与社工之间的权利是平等的，而非一方凌驾于另一方之上。因此，社工需要推动案主积极解决所面对的问题，而非依赖专家。③每一个人都需要为自己的复原负责任。当服务对象愿意为自己的生命负责任时，他会以更加积极的姿态进入治疗中，治疗成功的可能性也会随之增加。④人类天然地具有学习、成长与改变的能力。许多服务对象前来求助的时候，往往受困于各种被“标签化”的境遇，如结构性的压迫、贫困、身体或精神层面的残疾、污名化、歧视等。这些标签不仅限制社会相信这些受助者有改变与成长的能力，还限制受助者相信自己有改变的可能。社工需要协助服务对象去挑战这些标签所带来的负面影响。当服务对象可以突破这些标签的限制，看到自己内在改变的能力，就有机会成为一个完整的个体，以一个全新的个体去面对困境。⑤将案主从治疗办公室或者医院解放出来，在社区里开展治疗工作是可以的。这种做法针对那些患有精神疾病的案主尤其重要，可以协助他们去污名化。⑥注重从环境中去挖掘资源。即使有些环境不是很理想，但仍然可以从中找到资源。

目前，基于优势视角的干预被广泛地运用于诸多领域，如司法矫正、药物滥用、长者服务、个案管理，也运用于处理问题复杂的案主。优势视角有许多优点，其中最重要的两点在于：第一，它重申了社会工作价值理念，即重视人的尊严与价值，从而减少问题视角对个人成长与改变的可能性的遮蔽；第二，它强调社工与案主之间是一种合作关系，从而降低专业关系中的权力压迫。优势视角的限制在于它可能会对案主境遇过于乐观，导致对案主问题的忽略。

第二节　小组工作方法

在社会工作领域，小组工作被视为与个案工作、社区工作并驾齐驱的工作手法。从定义来看，小组工作是指一种工作方法，通过个人在各种社区机构的团体中，借助团体工作者的协助，引导成员在团体中互动，促使成员彼此建立关系，并以个人能力与需求为基础，获得成长的经验，旨在达成个人、团体、社区发展的目标（范克新和肖萍，2001）。

一、小组工作的历史

小组工作提供了除个案工作之外，处理人及其周围环境关系的又一介入方法，它最早可以追溯到英国维多利亚时代的睦邻友好运动，发展至今，小组工作已经被广泛地运用在针对青少年、儿童、长者、妇女、家庭、残疾人士、监禁人士等群体的服务中。在社工界，通过对实务工作的研究，许多有关小组工作的理论被创造与发展。回顾小组工作的发展历史，有三股运动对小组工作的发展产生了重要的影响，这三股运动所带来的知识推动社会工作者不断地发展与完善小组工作方法，来促进服务对象的成长与改变，它们分别是社会技术系统运动、休闲娱乐运动与团体治疗运动。

（一）社会技术系统运动

伴随第二次工业革命的不断深入，从20世纪30年代开始，社会技术研究获得发展，这些研究主要关注如何运用团体力量去改进生产力。社会技术系统运动最主要源于美国心理学家梅奥在霍桑工厂的研究，研究主要关注的是组织和生产条件对工人生产力的影响。这些研究发现使用工作组的方式可以提升工人对组织的忠诚，并可以带来更高的生产率。基于这些发现，研究者们建议在工作单位使用团体工作的方式，以降低工业生产中的非人性化对个体的消极影响。

英国塔维斯托克诊所的一个研究团队进一步扩展了霍桑研究的结论。他们主要研究如何通过团队运作来支持工人，以此来改善工作环境对工人的影响。他们发现了民主的重要性，包括工人有权利在团队中选择自己的工作、有决策的权利等，这些都可以改善工人的处境，获得更高的生产效益。塔维斯托克的研究表明了在团体协作中民主的重要性。塔维斯托克之后的一些社会技术研究主要关注团体领导力问题。

总的来看，社会技术运动对社会工作的最重要的影响在于，更进一步强调了以团体为单位，推动个人与环境和谐的重要性。社会工作者们吸收了社会技术研究的一些成果，并与社会工作的价值、方法整合在一起，这一时期的小组工作非常重视发展民主小组，以期通过小组工作来降低工业化给个人带来的非人性化影响。

（二）休闲娱乐运动

影响小组工作发展的第二股力量是休闲娱乐运动。社会工作的休闲娱乐小组最早运用在青少年身上。在一些社区，社会工作者通过小组工作的方式协助移民的青少年及其家人更好地适应美国的生活。在当时的美国，针对儿童、青少年的休闲小组活动是对教育系统的有益补充。一些研究者认为，通过小组活动方式可以解决社区层面的问题，如适应问题、资源不平问题等。

随着休闲娱乐运动的发展，一些学者如库尔特·勒温（Kurt Lewin）、格蕾丝·科伊尔（Grace Coyle）在实务工作基础上对小组动力、小组凝聚力开展了深入的研究。还有一些研究者致力于发展有效的小组介入原则和方法。这一时期的研究者与实务工作者们都非常重视扎根理论的运用，试图通过对实务工作的实证研究，发展出科学的、有效的介入理论、模式和方法。其中，最广为流行的就是 Papell 和 Rothman（1966）提出的小组工作模式，即互动模式、补救模式和社会行动模式。

（三）团体治疗运动

团体治疗运动是影响小组工作方法发展的第三股力量。团体治疗运动深受弗洛伊德精神分析理论的影响，和休闲娱乐运动注重团体整体不同，团体治疗运动更加重视对团体中个别成员的考量。弗洛伊德非常重视团体中领导者对其他成员的影响以及组员之间的交互影响。许多团体治疗师持有领导者中心取向，认为在小组中，领导者需要对成员的心理能量有很强的驾驭能力。组员和领导者之间的交互关系是团体动力分析的重点。在团体关系中，组员势必会将过往经验带进小组中，也会出现依赖领导者的情况，而事实上，领导者不可能一一实现或者满足成员的需要。这便是小组中成员改变或成长的转折点，当小组成员意识到依靠领导者没法满足自己的需要时，便可以有契机走向依靠自己，学习自力更生。

在 20 世纪 50 年代的美国社工界，团体治疗工作的加入提供了一个从团体角度切入，推动个人成长与改变的渠道。许多实务工作者致力于运用团体方法推动组员改变。Papell 和 Rothman（1980）也修正了他们的小组工作模型，将团体心理治疗与结构性小组策略增加进主流小组工作模式中。

二、小组的类型

小组工作有许多的类型，具体地来看包括康乐性小组、教育性小组、任务小组、问题解决和决策小组、焦点小组、自助小组、社会化小组、治疗小组和敏感性训练小组等

（Zastrow，2009a）。

（一）康乐性小组

康乐性小组一般分为两类，即正式的与非正式的。正式的康乐性小组以学习某一项技能为主，如绘画、篮球、足球、雕刻等，一般有教练或者导师指导。非正式的康乐性小组主要以娱乐、休闲为主，并不强调要习得某项技能，一般也没有专门的教练或导师，如图 8-1 所示。

图 8-1　广州中大社工服务中心某一社工站开展的桌游小组

在广州的一些家庭综合服务中心，桌游是儿童喜欢的康乐活动之一。社工会加入一些新的元素，在桌游活动中加强引导，以提升儿童的思维能力与人际沟通能力

（二）教育性小组

教育性小组主要是向组员教授某方面的知识或技能，如压力管理、居家安全、亲职教育、外语学习等。一般来说，教育性小组有课堂学习的氛围，讲者要熟悉某一个领域的专业知识，组员之间有充分的互动与讨论。

（三）任务小组

任务小组成立的目标主要是为了完成某一项任务或者工作，当目标实现，小组就会解散。例如，某一社区中心在暑期组织妇女义工组成巡逻队，在社区的河流附近定时巡逻，对社区儿童及其家人开展暑期安全宣传与教育工作。当暑期结束，这一妇女暑期安全巡逻队的任务完成，小组也结束了。

（四）问题解决和决策小组

问题解决和决策小组的参与者在小组过程中都有自己的利益，通过小组过程中的讨论与协商，来获得共识，从而推动问题解决。通常在此类小组中，都有一个正式的领导者，由他来推动小组的过程。例如，有一个高中的学生宿舍经常发生舍友冲突事件，学校社工针对此现象，专门开展了一个处理舍友人际关系的小组，邀请常发生人际冲突的宿舍参加，由社工带领学生一起讨论、设计与执行“舍友关系改善计划”。

（五）焦点小组

焦点小组成立一般是为了讨论一个特定的问题或议题，过程中需要有一个导师主持，以确保对话集中在小组议题上。焦点小组的参与者有时候需要经过特定的挑选，有不同的立场或者意见，组员们在一起常需要经历多次头脑风暴，以获得关于某一问题或议题的充分信息。例如，某社区要进行旧楼电梯改造，社区中心的社工组织居民参加焦点小组，以获得充分的关于电梯改造的信息。

（六）自助小组

自助小组常是一个自愿性的小组，由有类似经历的人士组成，组员们走在一起，彼此分享经验，相互支持，克服困境，达成个人或社会的改变。自助小组能为组员提供情感支持，并建立起社会支持的网络。例如，社区中一些全职太太组成了“靓妈互助组”，一起分享育儿经验，探讨家庭教育方式，提供儿童照顾的支持。

（七）社会化小组

社会化小组的主要目标在于培养组员为社会所接受的某一种态度或是行为。社会化小组常包括发展社交技能、增强自信心、为未来作计划等内容。社工在社会化小组中常扮演领导者角色，来推动组员成长与改变，如图 8-2 所示。

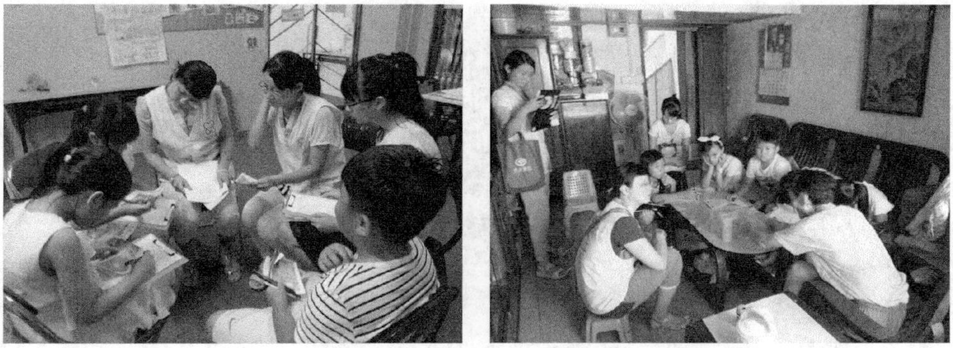

图 8-2　广州市心乐园社会工作服务中心开展的针对青少年的社会化小组

社工通过带领青少年学习人际沟通技巧、采访技巧，投身到社区历史文化的探寻中，以提升他们的社区认同感与归属感

（八）治疗小组

治疗小组的成员常有较为严重的情绪、行为和个人问题。社工在带领此类小组时，需要具备较强的辅导能力，在小组中致力于营造建设性的氛围，协助组员深入地探索自己的问题，并发展策略来解决问题。

（九）敏感性训练小组

敏感性训练小组主要关注的是组员对自我与人际关系的觉察，而不是在于解决组员的心理问题。敏感性训练小组假设，当组员对自我与人际关系有更多觉察的时候，态度与行为的改变就有可能发生。这类小组一般由 10~20 人组成，通过讨论、体验式活动去推动组员之间彼此影响，以期让组员对自己及他人的感受与行为有更多的觉察与认识。

三、小组工作的一般过程

小组工作的一般过程可以包括准备阶段、评估与计划阶段、实施阶段、结束阶段。

（一）准备阶段

准备阶段是小组工作的开始阶段。在这个阶段有几个问题是社工需要考虑的。

（1）小组的目的。社工需要考虑因应什么样的问题，需要开展小组工作。小组的目的是什么，大致要达成一个什么样的目标？对这些问题的考量，有助于社工更加准确地筛选合适的组员，设计切合组员需要的服务计划。

（2）小组的规模。小组的规模会影响参与者的满意度、互动情况以及每个参与者的收获。小组需要因应小组性质与目标维持在一个合适的规模，这样一方面既可以保持组员之间的亲密感，确保每个人都可以有所参与，另一方面可以使组员自由地去表达与呈现。

（3）小组的开放性程度。小组工作过程中是否允许旧成员退出，是否允许新成员加入，还是维持小组成员不变直至小组结束？开放性小组在小组工作过程中允许组员自由进去，新进的组员可以给小组带来不同的观点，但也会挑战老组员所建立起来的小组规则与组员之间的信任感，对小组的安全感构成威胁。封闭性小组由于有相对稳定的组员，运作起来的效率会更高，但一些不成熟的组员也会对小组带来破坏。

（4）小组的周期。每节小组的时间也是社工需要考虑的。一般来说，一节小组维持在 1~2 小时是比较合适的。少于 1 小时，常使得组员没有足够的时间讨论或处理重点议题。超过 2 小时，也会使组员感到乏味、难以集中精力。

除了上述考量因素之外，在开始阶段，社工还需要开展招募工作。社工需要与潜在的组员接触，建立关系，评估最有可能在小组中获益与获益最大的组员，邀请他们参加小组。在招募与筛选过程中，社工需要考虑组员的基本特征如年龄、性别、受教育程度、心理与行为状况等，综合评估拟邀请者之间的共性与差异性，以便选择最合适的参加者。

（二）评估与计划阶段

在准备工作开展的基础上，社工需要做更深入的评估，并制订详细的小组工作计划。小组计划的内容常包括小组的缘由与理念、小组目标、组员构成与基本信息、小组特征、具体活动与目标、所需资源、可能出现的困难与应对计划、预算与评估方法等。

（三）实施阶段

实施阶段是小组正式开展与执行阶段。关于小组的发展阶段，不同的学者有不同的观点。例如，加兰（Garland）等将小组发展的过程分为热身阶段、权力与控制阶段、亲密阶段、分化阶段与分离阶段；塔克曼（Tuckman）将小组发展分为形成阶段、震荡阶段、执行阶段与解散阶段；诺森（Northen）等将小组发展分为内敛阶段、不确定阶段、成熟阶段与分离阶段。不论是何种分类，小组组员在小组过程中都经历了一个从陌生到熟悉再到分离的过程，在这个过程里，社工运用组员间所形成的小组动力，推动组员完成小组目标，以获得个人成长与改变。

（四）结束阶段

小组结束阶段的主要工作是评估。当然评估工作实际上是贯穿整个小组工作过程的。这一阶段评估工作的重点在于检讨小组整体与个别组员的目标达成情况，检视影响小组目标达成的各种因素，未来工作的改善建议以及小组结束后的后续跟进计划。

第三节 社区工作方法

社会工作强调“人在环境中”，如果说个案工作和小组工作分别从个体和群体层面介入去提升个人福利，那么社区工作注重的是社区层面的介入和干预。所谓社区社会工作是运用专业性知识与技术，以社区和社区居民为服务对象，以预防和解决社会问题为目标，以社区发展和社会进步为宗旨，以培养和发扬社区居民互助精神为追求，调动和利用社区资源，积极参与社区建设和管理，提升社区福利水平，促进社区发展的过程。

一、社区工作的历史

（一）慈善组织会社与睦邻友好运动

社区社会工作的实践最早可以追溯到19世纪的慈善组织运动和睦邻友好运动。这一时期的社区工作主要关注社区中的弱势群体和社会排斥问题。当时美国的慈善事业主要致力于减少贫困。许多私人的福利机构成立，提供基金和服务给有需要的人。为了避免同一个服务对象及其家庭出现服务重叠情况，慈善组织会社被建立起来，负责协调服务资源的分配，发挥各种服务资源的最大效用。另外，睦邻友好运动的改革者们，如汤恩比馆的牧师巴聂特、赫尔馆的亚当斯，开展了一系列的社会服务，帮助社区中有需要的人，如穷人、病人、失业者。改革者们还鼓励社区居民行动起来，通过集体行动来改善生存条件。

1908年美国社区福利委员会成立，它延续了慈善组织会社的功能，是民间组织的协调机构。时至今日，这些社区福利委员会依然发挥着计划、协调服务资源，避免资源重叠与浪费，建立行业服务标准，提升行业效率与诚信的职能。1920年左右社区基金（现又称“公益基金”）成立，为志愿组织募集经费开展服务。

（二）民权运动的影响

受20世纪60年代民权运动的影响，社工从生态视角出发，强调发展推动社区改变的服务计划，以增进社会公平。随着福利国家的发展，社会福利体系的日益完善，社区工作不再仅限于在社区中开展针对穷人、失业者等弱势群体的具体服务，而是从一个更大的社会福利体系来考虑社区服务，如从儿童福利体系、司法体系出发去考量福利服务的传递与发展，重视运用支持网络来为社区居民提供社会支持、增能，提升社会服务效益。社区工作者相信如果社区中的组织、机构能够良好运作，发挥最大效益，对组织成员负责任，那么社区居民必定可以更加健康与幸福。也正是在这样的背景下，社区组织、社区发展、社会计划与社会行动成为社区社会工作的重点。研究者指出，社区工作发展至今有几个领域问题是需要关注的：①邻里关系和社区动员；②社区组织与管理；③社区社会发展与经济发展；④社会规划与发展；⑤活动推行与组织联络；⑥政治与社会行动；⑦组织联合与维系；⑧社会运动。

二、社区工作的模式

社区工作发展至今，有许多种工作模式，其中，杰克·罗福曼（Jack Rothman）和约翰·特罗普曼（John Tropman）的社区工作模式分类被视为经典。他们将社区工作模式分为地区发展模式、社会计划模式和社会行动模式（Zastrow，2009b）。这些模式被视为社区工作实践的理想类型。在实际工作中，社区工作的形式往往综合了上述三个模式的特点或者某两个模式的特点。

（一）地区发展模式

地区发展模式也叫社区发展模式。这一模式将目标群体视为公民，认为社区要获得改变，需要社区居民的广泛参与。社工运用这一模式开展工作时，常需要动员社区中的不同群体，尤其是弱势群体和权力机构，一起来讨论问题，寻找解决方法。这个工作模式强调通过民主程序来达成一致的认识，注重志愿合作与对本地居民的能力培养，通过自助、互助方式解决社区问题。地区发展模式认为人们有利他主义的倾向，愿意放下自己的私利，以达成集体利益和目标。于是，社区不同利益群体之间的矛盾是可以通过沟通、协商来处理的。在地区发展模式中，社工常扮演使能者、分析者、协调者和教育者等角色。

（二）社会计划模式

社会计划模式将目标群体视为消费者，认为工业化社会中的社区问题是极其复杂的，需要专业人士通过技术过程来解决。这一模式采取的是收集事实、解决问题的策略，执行者是专家。这些专家一般受聘于专业机构，如社区的社会服务单位、政府规划部门和其他专业机构等。专业人士的主要工作包括收集信息、分析数据、设计社区改造计划、执行和评估等。专业人士通过认定社区问题，安排与传递社区公共产品和服务来满足社区居民的需要。

这一模式在当前的社会工作实践中广泛地为社工所用。在这一模式中，社工往往是社会问题的解决专家，针对社区面临的社会问题，通过开展系统化的服务协助居民改善境遇。例如，在一些快速城市化的社区，儿童保护问题比较凸显。社工根据社区儿童养育与儿童照顾状况开展了针对“事实孤儿”的儿童保护项目，为辖区内面临身体虐待、情感虐待、疏忽照顾、性侵犯等问题的儿童及其家庭提供一系列的社区支持服务。图 8-3 展示了广州市新家园社会工作服务中心在佛山市里水镇开展的儿童保护工作，社工通过一系列的社区宣传教育活动，动员社区居民关注儿童虐待议题，提升社区居民的儿童保护意识，营造关爱儿童的社区氛围。

图 8-3　广州市新家园社会工作服务中心在佛山市里水镇开展的儿童保护工作

（三）社会行动模式

社会行动模式将目标群体视为受害者，认为社区中存在不平等的权力关系，有弱势群体存在，社会不公平是社区的主要问题。这一模式的行动策略将社区中的弱势群体组织起来，有必要的时候可以和其他的群体联合，向权力机关或群体施加压力，以推进社会公平与正义。社会行动模式致力于推动机构的变革或者是政策的改变。它的目标是促使资源和权力可以重新分配。在社会行动模式中，社工的角色包括倡导者、鼓动者、活动家、经济人和谈判专家等。

三、社会工作者眼中的社区

对于社会工作者而言，对社区的理解与把握是有效社区干预的先决条件。至今为止，有关社区的定义，学者们有诸多不同的理解。例如，沃伦（Warren，1978）认为社区是一个社会组织，它包括了学校、商店、医院、住宅及其他公共设施，供人们日常生活所用。芬林（Fellin）将社区视为：“由人群组成的社会单元，其中人们有共享的地理空间、利益、文化与活动。”他将社区分为三个维度：一个满足人们需要的地理位置，一种社会互动的模式以及给予个人自我认同与归属感的符号认同（Fellin，2008）。

在社会工作者眼中，人们通过参与社区生活来建立自我认同感。社区不仅是服务对象的生活环境，影响了服务对象的思维与行动，还为服务对象及其家庭提供基本经济、情感和社会支持。社区也有可能会对个人和家庭带来排斥与压迫。总的来看，社区是一个社会系统或者社会单元，它的主要功能与满足人们在当地的基本生活需要有关。一个社区的基本功能包括了生产、分配与消费功能，社会化功能，社会控制功能，社会参与功能，支持、防御功能与沟通功能。若社区的这些功能可以良好运作，那么社区可以较好地满足居民的需要；反之，社区功能失调，则意味着居民的需求得不到有效的回应。

除了从功能角度来理解社区之外，对于社工而言，还需要从社区共同价值观、社区权力结构来理解社区。社工需要将社区视为一个社区居民所持有的共同信仰与价值观的系统。社工需要关注一个社区当中居民普遍持有的价值取向。如果说，社区中的居民持有多元化的价值取向，那么社区的分化程度就高。此外，社工还需要将社区视为一个政治领域，社工需要关心社区不同群体间的权力分布状况，需要帮助弱势的群体发声与增能。

当前从全球范围来看，人们的生活环境发生了许多变化，科学技术的发展给人们生活带来便利的同时，也在影响着人们的生活形态。社区不再像过去传统社会一样成为人们情感联结的共同体，社区对个人的支持作用在减弱。一些批判主义取向的研究者指出，社区社会工作的实践越来越少地从当地文化出发，去洞察当前政治权利结构对弱势群体的影响，为弱势群体发声。有研究者指出，无论是社会工作的研究者还是实务工作者，都需要去检视不断变化的政治、经济与社会环境对社区及其弱势社群的影响，从而去发展新的理论与实务干预模式（Weil and Gamble，2010）。

对于社会工作者而言，以社区为单位开展工作，是社会工作作为一门专业实践推进社会公平与社会正义价值观的重要途径。要推进社会公平与正义意味着社会工作者需要处理有关人们日常生活的政治、经济、社会和公民权等领域的问题。要实现社会公义，社会工作者需要在人权平等、分配公平、机会平等与民主参与等方面开展工作，需要协助服务对象与社区通过建立资源和发展社会权力与政治权力来实现境遇的改善。

社区社会工作带有社会变革的色彩。社工可以通过发展、组织、计划和行动四个重要阶段来推进社会变革（Weil，2005）。在社区工作实务中，社工需要和不同的群体、不同的社区组织一起去开展工作，以推进资源的平等分配，扩大居民民主参与的机会，改善居民生活的质量，推动机会平等。社工的工作可以是针对社区某一具体问题的社区行动计划，也可以是改善社区弱势社群境遇的政策倡导工作。

四、社区工作的一般过程

社区工作是一个解决社区问题，满足居民需求的过程。社区工作的一般过程包括准备阶段、计划阶段、执行阶段和结束与评估阶段。

（一）准备阶段

每一个社区都有其独特的文化、地理位置、人口构成及资源情况，也有其特有的问题与需要。社工在社区工作准备阶段的首要任务就是要对社区进行科学的调查，获得有关社区基本情况与基本需要的充分信息，也就是说需要对社区进行评估。

社区评估是社区社会工作的关键一环，社区实践不同，所需要的资料收集、社区动员过程与评估方法就会有所不同。社区社会工作的目标在于推动社区的变革，社区评估提供了考察社区变化的框架。评估所搜集的信息帮助社工了解和把握社区中哪些问题亟须解决，提供何种服务才能较好地满足目标群体的需要。

社区评估常被视为社区研究或社区分析。有学者总结了社区评估中常用的研究方法：①实地研究，这是有关社区的初始研究，常通过非正式访谈、观察法等去搜集有关社区基本概貌、文化、资源等资料；②社区权力结构研究，这种研究常将现在搜集到的社区资料与过往累积的社区资料进行对比，以分析社区权力分布及变化；③社区分析研究，这类研究常运用访谈、观察法收集社区资料，并将现有的一手资料与有关社区的二手资料进行比较分析，以获得有关社区整体情况的信息；④问题与服务研究，这类研究主要是社区服务使用者与服务提供者调查，以了解社区服务供给情况，如有可能，也会参考过往的社区服务数据（Hardcastle et al.，2011）。

到目前为止，社区评估有许多不同的模型，社工可以根据社区的特点与需要来选择不同的评估模型。Warren（1978）根据社区居民的身份认同、互动情况及其与社区内外的联结程度，将社区分为六种类型：①整体式社区，这类社区居民对社区有很高的归属感与认同感，居民互动密切，社区与外界也有很好的联系。这类社区属于资源丰富、适应性强的社区。②教区式社区，这类社区居民对社区同样有很高的归属感与认同感，居民互动也很密切，只是社区相对封闭，与外界联系较少。③扩散式社区，这类社区居民往往有类似的生活方式，常见于现代社会的城市商品房小区。④短暂式社区，这类社区居民对社区缺乏归属感，与邻里的互动也极少，居民从社区中获得的支持较少，常常从社区之外的家庭、朋辈处获得支持，常见于城市的城中村社区。⑤拼凑式社区，这类社区居民对社区的归属感不高，邻里互动不多，社区作为整体与更大社区中的政治、经济、文化资源的联结很少，属于资源匮乏、能力较低的社区。⑥失范式社区，这类社区非常松散，居民多是被主流社会所排斥或遗忘的人士，很多人自行其是，彼此之间鲜有往来，整个社区与外界的联系也很少。

在社区评估模型上，不同学者持不同的取向，例如，Hepworth 和 Larsen（1993）指出评估需要考虑以下四个重要问题：①社区问题的实质是什么。②受问题影响群体的应对能力如何。③可供使用的资源有哪些。④社区中人们解决问题的动机如何。Jeffries（1996）认为，社工需要在社区评估中完成以下工作：①确定社区需要改变的方向与程度；②确定社区中可供使用的资源；③分析与把握社区中主张变革的群体和阻挠变革的群体；④了解社区中强有力的决策制定者；⑤进一步明确社区的界限以及确定为了实现改变需要采取的行动。Netting 等（2008）提出社区评估需要完成以下步骤：第一步是掌握社区人口分布，了解目标群体的特征，评估目标群体的需要、资源、能力以及社区资产；第二步是确定社区的边界，掌握社区的基本特征、社区少数族群情况、社区问题及其演变历史，社区的核心价值体系；第三步是识别社区的差异性，包括社区不同群体之间的差异以及维持差异的机制或者结构；第四步是识别社区结构、组织，与社区权力机构、可获得的正式的与非正式的资源；第五步是检视社区中的社会服务传递体系和机制，了解资源控制与分配的形式、社会福利服务供给情况；第六步是检视社区中正式的社会支持系统与非正式社会系统之间的关系。

在社区社会工作中有许多不同的社区评估模式，社工可以依据社区的具体情况来选择评估策略。不管运用何种策略，社工都需要从“人在环境中”去考虑社区及其与不同社区群体间的互动，从社区发展的历史脉络中来把握社区的当前情况，并通过评估框架去把握社区结构及改变的方向。

（二）计划阶段

在获得有关社区的全面信息之后，社区工作进入计划阶段。在这一阶段，社工需要根据准备阶段所收集到的信息制订社区为本的社会计划。一般来说，这个阶段包括四个步骤：①认定社区需求；②发展可供选择的解决方案；③制订详细的执行计划；④计划结束与评估。现在社区工作者越来越强调对社区计划的评估考核，在制订计划阶段便需要发展出具体的、可供测量的指标，这些指标可以通过定量的或定性的技术加以量度，以监控服务的发展与结果。

（三）执行阶段

执行阶段的工作目标就是推动行动计划目标的实现。在这个过程中，社工会运用多种方法或策略来开展工作，如社区教育、开展互助合作、推动成立居民小组、社区活动、拓展与整合资源等。社工在执行阶段会扮演诸多角色，如组织者、教师、教练、倡导者、协调者、经纪人、沟通者、协商者、研究者、促进者等。

（四）结束与评估阶段

在这个阶段，社工的主要任务是评估社区计划的目标达成情况，对社区计划开展过程进行总结，决定未来工作的方向。在这个过程中所使用的评估方法包括过程评估、成果评估和效益评估。过程评估强调的是对有关工作过程，包括投入的人力、物力、财力资源的评价，以及各阶段进展情况的评估，以此来了解工作过程的进展情况。成果评估强调的是考察工作成果在多大程度上回应了预定的计划目标。效益评估强调的是服务的成本收益分析，关注所取得的成果与所付出的成本之间的比重，以此来厘定社会服务的成效。

参 考 文 献

范克新，肖萍. 2001. 团体社会工作. 北京：社会科学文献出版社.

潘淑满. 1999. 社会个案工作. 台北：心理出版社股份有限公司.

隋玉杰. 2007. 个案工作. 北京：中国人民大学出版社.

杨家正，游达裕，梁玉麒. 2001. 解困之道：寻解面谈应用手册及个案汇编. 香港：香港大学出版社.

扎斯特罗 C H，金格里奇 W J，小赫尔 G H. 2005. 社会工作实务：应用与提高. 第七版. 晏凤鸣译. 北京：中国人民大学出版社.

周沛. 2002. 社区社会工作. 北京：社会科学文献出版社.

de Shazer S，Berg I K. 1988. Constructing solutions. Family Therapy Networker，12：42-43.

Eaton Y M，Roberts A R. 2009. Frontline crisis intervention//Corcoran K，Roberts A R. Social Worker's Desk Reference. 2nd ed. New York：Oxford University Press.

Fellin D. 2008. Understanding American communities//Rothman J，Erlich J L，Tropman J E. Strategies of Community Intervention. 7th ed. Itasca：Peacock.

Hamilton G. 1951. Theory and Practice of Social Case Work. 2nd ed. New York：Columbia University Press.

Hardcastle D A，Powers P R，Wenocur S. 2011. Community Practice Theories and Skills for Social Workers. New York：Oxford University Press.

Hepworth D H，Larsen J A. 1993. Direct Social Work Practice. Pacific Grove：Brooks/Cole.

Hepworth D H，Rooney R H, Rooney G D. 2010. Direct Social Work Practice：Theory and Skills. 8th ed. Belmont：Brooks/Cole.

Hollis F. 1964. Casework：A Psychosoial Therapy. New York：Random House.

Hollis F. 1972. Casework：A Psychosoial Therapy. 2nd ed. New York：Random House.

Howe D. 2009. A Brief Introduction to Social Work Theory. Basingstoke：Palgrave Macmillan.

Jeffries A. 1996. Modeling community work：an analytic framework for practice. Journal of Community

Practice，3（3/4）：101-125.

Miller G. 1997. Becoming Miracle Worker：Language and Meaning in Brief Therapy. Hawthorn：Aldine de Gruyter.

Netting F E，Kettner P M，Mcmurtry S L. 2008. Social Work Macro Practice. 4th ed. New York：Pearson.

Papell C P，Rothman B. 1966. Social group work models：possession and heritage. Journal of Education for Social Work，2：66-77.

Papell C P，Rothman B. 1980. Relating the mainstream model to social work with groups to group psychotherapy and the structured approach. Social Work with Groups，3：5-22.

Reid W J，Epstein L. 1972. Task-Centered Casework. New York：Columbia University Press.

Richmond M E. 1922. What is Social Case Work? A Introductory Description. New York：Russell Sage Foundation.

Roberts A R. 2005. Crisis Intervention Handbook：Assessment，Treatment，and Research. 3rd ed. New York：Oxford University Press.

Saleebey D. 2009. Introduction：power in people//Saleebey D. The Strengths Perspective in Social Work Practice. 5th ed. Boston：Allyn and Bacon.

Warren R B，Warren D I. 1977. The Neighborhood Organizer's Handbook. Notre Dame：University of Notre Dame Press.

Warren R L. 1978. The Community in America. 3rd ed. Chicago：Rand McNally.

Weil M. 2005. The Handbook of Community Practice. Thousand Oaks：Sage.

Weil M，Gamble D. 2010. Community Practice Skills：Local to Global Perspectives. Thousand Oaks：Sage.

Zastrow C H. 2009a. Social Work with Groups：A Comprehensive Workbook. 7th ed. Belmont：Brooks/Cole.

Zastrow C H. 2009b. Introduction to Social Work and Social Welfare：Empowering People. 10th ed. Belmont:Brooks/Cole.

第九章

社会工作方法：间接服务的视角①

社会工作在其百余年专业化进程中，不仅使用个案工作、小组工作和社区工作等直接服务方法，而且形成了社会工作咨询、社会工作行政、社会政策和社会工作研究等间接服务方法。这些间接服务的社会工作方法，仍以社会工作理论和价值为基础，在实务中提供社会服务。

第一节　社会工作咨询

社会工作咨询是社会工作间接服务的一种方法。它服务于案主、社会工作者和其他公众，是通过建立助人关系，帮助咨询者获取、加工和传递相关问题的有效信息，为其寻找问题所在及解决问题的行动策略而提供的间接服务。

一、社会工作咨询的概念与类别

咨询原指顾问、商榷、参谋之意。咨询的过程实质上就是信息的获取、加工和传递的过程。随着近年来知识分化、信息发展、职业分立的变化，咨询随之分化出知识咨询、管理咨询、心理咨询、战略咨询等分支领域。这些领域，是围绕咨询内核基础上的内容拓展，即围绕相关事务的信息获取、加工和传递。

---

① 本章编写者刘勤，广东海洋大学政治与行政学院社会学系博士、副教授、硕士生导师、系主任，入选广东省高等学校优秀青年教师培养对象，兼中国社会学会理事、广东省社会学学会副秘书长等职。主要研究乡村治理、农村社会学等，出版著作两部，发表论文四十余篇，如《麻风康复村的社会回归与社会工作介入分析》《社会流动视角下的城市底层生存与低保制度调适——基于湛江的实证调查分析》《农村低保实践的偏差与规范——基于陕南丘村的个案分析》《老年协会建设与创新农村社区管理研究》《社会风险视角下的农村土地流转及其制度建构》等。

如此，咨询并不是一种遥不可及的神秘领域。它是普通人在日常生活中经常发生的倾听、分析、提供助人解困信息的一种常见现象，虽然专业领域咨询和咨询工作经验掩盖了普通人咨询的常态。当然，这并不是讲，每个人在倾听倾诉后都能提供有效信息。经过专门训练和有相关工作从业经验的受咨询者能够提供更为准确有效的信息供给、问题诊断和建议对策。

社会工作咨询是社会工作者利用社会工作专业技术，围绕社会服务相关知识和经验等信息的获取、加工、整理、分析和传递，向咨询者提供方案、策略、建议、措施等的服务活动。它的工作领域涉及社会工作相关的主体，包括对案主、社会工作者、其他社会公众等围绕其所面临的各种困难和问题。

通过社会工作咨询，社会工作者为服务对象，如孤独老人、穷困失业者、伤残者、精神病者、越轨行为者及其亲属等提供咨询，帮助了解相关社会政策，指导他们如何获得相关申请和服务，了解获得救济或援助的项目、性质和数量等；指导服务对象理顺相关关系，包括对服务接受条件、接受频次、接受程度、接受数量等问题给予专业指导；提供服务对象的社会关系，如家属、亲友、社区邻里等，围绕服务对象的具体问题给予如何处置的专业意见，指导他们具体行动策略和步骤，舒缓焦虑、不适等心理压力；等等。

通过社会工作咨询，社会工作者为从业者在具体实务开展中遇到的不同困难和问题提供专门的知识和技术，帮助其获得这些实务的知识、技术，助力其解决难题，提高其专业服务的质量，为社工实务者提供有效的帮助。例如，儿童福利工作人员向心理卫生社会工作人员咨询，高级社工师向初级、中级社工师或者刚介入社工的人员提供职业咨询等。

通过社会工作咨询，社会工作者也为其他社会公众提供相关领域的知识和技术，帮助这些人群分析其所遭遇的情景、可能存在的偏见、寻找解决的策略、选择行动的方案等。这些人群中，有些面临困境，需要社工介入；有些存在偏见，可以咨询纠正；有些补充知识，可以更好地服务；等等。

借助社会工作咨询，社会工作者加强了自身专业技术能力，改进了其在解决工作问题中的态度、认知和行为。社会工作咨询需要经过专业技术训练、拥有较高专业技术水平、相关领域知识经验丰富、熟悉相关社会政策和技术技能、能发挥引导和启发作用的专业人士。

二、社工咨询如何实现间接服务

秉持助人自助的理念，首先社会工作咨询是一种活动。社会工作者与咨询者（案主）在咨询过程中建立起一种安全感。咨询者能开放自己，回归以往经验。社会工作者协助咨询者对其需要做的决定、计划和适应等做出解释，实现咨询者的强者自立。咨询过程中，社会工作者着眼于帮助咨询者认清问题，而非直接包办、帮助咨询者解决各种问题，故是一种间接的助人自助活动。

进行社会工作咨询时，受咨询者强调尊重咨询者（案主）。咨询者不是病人，而是遇到困难暂时无法解决的人。通常在咨询前，社会工作者并不清楚咨询者所希望获得的知识和信息。所以在双方接触时，社会工作者需要和咨询者建立起良好的工作关系。一旦建立此种关系，社会工作者便可以获得咨询者就关涉问题的想法和感觉，以及其是否有改变现状、解决问题的动机和愿付出努力的大小。这是社会工作咨询时决定咨询的实际效果的关键因素。

建立关系时，咨询者会过高估计面临的困难，需要受咨询者在仔细倾听过程中，帮助咨询者更好地认识问题、发掘问题。这一过程可能不是一次访谈完成，但对受咨询者而言，需要在每次访谈时都有明确的有限目标。然后，社会工作者才可能帮助咨询者寻找解决和确立行动的策略，最终与咨询者一起完成。在这点上，社会工作咨询是帮助咨询者寻找问题解答的途径和行动，而非亲力亲为。

其次，社会工作咨询是一种职业。这和社会工作、咨询行业的发展分化密切相关。此前的社会工作咨询多被视为指导、教育、信息供给的一种方式，而非一种专门职业。20 世纪社会工作和咨询业的独立与职业进程、社会工作咨询等开始被社会接受，成为社会工作职业化中的一部分，并获得发展。社会变迁对人群造成的影响远非单一领域所能缓解，这为社会工作咨询快速扩展提供了机会。社会工作又和心理学有着直接的关联，个案工作中许多技巧直接借鉴了心理学的成果。在美国，心理学在军队和工厂获得了广泛使用，也推动了社会工作咨询的职业进程。

作为职业，社会工作咨询的实施可以是专门的、独立的咨询机构，也可以是附属、从属于相关社会服务机构。独立设计的社会工作咨询机构，为咨询者低价或无偿服务，提供其所需的有关信息，指导其办理相关手续，协助处理相关事宜。附属于相关社会服务机构的社会工作咨询，通常由针对性较强的专门人士负责解答咨询。围绕问题解决的行动者，依旧还是咨询者。

社会工作咨询的完成，需要社会工作者进行有效总结，直面此次咨询是否达到了提供有效信息、帮助咨询者解决问题的目标，帮助咨询者解决问题是否还需要进一步的咨询，此次咨询中社工有何访谈经验和技能的增长，此次咨询中社会工作者有何缺陷和不足。咨询总结将有效地提升咨询活动的效力和水平。

第二节　社会工作行政

从社会工作的发展历程看，社会工作行政一直伴随而行。它被视为一种间接服务的社会工作方法之一，源于社会工作发展历程中对直接服务方法的总结与反思。其被认可为社会工作方法领域的时间较晚，但一经认可，快速地成为社会工作理论和实务中不可或缺的组成部分，发挥着重要的功能。

一、社会工作行政的源流与概念

社会工作行政由 social work administration 翻译而来，是一个舶来词。它又被称为社会福利行政（social welfare administration）或社会行政（social administration）。称谓多

样已经显示它是一个不同地区、不同学人有不同理解和关注的概念。

社会工作行政随社会工作实务内容与认知的发展转型而变。早期的社会工作以个案工作为主。政府在自由市场理念下的有限资源和慈善会社小型规模的助人活动，尚可依靠兼职人员点对点的实施救困。故此，社会工作实务和教育培训重视个案工作，期待使用这一“核心技术”将有限资源进行福利转换，实现社会工作的专业助人。实践中，社工实务者们逐渐发现专注于个案工作等往往不足以应对群体和组织的工作需要。

20 世纪 30 年代，西方世界的经济大危机导致了大量面临失业、贫困、疾病的人群并由此引发安全等社会问题。为了应对和消解社会问题，在美国，政府全面介入危机。美国设立了联邦紧急救济总署，出台公共救助制度，创立了各级公共福利部门，产生了大量从事计划、组织、执行、评估等工作的社会服务人员需求。

这对社会工作行政成为社会工作的间接服务方法之一起到了重要的推动作用。现实需求提出和要求社会工作者不仅是实务工作者,还可以是并且应当是社会工作的组织者、领导者和执行者。基于此阶段的大量实践，美国社会工作者认识到社会工作行政的重要性，认为如果仅仅停留在对个别人的救助而忽视通过立法、设置特定组织和机构、争取政府预算等方式，社会工作只有零星的、有限的、缺乏整体效应的效果。

社会工作行政在美国获得认可，并在 20 世纪 60~70 年代受到重视。社会工作行政被视为社会工作的行政管理领域。例如，1995 年美国出版的《社会工作辞典》中将其定义为：“负有行政责任的人所采用的方法，包括确定一个社会福利机构或其他单位的组织目标，获取行动方案的资源并进行分配，协调达成选定目标的工作，对工作程序和结构进行监控、评估，并进行必要的调整以提高绩效。”（陈为雷，2010）其重心指向福利服务的组织运行过程的管理而非执行。

中国学者对社会工作行政的理解和界定受欧美社会工作行政的双重影响，出现侧重执行和管理的不同主张。中国台湾的白秀雄（1981）认为，社会工作行政依照当前社会的需要和状况，从事有关社会福利的各项措施及活动；目的在于发挥政府社会福利的功能及完成国家福利工作的责任，以保障人民的生存权、工作权和财产权。

王思斌（2004）进行了综合，认为社会工作行政是一种间接社会工作，是政府社会福利部门或社会服务机构根据社会福利的政策、立法或决策，按照一定程序将之转化为实际服务。作为一个由诸多策略合成的过程，社会工作行政旨在保证政策对象的福利权利，发挥社会福利的功能。

结合社会工作行政的源流和相关分析，社会工作行政的经验实为对社会服务的管理，既包括政府部门的社会福利管理，也包括非政府机构的社会服务管理。无论是政府部门还是非政府机构，都表现出作为组织如何供给社会福利的一般性组织特征。鉴于此，社会工作行政可以定义为它是社会工作间接服务的方法之一，是福利组织应用管理程序和技术，有效地为需求者供给福利服务的组织运行。

二、社会工作行政的功能与职责

社会工作行政的基本功能是其随社会工作诞生时就有，并随社会工作行政所处的客观环境或面临的主要任务的变化而变化。它具有组织整合、效率追求、需求满足、目标实现的基本功能，并在服务社群的过程中产生了应对挑战、完善制度、协商矛盾等拓展功能。

（1）实现组织整合的功能。社会工作行政是调整福利组织内部不同构成要素之间的关系，使之达到有序化、统一化、整体化的过程，具体表现在福利组织的各种规章制度（包括正式的和非正式的）对工作人员的规制，从而使政府或非政府的福利组织成员的活动互相配合、步调一致。通过组织的形式，统一行政人员的认识，使组织成员的活动由无序变为有序，把分散的成员个体行为黏合为一个强大的集体行动，把有限的个体力量变为强大的集体合力。

（2）实现效率追求的功能。社会工作行政不是资源配置下谋求利润和控制价格的企业组织，其行动关注于社会服务的分配和供给，使之满足社会公众的需要，这是市场或小群体无法供给的服务。市场并非唯一有效的服务配置和供给主体，并且在特定时空条件下，市场供给社会服务呈现低效率、无效率，福利组织却显得有效率和高效率。这也是为什么福利组织存在并供给社会服务的缘由。福利组织是和谐社会的重要组成，社会工作行政通过高效的运作和科学的管理方式，提高福利组织运行的效率，作为方法以保证社会服务的有效配置和供给。

（3）满足成员需求的功能。社会工作行政是政府或非政府组织适应供给社会服务创立的工作方式，由福利组织内部成员操作。内部成员通过行政工作，完成社会服务供给，实现自己的人生价值，满足自身的劳动、成就、归属、自尊、情感等需要。福利组织是其成员实现个体需要的具体时空。

（4）实现服务供给的目标。社会服务的配置和供给是福利组织的灵魂，是衡量福利组织行动效益与效率的标准，为有需求者获得所需提供了特殊的平台。政府福利组织通过其严格的规章制度、稳定的地位角色和内部权威，以及科学的管理方式，保证社会服务的配置和供给目标的顺利实现。非政府的福利组织通过弹性的规章制度、初步的分工合作、扁平化的组织运转也实现着社会服务的配置和供给目标。

（5）应对供给挑战的功能。工业化、城市化和市场化的快速推进，对社会工作行政人员和社会服务的需求者提出了多方面的挑战。社会工作行政人员需直面现代生活，获取超出常规序列的知识。他们需要更多关于人群行为和需求的知识，对人群需要的多样性和多面性保持敏锐的洞察能力。同时，对社会服务有需求的人群，在变动社会中需要获得前所未有的精神定位和社会定位，即学会在复杂的社会环境中选择恰当的价值观和人生态度，在某些传统的社会等次序列被打破的同时，形成合理的社会定位概念，有效地建立起促进个人发展的精神背景和自我引导机制。社会工作行政正是重建新型引导体系的有效路径。

（6）完善供给制度的功能。福利组织是为有需求群体实现有效社会服务的组织，需要维持组织成员之间、组织与需求者之间、需求者之间的秩序互动关系，可以有对互动关系的基本规范的追求，适应各种变相的制度完善。福利组织与需求者由于各自的目标、需要、利益等方面得以实现或满足的程度和方式存在着事实上的差异性，需要建章立制，梳理运转的正确与错误的标准，规范和程序地化解各种冲突和矛盾。社会工作行政具有供给服务的规范和程序的功能。

（7）协商各类矛盾的功能。不同的福利组织是社会服务和人群分化的结果。在高度组织化和机制化的时代，各种社会服务的需求者可以通过谈判来解决互相之间的各种矛盾和问题。社会工作行政可以调解需求者间的矛盾。同时，福利组织内部的组织运行也存在成员间、部门间的矛盾，需要进行充分的沟通、协调和协商。社会工作行政能够充当组织运行的润滑剂。有效发挥和充分调动福利组织的积极性、主动性和创造性，有效地配置有限的资源，实现社会服务的最大和有效供给。

三、社会工作行政的潜在局限

社会工作行政所具有的功能与职责是实务和研究者津津乐道的地方，但其所具有的潜在局限尚未引起足够的重视。这些潜在局限包括社会工作行政的组织成本、有限理性、目标替代、激励机制等。如若控制不当，将深远影响社会工作行政的运行。

（一）组织成本是社会工作行政最常见的忽视领域

成本收益分析是经济学的一种分析范式，分析社会工作行政的绩效是一个很实用的方法，但甚为少见。因为在大多数的实务和研究者看来，社会工作行政关心的是服务的分配和供给，而非利润和价格，很难进行量化控制、目标管理等。但是，即使是社会工作行政，也不得不面对资源的稀缺和有限问题。以往的社会工作行政缺少效益概念，组织成本可以纠正过去无成本运行的理念。

社会工作行政的成本可以分为两大类，即协调和激励。行政运行需要协调，不同的福利组织活动、不同的协调方式有不同的协调成本。同时，如何使社会工作行政人员恪守承诺，按照福利组织的要求行动，就出现了激励成本。社会工作行政成本的存在，是福利组织功能实现的潜在局限之一。如何测量、控制社会工作行政成本是尚未引起重视的命题。

（二）有限理性是社会工作行政运行的另一潜在局限

社会工作行政的有限理性在于行政人员的行为是有意识的、理性的，但这种理性又是有限的。无论是社会工作行政的方案策划、人力组织、效能发挥，还是评估总结等环节，都处于有限理性状态下。现有的社会工作行政实务和研究尚信心满满地进行各种程序制定。问题是，社会工作行政的部分情节是复杂、不确定的情况，越是沉入社会服务需求者的基层行政，不确定性就越大，信息就越不完全。社会工作行政人员对情况的计算和认知能力是有限的。由于社会工作行政对信息加工的有限能力，社会工作行政的决策、执行皆为相对理性或有限理性。

进一步讲，社会工作行政一旦运行，就有内在的行动逻辑，通过整合内外资源、提升声誉等维持其存在和发展。它表现出对已有信息渠道和经验系统的依赖，进而制约获取新信息和新观念的能力。这种状况在社会工作行政的运行中还将形成既定的利益分配格局，影响其功能的实现。有限理性的潜在局限，挑战了现有的社会工作行政的基本模式。将有限理性纳入社会工作行政的视野，能够拉近理论研究与现实生活的距离，更有效地认识社会工作行政及其当代生活的功能与意义。

（三）目标替代的潜在局限将影响社会工作行政的功能实现

社会工作行政的目标替代是指福利组织的精英追求个人利益，以个人利益替换社会工作行政的服务目标，导致福利组织内部的分化。韦伯（1998）认为科层制组织的重要特点是按照明确的目标进行组织设计。但在实践中，很多组织的目标在组织演化过程中都被替代了。无论是政党、专业组织还是其他团体，这种倾向都比较明显。

这提示，社会工作行政可以通过提高效率来造福有需求者，但常常也会出现很多意想不到的弊端，这也是福利组织运行需要解决的问题。研究社会工作行政的运行特点，保障其有效供给社会服务的基本目标，探讨行政的合作和替代形式，成为社会工作行政实务的重要命题。

（四）激励不足的潜在局限影响社会工作行政的运行

社会工作行政的激励是调动行政人员的积极性的过程，使社会工作行政从整体上获得强的凝聚力和活力，以及在供给社会服务的目标方向上获得行政人员高的工作热情及积极性，由此获得高的经营或服务绩效水平。

相比其他的行业职业，社会工作行政人员与社工实务者相似，其职业倦怠和专业耗竭较强。他们要长期面对各种弱势群体、解决各种复杂问题，工作强度大、压力高。长期的这种工作环境，导致他们无法舒缓而形成一种情感、态度和行为衰竭的状态。需要社会工作行政本身预防为主、防治结合。社会工作行政怎样解决激励、舒缓压力问题，分析尚少。一方面在于社会工作行政的内部运作资料较少，另一方面在于社会工作行政是一个较新的领域。

四、社会工作行政的发展趋向

社会工作行政的存在方式和发展前景依赖于服务对象的需求状况，其形式与结构也需适应外部宏观社会发展的状况而不断变革。随着工业化、城市化进程得加快，大量的社会问题出现并日趋复杂和深化，已非家庭、邻里、社区和地方性团体能单独处置，需要政府宏观的介入和解决。适应计划、系统和专业的发展趋向，社会工作行政根据环境状况，将加以调适和重构，形成新型行政结构和关系，完善行政的各项功能。

（一）社会工作行政的结构扁平化趋势

传统的社会工作行政结构表现为一种等级鲜明的“金字塔”式的结构。这种结构导致了行政过程中的横向联系不足、运行成本上升、解决问题上移、行政消极无为等现象，最终影响了社会服务供给这一最根本的目标实现。

进入强调效率和责信的年代，社会工作行政需要调整纵向的科层结构。扁平化，就是通过破除社会工作行政自上而下的垂直高耸的结构，减少管理层次，增加管理幅度，增强横向关联，裁减冗员来建立一种紧凑的横向结构，达到使社会工作行政变得灵活、敏捷、富有柔性和创造性的目的。它强调系统整体、管理层次的简化、管理幅度的增加与分权。

随着网络技术的发展，社会工作行政内部的信息和壁垒逐步被打破。行政过程中，成员在平等的基础上收集信息，进行对话和交流，确立职责与权限，回应相应的服务供给。横向的行政过程，将行政成本得以有效地降低，将有限的资源回应相关的社会问题，并在对应层级上解决相关问题。

（二）社会工作行政的权力分散化趋势

随着有需求者的整体变化，政府组织在履行社会工作行政时要求既能集中化又能分散化，这就决定了社会工作行政外部和内部的相对集中或分散。鉴于长期以来政府组织的集中趋势，面对分散化的需求，更需要适度的分散。

社会工作行政的相对分散，表现为政府福利组织内部的中央与地方之间的分散，如民生项目的管理权、地方社会政策的制定权等，在保证中央政府的宏观调控能力基础上，使地方有更大的自主权，使基层组织充满活力，应对各种突变和适应各种变化。

社会工作行政的权力分散，将影响福利组织内部部门的功能调整。在福利组织内部，随着行政结构的扁平化，管理人员将减少，管理幅度将增大，管理的功能将相对集中，决策、执行等行政过程更多地依赖组织成员自己做出。

随着互联网技术的迅速发展，社会工作行政也将出现虚拟方式。这种行政通过互联网等技术手段把社会工作行政人员和实务工作者联合在一起，形成群体认同，可以为完成社会服务供给的目标而协同。这种服务方式可能并不长久，为完成服务供给可以“集中兵力”，“战斗”结束后就分开。

（三）社会工作行政的介入主动化趋势

早期社会工作行政的介入，有消极被动地补充家族、社区和市场等功能缺位的措施。顺应时代变迁，越来越多的领域，如教育、就业、住宅等被视为造成贫困等社会问题的深层原因，要求政府和非政府组织能够有效地提供社会服务，提供发展的平等机会。社会工作行政随着政府进行社会管理，注重“民生工程”的进程，开始变消极性的救济措施为主动性的制度措施，力图创造平等的发展机会。

社会工作行政的主动介入强调从事后补救转向事前预防。曾经的社会工作行政往往是出现问题，解决问题，充当的是灭火者角色。正是这种状况，让社会工作行政朝向预警预防的方面发展。社会工作行政人员开始注意问题预防，出现问题能够预警反馈，转向了事前预防，为社会工作行政的主动权限提供了基本依据。

（四）社会工作行政的联系弹性化趋势

周期长的行政联系会导致僵化而引起很多问题。社会工作行政的联系变动与否，在于行政过程中各部门之间、福利组织与外部环境之间的变化是否需要联系更新。政府的福利组织规模较大，社会工作行政行动僵硬，对外部环境变化的反应较为迟钝。欧美国家倡导的社会工作行政，提倡减少政府的直接服务，鼓励福利服务民间化、市场化、私营化。经过多年发展，其社会服务形成了公共服务与私人服务、政府服务与民间服务、志愿服务与营利服务相互交织、相互补充的格局。

这种自我更新可以适应外界环境的变化，减少社会工作行政剧烈变化所引起的变动不适等。在未来的知识经济社会里，科技迅猛发展，新产品不断问世，社会工作行政必须灵活敏捷地根据外部环境的变化，对行政结构做出调整，重新配置人员。弹性化已成为必然，这也使社会工作行政在形式上更具有多样性。

第三节　社会政策

社会政策源于国家应对所处历史进程中的社会问题，有其具体所关注的内容目标。工业化和城市化进程中，如何帮助生计困难的人群摆脱窘境成为社会发展的主要问题之一。社会政策也就与社会工作有着根源联系，成为社会工作间接服务的一种方法。

一、作为实践活动的社会政策

社会政策既是一个实践活动领域又是一个学术研究领域。作为实践活动领域，社会政策应对特定时空的社会问题。不同时空的人群面临不同的社会问题，相应的社会政策实施也随之发生改变。作为学术研究领域，社会政策是多学科的交叉领域。它的问题意识发轫于经济学，实施操作有政治学、管理学的支撑，价值观则更多地来自社会学。

作为实践活动领域，社会政策应对特定时空的社会问题。这些社会问题与人群所处的生存环境密切相关，可以划分为对人群的个人安康、社会平等、社会机制、生活质量等方面的挑战。

个人安康的挑战涉及人群生活中维持社会稳定的有关问题，包括人群对各自生活方式和娱乐活动的选择，以及这些选择如何形成了社会问题。社会的反应是将其中一些选择贴上越轨行为标签，并试图加以控制，将一些选择指定为破坏性形成，会对社会造成恐惧、损害或潜在损害，进而降低人群的安全和幸福感。

社会平等的挑战涉及平等理想与不平等现实之间的距离问题。违背人群期待，剥夺生活机会等不平等形式，在公众意识到有必要加以纠正时，就从社会条件转变为社会问题。社会政策力求缓解如贫困、性别等不为现代社会所容的不平等现象。

社会机制的挑战涉及规范行为的期望和价值之间的冲突问题。过去和现在的所有社会，都试图通过有组织的信仰和行为模式——社会机制——来满足基本的社会需求。社会机制使人群生活沉淀和习得了一系列稳定的价值规范、身份角色以及处理日常生活需求和问题的参与团体。如果社会机制只是有益于社会中的某一群体，或者失去效力，社会稳定就将受到威胁，生活幸福感将降低，从而加剧社会变迁中的阵痛。

生活质量的挑战涉及一些因素的变动引发的整个社会变革的问题，如移民模式、技术进步、政府决策等都将影响到每一个体的生活。其中，一些变化是社会的技术发展的后果，如声呐、气象卫星、卫星定位等的发明，增加了海洋渔业的捕捞量和安全，却也加剧了渔业资源的“公地灾难”。即使有益的社会变革也会产生一定的负作用，或是损害了人们的生活，或是解决旧问题时又产生了新的问题。

回应社会问题，相关的社会政策就呼之欲出。围绕着社会问题的应对和解答，不同国家与之相对应的社会政策制定、实施、评估、完善程度差别甚大，甚至存在社会政策的“缺位”现象。

二、作为学术研究的社会政策

作为学术研究领域，社会政策是工业时代的产物。1873 年，德国一批经济学教授为研究处于市场经济初期德国的社会矛盾，发起成立了社会政策学会。华格纳最早将用立法和行政手段调节财产所得和劳动所得之间分配不均称为社会政策（曾繁正，1998）。市场机制带来巨大的财富增长，也形成了从资源占有到财富分配的巨大不公。整个社会日益分裂为对抗的两级社会。有鉴于此，应合理地配置资源和财富，使贫困者也能分享增长的社会财富，阻止因分配不均发生社会断裂的理念产生。

学界对社会政策的密切关注，始于第二次世界大战后欧洲福利国家的建构。福利国家的建成，意味着社会政策需要研究如何增进公民福利的问题。马歇尔解释社会政策是涉及向公民提供服务或收入的行动，对公民的福利有直接的影响。其核心由社会保险、公共救助、健康和福利服务、住房政策等组成（Marshall，1965）。

由于西欧国家历史、经济、文化及社会条件等存在显著差异，就有了各自不同的针对具体政策的地域研究，如社会政策研究最初的侧重在于社会行政——社会工作与行政管理如何提供社会服务，针对的是专门从事福利供给、管理和执行的人员。

福利国家的实践对社会政策的研究提出了越来越多的要求。政府机制成为重要的再分配社会财富的方式，但在回应社会问题时遭遇到失效，使得对新机制的认识发生转变。20 世纪 70 年代中后期的高失业和高通胀并发，使福利国家的高福利政策陷入困境。这种状况，使得以社会工作和行政管理为主导的社会政策研究遭遇到理论挑战。社会福利体系为何遭遇危机？何种福利政策适应社会需求？意识形态如何影响福利政策走向？这些挑战需要社会政策研究者予以回答。

新自由主义思潮席卷西方国家，批评社会政策介入过多导致了政府失败，主张回归市场。研究者认为社会政策应关注某种共同的人类需求和问题。Titmuss（1968）认为社会政策有差异显著的三类内容，即社会福利、财政福利和职业福利。社会政策研究关注的是对一系列社会需求，以及稀缺条件下人类组织满足这些需求的功能的研究。人类组织的这种功能传统上称为社会服务或社会福利制度。社会生活的这个复杂的领域处于所谓的自由市场、价格机制、利益标准之外。

这一时期，社会政策研究从体现政府意志逐渐朝向更准确地反映民意转化，探索和解释国家权力为何及如何影响各种类型的财政、福利和环境的分配，阐释不同社会群体的资源、地位及权利的配置问题。

20 世纪 90 年代以来，社会政策研究进一步深化，从关注经济资源分配转向社会关系（地位及权利）分配，认为正是社会关系分配影响了社会部门（家庭、学校、社会福利、教育、社区等）与经济部门（市场）之间的关系。社会政策是政府的行为，还是不同社群社会资源及关系分配的结果。因此，社会政策在政府与市场之间选择的二元思维不适用了。

就 20 世纪 90 年代以来的发展趋势看，社会政策的行动和研究领域在扩大，涉及社会服务领域的政策及管理实践（包括保障、医疗、教育、就业、社区照顾等）、各种社会问题（包括越轨、残疾、失业、老龄等），以及社会弱势群体（包括种族、性别、贫困等）。社会政策的行动和研究，突出关注了贫困者和无权者，强调社会责任，注重社会整合、阻止疏离，认识到社会政策有着比社会福利方案宽泛得多的特征。

社会政策的行动和研究主体也在多元化。基于国家—市场对立的反思，社会政策的行动和研究主体，探讨着国家—市场的结合（准市场、公司合营、合作等），加强了各种社会组织在保障和救助过程中的功能，形成了包括国际的、国家的、地方社群等多元主体在内的围绕物质生活、社会关系、社会参与、精神需求等多方面的多元化供给。

三、社会政策何以关联社工服务

社会工作是以专业伦理、技术和方法为有需要的人群，特别是底层民众提供社会福利服务的活动。从社会工作发展的历程看，民间和政府的社会服务与社会政策的联系有一定差异。但在现代社会，专业社会服务即社会工作，与社会政策有直接、紧密和全面的联系，尤其是大多数社会服务机构的经费来源于政府财政支持时。

现今，社会工作的职业属性，使其对社会政策比较敏感；社会工作的专业活动，使其对社会政策比较熟悉；社会工作的服务供给，使其较多触及社会政策的组织实施。由此，社会政策实现了社会工作的间接服务。

（一）社会工作参与社会政策的制定

源于职业属性，社会工作接近民众、了解民意，尤其知晓易受忽视的底层社会需求。追求社会公正中，社会工作能以优先次序将事关底层群体的政策咨询提供给相关机构，间接参与社会政策的制定；社会工作所形成的团体、机构和动员的社会力量能够形成一定的压力集团，间接参与社会政策的制定；社会工作通过参政渠道，或直接进入政府社会政策部门，或成为影响行政的立法、司法部门成员，直接参与社会政策的制定。

（二）社会工作落实社会政策的实施

社会工作无疑是福利国家社会政策的实施中的重要组成部分。社会工作的从业机构和从业人员秉持助人自助的价值观念，使用专业的工作方法，为社会政策的实施发挥着无可替代的功能。社会工作者是社会政策的实施转化者，将社会政策转化为社会服务。这一过程，社会工作以其个案、小组、社区工作等，为社会政策实施提供了可能。其中有些领域如民政、疏导等，社会工作可以提供直接服务，有些领域如社会保障、医疗卫生、劳动就业、教育发展等，社会工作可以提供间接服务，从而将社会政策予以落实实施。

（三）社会工作支持社会政策的评估

在一定政治和组织环境下系统地调查致力于解决社会问题的社会政策，越来越成为一种必需的社会交代。运用社会研究程序，社会政策的目标、设计、实施、影响和绩效的评估，是向受其影响的个人、群体和组织提供服务有效性的一种说明。社会工作以其理念和行动，针对有需要的群体，特别是社会底层，改良其生存条件，改善其生活状况。

社会工作对社会政策的目标指向群体掌握有更为确切的信息，更为准确地理解和分析现行社会政策的目标、设计、实施等环节中的偏离，从而对社会政策本身进行科学、有效的评估。

（四）社会工作完善社会政策的调整

任何一项社会政策都是为了解决既定环境和背景下的具体问题而制定和实施的。在实施过程中，由于发挥条件或客观环境的变化，社会政策为保障实施的科学有效，需要依据新的环境和条件，对原有社会政策做出部分或整体的调整。同时，社会政策的制定和实施者对社会政策的瞄准、功能、环境的认知不断提升和统一时，需要对原有的社会政策加以纠正、补充、更新，使之更加完善。社会工作者和机构对社会政策的调整，能够在具体经验中把握社会政策的主体客体关系、多种社会政策的相互关系，使社会政策有序地运行，并根据实施前、实施中和实施后的具体经验，对社会政策的下一步任务、目标进行修订，使其顺利地进入下一个阶段。

四、社会工作调适本土社会政策

社会政策有其历史的延续，是历史的产物。现今的社会政策的权利义务规定、部门权限划分、组织行政实施等设置，都有着其历史的延续和响应。本土的社会政策在其历史演进中，有残补主义社会政策的模式安排，强调家族、社区和市场的互助满足，体现政府的最小和临时补充作用。历经从公平到发展，再到民生的不同演化导向（黄晨熹，2008），社会政策依然深受本土资源的影响。

中国目前的经济发展与发达国家相比尚有较大距离，且财政能力不足以支撑福利国家政策。现阶段，中国初步形成了市场经济体制，尚不够纯熟地利用市场配置资源。这就形成了本土的社会政策较难实施反市场运作方式予以供给，只能针对市场化过程中具体的形成问题诊断和解决。

中国的社会发育有限，尚未形成有力的社会组织。社会组织的缺失，淡化了社会政策的多元主体，无法协助国家落实社会政策。这就形成了本土的社会政策在现阶段仍旧是以政府为主的“单中心”供给。面对利益分化和多元诉求，政府的行政和支撑能力有限，实施面向所有人的社会政策很难。

政府的社会管理本身，尚未形成成熟的官僚体制。社会政策的制定、实施、调整等，深受官僚体制传统的影响。既有传统国家中央集权的遗留，也有集体主义新传统的积淀。在20世纪90年代确立了市场与权力、中央与地方等新配置格局后，新的世纪，行政科层化的治理改革得以实行，产生了从总体性支配转向技术化治理的转变（渠敬东等，2009）。在此背景下，社会政策在政府内部的层级权力、部门利益、经验理解和技术治理之间纠结，让社会政策更多地向底层群体而非社会中的强势群体敞开有一定难度。

中国的社会政策实施尚处于专业化和科学化的初期阶段。整体性社会阶段（孙立平等，1994），国家几乎垄断了包括生存物资、发展机会、信息沟通等全部重要的资源。社会政策出台实施是以行政设计的单位体制为依托，由政府行政实施，是带有较强行政性或政治性的助人工作。社会政策具有行政性、非专业化特征，即社会政策的实施是行政性的和政治性的，其方法是非专业的（王思斌，1995）。改革开放以来，特别是最近数年，中国的社会政策转向注重民生，形成了社会政策专业化和科学化的强大诉求和推动力量。

拥有本土资源的社会政策随着社会巨变将有较快的发展。与此相适应，社会工作需要既适应社会政策的本土特质，又需要适应社会变迁下的社会政策。社会工作不仅关注底层的基本的物质生活需求保障，而且关注包括社会关系、社会参与、精神需求等多方面的基本需求的满足。它不仅关注对底层的收入维持、经济保障，而且越来越关注社会内部以及社会与其他社会形态间的社会公平、社会整合、社会合作等。

社会政策是社会工作的间接服务的方法之一，在走向科学化、专业化和职业化的道路上努力地探索着。社会工作要更好地实现和提升其效能，不能盲目地复制发达国家和地区的社会工作间接服务的经验。这容易削足适履，并制造出社会工作发展的环境和政策屏障。社会工作需要调整适应本土的社会政策，注重与社会政策的联系，自下而上地适应、影响社会政策。

社会工作需要进一步地熟悉、研究社会政策。这包括面对问题中心的多元融合，深入社会政策的内部视角，深化底层人群的对象研究，探索政策调控的手段机制。社会政策对于社会工作来说，是一个既熟悉又陌生的领域。其熟悉来自于社会工作的经验支撑，其陌生来自于社会工作的研究匮乏。尽管政策部门陆续出台了许多影响底层生计生活的具体政策，具体实务的社会工作以及随之而来的分散干预需要引起重视。

社会工作需要在承接社会福利的传输和社会政策的制定、实施、调整等环节中，凭借社会工作的专业性、科学性，参与社会政策的实践过程，加强本土社会政策的过程研究，提升社会工作的政策融合，与社会政策发生良性互动。社会工作的实务开展，需要科学的社会政策研究，以应对错综复杂的环境，理性分析和处置各种矛盾，从而推动中国社会事业和社会工作的发展。

第四节 社会工作研究

重视实务的社会工作需要坚实的研究支持。社会工作研究是社工实务中发展起来的新领域，并逐渐引起重视和探讨，以期完善专业的实践。近年来，中国内地的社会工作在良好宏观环境和政策支持下有较快发展。与此同时，社会工作研究范围不断拓展，内容不断延伸，水平不断提升，但尚有较大的可提升空间。

一、社会工作研究的概念与内容

什么是社会工作研究？界定这一概念，需要充分考虑研究者、研究对象和研究工具等要素。研究工具方面，当前的研究者倾向于相信社会科学在方法上具有相通性，可以采用一般性的社会研究方法研究具体领域的具体问题。因此，界定学科研究很难以单一的研究工具为标准，还需要研究对象和研究内容为辅助。

现有的研究者有大致两种角度理解社会工作研究。一种将其理解为对社会工作的研究，即将社会工作本身作为研究对象的研究。另一种将其理解成为社会工作的研究，即针对社会工作专业的本质，为了发展社会工作而从事的研究工作。两者差异在于社会工作研究的对象范围不同。

社会工作研究，作为对象明确的社会研究的分支，是社会工作实务经验的理论化和科学化总结，即应用社会科学方法对社会工作的计划目标、服务程式和实施效力等进行客观的描述、准确的分析和科学的阐释，达到社会工作服务目的的工作。

因此，社会工作研究虽然不直接服务于案主，但可以通过改善社会工作本身，实现其间接服务，是社会工作间接服务的方法之一。它在社会工作专业体系中处于指导地位，指引社会工作理论、实务、人才培养等工作，具体而言，包括以下两个方面内容：一为社会工作与外部环境关系的研究，二为社会工作内部的运作研究。

社会工作与外部环境的关系密切。这在中国内地社会工作的建立和拓展中尤为显著。2006 年开始，人事部、民政部联合发布了文件将社会工作者纳入专业技术人员范畴。中国共产党第十六届六中全会通过的《关于构建社会主义和谐社会若干重大问题的决定》，明确提出“建设宏大的社会工作人才队伍”。

宏观环境和政策的变动，促使社会工作进入发展的快车道。指向如何与外部环境互动的社会工作研究应以社会调查为基础，适时、系统、全面、客观地关注其发展的现实政策、社会法规等，探讨社会工作如何适应和变革外部环境的问题。

社会工作内部的运作是社会工作研究的重点，这包括社会工作理论、实务和教育等内容。社会工作的理论研究关注西方社会工作理论的发展脉络、主要流派，探究这些理论主张的本土土壤和资源，从而积淀产生出本土的社会工作理论。社会工作的实务研究主要关注社会工作的操作经验的总结提升，探究在需求评估、方案开发和方案评估等环节的技术，形成可供传递的经验积累。实务研究的视角包括个案、小组、社区、社工行政等（表 9-1）。社会工作的教育研究探究在职业化背景下社会工作教育面临的培养方案、培养定位、教学模式、实践训练等各种问题及其可行的解决之道。

表 9-1　2006 年 1 月~2013 年 12 月，《社会工作》杂志刊登的社会工作领域论文简表

研究视角	个案工作	小组工作	社区工作	社工行政	社工督导	社工咨询	社工研究
发文数（比例）	66（17.4%）	30（7.9%）	20（5.3%）	38（10.%）	4（1.1%）	16（4.2%）	132（34.7%）

资料来源：朱桦（2014）

这些研究相互支撑、协同前行。社会工作的理论研究能够在服务供给过程中得以验证，又可以在实践中推进社会工作理论的提升。社会工作的教育研究则在理论传递和经验掌握过程中，对教育本身形成研究推进的积累。这对于推动社会工作理论与实践的发展都有着重要的意义。

二、社会工作研究的程序与步骤

社会工作研究，有着一般社会科学研究的特性。作为一门专业化的学科，社会工作遵循一般社会科学研究的基本程序，即决定观察、认知的对象或事物；形成观察、认知对象的问题或现象；进行问题或现象的概念化、操作化；进行资料和线索的搜集、分析；寻求问题或现象的解释和因素；验证解释和因素是否成立。具体到社会工作研究而言，包含以下的一些程序和步骤。

（一）准备阶段

这包括设定研究主题、设立理论框架、确定研究方法等。设定研究主题，是任何研究的起点，社会工作研究也不例外。研究主题可以是社会工作理论和实务过程中直面的问题，也可以是社会工作教育和发展的规律探寻。一般而言，研究主题无论是基础性、应用性还是前瞻性的分析，都需要有一定的研究意义，对研究主体而言需要有研究的可行性。

设立理论框架，是在必要的研究梳理基础上进行的研究框架。社会工作研究的启动较迟，但进展迅速，在各个分支领域已经积累了一定的文献资料。研究者基于对设定研究主题的文献掌握和梳理，才能进一步地确立其现有研究的积淀和不足，可以在不足中将主题推向前进的进路。

选择研究方法，是在研究主题和研究框架的文献分析基础上，提出推进主题研究工作的方法选择。这包括质性方法和量化方法两大类，究竟选择何类方法，需要根据其是否契合研究主题所需而定。当前，实务社会工作者的研究在推进时常出现对概念的恐惧、对方法的迷惑和对统计资料的畏惧等现象（王红和祝西冰，2009）。研究者或强调个案经验的激烈，或从宏观上进行质性分析，都需要有支撑的中层和宏观分析，以有效开展社工研究。

（二）调查阶段

调查阶段就是进行观测，搜集原始资料。不同的研究方法强调的操作程序有较大差异。质性研究的调查阶段强调详细的调查记录，采用观察法和深度访谈方法，并采用民族志、口述史、扎根等方式保证所收集资料的信度。量化研究的调查阶段强调在熟悉调查对象情况下，围绕研究假设设计相关问卷，经过试调查修改后发放问卷获得调查对象的情况，并以此为分析基础。

无论是实证主义、诠释主义还是批判主义的调查实施，调查目标瞄准的皆为准确、客观和完整地收集资料，并在已有资料基础上系统化、条理化整理，为科学、准确的分析打下基础。

（三）分析阶段

资料处理与分析是调查阶段的后续工作，通常包括资料审核与修正。依托不同的方法，进行分析。质性研究方法，强调对案主的深入情景的认知、情感、意志和行动的理解，诠释其意义层面的因果关系。量化研究方法，强调利用统计软件，对问卷答案分类编码、数据录入后进行统计，呈现描述性计量和分析性研究。

社会工作研究强调研究对象的精确性、研究结论的普适性和推广性，但社会工作研究的实务层面注重案主改善、非标准化和普适性，以及强烈的人文关怀等，容易产生分析和实务之间较大的距离鸿沟，需要予以调适，最终推行相应实务或工作改进。

（四）总结阶段

社会工作研究的最后阶段为总结阶段，需要根据资料分析后逐步上升到理论，提炼规律，形成结论或理论观点。这隐含着是否证实前人研究成果及可拓展的研究。此外，社会工作研究期待能够通过相关研究对社工实务进行科学预测，提供问题解决的对策建议等。总结阶段最终生成研究报告，以书面形式介绍研究问题、方法、过程、结果和建议。

三、社会工作研究的现状与未来

社会工作研究源于西方国家遭遇现代性挑战时的社会底层研究，主要关注犯罪、贫民、娼妓、残疾等群体的心理、卫生、环境、越轨等问题。随着现代性的深入，工业化、城市化的普及，社会工作研究转向了种族、贫穷、精神卫生、老幼等人群的社会行政和社会政策分析。

中国的社会工作研究起步较晚。一些学者将20世纪二三十年代国民党统治区域内知识界改造农村愚、贫、弱、私，推行社会教育、社会调查研究，以及解放区内为社会改造而进行的社会认知也视为社会工作研究。但从社会工作专业的产生和发展来看，中国的社会工作研究在80年代后期随着社会工作教育的推行才快速推进。

社会工作研究者已经开展了一些开创性的研究工作，呈现了一批原创性的研究成果。社会工作研究的发展已有20余年，较为全面和系统地引入了西方社会工作研究的理论和方法。国内的社会工作研究者在2000年后开始注意西方社会工作理论的本土适应，提出社会工作研究本土化的问题，即社会工作研究是研究本国的社会工作问的主张，探究如何为本国的服务对象提供更好的帮助的研究。

围绕本土化，社会工作研究在社会工作政策、社会工作理论、社会工作实务和社会工作教育等方面全面展开了本土化的探索。例如，王思斌对“中国社会的求—助关系”的分析，童敏从社会工作实习和督导的层面探讨实务，范冰围绕“增权”理论的本土阐释和精神病患者的社区康复研究等。这些探索将泛泛而谈的本土化落在了专业内容之基上。

即使如此，社会工作研究尚有较大的拓展空间。社会工作研究的深度和系统性方面比较匮乏；社会工作研究的能力和方法尚有较大提升空间；社会工作的学科独立性仍在探索中；社会工作的实务研究有待进一步总结经验；社会工作研究的内容尚有多元扩充的领域；社会工作教育研究尚在探索之中，缺少多元的系统模式；等等（范明林和徐迎春，2007）。

中国社会在快速转型，给社会工作研究提供了危机与挑战。依赖于西方社会工作理论指引的社会工作，如何更好地为中国社会有需求者提供有效的服务，是社会工作研究面临的任务。社会工作研究深入中国社会转型变迁的情景，提供适合本土的社会工作介入，指导社会工作实务操作，使人们有更佳的社会适应，将是社会工作研究的基本使命。

参 考 文 献

白秀雄. 1981. 社会福利行政. 台北：三民书局.

陈为雷. 2010. 社会工作行政. 北京：中国社会出版社.

范明林，徐迎春. 2007. 中国社会政策和社会工作研究：本土化和专业化. 社会，（2）：119-132.

黄晨熹. 2008. 社会政策. 上海：华东理工大学出版社.

渠敬东，周飞舟，应星. 2009. 从总体支配到技术治理——基于中国30年改革经验的社会学分析. 中国社会科学，（2）：104-127.

孙立平，王汉生，王思斌，等. 1994. 改革以来中国社会结构的变迁. 中国社会科学，（2）：47-57.

王红，祝西冰. 2009. 社会工作研究中质化方法的选择、执行与评估. 社会工作，（9）：12.

王思斌. 1995. 中国社会工作的经验与发展. 中国社会科学，（2）：97-106.

王思斌. 2004. 社会工作导论. 北京：高等教育出版社.

韦伯. 1998. 经济与社会. 林荣远译. 北京：商务印书馆.

曾繁正. 1998. 西方国家法律制度社会政策及立法. 北京：红旗出版社.

朱桦. 2014. 新时代的社会工作研究——基于2007~2013年《社会工作》杂志的内容分析. 社会工作,（2）：144-150.

Marshall T H. 1965. Social Policy. London：Hutchinson University Press.

Titmuss R M. 1968. Commitment to Welfare. London：Allen and Unwin Press.

第十章

社会工作实务过程[①]

通过前几章的学习，读者已经掌握了什么是社会工作，并能认识到影响社会工作实践的诸多重要因素。然而，如果把某人放入一个真正的家庭综合服务中心工作，他可能会不知所措。因为在现阶段，他只掌握了社会工作的性质，还不知道助人的一般过程。为了能直接处理服务对象的需要与问题，他还必须了解如何“做”社会工作的“通用过程模式”（the general process model）。

第一节　社会工作实务通用过程模式

“通用过程模式”是对社会工作实务一般过程的总结概括，作为一个整合的工作取向，它适用于个人、家庭、群体、组织与社区，并为社会工作者提供了基本的助人知识、技巧与程序。虽然不能说通用过程模式是最佳模式，但它为社会工作者建立良好的知识结构奠定了基础。

一、什么是通用过程模式

对于社会工作者而言，行动即助人，不同的学者也提出了不同的助人模式。例如，勒温（Kurt Lewin）把助人过程描述为解冻、活动、冻结三部分，平卡斯（Pincus）与米

---

① 本章编写者李晓凤，深圳大学心理与社会学院博士、教授、社会工作专业硕士生导师，深圳大学 MSW 教育中心主任、关爱指数研究中心主任，兼任武汉大学心理学硕士生导师，同时担任广东省民政厅“社会工作专业人才队伍建设专家委员会”委员、广东省社会工作教育与实务协会副会长、广东省社会学会常务理事、深圳市政府社会建设组专家等 10 多种学术或社会职务。已主持课题 25 项，发表论文 72 篇，出版著作 33 部，获学术奖励 19 项及“广东省优秀社工导师”等荣誉称号。具有丰富的社会工作实务经验，担任过 10 多家社会服务机构的督导与顾问，参与社区服务中心与公益项目运营 18 个。

纳罕（Minahan）把助人过程分为接触、订立契约与结案三个阶段，舒曼（Shulman）则把不同的助人阶段描述为初步接触、开始接案、落实工作与终结（秦炳杰等，2002）。但是，社会工作实务通用过程模式则超越了每个单个服务对象及其问题，强调一种适用于帮助各种服务对象与解决各种问题的、具有普遍性的工作过程与方法。从这个意义上看，社会工作实务通用过程模式是对“社会工作实务通用过程与方法”的提炼与概括，也意味着适用于帮助各种服务对象与解决各种问题的社会工作的步骤、过程与方法是“通用的”。

无数的社会工作实践经验表明，无论是帮助有困难、有需要的个人，还是协助家庭、群体、组织或者社区解决问题，其工作的方法、过程都不是杂乱无章的，而是一个逻辑上具有前后次序、彼此连贯、有步骤、结构化的过程，并且每一个工作阶段都有必须完成的重要任务，而通用过程模式便采纳了这一观点。所谓“通用的”，是因为它吸取了各种助人模式中可以识别出来的普遍的、最共同的因素，如助人的条件、资源、方法、技巧、过程等；同时，像其他模式一样，这一模式承认助人是一个过程，由朝向一些既定目标的系统化的系列行动组成。

简言之，社会工作实务通用过程模式的含义有以下四点：①通用过程模式是用来协助个人、家庭、群体、组织和社区的基本程序和方法；②它是对助人行动的基本程序和方法的概括；③认为社会工作的助人过程具有稳定性和规范性；④它在助人过程中形成的系统的助人方法和行动，为社会工作价值、知识和技巧的运用提供了一个框架。如此，在这个模式的指导下，社会工作者能够将其运用于个案工作、小组工作与社区工作的助人活动中，设计出更恰当的介入方案，得到解决问题的最佳办法，达到事半功倍的助人效果。

二、通用过程模式的理论依据

从理论假设看，通用过程模式以一套整合的理论知识为基础，包括整合了社会与行为科学理论，大量的与生物、社会、心理、文化系统有关的学科领域知识，以及“如何推动或阻碍人们获得最佳健康与福祉”的有关经济影响力的理论等。上述知识构成了通用过程模式的重要理论基础，也为社会工作实务过程提供了一套方法、技巧及指引。

（一）人类行为与社会环境

在社会工作发展的历史中，对社会问题的归因，长期以来不断地在“个人”与“社会制度”两种原因与解释之间摇摆。例如，在19世纪末的慈善组织会社时期，在单一的因果论指导下，社会工作者曾认为人的社会问题源于个人，贫困问题是个人的“道德堕落”导致的，故此社会工作应着重个人的改变与微观诊疗层面的辅导；而社区睦邻工作者则认为，贫民区脏、乱、差的环境是穷人贫穷的原因，并致力于改变导致贫穷的环境因素，促进了宏观的、激进的社会工作出现（李晓凤，2008）。

慈善组织会社与社区睦邻运动对于社会工作本质的不同理念自始延续至今，形成了社会工作的两种极端观念，但二者都不能全面准确地找出问题的根本原因所在，存在着很大的局限性，并导致了社会工作界内一直存在着二分化的局面，从而促成了“人在环境中”“人与环境交互作用”等社工实务理论视角的形成，也催生了“人类行为与社会环境”实务理论的诞生。概括地说，人类行为与社会环境的理论是关于“人的生理、心理与社会发展的理论，包括人们生活所处的各个社会环境系统的理论，如家庭、团体、组织和社区的知识”（史柏年，2015），其理论焦点放在个人、群体、社会与经济系统之间的交互作用上，这些知识对于社会工作的服务实施都是最基本的，也是认识服务对象需要与问题的重要理论。

例如，根据人类行为与社会环境理论，社会工作者无论是与伤残人士、无家可归者，还是与边缘青少年、艾滋病患者一起工作，都要将案主问题置放于个人与社会结构的交互作用之中，并在评估案主问题与制订干预计划时注重对案主的生存环境分析。举例来说，青少年的流浪是多种原因交互作用的结果，而运用通用过程模式对流浪儿童的问题进行分析及制订介入计划时，均需要从流浪儿童的个人、家庭、社区、社会政策等多层面的互动分析展开。其中，社会工作者既要辨识与评估有关流浪儿童的“生理心理”方面的状况，如生理发育、身体健康、心理需要、个人人格、应对压力的策略、智能水平、情感智商、自我功能的强度等；又要考虑到他们的社会状况与处境，如不幸的家庭史、同辈关系与师生关系状况、城乡社区经济发展的差异性、街角社会复杂的亚文化、儿童的社会参与、政府的社会救助政策与福利服务等对流浪儿童问题的交互影响。此外，社会工作者还需要从流浪儿童的个人问题与社会环境之间的交互关系分析中找出他们与整个宏观社会制度安排之间的关联性，以努力倡导流浪儿童社会政策的变革。不过，注重“人与社会环境的交互作用”的理论视角，并不否认个人对自己行为、问题与社会处境应负的责任，认为个人是具有认知能力的主体，社会工作者需要通过提供服务、协助其改变认知，以促使服务对象具有一个较好的社会适应力。

★案例 10-1

小华是一位患艾滋病的高一学生，当媒体曝光后，邻居不停地打电话。接着，父母与姐姐将他隔离在阳台上生活与休息，街坊与邻居对他退避三舍，学校让他退学。之后，街道居委会要他“应邻居要求离开，以免累人累己”。如此，小华只能离开家庭与熟悉的社区，孤独地躺在医院病床上治病，并陷入了更加痛苦与深深的绝望之中[①]。

从“人类行为与社会环境”的理论视角看，导致小华痛苦的问题，既有他因艾滋病形成的生理疾苦、生命存活的不确定性、对家人的愧疚感、对正常学校生活的羡慕，以及对自己病情的无奈、心理的自卑与无助感等个人原因，也有家庭、邻里、社区等形成的社会歧视网络及社会支持资源不足等环境因素，正是这些个人因素与环境系统的交互作用，致使小华陷入了痛苦与绝望之中。

（二）系统理论

一般系统论认为，系统是由一部分（要素）组成的具有一定层次与结构并与环境发生关系的复杂整体，其功能取决于它的组成部分以及这些部分之间的相互关系，如社会系统内的夫妻、家庭、邻居、医患关系、小组、机构、照顾系统的相互交流与相互作用

① 根据深圳市温馨社会工作服务中心案例改写，2014 年，第 2 页。

等。在这种系统理论下，通用过程模式的主要观点包括：其一，服务对象的问题既有生理、心理根源，也有社会环境方面的原因；其二，评估问题的焦点是从生理、心理到微观、中观、宏观社会结构的各个系统；其三，个人的问题及其与环境的互动关系是动态的；其四，为服务对象提供的帮助必须是针对整个系统而非局部，即注重个人的整体性、完整性与综合运用社会资源（王思斌，2015）。由此，个人、群体、组织与社区的环境系统都是社会工作者介入与改变的场域。

★案例 10-2

王姐今年 44 岁，23 岁参加工作，几年前因单位结构调整，她与丈夫均从洗衣机厂下岗，家中还有两个孩子正在读高中，全家靠低保金生活。眼看丈夫无法养家，王姐决定找一些兼职工作。但由于丈夫是一个爱面子的大男人，王姐未获“批准”外出工作。于是，她只好每天趁丈夫外出游玩的时间偷偷拿些“外发工”回家做，但有一次不慎被丈夫发现，她那赖以为生的缝衣车也被丈夫扔掉；同时夫妻生活也出现危机，王姐便把自己封闭在家里，对生活一筹莫展。这时，街道妇联通过某社区社会工作者小赵找到王姐，小赵首先讲述了国家有关女工下岗与再就业政策，并在劝说了王姐的丈夫之后，王姐获得了可贵的“参与工作”的自主权。之后，小赵还告诉王姐，国家与区级妇联正在联合开展一系列的“合作社——妇女经济赋权工作计划”，问王姐是否愿意参加。王姐听后十分兴奋，并主动报名参加了第一期的“梅园妇女创业合作社”计划。在社会工作者支持下，王姐与其他四位妇女承包了梅园中学后勤部的经营工作，开始为学校的师生提供餐饮、代购面包等服务。不仅如此，梅园妇女创业合作社还提供了相关的培训以提升王姐等成员的合作创业能力。此外，合作社也定期举行会议，商讨业务发展、成员劳动回报及小店发展的持续运作机制等。总之，通过参加合作社的“以女性为本的经济赋权理念”的社会行动与合作性实践，王姐不仅有了固定的经济收入，学会了策划、推展业务及检讨，其解决生活困难的能力也大大提升，并且，实际的经济回报也明显有助于王姐提升个人自信及自决的空间。如此，王姐在家中享有了较大的决策权，其个人的能力感与家人的回应之间不断产生互动，最终促使王姐家庭的权力关系产生了正面的变化[①]。

在上述案例中，下岗女工王姐因“外发工”被丈夫强行制止而把自己封闭在家中，对未来的生活倍感迷茫与无助。此时，社会工作者小赵在帮助下岗女工的过程中，首先帮助王姐了解了国家有关女工下岗与再就业政策，然后协助王姐了解国家与区级妇联对失业女工社区救助的具体计划。在这里，国家、区级妇联、社区是一个大社会系统，个人与家庭是这个大系统中的一个子系统。而社会工作者运用系统理论视角帮助王姐个人走出家庭，进入了大的社会系统。走出家庭以后，王姐了解了政府对失业女工的“合作社——妇女经济赋权工作计划”及一系列的免费再就业培训等。之后，王姐获得了可贵的工作机会，并在社会工作者的协助下实现了经济自主的转变，还促使其家庭权力关系产生了正面的变化。这个案例告诉我们，必须将个人放在整个社会系统中去解决问题。如果只是封闭在家里，就无法利用系统中的资源。同时，当王姐走

① 根据深圳市坪山新区大同社会工作服务中心案例改写，2014 年，第 4 页。

出家庭之后，就会发现国家、社区中有很多资源是可以利用的，能够帮助她解决所遇到的问题。

（三）生态系统理论

生态系统理论是一个开放的理论体系，在不同的时代融入了不同的理论概念。20世纪初，玛丽·里士满（Mary Richmond）等开始推行“人在环境中”的理论范式，70年代，生态学知识开始融入社会工作实务中，生态系统社会工作模式开始形成。到了80年代，吉曼（Germain）与吉特曼（Gitterman）等综合生态系统理论的观点，提出了社会工作的“生态模型”，即强调社工实务的干预焦点应将个人置于其生活的场境中，重视人的生活经验、发展时期、生活空间与生态资源分布等有关个人与环境的交流活动，并从生活变迁、环境特性、调和度三个层面的互动中来探究社会工作实践，其核心概念有生命周期、人际关联、能力、角色表现、生态地位、适应力等（王思斌，2015）。在上述核心概念下，社会生态系统理论视角对社工实务的启示是，人的问题不完全是由个人原因引起的，社会环境中的障碍是导致问题产生的重要因素；相应的，对服务对象的帮助应从整个生态系统出发，把他们的问题置放于其生存环境的不同系统中去判定与解决。

★案例10-3

阿雄（匿名）为香港某障碍教养院的个案，一岁多时发烧造成重度智障。阿雄家三代同堂，祖父已逝，阿雄五岁时父亲离婚，父亲会殴打阿雄及母亲，而母亲有轻度智障并患有精神疾病。阿雄的父亲在某钢铁厂任职，有酗酒问题；而比阿雄小两岁的弟弟则就读高三。原本阿雄由祖母照顾，但祖母因年老无力照顾，之后经某市政府社会局转介送至现在这所教养院。阿雄曾从教养院逃回家中，也曾因偷窃被警察查获。目前，阿雄除了很少与家人互动外，仅与教养院的工作人员和院生互动；而阿雄家的互动系统也很少[①]。

根据上述材料，运用系统理论可知，阿雄的家庭生态图如图10-1所示。

（四）优势视角

优势视角在评估服务对象的问题与需要时，强调将他们的优点包括进来，发掘与运用服务对象的优点与自身资源帮助他们解决困难。概括地说，优势视角的社会工作实务的主要观点如下：其一，个人、小组、家庭与社区都有优点（图10-2），即有内在的优势资产与外在的优势资源；其二，贫穷、歧视、疾病、困难既是伤害又是挑战或机遇；其三，认真地对待个人、群体、社区的理想与抱负；其四，社会工作者只有通过与服务对象的协作才能更好地为他们服务；其五，每一种环境都充满资源（史柏年，2007）。

优势视角社会工作实务的提出具有范式上的革命性意义，即它在削弱案例的“病理性”与“问题性”之时，重新塑造了“抗逆力”的信仰与“重新塑造关系”的合作性实践，这种变化正改变着服务对象对他们自己的看法，也为社会工作的专业关系及专业实践注入了新的活力。

① 周月清：《家庭社会工作理论与方法》，五南图书出版公司，2001年，第84页。

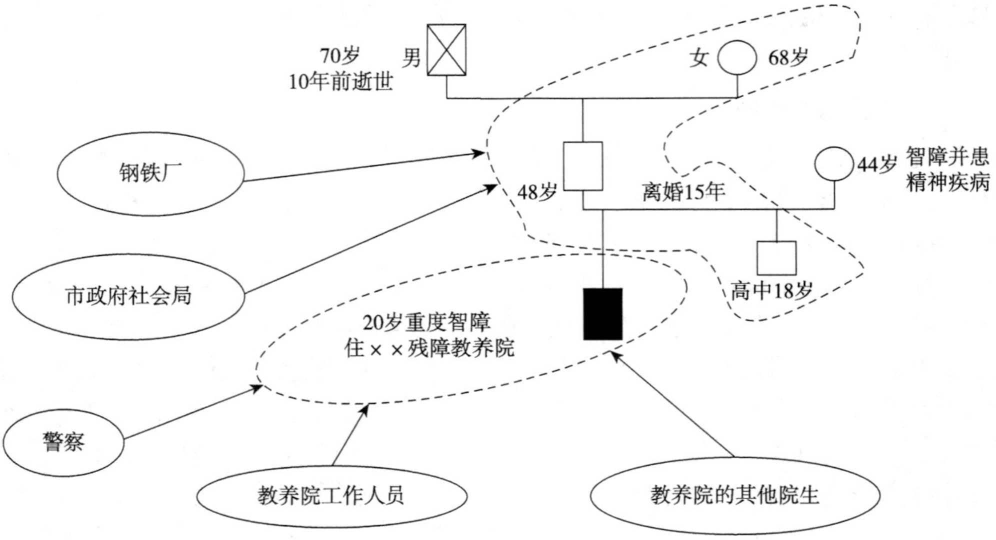

图 10-1　阿雄的家庭生态图

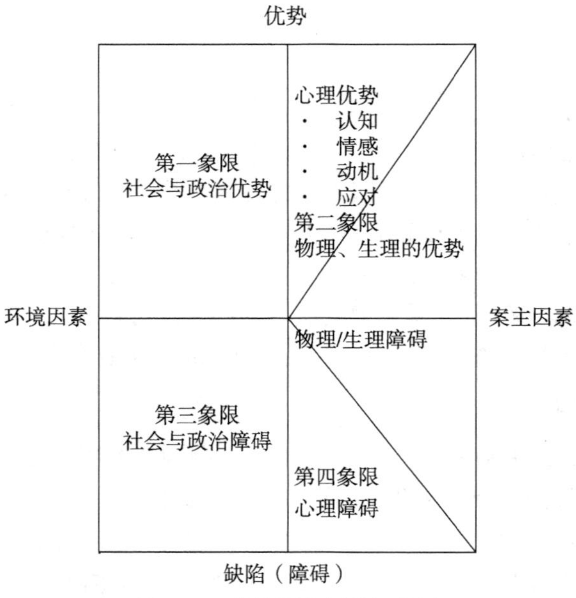

图 10-2　优势视角评估机构图

资料来源：Saleebey（2004）

★案例 10-4

在运用优势视角对工读学校流浪儿童进行界定时，“个人因素”会促使社会工作者关注这类违法流浪儿童的认知、动机、情感等个人的优势资产，重点是协助流浪儿童挖掘自身所蕴含的资源。例如，流浪儿童有着面对生活挫折的勇气、较强的自我保护能力，以及善于建立有效的互助关系等。由此，社工可以协助流浪儿童意识到最初与现在的理想，鼓励并帮助他们实现或增强其抗逆力，形成“幸存者的骄傲感”，从而建立违法流浪儿童回归主流社会的信心。与此同时，根据优势视角的“环境因素”，社会工作者会把违法流浪儿童的家庭网络、重要他人、社区、学校等纳入介入视野，重点是利用家庭、学校和社区已有的资源，协助流浪儿童面对困境，并倡导家庭、学校和社区改变那些功能欠佳、不利于违法流浪儿童发展的政策与制度①。

三、通用过程模式的特点

通用过程模式将助人过程看做一个有计划、有步骤解决问题的过程，强调实务过程是一个有弹性的、各阶段有时交叉重叠的、持续的过程，是一个系统的程序，其主要特点有五点（秦炳杰等，2002）。

第一，强调助人是一个过程。即社会工作实务是一个有计划的、操作实施的过程，这个助人过程有三层含义：其一，社会工作是通过助人关系帮助服务对象处理困难与解决问题、改变态度和行为的，而助人关系的建立本身就是一个过程；其二，改变是一种过程，即社会工作者促使服务对象在自我觉悟、自我引导与自我改变中已在教育并改变自己及他人，以达成助人自助的目标；其三，改变必须是一种主动与自发的过程，不是一蹴而就的。

第二，使用综合方法（eclectic approach）。通用过程模式在理论取向上采取综合的立场，从各种知识与方法中选取最好的、最适当的加以综合运用。这些知识与方法经过多次实践检验，确实可信。

第三，工作过程阶段化。即将助人过程划分为逻辑上前后相连的几个阶段，其主要目的在于显示助人过程中不同阶段的主要特点。而在实际工作中，不同的阶段可能会有交叉与重叠。

第四，工作任务阶段化。在助人过程中，每一个阶段都有与之相联系的具体任务，社会工作者完成每一项任务也需要专门的技术。同时，一个阶段的任务完成不好，会影响下一个阶段任务的实现。

第五，整合的核心价值观。通用过程模式强调案主参与和接纳服务，这是社会工作重要的价值观基础。社会工作伦理守则的主要目的是“社会工作者要对其工作负责”，而让服务对象参与持续的、定期的检讨，有助于社会工作者履行专业责任。

此外，在运用通用过程模式时还需要考虑三个因素，即各个阶段的连接次序可能会有所变化；工作过程可能是螺旋式而不是直线式的上升；通用过程模式不可能解答社会工作者在助人过程中遇到的所有问题，它像一张地图，仅仅为工作者提供指南。

四、通用过程模式的四个基本系统

通用过程模式运用系统理论，将社会工作的服务系统看做由社会工作者、服务对象、改变的目标、采取的行动组成的整体。相应的，“改变媒介系统、服务对象系统、目标系统、行动系统”称为通用过程模式的四个基本系统（史柏年，2015）。

---

① 李晓凤：《优势视角社工辅导在流浪儿童工读学校的介入空间》，《中国校外教育》，2009年第12期，第23页。

一是改变媒介系统。其由受雇于公立、志愿、非营利机构、组织、社区中的社会工作者，以及与服务对象有关的、具有不同专长的助人者组成，而社会工作者则是担当主要责任的“主要改变媒介”。例如，少年管教所的社会工作者是越轨青少年的主要改变媒介，在教育越轨青少年的工作中还需要与学校的教官、老师以及街道派出所的民警、街道干部、居民委员会、家庭一起工作，协调不同部门的工作，促进越轨青少年的转化。

二是服务对象系统。其又称为案主系统，是指社会工作服务的直接受益人，可以是个人、家庭、团体、组织及社区。一般来说，当服务对象前来求助并已经使用社会工作服务时，即成为“现有的服务对象”；当服务对象未求助但可能需要社会工作服务，或者妨碍他人或系统社会功能的正常发挥之时，即成为“潜在的服务对象”。如此，社会工作者的任务是辨别服务对象的类型，努力使“潜在的服务对象”变为“现有的服务对象”，并牢记服务对象系统的规模可能会有所改变。例如，刚开始时，案主系统是有行为问题的孩子，后来工作者发现案主的问题与父母的婚姻关系有关，那么案主系统可能会扩大到孩子的父母。

三是目标系统。其是指为达到改变服务对象系统的目标所需要改变与影响的系统。由于服务对象系统需要的满足与问题的解决经常与其所处的环境系统有关，一般来说，目标系统通常要大于服务对象系统。例如，问题青少年的目标系统涉及青少年系统、家长系统、老师系统、同辈系统等。不过，服务对象系统与目标系统有时是一致的，有时是不一致的，有时还可能是交叉的。

四是行动系统。其是指那些与社会工作者一起工作、实现改变目标的人，是社会工作者的合作者、并行者。以一位“学校适应问题”的学生为例，社会工作者可以从校方获得许可以便在上课时能面见案主，可以与一位在校的高年级学生达成工作协议并由他充当案主的义务辅导员，还可以与案主班上的老师与伙伴接触以获得案主在校表现的资料。此外，社会工作者可以动员案主的家长一起工作。在这个案例中，学生案主是目标系统，而其他各方如校方、高年级学生、班上的老师、案主的伙伴及家长，构成了行动系统。如此，在上述多个行动系统中，社会工作者需要注意协调各行动系统的工作步调。

以上四个基本系统为社会工作者的助人活动提供了工作的介入蓝图。社会工作者应明白，在助人过程中这四个基本系统只有不断地互动，才能实现助人目标。当然，作为改变媒介的社会工作者是服务对象改变的重要人物，而对于各系统的分析与运用则是实现助人目标的重要工具。

★案例 10-5

小芳今年 16 岁，初中毕业后，她希望进入职业学校学习美容专业，但遭到母亲的竭力反对。母亲认为，美容行业存在道德风险，希望小芳继续读高中、考大学。小芳在多次争取无效后愤然离家出走，母亲焦急万分，向社会工作者求助。请列出上述案例中的目标系统与服务对象系统[①]。

在本案例中，向社会工作者求助的是小芳的母亲，而小芳则是服务的主要对象。为解决母女之间的意见分歧，社会工作者在解决问题时涉及的系统还是小芳与小芳的母亲。

① 根据深圳市南山区南冈社会工作服务社案例改写，2015 年，第 5 页。

如此，本案例的目标系统与服务对象系统是相同的，即小芳与小芳的母亲。由于小芳的母亲已向社会工作者求助并得到了服务，所以她是“现有的服务对象”，而小芳是“潜在的服务对象”。

★案例 10-6

小英是一个 12 岁的流浪女孩，广西人。2013 年 12 月流浪到深圳后，在深圳火车站被巡警发现并被送往深圳某流浪儿童救助中心。小英的家在广西壮族自治区一个非常偏僻的农村，家里很穷，但因小英调皮与贪玩而经常遭父母的指责与辱骂。如此，小英和父母的关系不好，与家人关系较冷淡，也不愿与人谈起家庭情况。同时，小英诉说已读了两年小学，之后她成绩不理想而辍学。此外，救助站的社会工作者发现，小英阅读报纸有困难，不懂拼音，并且因性格内向而不善表达，很少说话；虽然她能与其他孩子和平相处，但较防备别人；善于算计，很有经济头脑，如她每天都在课外时间拾旧瓶赚钱。小英在中心表现较好，每天都能获得代表品行的小红花（小红花可兑换奖品），她舍不得用而攒起来[①]。

请运用通用过程模式分析小英目前面临的问题，并提出分析问题的主要理论视角。根据上述材料可知，小英是“失学失管”的“双失青少年”，并在流浪儿童救助中心接受服务，但她对陌生人有防备心理。她面临的主要问题如下：如何返回广西，与家人永久团聚；如何返回校园，继续完成基础教育；如何稳定情绪与消除对家人的冷漠态度，并与他人建立信任感。

运用通用过程模式，分析小英问题的原因，其主要的理论分析视角如下：①从人类行为与社会环境的理论视角看，造成小英流浪的原因，既有小英本人的原因，又有外部的生活环境因素的影响，是流浪女童个人与社会生活环境系统的交互作用的结果。②从生态系统理论视角看，社会工作者不仅要为小英提供直接服务，还要对流浪女童问题进行生理、心理、社会、经济、政治动力的全面系统分析与评估，同时进行个案倡导、社会政策及公共计划等宏观的间接工作，以有效地协调流浪女童改善其与环境间的“调和度”。例如，在本案中，造成小英外出流浪的原因如下：小英成绩不好、无心向学、辍学等个人因素；家庭经济困难、父母忙于生计而疏于照顾并辱骂小英等家庭因素，小英感受不到任何家庭温暖；小英成绩不好、对学校没归属感等学校因素，学校对小英的流浪未起到太多的阻止作用；小英家乡所在的村或镇经济落后，没有建立起流浪儿童的救助体系等社区因素，也未对小英流浪起到太多的干预作用。对此，社会工作的直接服务在于通过“环境工作”与“诊疗理论”，来解决小英的“防备心太强”等个人层面的问题，并提升小英个人应对环境压力的能力及适应力，以满足青少年的发展性需要。与此同时，在间接服务方面，应针对流浪女童长期经受“栖息地”的社会排斥问题，社会工作应在社区、组织及政策倡导等层面发挥专业功能，包括动员社区资源以改善流浪女童的社会处境与生活品质，影响相关部门的服务，以发展有利于流浪女童的政策与服务。③从优势视角看，小英的个人优势资产有荣誉感强、有上进心（如珍惜小红花）；有经济头脑，知道如何赚钱等（如拾瓶子卖钱）；并且小英也有关心她的社会工作者及深圳

---

① 根据深圳市鹏星社会工作服务社案例改写，2014 年，第 7 页。

某流浪儿童救助中心等环境优势资源。

第二节　社会工作实务通用过程的五个阶段

依据通用过程模式的理论基础与工作过程涉及的四个基本系统，以及社会工作者的长期实践，从通用的社会工作实务观出发，社会工作者进一步总结了通用过程模式的具体实施与操作步骤、面对的问题与解决问题的技巧与程序。这里的“通用过程”，在某种意义上是指开展社会工作实务的基本步骤，它由五个阶段组成，即订定阶段（the engagement phase）、预估阶段（the assessment phase）、计划与签订协议阶段（the planning and contracting phase）、介入阶段（the intervention phase）、评估与结案阶段（the evaluation and termination phase）（秦炳杰等，2002）。这些阶段为社会工作者在助人过程中组织自己的想法与行动提供了基本的指南，但并不是全部的工作指示器。换言之，如果想成为一个能力卓越的社会工作者，就必须学会在实际工作中运用自己的知识与技巧来弥补其中的不足。

一、订定阶段

按照通用过程模式，订立关系是一个过程，在这一过程中某人成为案主，他（又称为求助者）会对案主角色的期望与义务有所承诺，并识别与案主系统相符合的行为表现。一般来说，订定期分为接案、订立关系两个部分。当某人寻求服务但不是案主时，他作为求助者便处于接案阶段（表 10-1），此时求助者与社会工作者都在评估“提供的服务与想获得的服务”是否相吻合。然而，只有在求助者与社会工作者对服务的含义有一致看法时，订立关系才能开始（李晓凤，2008）。

表 10-1　个案接案记录表

<table>
<tr><td rowspan="5">案主基本信息</td><td>姓名</td><td></td><td>出生年月</td><td></td><td>职业</td><td></td></tr>
<tr><td>性别</td><td></td><td>受教育程度</td><td></td><td>户籍</td><td></td></tr>
<tr><td>婚姻状况</td><td></td><td>语言</td><td></td><td>民族</td><td></td></tr>
<tr><td>联系方式</td><td>电话</td><td colspan="2"></td><td>手机</td><td></td></tr>
<tr><td>现居住地</td><td colspan="5"></td></tr>
<tr><td colspan="2">个案来源</td><td colspan="5">□主动求助　□社工外展　□转介（转介组织＿＿＿＿＿）</td></tr>
<tr><td colspan="2">主要问题</td><td colspan="5"></td></tr>
<tr><td colspan="2">期待结果</td><td colspan="5"></td></tr>
<tr><td colspan="2">社工分析</td><td colspan="5">□无需跟进（请注明原因）：＿＿＿＿＿＿＿＿
□需要跟进：危机因素：□无　□有（□高 / □中 / □低）（请注明）：
＿＿＿＿＿＿＿＿＿＿＿＿
案主是否愿意接受所建议的服务：□愿意　□不愿意 □不适用
如不愿意，请注明原因及建议其他跟进工作：＿＿＿＿＿＿＿＿
＿＿＿＿＿＿＿＿＿＿＿＿</td></tr>
</table>

续表

填表社工签名：______	填表日期：______
督导/主任意见	1. 个案需要跟进 □是 □否 2. 个案委派 / 转介至： 3. 建议/意见： ______ ______ 4. 跟进社工签名：______日期：______
督导/主任签名：______	日期：______

资料来源：广州大同社会工作服务中心永和街家庭综合服务中心服务套表（2014 年）

（一）案主现实性的心理反应

这里的“现实性的心理反应”，是指案主面临求助时出现的一种正常的心理反应。例如，我们与人交往常常是从对这个人的第一印象开始，求助者是否愿意接受机构所提供的服务，很可能也是从第一次对机构或接待的工作者的印象开始。如此，社会工作者在接待求助者时的态度及对求助者所带来的现实性心理反应的了解，则显得十分重要。通常，求助者现实性的心理反应可能由下列因素造成：①求助者可能不需要立刻接受服务，仅仅是询问或试探；②面对陌生人讲出自己的问题，感觉非常难为情；③求助者意识到要承认自己也是产生问题的一部分原因，是很痛苦的与无法面对的；④求助者过去的一些成功或不成功的求助经验，对这次求助有影响；⑤求助者的求助能力是不一样的，有些人很容易寻求帮助，有些人则很难；⑥求助者属于被强迫来机构的，并不是主动地寻求帮助。

（二）工作任务

当社会工作者了解了求助者的现实性反应后，就需要在订定期准备完成以下任务（史柏年，2015）。

第一，了解求助者的求助意愿并进行适当的处理。求助者到机构后的心态很复杂，工作者必须详细了解并加以区分，以对不同的求助者采取不同的处理方法。如对不需要接受服务的求助者，应对其问题进行简单评估，看是否真的不需要立即服务；对询问信息的求助者，应尽可能提供一些有帮助的信息；对有求助意愿的求助者，要鼓励其成为案主。

第二，促使求助者进入案主的角色。对那些有求助意愿的案主，工作者要给予鼓励，树立其解决问题的信心。而工作者的态度、机构所具有的资源、建立初步的信任关系等，都是鼓励求助者成为案主的必要条件。

第三，澄清求助者的期望。因机构不可能为所有求助者提供服务，这可能会导致求助者失望、沮丧甚至忧郁等。对此，工作者需要介绍机构的服务范围，清楚告诉求助者问题的解决需要双方共同努力等，以此澄清求助者的期望。

第四，初步评估问题与需要。通常工作者需要了解以下问题，才能做出初步的评估：一是求助者的求助意愿如何，是主动还是被动的；二是求助者的主要问题是什么，是怎么产生的；求助者期望达到什么目标以及需要什么结果；三是求助者曾经为此寻求过什么帮助和自己做过什么努力；四是以服务机构所掌握的资源或工作者自己的能力看，能否为其提供服务；五是机构对求助者的要求与求助者对机构、工作者的期望是否协调。

当工作者对上述问题进行初步探索后，则需要与求助者一起分享，以保证结论的准确性。

第五，与案主订立关系及识别案主的各个助人体系。当工作者对求助者的问题进行初步评估、求助者愿意成为案主之后，便可以订立工作关系。不过，订立关系不仅要与案主订立关系，还需要识别出与案主的问题或需要相关的不同支持系统，以争取“影响案主的重要他人”的合作及参与。

第六，开始专业关系。在开始建立专业关系时，工作者需要寻求五个共同因素，包括：工作者与案主准确沟通彼此的想法与感受；双方彻底沟通有关他们之间的资料；双方的沟通充满亲切与关怀；工作者应使自己与案主的角色互补，以促进双方为实现互动的目标做出贡献；工作者要与案主建立信任关系，使自己与案主都看重各种责任。此外，工作者也会受社会工作专业守则的约束。

第七，决定如何开展工作。在开始接触与初步评估之后，工作者便要决定如何进行以后的工作。通常工作者在决定什么行动步骤最合适时，有三种可能：一是终结。即案主不想进入助人关系，并没有义务接受服务时，工作者便要结案。二是转介。当工作者判定求助者的问题不属于本机构的服务范围时，则需要将案主转介给其他系统。三是进入下一个助人阶段。当工作者确定案主可以从机构提供的服务中受益，并订立了工作关系后，就可以进入下一个阶段——评估阶段。

（三）接案技巧

在接案的过程中，社会工作者需要适当地采用一些接案技巧，包括：避免将求助者定义为“有问题的人”；专注的聆听；简明扼要、具体化；表达感同身受、同理心及无条件的接纳；激发求助者的希望与平衡其不舒服感，以增强求助者成为案主的动机；工作者要以自己的能力来决定所提供的服务，不能过早或过多地承诺，以避免求助者产生错误的期望。

★案例 10-7

外展社会工作者小王负责外出接触深圳某工业型社区的边缘青少年（即问题流动儿童群体），为他们提供“来深建设者家庭及子女服务”。小王发现有一个足球场可以开展工作，他希望能同在那里玩足球的流动儿童群体建立关系。那个群体大约有十人，成员都只有十几岁。他们经常逗留在足球场上，讲脏话，行为野蛮，其中还有几位在吸烟。在初次接触他们及建立关系时，社会工作者留意到这群流动儿童因刚刚输了一场球而失望、不满并感到口渴、疲劳。在本案例中，社会工作者小王如何运用感同身受的技巧与这群流动儿童接触呢[①]？

在初次接触一群陌生的边缘青少年时，社会工作者可能会因自己不熟悉的环境、害怕被案主拒绝等感到紧张不安，也缺乏独自面对边缘青少年的信心。通常社会工作者可以从对方求助原因的思考中来增强同理心与自信心。概括地说，社会工作者试图与案主建立同理心时，可以从三个层面（包括案主面对的一般情况、特殊情况、处于助人过程的特定阶段）来设想自己处在案主的环境中，以达到感同身受的效果（秦炳杰等，2002）。

---

① 根据深圳市坪山新区大同社会工作服务中心“来深建设者子女及家庭服务项目”案例改写，2015年，第2页。

例如，从案主面对的一般情况看，案主即使没有持怀疑态度，也会对外展社会工作者的出现感到有些意外，并常常会问“社会工作者想干什么？我们与社会工作者有什么关系？”这样，在最初的接触中，社会工作者应尽早表明其外展社会工作者的身份与接触案主的目的，以消除案主的困惑及建立工作关系。又如，从案主面对的特殊情况看，因案主刚刚输了一场球而感到失望、不满、口渴、疲劳，社会工作者可以运用赞赏案主的球技、请他们喝汽水等手法，来缓解案主失望的情绪。同时，因这时正处于助人过程的第一个阶段，社会工作者为了使接触更自然，应努力营造出双方都感到舒服的气氛。例如，社会工作者可以询问案主是否有兴趣正式组队进行比赛；如果有兴趣，社会工作者可以筹备下一步如何联络他们。

（四）接案应注意的事项

接案期最重要的工作是了解案主的需要与问题，及时回应他们最急迫的需要，并提供相应的帮助。在接案时，社会工作者通常要注意以下事项：一是决定是否需要紧急介入。社会工作者需要辨别案主问题的迫切性与严重程度，如遇到案主自杀、性暴力、虐待儿童、离家出走及失业等紧急情况，就要跳过其他阶段直接提供紧急介入服务。二是权衡是否有能力处理问题。在与案主沟通交流及了解其需要过程中，社会工作者要权衡是否有足够的能力为案主提供所需服务。例如，社会工作者发现案主的问题是由同性恋引发的困扰，而自己又难于与同性恋者一起工作，就需要转介个案。三是决定解决问题的先后次序。工作者应与案主共同讨论解决问题的次序，工作原则是尊重案主的意向及先易后难。四是保证案主所要求的服务符合机构的工作范围。社会工作者应保证所提供的服务是案主所需要的，并且不因机构与工作者的原因来阻碍或延迟案主需要的满足，由此导致问题的延续或恶化。

二、预估阶段

当求助者成为案主后，社会工作者就进入了通用过程的预估阶段。这一阶段的主要目标是尽可能详细地收集与案主问题有关的资料，从中了解问题的成因，确定问题的性质，发现问题解决的突破口，形成初期性的预估报告（李晓凤，2008）。

（一）预估的目的与原则

在对预估有了粗浅的认识后，需要探索预估的目的，现简略介绍预估的目的。

第一，识别案主问题的客观因素。因求助者是带着问题来寻求社会工作者帮助的，工作者的第一步工作是收集案主问题或者与案主问题有关的客观因素，包括案主的背景资料、围绕案主运行的重要系统有哪里、问题存在了多久、案主处理问题的方法等。

第二，识别案主问题的主观因素。通常案主可能有类似的问题，但感受极为不同。例如，两个学生在学习上都很努力，但考试成绩都不理想。其中，一个学生可能感到很压抑，认为自己无可救药；另一个学生却想是不是考试方式与学校制度不适合自己。很明显，两个学生对学习问题的感受及反应极为不同，相应的，工作者则需要区别对待与处理学生的学习问题。

第三，识别造成与延续案主问题的因素。如果工作者不满足于解决案主的现有问题或表面问题，则会探究问题的成因及延续的因素，以此由表及里地研究案主的问题，深入挖掘问题的根源所在。

第四，识别案主与其环境中积极的一面。因通常要暴露案主的问题，工作者通常会将注意力放在案主的弱点上，但案主系统内外的长处也是解决问题的重要资源。这样，在社会工作的评估中，识别案主及其环境系统中的资源、长处、动机、能力等，就十分必要。

第五，决定合适的服务类型。从判断案主问题的不同视角与不同流派的介入方法看，有许多方法能帮助案主克服问题。相应的，在预估中社会工作者应该提出解决问题的建议，并明确指出选用什么方法来处理案主的问题更合适。

此外，诸多学者总结了社会工作预估的重要原则，包括个别化、注重双方的参与和合作、警惕工作者的价值偏见、避免将问题简单归因、评估的重点要兼顾案主的弱点与长处、不断循环往复等（秦炳杰等，2002）。

（二）工作步骤

社会工作的预估是一个过程，包括识别案主的问题、了解问题的成因、发现解决问题的突破点等。从性质上看，预估过程是不断向前推进的，尽管有时可能会有所反复。基本上，预估是线性的，主要有四个工作步骤（李晓凤，2008）。

第一步，收集资料。社会工作强调“人在环境中”，认为个人的行为是个人与环境互动的结果，社会工作的功能之一是恢复个人与环境的适应能力。如此，工作者需要探索与收集的案主资料主要有三大方面：一是关于案主的个人资料，包括案主的基本资料、生理资料、心理资料、价值观、能力等。二是关于案主的环境资料，是指案主生活中重要的社会系统（如家庭、亲属、邻居、学校、单位等），以及可以得到的各种资源系统（如邻里关怀、志愿者、各类社会保障政策、各类专业服务组织提供的服务等）。三是关于案主与环境交互作用的资料，包括案主与周围环境尤其是与重要他人的关系、案主寻找帮助的主要方式、社会系统对个人求助的反应、其他系统的互动方式对案主问题的影响等。此外，就工作者收集资料的主要方法看，主要有询问（如会谈、角色扮演、问卷、完成句子）、观察法、家访、运用现有的资料等。

第二步，分析与解释资料。通过第一步收集的资料，常常是粗糙与支离破碎的，要使它们具有意义，则需要对其进行解释与分析。按照 Loewenberg（1977）的看法，分析资料应有四个过程：一是排列次序，是指按照优先、重要性对已收集的资料予以排序，以重视较重要的资料；二是发现，是指识别资料之间的关系或形态，从对问题的零散了解过渡到更完整的了解；三是探索，是指结合处境来理解特定的事件或行为；四是识别，是指界定形成问题因素，从表面问题步入深藏的因素，以确定什么可能导致了特定的问题。不过，因社会工作者在解释问题时不能太准确，需要工作者与案主不断澄清彼此的看法，达致对问题的真正理解。

第三步，认定问题。收集所需要的资料并给予分析与解释后，需要认定案主。工作者认定问题时，常常针对三个基本问题展开。一是案主的问题是什么。案主的问题可能很多，工作者需要与案主讨论，对问题划分出主次以优先解决案主的主要矛盾。二是问题产生的原因是什么。导致案主问题的原因很多，工作者需要找到案主首要问题所产生的原因以对症下药。三是面对问题时案主曾做过怎样的努力，包括案主是否有足够的解决问题的动力，用了什么方法以及所用方法的原因与效果等，以此制订可行的介入计划。此外，在认定案主的问题时，社会工作者必须注意用行为用语来界定问题，把问题集中到一个领域，并且问题的判断应是专业的、以事实为依据的。

第四步，准备预估报告。预估的最后一步工作是准备预估报告，这是一项非常重要的工作。因为预估报告常常要与不同的读者（如督导、同行、精神病专家或法官等）沟通，而社会工作者的意思能否清楚地转达给读者，就取决于工作者呈交的预估报告。如此，社会工作者在撰写预估报告时要特别用心。通常，一个粗略的预估报告有两部分：第一部分是背景资料与事实，包括呈现的问题、日期与接触过的人物、背景资料（如家庭背景、教育背景、就业历史等）；第二部分是专业判断，包括工作者对资料的理解、对案主问题的评估、对形成问题的原因分析或理解与解释，以及判断改变的可能性与改变的益处，见表 10-2。此外，初期性预估的方法很多，主要有社会历史报告（案例 10-8）、家庭结构图描述、社会生态系统图及社会网络分析等。

表 10-2　个案预估记录表　　　　**个案编号：________**

<table>
<tr><td rowspan="12">案主基本信息</td><td>姓名</td><td></td><td colspan="2">出生日期</td><td></td><td colspan="2">职业</td><td></td></tr>
<tr><td>性别</td><td></td><td colspan="2">受教育程度</td><td></td><td colspan="2">户籍</td><td></td></tr>
<tr><td>婚姻状况</td><td></td><td colspan="2">语言</td><td></td><td colspan="2">民族</td><td></td></tr>
<tr><td rowspan="3">联系方式</td><td>固话</td><td colspan="2"></td><td>手机</td><td colspan="3"></td></tr>
<tr><td>电子邮箱</td><td colspan="6"></td></tr>
<tr><td colspan="3">紧急联系人及联系方式</td><td colspan="4"></td></tr>
<tr><td>现居住地</td><td colspan="7"></td></tr>
<tr><td>住所来源</td><td>1. 自有房</td><td colspan="2">2. 出租屋</td><td colspan="2">3. 单位集体宿舍</td><td colspan="2">4. 其他（　　　　）</td></tr>
<tr><td rowspan="4">家庭成员</td><td>姓名</td><td>关系</td><td>年龄</td><td colspan="4">备注</td></tr>
<tr><td></td><td></td><td></td><td colspan="4"></td></tr>
<tr><td></td><td></td><td></td><td colspan="4"></td></tr>
<tr><td></td><td></td><td></td><td colspan="4"></td></tr>
<tr><td colspan="2">接受社会服务经验</td><td colspan="7">□没有
□曾经：________________
□现仍有接受服务：________________</td></tr>
<tr><td colspan="2">主要诉求</td><td colspan="7"></td></tr>
<tr><td colspan="2">期待结果</td><td colspan="7"></td></tr>
<tr><td colspan="9">个人及家庭生命周期（生活阶段、任务、重要事件）</td></tr>
<tr><td colspan="9">（请用标尺的方式标出时间顺序，简要写出重要事件）</td></tr>
<tr><td colspan="9">→</td></tr>
<tr><td colspan="9">案主及其家庭的资源、优势清单</td></tr>
<tr><td colspan="2">改变动机与意愿</td><td colspan="7"></td></tr>
<tr><td colspan="2">先前经验</td><td colspan="7"></td></tr>
</table>

续表

社会支持网络	
兴趣技能或潜力	
案主及其家庭生态系统图	
社工分析	□无需跟进（请注明原因）：____ □需要跟进：危机因素：□无　□有（□高 / □中 / □低） （请注明）：____ 案主是否愿意接受所建议的服务：□愿意　□不愿意　□不适用 如不愿意，请注明原因及建议其他跟进工作：____ 初步计划： ____
填表社工签名：____	填表日期：____
督导/主任意见	1. 个案需要跟进　□是　□否 2. 个案委派 / 转介至： 3.建议/意见：____ 4.跟进社工签名：____　日期：____
督导/主任签名：____	日期：____

资料来源：广州大同社会工作服务中心永和街家庭综合服务中心服务套表（2014 年）

★案例 10-8

问题少女的社会历史报告[①]

小芳，女，1999 年生，目前读小学六年级，正是小学升初中的关键时期，父母离异。

（1）引发事件系列：案主因为拿了邻居的钱被邻居当场抓住，母女关系较为紧张，后来因为母亲怀疑案主早恋而翻看案主的聊天记录两人爆发争吵，案主离家出走，之后在警察协助下送回。

（2）重要事件：2008 年案主父母离异，当时读二年级的案主面临着被要求选择跟谁一起过，同时无法理解在她眼中关系很好的父母为什么突然离异等。此时，她情绪非常压抑，选择了在放学后把学校教室内的物品全部推倒在地上来发泄情绪，而其行为则被学校的监控系统记录下来，后来她遭受到全校公开批评。

（3）行为表现：平时偶尔有私自拿外婆的钱，并且也会用部分钱买回一些东西给外婆，外婆比较疼她，也没有责怪她。2012 年春节期间开始拿亲戚的钱，发展到拿邻居的钱。与母亲发生争吵后，离家出走，后来在警察帮助下回了家。

（4）人际关系：案主与母亲沟通不良，但和父亲关系很好，与外公外婆、小姨一家三口关系较融洽，因为小姨家儿子比小芳小一些，在相处过程中更容易遭到责难。部分学校老师、同学对案主的看法较为负面，认为案主在校成绩一般，表现容易小题大做，斤斤计较，与部分同学尤其是与男生相处较为紧张。

（5）情绪状况：平时情绪状态较好，近期因为面临着升学的压力，感觉压力较大，偶尔有失眠的情况出现。

---

① 根据广州大同社会工作服务中心海龙街家庭综合服务中心案例改写，2013 年，第 1-2 页。

（6）经济状况：案主父母虽然离异，但因为案主家是广州本地人，目前与小姨一家三口、外公外婆、母亲一起居住在自建的一栋三层楼房内。案主所在的社区属于农转居社区，有固定的土地经济而产生的股份分红，案主母亲有稳定的工作和还算不错的工资收入；另外，案主父亲每月会支付固定数目的抚养费，家庭经济环境较好，家庭居住条件、生活状况较好。

（7）支持网络：案主与父亲关系很好，父亲也很关心她。小芳是广州市某家庭综合服务中心社工站的义工，一直积极地参与社工的活动，在社工的印象中一直都是热心、善良、开朗活泼的青少年义工，与社工关系较好，在社工站她得到了社工的关注，也暂时处于一种相对无压力的状态。

★案例 10-9

亚玲，女，28 岁，由香港九龙青少年中心的冯小姐转介而来。案主是一个家庭主妇，与丈夫、1 岁 8 个月的儿子住在香港将军澳的公共屋邨中。九个月以前，她带儿子报名参加了九龙青少年中心的活动。在与中心的社会工作者熟悉之后，她透露对照顾孩子感到焦虑，并且其婚姻生活也不太开心。同时，据九龙青少年中心的工作者观察，案主的反应慢，概念能力与抽象能力很差，缺乏一般常识与照顾婴儿的技巧，并怀疑她学习迟钝。此外，据说案主与其父母的接触不多；加之社交技巧差，她不能同邻居建立起任何关系。这样，她与社会隔绝，也没有任何可以用来应付困难的资源。因此，需要提供服务来改善她的持家能力与照顾孩子的能力[①]。

很明显案主承担家庭主妇的职责有很大的困难，这反映在她家务管理不好及不能有效地控制家庭开支。新生儿的面世与由此带来的做母亲的需要，又加剧了案主扮演角色的困难。现有的调查资料表明，案主的问题是由她的智力迟缓造成的。这样，是否只用辅导就能改善案主的角色表现值得怀疑。同时，把案主的儿子安排到托儿所可能对案主与孩子都有好处，也十分必要。另外，案主的婚姻似乎也没有扎实的基础，夫妻之间明显地缺乏信任与理解，这导致了丈夫对案主有某些不现实的要求，诸多的冲突则由此产生。根据上述理解，社会工作者会鼓励案主与丈夫一起分析她的精神问题，促使丈夫在接受她的不足中，培养夫妻间的相互信任、理解及更现实地看待对方。由此，缓解夫妻冲突，强化家庭的团结功能。

三、计划与签订协议阶段

新进的社会工作者通常认为，预估的结果必然会带来成功的介入，并忽略了通用过程模式的第三个阶段，即在预估与介入阶段，工作者还有制订计划与签订协议的重要工作要做。这两项工作可能是同时进行的，也有一致的目的，以下将分别予以讨论。

（一）计划的组成

一般来说，社会工作的介入计划主要分为计划的目的与目标、关注对象、介入策略三大部分（李晓凤，2008）。

① 秦炳杰、陈沃聪、钟剑华：《社会工作实践基础理论》，香港理工大学出版社，2002 年，第 285-286 页。

第一，从目的与目标看。目的是期望在介入的最终阶段获得的较为笼统的、长远的结果，目标则是在中间阶段所要获得的较为具体的、近期的结果。要实现最终的目的，一般需要把目的分化，使之成为更贴近目前情况、更有条件实现的小目标。根据巴德森（Patterson）与比里（Byrne）的分类，可以将目标分为三类：一是直接目标，即与案主问题直接相关且急需解决的问题；二是中间目标，是指协助案主认识自己、接纳自己，建立健康的自我形象与适当的生活方式等；三是终极目标，是指促使案主能够自我认识、自我促进、自我实现，具有良好的人际关系，达致现实的与理想的自我协调一致等（林孟平，1986）。此外，按照路易斯·约翰逊（Johnson，1992）的观点，一个好的目标应具有五个特点，即对案主来说明白易懂、用期望案主应有的行为来具体说明目标、可以实现并具有现实性、有完成任务的时间表、与机构的功能保持一致等。

第二，从关注对象看。根据“人在环境中”的概念，社会工作可以有五个不同的关注对象：①个人。当案主的问题的起因主要归结于个人，或涉及问题的人拒绝做出改变，或案主自己选择做出改变时，社会工作者会选择个人作为关注的对象。②家庭。当案主的问题主要是家庭问题的征兆时，如一个孩子因父母离异、家长管教不足而开始在街角社会流浪时，社会工作者应将关注的焦点放到家庭系统的改变上。③群体。当群体对个人有极大的影响，或群体成员面对类似的问题并从群体互动中受益时，如一群面临亲子冲突的单身母亲，工作者就可以选择群体作为关注的对象。④组织。组织的政策、结构与实际工作不能满足服务对象的需要时，如一家庭综合服务中心近来收到数个投诉，这个组织则会成为介入的对象。⑤社区。当社区明显缺乏资源与服务，或者当社区多数人及家庭因社区功能未发挥而受到不利影响时，社区有可能成为社会工作者关注的对象。

第三，从介入策略看。广义的策略包含工作者与案主彼此的角色与任务、介入的方法与技巧。由于在介入阶段，我们会讨论介入的方法与技巧，这里简略介绍社会工作者与案主在介入中担任的角色、需要完成的任务。工作者在社会工作的介入中，常常担任社会经纪人、使能者、教育者、倡导者、调解者、社会控制者及治疗者七类角色。同时，每类角色都有一套相应的任务，并要求社会工作者运用专业水平去完成。不过，在制定介入策略中，社会工作者不应假定自己是介入过程中唯一改变案主行为的人，案主也应是参与改变过程中的一方。因此，介入策略还应详细说明案主所要做的工作（李晓凤，2008）。

（二）计划的内容

一般来说，一份计划书应包括六个方面的内容：①案主的基本情况，包括案主的姓名、年龄、婚姻状况与职业等。②简要、准确地描述并列出案主的主要问题与相关问题。③案主要达到的结果及社会工作者的工作目标。④基本阶段、方法以及每个阶段需要采用的方法与动用的资源。⑤达到目标的期限，以促使案主有信心在一定的时间内解决自己的问题。⑥案主留下安全与便捷的联络方式。

（三）签订协议

在介绍社会工作协议之前，需要先谈谈协议与计划的区别。计划是指工作者一方经过周密思考而拟定的解决案主问题的方向与方法。然而，案主对此可能会有不同的看法，并会根据其看法签订协议。这样，社会工作者必须与案主协商，以产生一个双方都能接受的计划。从这个角度看，社会工作协议的本质是一种契约，目的在于将参与服务计划的各方紧密地联系在一起，直到实现特定的目标。同时，社会工作协议的一个最大特点是可操作性，即具有明确性、双方的认同性、灵活性及实用性。此外，从形式上看，社会工作协议可以是书面的，也可以是口头的。其中，书面协议要列明各项工作目标、双方的义务与责任、工作步骤与方法、期望的结果与总结的方法等，这对于各方能起到很好的督促作用。而在实际工作中，口头协议也很常见。口头协议在效用上与书面协议没有明显的不同，一般用于专业关系建立的初期，是案主还不习惯签订协议时的变通。从格式上看，社会工作协议没有固定的格式，有的协议比较简单，有的协议内容比较全面，也有的协议类似于工作合同。以下提供了一个简单的协议样本的范例，如表 10-3 所示。

表 10-3　协议样本 A

同亲生父母的协议
我，×××在此保证做到以下几点，以获得我儿子×××的监护权：
1. 我不再沉溺于饮酒与赌博。
2. 我会在家中控制自己的脾气。
3. 我会改善自己做父母的技巧。
4. 我会稳定地从事工作。
我也同意常常来见深圳社区服务中心的社会工作者，接受忠告与辅导。
×××签名　　　　×××　社工签名
日期：　　　　日期：

资料来源：深圳市温馨社会工作服务中心，“反家庭暴力项目”社会服务表格（2014 年）

四、介入阶段

介入又称社会工作的实施、行动、执行、改变，是助人过程中的重要阶段，因为在这个阶段，可以使工作见到成效。

（一）介入的特点

概括地说，社会工作介入的特点如下（李晓凤，2008）。

第一，介入是有计划、有目的的行动。社会工作的介入目的是，签订服务协议的各方共同实现共识性的目标。所以，在介入阶段，“行动”取向及行动介入结果是此阶段的核心特征。

第二，干预是介入的核心。介入形式可以是行动的，也可以是非行动的，最主要的是按工作计划采取行动，对案主及其环境进行“干预”，以此实现改变案主的态度或行为的目标。

第三，物质帮助与精神支持并重。人的需要有不同层次，包括从物质援助到精神支持及辅导服务。介入行动就是社会工作者根据案主的需要来选择及提供适切的服务过程。

第四，介入有短期效果与长期效果。工作者的单独介入行动在短期内都是微不足道的，效果也不十分显著。然而，当这些介入行动汇集在一起时，累积起来就能看到效果。如此，工作者需要坚持不懈的努力。

（二）介入的分类及行动策略

社会工作介入分为两大类，即直接介入与间接介入。

一是直接介入。其是指针对个人、家庭与小群体采取的行动，重点是改变家庭或小群体内的人际交往，或改变个人、家庭、小群体、环境中的个人和社会系统的关系及互动方式。通常直接介入的行动策略如下：①促使案主运用现有的资源。即社会工作者主要扮演辅导者、促进者、意见提供者、教育者等，来协助案主运用内在资源，以有效地解决其问题；同时，工作者也扮演中介人、倡导者、促进者等，来帮助案主运用现有的外部资源及增强其社会功能。②进行危机介入。按照约翰逊（Johnson，1992）的观点，大约在危机状态的四周至八周中，人们最脆弱，也最需要帮助与支持。如此，危机介入则成了一种特殊形式的介入，其目的在于去除案主的紧张情绪，恢复案主各方面的功能，协助使其顺利渡过危机。③运用活动作为介入策略。传统的社会工作主要通过谈话来帮助案主。但对那些口齿不清、不擅于用语言表达的案主，如果社会工作者能够针对案主的需要设计出有意义的活动，并成功地开展活动，那么，这些活动便会成为影响案主改变的强有力的手段。④调停行动。调停工作的焦点是案主与环境系统的互动，目的是协助利益冲突双方找到共同点，消除冲突，满足其共同的需要。⑤运用影响力。即工作者需要有意识地运用影响案主改变的力量，如诱导、劝导、利用人际关系或社会环境等，来有效地帮助案主解决问题。

二是间接介入。其是指以个人、家庭、小组、组织与社区以至更大的社会系统为关注对象，由社会工作者代表案主采取行动，通过介入案主以外的其他系统来间接地帮助他们。间接介入的行动策略如下：①运用与挖掘社区的人力资源。社会工作者代表案主争取社区资源时，常用的方法是让社区内“有影响力的人物”参与。这里的“有影响力的人物”，是指社区或组织内有权力、有权威并能影响某些重大决定的人。根据 Pincus 和 Minahan（1973）的观点，人们施加影响的资本有七点，即知识与专业技能、物质资源与服务、合法的权威、地位与声望、领导人的魅力与个人的吸引力、对信息流动的控制、建立的各种关系等。②协调与链接各种服务资源与系统。在一个地区内为案主提供服务的常常不是一个机构或组织，并且，它们都有各自的助人计划，如此，就需要社会工作者协调这些服务资源与系统。③制订计划与创新资源。当发现社会有新的需求但缺乏有效的服务资源时，社会工作者就要考虑筹划发展新资源。其中，有些资源不会涉及很高的成本，只要有创造性，社会工作者就能发展出某些相对来说不太昂贵的有用资源。④改变环境。其是指让案主的环境发生变化，以促成案主按照所期望的目标发生改变。所谓的“环境”是指围绕案主的整个外部世界，包括知觉的环境、物理环境、社会互动的环境、社会体制与组织的环境、文化与社会政治的环境。⑤改变组织或机构的政策、工作程序及工作方式。每个社会工作机构都有自己清楚的目标、政策、组织结构与工作程序，以此满足人的需要。但是，当组织或机构不能满足案主的需要或阻碍案主的社会功能发挥时，社会工作者则要尝试去改变组织的结构与功能，跟上案主不断变化的需要。

⑥集体倡导。倡导要求社会工作者为了案主的某些需要，或者为了改变社会中某些不公正的现象，提出一个服务依据或倡议。倡导有两个途径：一是个案倡导，即工作者倡导给某个案主的服务；二是集体倡导，即工作者代表某一群社会问题的受害者，倡导给予他们的服务（李晓凤，2008）。

（三）介入的焦点与原则

人与环境的构成状态是社会工作者介入行动的焦点。如上所述，如果评估的结果显示，问题的根源主要在于案主自身，那么案主就应该成为介入的主要焦点，即应采用直接介入方法。相反，如果案主问题的起因主要在于环境，那么，环境就应该成为改变的目标，即应采用间接介入方法。当然，如果问题有多重原因，则应将直接介入与间接介入结合在一起运用。以下我们举例说明社会工作介入的焦点与介入方法。

★案例 10-10

李太太是一位有两个孩子的单身母亲，两年前其丈夫因意外事故死亡，家里现靠政府的低保金生活。最近，李太太抱怨 7 岁的孩子很难管教，并无法照顾 5 岁的孩子。此外，她还诉说家庭的开支很紧张，感到十分孤独。李太太很想与人谈一谈，也愿意与社会工作者交流①。

根据李太太的问题界定，社会工作者可以将“人与环境互动”作为介入的焦点，并拟定综合介入行动。一是直接介入，包括：帮助陈太太宣泄作为单亲的感受，并给予她情绪支持；识别出社区服务中心有类似问题的案主，为他们开办一个父母技巧小组；提供家政学辅导服务，帮助案主管理家庭开支；向母亲提供管教孩子行为的帮助与忠告；转介案主参与现有的“阳光单亲母亲互助小组”，并寻求儿童照顾及托儿服务。二是间接介入，包括：建立单亲母亲自助网络，培养邻舍之间的相互支持；发展儿童临时托管服务，促使有类似问题的人士能使用此项服务；倡导政府给有需要的家庭提供公共援助津贴；鼓励制定协助单亲家庭的家庭政策等。

★案例 10-11

小 A，男，22 岁，独生子，湖南某大专毕业，未婚，属于新生代劳务工。2010 年 1 月，小 A 与湖南某大专毕业的其他 30 名同学一起，被分配到 F 公司。小 A 的工作是做流水线上的技工，已工作 3 个多月。工作员见到小 A 时，恰逢他感冒与工作状态不佳，并遭遇“线长”（即流水线管理人员）的辱骂与扣工资。当时，小 A 的工作台与宿舍十分凌乱，他的精神状态几乎接近崩溃，多次诉说想自杀，其郁闷焦虑的心情溢于言表。工作员对其表达了基本的接纳和同理后，小 A 的眼泪就止不住地流出来，也慢慢地向工作员倾诉了近日心中的烦恼。通过第一次面谈，工作员初步梳理了小 A 案例的问题背景。包括工作枯燥、紧张，业余生活单调，人际关系疏离，工作无前途感，对未来生活的迷茫②。

根据小 A 的上述资料，社会工作者基于企业社会工作员工协助方案（employee assistance program，EAP）视角与扩展的临床视角下“双重的 ABC-X 压力模型”理论，拟定以下介入行动。一是直接介入，包括自由宣泄、缓解情绪，厘清思路、整合资源，

---

① 根据深圳市南风社会工作服务社案例改写，2014 年，第 3 页。

② 根据深圳市温馨社会工作服务中心案例改写，2010 年，第 1-4 页。

了解自我、完善自我，传授身心放松技巧、提高抗逆力，制订“生涯发展方案”，增强自我实现的满足感等。二是间接介入，包括链接或增强小 A 的家庭支持资源、同学支持资源、同事支持资源、干部支持资源、工作环境支持资源，并维护劳工的劳动福利权等。

此外，社会工作者在做选择时，为了采取更合适的行动，还应该考虑以下原则：以人为本、服务对象自决、个别化、考虑服务对象的发展阶段及其特点、与服务对象相互依赖、瞄准服务目标、考虑经济效益等。

五、评估与结案阶段

在社会工作实践中，结案常常与评估放在一起，被看做通用过程模式的最后一个阶段。不过，学者普遍认为，评估是终结阶段的重要任务之一，如此，我们将分别讨论评估与结案。

（一）评估的目的、策略与方法

评估是指运用科学的研究方法与技术，系统地评价社会工作的介入结果，总结整个介入过程，考察社会工作的介入是否有效、是否达到了预期的目的与目标的过程。以下简略讨论评估的目的、策略与方法。

一是从评估的目的与作用看。评估在通用过程模式中十分重要，其主要目的有考察社会工作介入效果、案主进步情况与介入目标的实现程度；总结工作经验、改善工作技巧、提升服务水平；验证社会工作方法的有效性；进行社会工作研究。同时，在社会工作实践中，评估也发挥着十分重要的作用，其主要体现在监督介入工作进度；发展本土社会工作知识与方法、促进专业成长；巩固改变成果；社会问责，即促进社会工作者向服务对象、社会与专业自身做出多元交代（史柏年，2015）。

二是从评估的困难与策略看。纵观整个社会工作服务领域，笔者发现，系统的评估仍处于初步的发展阶段。究其原因，在社会工作评估中主要遇到了两大困难，一是缺乏支持。因服务资源的有限与服务需求的庞大，在许多社会服务机构中，仅仅鼓励用不正规的、武断的、原始的方式进行评估，加之社会工作者的次文化不利于做系统的检讨等，致使评估工作的开展十分困难。二是技术性困难。社会工作实践有其艺术性的一面，常常难以做到客观的评估，因为很难把一个复杂的过程简化为一个简单的说明、分类或统计的数字等。相应的，一些社会工作的成果常常难以界定、衡量及进行较精确的评估。不过，针对评估中出现的困难，社会工作者也可以从以下几点来改善评估工作，即高度认识评估的重要性，创造性地发展评估的方法，储备评估方法的基本知识，愿意与同事、督导分享评估的资料等（李晓凤，2008）。

三是从评估的类型与设计看。社会工作评估因目的不同，也有不同的评估类型，比较常见的评估分类是过程评估与结果评估。其中，过程评估是指对社会工作实践中所运用的技术、方法及策略的评估，其关心的重点是工作中各种步骤与程序怎样促成了最终的介入结果，方法是了解与描述介入活动的内容，回答服务过程中发生了什么，以及为什么发生；结果评估是指对社会工作介入目标的结果进行评估，包括实现目标的测量、对案主影响的测量、督导与同事对工作进展的评估等，这种评估反映了社会工作实践在实现目标方面的有效性（Sheafor et al.，1991）。针对以上评估的类型，社会工作者从定性定量方法的角度，总结了常用的评估方法，包括：①基线测量方法。运用此方法，必须找出介入要改变的目标行为，并在工作开始就进行测量，以提供一个比较的基准线。②任务完成的测量尺度。通常可以运用 5 个等级尺度来测量任务的完成情况。5 是指全部实现；4 是指大体上实现；3 是指部分实现；2 是指极少实现；1 是指没有进展。同时，将每项任务的最后得分加到一起，然后除以可能获得的最高分数，就能确定成功的百分比。③实现目标的测量。有两种测量方法，一是目标核对表。即在介入过程与结束期都用某些等级尺度来衡量介入后的行为并记录它们，再将介入后的行为与介入前的行为进行核对，就可以发现介入前后案主的行为变化。二是个人目标尺度测量。即按照案主的具体情况，分出轻重缓急，制定出几个目标，然后使用大家认可的等级尺度，来测量与计算出案主实现个人化目标的情况。④对案主的影响测量。即运用问卷形式或口头表达方式，让案主自我陈述对自己的影响，这种测量方法有案主满意度影响、差别影响评分方法等。⑤督导与同事检讨工作进展。即将工作者的介入与一套原则或标准进行比较，然后检讨工作者的工作质量。通常，这种评估方法由督导来执行，会带入一些专业标准与判断。因此，为保证评估的客观性，应让案主、同事等一起来参与评估过程，工作者本人也要持坦诚开放的心态（李晓凤，2008）。

★案例 10-12

在案例 10-11 中，社会工作者通过以下三个方法来评估小 A 个案的服务成效。

第一，服务对象的自我评估。服务对象在《个案结束评估表》中，对下列主要内容做了如下评估：①你对负责社工的表现满意吗？回答：非常满意。②负责社工对你提供了何种帮助（可选多项）？回答：提供了有用帮助，具体有压力问题、情绪问题、人际关系问题、工作适应问题、职业生涯发展问题、自我成长问题、劳动权益保护问题等。③通过个案介入，你的精神面貌是否发生了变化？曾经的烦恼和苦闷是否变得开朗和快乐（完全没有改善为 0 分，完全改善为 10 分）？回答：9 分。④通过社工组织的各种讲座和活动，改善了你的工作氛围，营造了有利的外部环境吗（完全没有改善为 0 分，完全改善为 10 分）？回答：9 分。⑤总体而言，服务能否协助你面对或解决你的困难（完全没有解决为 0 分，完全解决为 10 分）？回答：9 分。

第二，工作员的观察。具体内容如下：①通过个案介入，服务对象的精神状态发生了非常大的变化，原先的焦虑不安和郁闷无助的情绪完全不见了踪影，精神面貌焕然一新，现在展现在我们面前的是一个阳光快乐、自信、平和、干练的新生代劳务工的形象。②服务对象思路清晰，分析问题、整合资源、应对工作生活的压力与挑战的能力有了很大的提高，能更好地与环境互动，掌握了工作及人生的主动权。③服务对象的自我获得了成长，能更全面更深刻地认识自己，了解自己的优势和弱势所在，领悟到自己目前的状态与潜意识中未满足的需求有关，希望进一步地了解自我和完善自我。④通过协助服务对象链接家庭、同学、同事、干部及企业等各种抗压资源，组织各种讲座、工作坊，以及在企业开展“维护劳工福利权”活动，社会工作者在帮助案主与环境互动中有效地改善了其工作环境和氛围，为他彻底摆脱困境与自我成长创造了非常有利的外部条件，并且在此过程中也使他学会用新的方式建设性地重构职业发展的梦想。

第三，其他人的反馈。服务对象的周围人认为他的精神状态有了非常大的变化；工作也有了很大的起色，得到了企业员工的认同和企业中层干部的赞许[①]。

（二）结案的类型与任务

结案是工作者与案主终止接触，标志着整个介入工作的完结，提供了反思与检讨工作进程的机会，也标志着案主已能靠自己的力量建设性地成长了。不过，在有些情况下，结案并不意味着案主的问题得到了彻底解决。相关研究表明，进入结案阶段的类型如下：①目标达成的结案；②因案主不愿继续接受服务而必须终止关系的结案；③存在不能实现目标的客观与实际原因的结案；④社会工作者或案主身份发生变化时的结案。出现了上述四种情况都需要结案，但在第②、③、④种情况下，可能需要在结案之后进行转案或转介工作（史柏年，2015）。

在结案阶段，为了巩固案主已有的改变，增强案主解决问题的能力与信心，社会工作者需要完成各种各样的工作任务，以下介绍结案阶段的主要任务。

（1）总结工作。即评估整个工作过程，包括对计划目标的完成情况、介入效果进行总结与评估，将结果与案主分享并报告给机构，审填处理案主因结案带来的与分离有关的感受与情绪，做好结案记录并撰写结案报告。

（2）处理分离的感受与情绪。因结案意味着工作者与案主很快要分手，工作者与案主可能都有特殊的情绪与感受。经研究发现，结案时案主会出现正面、负面的情绪反应，工作者对此应有充分的准备，并能妥善处理。其一，案主的正面反应。如对获得成长与成功的欣喜、对整个工作过程带给他们新认识的肯定、对与社会工作者关系的满意、对社会工作者的帮助充满感激、对未来完满信心等。对于这些正面的情绪反应，工作者应给予肯定，并适时适当地进行强化，以增强案主面对未来的信心，但不要刻意渲染这种气氛，以防止产生离别的伤感情绪。其二，案主的负面反应。常见的负面反应有否认、倒退、依赖、抱怨、愤怒、讨价还价、忧郁等情绪。而工作者在处理案主的负面反应时应注意做好以下工作：与案主一起讨论他们对结案的准备情况；提前让案主知道结案时间，早做心理准备；逐渐减少与案主的接触，提醒案主要学会自立并提供心理支持；预估“负面反应可能会破坏改变成果”的某些因素，并继续提供服务，等待稳定了案主的改变成果时再结束专业助人关系；必要时安排正式的结案活动，以帮助案主用建设性的方式来明确表达自己的感受（史柏年，2015）。

（3）巩固已有的改变。工作者应尽力协助案主保持在助人过程中获得的进步，巩固与增强他们的自我功能。具体方法如下：其一，回顾工作过程。即回顾问题及解决问题所采取的步骤，以协助案主形成“问题解决过程”的认知图，促使案主进一步学会如何解决问题。其二，强化案主已有的改变。工作者应通过强调案主已取得的成绩，来增强他们的自信及其拥有的力量，以此巩固已有的改变。其三，表达积极支持的态度。工作者应鼓励案主独立解决问题，并肯定他们有能力这样做，以强化其信心。其四，如果必要的话，工作者可以假设一些出现问题的情况，给予案主预备解决问题的

① 根据深圳市温馨社会工作服务中心案例改写，2010 年，第 10-11 页。

指南。

（4）解除工作关系。正式与案主解除工作关系，意味着不再提供服务。不过，在解除工作关系时，社会工作者需要注意两个问题：一是转介。如果案主还需要其他服务，工作者应给予转介。转介案主时，工作者需要与其他机构建立互联网络，了解转介条件，为转案做好准备。二是工作者要处理自己的情绪与感受。工作者对于结束工作关系，很可能也有一些情绪上的反应。有时工作者会发现难以处理自己的感受，以下举例说明。

★案例 10-13

某位社会工作专业的学生小王，在深圳某家居家养老服务中心结束了实习。在实习期间，小王与一对被社会孤立、缺乏社会支持的夫妇建立了亲密的工作关系。小王对这例个案工作非常投入，并取得了重要进展。现在，小王必须离开实习单位了。在终结个案的过程中，这对夫妇对工作者表示了感谢，说他们很想念小王，还请求他以后来看他们。如果你是本案例中的社会工作学生，你也会想念他们吗？你会怎么做[①]？

在结案时，社会工作者与案主有类似的感受是常有的。新进的社会工作者常常感到难以抗拒向案主提供进一步照顾的念头。而社会工作者是否应该把与案主的工作关系转变为个人关系呢？这类问题引起了社会工作在道德实践方面的热烈争论。不过，在思考上面的个案反应时，工作者必须考虑以下问题。第一，社会工作者应现实地估量结案后有关事情的承诺。如某些社工毕业生做出了个人承诺，结果发现难以兑现，这是要慎重考虑的。第二，社会工作者应认识到结案的助人作用。即应该鼓励案主依靠自己继续解决问题，学会成长并发展出自身的自然支持系统。第三，社会工作者必须认识到案主的长远利益最为重要。因为工作者个人的承诺可能会阻碍机构接下来的工作。基于上述考虑，我们认为，案例中即将离开的实习生，不需要对案主做出任何个人的承诺，但可以对案主做出机构的服务承诺。

（5）做好结案记录。结案记录的内容包括：案主何时求助、求助原因是什么、工作过程中提供了哪些服务、服务对象有什么改变、为什么结案、社会工作者的评估与建议等（表 10-4）。同时，撰写结案记录也需要社会工作者十分用心，案例 10-14 是深圳社会工作者撰写的“结案记录摘要”，包括过程与问题、评估、持续目标、现况的评估及结束过程。

表 10-4　个案结案评估记录表　　　　**个案编号：________**

案主姓名		开案日期	
个案会谈次数		个案活动次数	
个案活动类型	□参加小组________次；□参加活动________次；□担任义工________次； □其他______________________________		
呈现问题/求助问题描述及分析			
个案计划目标			
目标达成情况			

① 根据深圳市罗湖区德福社会工作服务中心案例改写，2014 年，第 5 页。

续表

结案原因	□ 目标达成 请注明：________ □ 转介 请注明：________ □ 案主提出结案 请注明：________ □ 其他 请注明：________
社工介入手法反思 （专业理论支持、秉承的价值理念、运用的社工技巧、辅导方式、时间频次、需改善的地方）	
跟进建议	（是否需要跟进，跟进时间、内容、形式等；如不需要，请说明原因）
案主对于结案的反应	
跟进社工	社工签名：________ 填表日期：________
督导/主任建议	督导/主任签名：________ 日期：________

资料来源：广州大同社会工作服务中心永和街家庭综合服务中心服务套表（2014 年）

★案例 10-14

2014 年 1 月 10 日，社会工作者小苏与案主（刘太太）进行第八次也是最后一次会谈。小苏与案主是从 2013 年 10 月 18 日开始认识的，当时案主的问题主要表现为经常与丈夫、儿子争吵，常常伴有愤怒、压力、紧张及焦虑的情绪，睡眠困扰，对妇女的职场工作感到困惑与矛盾，对丈夫与儿子过分负责任的想法、感受以及对家庭成员过多的控制欲，角色紧张或因为母亲、妻子、管家与职员的角色冲突。基于上述问题，社会工作者小苏与案主建立了几个相关的工作目标，展开了一个八周的介入计划（过程与问题的描述）。

（1）评估。在回顾工作过程与评估介入方案时，案主刘太太表示自从第一次会谈后，压力与生气的感受均有实质性的改善。同时，因家务活的重新公平分派，目前她与丈夫、儿子的关系也有很大的进步，她担任“家庭照顾者角色”也大大减少，她相信重新调整的家务责任可以促使家庭成员从中获益颇多。进一步，刘太太诉说了自己的一系列变化，现在可以睡得很好了，头也不常痛了；对目前的工作很满意，很高兴能继续工作；对有趣的、快乐的活动感兴趣，特别是在园艺学习方面。刘太太认为，社会工作者对她最大的帮助是，认识到了“为丈夫与儿子干太多的事，可能会阻碍他们潜能的发展”。

（2）持续目标。案主表示她会按原定的计划持续努力，并且她想参加“职场阳光妈妈”的聚会，看看那是什么活动。此外，她正在考虑参加“职场女性肯定训练团体”。

（3）现况的评估。多种评估资料显示，刘太太、她的儿子与丈夫能够更直接地沟通及分享家务责任，案主已在改善的家庭关系中体验到了较大的满足感。同时，夫妻俩在过度的责任感与控制欲上也有明显的进步。如此，案主及其家庭拥有的诸多建设性力量，可以协助他们在未来生活得更好。社会工作者小苏预期案主会继续成长与发展，并能更有弹性地处理家庭角色与个人角色。

（4）结束过程。社工与案主以积极的方式结束了工作关系。刘太太在表达心中的感激时，小苏也分享了在这个过程中的感受与快乐，这个案例在预期的八周内结束了[①]。

① 根据深圳市坪山新区大同社会工作服务中心案例改写，2013 年，第 11-12 页。

（三）跟进的任务与意义

跟进是指专业关系结束之后，工作者必须对案主进行一段时期的随访，并对随访期出现的情况做出一定程度的处理与回应（表 10-5）。通常，根据专业关系结束的方式不同，跟进可以有不同的方式与内容，包括：其一，服务项目的结案及跟进。即根据案主的需要或问题，工作者在项目计划完成后需要对案主继续跟进，以巩固与维持因服务项目实施而获得的效果，并根据案主的状况制订新的促进案主改变的服务方案。其二，转介及跟进。即将案主从现有的机构转介到其他更适合的机构接受服务。同时，工作者在转介后还应对案主进行一定程度的跟进，以有助新的工作者有效地开展工作。其三，工作关系的结束及跟进。即案主完成了整个介入计划与离开服务机构后，应接受 1~2 年的跟进及随访服务（张昱和费梅苹，2005）。

表 10-5　个案转介表　　　　个案编号：________

<table>
<tr><td>转出单位</td><td colspan="2"></td><td>负责社工</td><td colspan="2"></td><td>联系方式</td><td></td></tr>
<tr><td>案主姓名</td><td></td><td>性别</td><td></td><td>出生年月</td><td></td><td>联系方式</td><td></td></tr>
<tr><td colspan="4">服务使用者/监护人同意将其个案转介</td><td colspan="4">是□　　否□
签名：________　时间：________</td></tr>
<tr><td>案主困扰描述</td><td colspan="7"></td></tr>
<tr><td>社工已经提供的服务清单</td><td colspan="7"></td></tr>
<tr><td>个案转介原因</td><td colspan="7"></td></tr>
<tr><td>转介后继续跟进事项</td><td colspan="7"></td></tr>
<tr><td>督导/主任意见</td><td colspan="7">督导/主任签字：________　日期：________</td></tr>
<tr><td colspan="8">接收机构：________
工作人员签名：________
日期：________</td></tr>
</table>

资料来源：广州大同社会工作服务中心永和街家庭综合服务中心服务套表（2014 年）

跟进是评估与结案过程的必要环节，对社会工作实务过程的发展具有十分重要的作用。例如，可以维持与巩固社会工作项目的实施效果；帮助案主得到更合适与更有效的服务；帮助结案的案主更快地适应现实处境，并成为一个自我引导与自我实现的人；有利于社会工作各个部门与工作者之间的信息交流与合作。此外，通过对社会工作跟进的案例进行分析，我们发现，跟进工作可以在较广泛的层面开展，包括：对服务效果巩固层面的跟进；对服务内容、工作方法与工作制度完善层面的跟进；从整个社区或社会环境的支持等多层面，提出跟进的方向与具体的工作内容等（李晓凤，2008）。可见，跟进已成为社会工作过程的重要部分，这对于拓展社会工作在“会谈室”的狭窄视野，以及有效地发挥服务效果与促进社会工作的完善，都有着十分重要的作用。

参 考 文 献

黄惠惠. 1982. 助人历程与技巧. 台北：张老师月刊社.

李晓凤. 2008. 社会工作的原理、方法、实务. 武汉：武汉大学出版社.
李晓凤. 2009. 优势视角社工辅导在流浪儿童工读学校的介入空间. 中国校外教育，（12）：16-18，54.
林孟平. 1986. 辅导与心理治疗. 香港：商务印书馆.
秦炳杰，陈沃聪，钟剑华. 2002. 社会工作实践基础理论. 香港：香港理工大学出版社.
史柏年. 2007. 社会工作实务（中级）. 北京：中国社会出版社.
史柏年. 2015. 社会工作实务（中级）. 北京：中国社会出版社.
王思斌. 2015. 社会工作综合能力（中级）. 北京：中国社会出版社.
张昱，费梅苹. 2005. 社区矫正实务过程分析. 上海：华东理工大学出版社.
周月清. 2001. 家庭社会工作理论与方法. 台北：五南图书出版公司.
Cournoyer B. 1997. 社会工作实务手册. 万育维译. 台北：洪叶文化事业有限公司.
Garvin C，Seabury B. 1984. Interpersonal Practice in Social Work：Processes and Procedures. Englewood Cliffs：Prentice-Hall.
Johnson L C. 1992. Social Work Practice. Boston：Allyn and Bacon.
Loewenberg F M. 1977. Fundamentals of Social Intervention. New York：Columbia University Press.
McMahon M O. 1990. The General Method of Social Work Practice：A Problem Solving Approach. Englewood Cliffs：Prentice-Hall.
Morales A，Sheafor B W. 1989. Social Work：Profession of Many Faces. Boston：Allyn and Bacon.
Saleebey D. 2004. 优势视角——社会工作实践的新模式. 李亚文，杜丽婕译. 上海：华东理工大学出版社.
Sheafor B W，Horejsi C R，Horejsi G A. 1991. Techniques and Guidelines for Social Work Practice. Needham Heights：Allyn and Bacon.
Pincus A，Minahan A. 1973. Social Work Practice. Boston：Allyn & Bacon.

参考案例

广州大同社会工作服务中心海龙街家庭综合服务中心案例，2013.
广州大同社会工作服务中心永和街家庭综合服务中心服务套表，2014.
深圳市罗湖区德福社会工作服务中心案例，2014.
深圳市南山区南冈社会工作服务社案例，2014、2015.
深圳市鹏星社会工作服务社案例，2014.
深圳市坪山新区大同社会工作服务中心“来深建设者子女及家庭服务项目”案例，2015.
深圳市坪山新区大同社会工作服务中心案例，2013、2014、2015.
深圳市温馨社会工作服务中心“反家庭暴力项目”社会服务表格，2014.
深圳市温馨社会工作服务中心案例，2010、2014.

第十一章

社会工作实务领域：年龄和性别的视角①

社会工作的核心对象是社会弱势群体，考虑到社会弱势群体有不同的结构层面，因此本章选择以我们生命中最熟悉的年龄和性别作为分类视角，将社会工作实务领域划分为儿童社会工作、青少年社会工作、老年社会工作、妇女社会工作和家庭社会工作。

第一节　儿童社会工作

★案例 11-1

案主小柯，男，8 岁，现就读于上海市某小学。小柯的亲生父母是一对孤儿，婚后常年吵架，对小柯缺乏照顾。小柯 4 岁时，其父亲失手杀死其母亲被判处无期徒刑，小柯先是寄养在远方亲戚家，后流浪到上海，被孤儿院收留，5 岁时被收养。养父母对小柯宠爱有加，但小柯却无法和他们建立安全的依恋关系。小柯常做噩梦，对同学具有攻击性，有强烈的控制欲望，容易相信陌生人。学校老师在征得小柯养父母同意后将小柯转介给社工，社工运用发展游戏治疗模式介入，经过半年的治疗，小柯的心理和行为有了很好的改善②。

---

① 本章编写者马林芳，华南农业大学公共管理学院社会工作系副教授、系主任，社会工作专业硕士生导师。主持或参与国家级、省部级、厅局级课题多项，如"社会工作视野中的流浪儿童救助保护模式创新研究""学校社会工作的本土化模式探索：基于广州市农民工子弟学校的研究"等；发表《无意识排斥下的农村残疾儿童入学困难分析》《青少年的自尊感及其培养》等十多篇论文；主编（执行）出版了"救助管理机构社会工作服务与创新丛书"，并撰写了其中的《个案管理与分享》一书。作为广州市第一届督导培训班优秀学员，从 2009 年开始先后督导广东省民政厅少年儿童救助保护中心、第一救助安置中心、福利服务中心社工服务项目。多次参与广州市家庭综合服务中心和幸福社区项目的评估。2014 年荣获"广东省优秀社工导师"称号。

② 文军：《学校社会工作案例评析》，华东理工大学出版社，第 189 页。

一、儿童社会工作的概念

（一）“儿童”的年龄界定

《中华人民共和国未成年人保护法》、联合国《儿童权利公约》等相关法律规定，都认为儿童是指 0~18 岁的个体。由于在这一时间跨度中个体在生理、心理、社会发展上呈现着显著的发展差异，“儿童”的概念就显得比较笼统。根据我国《现代汉语词典》（第 6 版）的界定，儿童是指较幼小的未成年人，年纪比少年小。少年是指人十岁左右到十五六岁的阶段。它们反映出 0~18 岁有儿童、少年之分。于是，本书将儿童的年龄界定为 0~12 岁。

（二）儿童社会工作的概念

儿童社会工作，顾名思义就是以全体儿童为对象的社会工作，是社会工作的专业价值、理论、方法和技巧在儿童教育和保护领域中的应用。儿童社会工作的目标是激发儿童自我发展、自我成长的潜能。由于儿童事实上的生存境遇不同，儿童社会工作又有广义和狭义之分。广义的儿童社会工作是社会福利的组成部分，其工作对象是全体儿童，包括国家和地方政府为保护儿童权益、促进儿童健康成长所采取的一切措施，是一种积极的儿童社会工作。狭义的儿童社会工作是一种事后补救性工作或称消极性的儿童社会工作，它以那些处于特殊困难境地的儿童为对象，多采取机构服务的方式，救助和保护那些因家庭或父母无力抚养的儿童或者有各种问题的儿童，如孤儿、残疾儿、流浪儿、弃婴、受虐待儿童、情绪或行为偏差儿童等，通过对儿童环境的改善、对儿童权益和身心的保护以及面向儿童的教育活动等多种形式，促进儿童全面健康发展。

二、儿童社会工作的基本内容

（一）宏观的儿童社会工作

从一般意义上讲，儿童社会工作是面向所有儿童的社会工作，它以联合国《儿童权利公约》中所列出的儿童的权利为服务基础，这些权利具体为以下几方面。

（1）生存的权利。即生命存活、基本生活保障的权利。

（2）受保护的权利。即保护儿童免受歧视、虐待或疏忽照顾，对难民儿童保护等。

（3）发展的权利。即发展其全部体能和智能的权利。

（4）参与的权利。即参与社会生活、发表意见的权利。

宏观的儿童社会工作主要包括以下几方面。

（1）推动有关儿童的立法。儿童社会工作的重要任务是推动政府在儿童福利、权益保护方面的立法，敦促政府在儿童营养、卫生等方面的投入，并积极为政府出谋划策，提出更多关于儿童福利方面的建议和意见。

（2）促进对儿童的养育。儿童社会工作就是要通过多方面的努力，促进对儿童的养育，首先是保证儿童的营养；其次是保证儿童有良好的居住环境。

（3）推动儿童教育事业。其包括：推动义务教育法的落实；提高家庭教育的质量；

宣传现代化的教育思想，提高全社会的教育意识和教育思想水平；帮助儿童养成健康心理；指导儿童与其他儿童友好相处，学会在集体中生活；教会他们面对生活中的各种问题；等等。

（4）创造儿童快乐成长环境。游戏和娱乐是儿童生活的一部分，儿童社会工作者需要通过多方面的工作，为儿童开展好游戏和娱乐活动提供条件。

（5）加强儿童卫生保健。一是妇婴保健，即减少婴儿死亡率；二是学校卫生保健，即通过传染病的预防、健康教育等方面促进儿童健康发育成长，减少疾病的发生，全面提高其身体素质。

（6）开展儿童家庭服务。主要有三个方面：一是对家庭中儿童权益的保护；二是针对亲子关系和儿童教育方面的服务，使父母与儿童之间、儿童与其家庭成员或邻里之间愉快、友好地相处；三是在社会上建立对个别“问题”儿童的服务机制；等等。

（7）增强儿童权益的保护。通过流浪儿童救助、辍学失学儿童助学、发展偏差儿童矫治、残疾儿童康复等手段，保护儿童的合法权益；保护儿童的健康成长，即对危害儿童健康的行为予以打击；通过教会孩子自我保护、提高儿童自我保护能力。

（8）提供儿童的信息与资讯。儿童社会工作者需要随时了解儿童的发展需求，评估国家、社会采取过的儿童福利措施，认识儿童问题，为政府决策提供建议和意见。

（二）微观的儿童社会工作

1. 生活境遇不良的儿童

一般而言，这类儿童服务可分为支持性、保护性、补充性和替代性四种类型。

支持性服务是指通过个案、团体或家庭咨询等方式，提高家庭的功能，强化父母的责任，促进儿童福利；保护性服务是指讲求最小限度地改变儿童的生存环境，维护其发展过程的稳定；补充性服务是指对儿童生活的基本状况作必要的改善，但仍有部分保留；替代性服务是指完全用替代性的措施改变其生存环境，此类服务是最底线的保护措施，针对需要短暂的或永久解除亲子关系的家庭。

2. 孤儿、弃儿

孤儿、弃儿的救助方式主要是家庭寄养、收养和儿童福利院安置。

家庭寄养为不愿意或不可能被领养的孤儿、弃儿和那些因故原生家庭无法照顾的儿童选择适宜的家庭，使他们在生活上得到保障，在社会情绪上得到适应。社会工作者的服务包括安置前和寄养中的服务。安置前，社会工作者对寄养家庭进行招募、训练，对将寄养儿童进行安置前的辅导，进行儿童与家庭之间的配对，帮助家庭拟订照顾计划，协助家庭提升适应能力以及相关辅导等，到契约期满之后再协助家庭调适对寄养儿童的不舍之情等。

收养服务是依据法律通过正常手续建立抚养关系的一种方式。社会工作者的服务类似于以上家庭寄养，不同的是其服务主要在收养之前及收养最初阶段。

儿童福利院安置可以为孤儿、弃儿提供合乎卫生的饮食以及正常生活的充分照顾，还可提供医疗保健和教育。社会工作者的服务主要是为这些儿童提供有适合性的多种活动，必要时开展及时的个案工作。

3. 受虐待儿童

当家庭的功能不良和压力超过其资源时，容易导致儿童虐待事件的发生。儿童虐待的类型可以分为虐待和忽视两大类，其中虐待包括身体虐待、语言虐待、性虐待；忽视包括身体忽视和情感忽视。虐待对儿童的影响很大。例如，受虐儿童与同龄非受虐儿童相比，他们与他人的互动不太好，可能会语言较少，无法直视他人，且尽量避免范围较大的社会交往活动和与人交流。不同类型的虐待对儿童的影响也不同，其中性虐待给儿童带来的心理伤害最大。

儿童对虐待和忽视的回应方式，基本有以下十种（米尔斯，2006）。

一是认同攻击性行为；

二是神经质的适应——如分神、强迫或病态性恐惧行为；

三是沉默——他们认为他们应对造成自身混乱的事件负责；

四是精神疾病——他们接受了其父母的病态世界观，并生活在一个半精神混乱的状态下；

五是抑郁——他们责备自己；

六是冷漠——他们对自己存在的各方面进行隔绝；

七是报复——他们以有预谋的报复来疗伤；

八是逆反；

九是找寻——他们到处找寻安全；

十是早熟——他们变成了小大人。

社会工作者向被忽视和受虐待的儿童以及那些其自身曾受虐待的父母提供服务时，可考虑遵循下列七个阶段的过程（米尔斯，2006）。

（1）觉醒。他们是真正的受害者，以及他们曾害怕承认自己的真实感受。

（2）抗议。一旦他们认识到自己是受害者，他们能够开始体验到自己的痛苦和真实感受；在治疗过程中，他们应被允许复述自己的感受。

（3）沉默。当获得新的意识和洞察力时，这些儿童开始感到他们有部分责任，无论是以积极的还是消极的方式表现出来；为了某些原因或其他的，他们感到“是自找的”。

（4）绝望。在治疗过程中，儿童开始意识到他们的童年是非正常的，他们对这种失落感感到特别忧伤。

（5）关系的重估。在儿童期受虐待的儿童和成人为满足他们人际关系的需要而寻求完整感。

（6）关系的调和。一旦这些儿童和成人面对了自己的感情，他们就准备面对他们的加害者。

（7）重建。儿童被鼓励和其他人多接触。

三、儿童社会工作的方法

考虑到儿童的心理年龄特点，社会工作者在运用社会工作个案、小组和社区三大方法时，可以考虑多采用游戏治疗的方法。

游戏治疗是指利用游戏的非语言沟通特性，并辅之以一些语言沟通来了解儿童问题，帮助儿童成长。游戏治疗要求社会工作者在建立关系的过程中为儿童提供同理、真诚一致、温暖的条件。治疗关系或治疗情境的建立从接案过程就已经开始，并且持续到最后一次治疗。

游戏治疗的方法具体有以下几种。

（1）绘画。通过绘画活动让儿童产生心理动力的转换，从而达到个体心理能量平衡的目的，并让儿童通过绘画活动自然整合经验，以达到人格的统一整合。

（2）沙戏。在幻想游戏中，沙和水是特别有力的工具，沙戏是最简单易行的治疗媒介，对儿童而言，也是连接意识和潜意识的最佳媒介，能达到治疗早期创伤及提供诊断的功能。

（3）玩偶。社会工作者可以设计特殊安排的娃娃和游戏材料来引发儿童个体的宣泄和获得顿悟，使儿童能够借助玩偶来进行认同与投射。

（4）娃娃屋。娃娃屋是儿童专业工作中最普遍的游戏方法之一，使儿童能够投射使用模仿或想象，特别是对受虐儿童，能够泄露其内心对家庭所隐藏的想法与感觉。

（5）迷你箱庭。迷你箱庭技巧在受虐儿童身上特别有效，它可以使儿童在接受治疗的过程中体验到去过或即将要去的法庭，让受虐儿童预先演练，提高儿童对环境的控制感。

（6）相互说故事。在说故事中呈现个人的内在世界，儿童对自己、他人等关系的想法，面对生活情境问题的知觉能力、解决能力。

（7）可塑性材料的使用。图形和黏土等可塑性材料都是非常适合儿童来表达投射过程的材料，也可看做儿童与世界互动的方式。

★补充材料——依恋理论

心理学家鲍尔比（J. Bowlby）于 1958 年提出依恋心理的概念，他认为依恋是婴儿在同母亲较长时间的相互作用中逐渐建立的。其发展过程有三个阶段：①无差别的社会反应阶段（出生到 3 个月）——婴儿对人的反应不加区分、无差别；②有差别的社会反应阶段（3~6 个月）——婴儿对人的反应有了区别和选择，对母亲更为偏爱；③特殊的情感联结阶段（6 个月至 3 岁）——婴儿对母亲的存在更加关切，特别愿意与母亲在一起，当她离开时则哭喊，回来时则十分高兴。

此后，艾斯沃斯（Ainsworth）实验发现，婴儿的依恋反应有三种形式：①安全型依附（secure attachment）——婴儿以母亲为安全基地，在探索游戏室时会意识到母亲的同在，会不时查看以确定需要时母亲在旁。母亲离开时，婴儿也会哭或抗议。母亲回来后，婴儿会靠近母亲以取得安慰，并与母亲有肢体接触。②焦虑型依附（anxious attachment）——不喜欢探索游戏室的事物，每当母亲要离开前就显得很警惕，母亲离开时会很生气，哭了很久后当母亲回来时，婴儿会寻求肢体接触，但也可能即刻推开甚至打母亲，不易被安抚。此类婴儿不够信任母亲，而且不相信母亲能满足自己的需要。③回避型依附（avoidant attachment）——这类婴儿不太在乎母亲的离开，不依恋母亲，行为举止好像母亲不在场一样，眼神不太与母亲接触，也不会试图吸引母亲的注意，对母亲的离开或回来毫无反应。

该理论说明依恋对个体婴儿期心理发展具有重大作用。婴儿是否同母亲形成依恋及其依恋性质如何，直接影响着婴儿情绪情感、社会性行为、性格特征和对人交往的基本态度的形成，也会影响到个体未来自我调控能力的形成。

第二节 青少年社会工作

★案例 11-2

社区青少年小雷与父亲关系紧张，有一天晚上，小雷与父亲发生争执，心中不悦便想去买把刀与父亲拼命。小雷通过 QQ 告诉社工自己的这个想法，并告诉社工自己现在正在网吧。由于不知道小雷到底在哪间网吧，社工只好一边派人在网上搜寻小雷的线索，一边派出几路志愿者，在小雷附近的网吧分头寻找。最后，在凌晨 1 点左右，社工把小雷接到了中途宿舍。经过社工的开导和心理咨询师的耐心慰藉，小雷掏出了身上的尖刀，当场泪流满面，并哭诉，爸爸要为自己好，为什么不像社工一样好好跟自己沟通，如果没有社工，真不敢想象会发生什么样的严重后果①。

一、青少年社会工作的概念

（一）青少年的年龄界定

青少年的年龄界定有多种，年龄边界有 12 岁、13 岁或 14 岁，青少年期普遍被理解为一个处于儿童期和成熟期之间的过渡性阶段。因此，考虑到与此阶段个体社会性发展相对应，本书延续对“儿童”年龄界定的前提下，青少年是指 12~22 岁的个体。

（二）青少年社会工作的概念

青少年社会工作是指社会工作者在专业的价值观指导下，根据青少年的身心特点、动机需求、兴趣爱好，运用社会工作专业的理论、方法和技巧，帮助青少年解决问题、克服困难、恢复功能和获得全面发展的一种服务活动。

二、青少年社会工作的内容

（一）宏观的青少年社会工作

青少年是国家和社会的未来，他们的发展状况直接关系到国家的发展。宏观的青少年社会工作主要是从事青少年全局性发展的计划、实施、管理和监督等工作，具体表现为以下几方面（陆士桢和王玥，2005）。

1. 推动有关青少年的立法

青少年社会工作要确保青少年合法权益能够得到保障，要积极推动青少年政策法律法规体系的建设，加强执行力度，使青少年可以通过正常的法律途径获得相应的权益

---

① 王瑞鸿：《社会工作项目精选》，华东理工大学出版社，第 91 页。

保护。

2. 为政府提供青少年信息的建议

青少年社会工作有义务向政府部门提供青少年相关的信息，包括青少年的基本状况、福利需求、与青少年相关的社会问题、当下青少年事务的评估结果等，帮助政府从宏观和长远角度认识和解决青少年问题。

3. 促进青少年的健康发展成长

青少年社会工作重点关注青少年的健康发展成长，大量的宏观工作在于促进青少年的健康、推动青少年教育、监督和维护青少年健康成长的社会环境，为青少年创造娱乐休闲的各种条件，促进家庭建设，推动青少年发展，保护青少年权益。

4. 面向全社会，代表、宣传青少年

由于青少年群体还未完全进入社会生活领域，特别是政治生活领域，青少年社会工作应该面向全社会，代表青少年表达他们的需求，反映他们对社会的看法，维护他们的基本权益。

（二）微观的青少年社会工作

微观的青少年社会工作着眼于青少年发展与青少年问题这两大主题，具体表现为以下两方面。

1. 一般性发展问题

青少年阶段是个体生理、心理发展的快速时期，个体在追求独立与建立自我的过程中，常会发生特殊的适应困难，这两种倾向相聚相激的结果便使青少年在生活及行为上易于碰到问题。

第一，青少年价值观和道德观的发展。青少年的价值观和道德观正处于重要的形成时期，青少年社会工作重视引导青少年用正确的态度对待社会中的人和事，学会客观地进行评价，懂得区分对与错，面对复杂的问题情境能够做出符合社会规范的行为选择。

第二，心理健康辅导。青少年处于自我意识急速发展的阶段，自我认同成为其重要的人生课题，青少年逐渐变得敏感、好争辩、喜欢追问，情绪行为呈两极波动，内心对成人内向封闭但对同辈群体逐渐开放的趋势，同时由于需求独立、寻找自我，他们的情绪也容易冲动、出现逆反行为等。因此，心理健康辅导是青少年社会工作必须关注的重要内容之一，包括自我意识、情绪管理、人际交往、生命教育等更为具体的主题。

第三，学业发展与生涯规划。我国先后出台一系列保护青少年受教育权利的法律和法规，对于青少年而言，学业发展与生涯规划是他们为确保自己未来独立生活、获得更多自由和选择机会而需要面对的成长任务。青少年社会工作任务在于协助学生明确个人的生涯发展目标，提供能力训练机会，结合学生的学习生活及方法给予相应引导。

第四，就业辅导。对于已经以及即将走入社会的青少年而言，就业的形势越来越严峻，就业的压力也越来越大。目前青少年就业群体包括高校毕业生、农村进城务工青少年、失业青少年等。这些就业年龄段的青少年在知识水平、城乡身份、就业经历等方面存在差异，面临着不同的问题。另外，由于就业市场存在对女性的歧视，女性青少年也是需要给予支持和增能的服务人群。青少年社会工作就是要面向这些青少年，提供就业政策指导、劳动技能培训、劳动法律知识宣传及其他辅导服务。

第五，婚恋辅导。恋爱与婚姻是个体人生中重要的情感经历，也是青少年发展与成长阶段不能回避的主题。它并非自然而然的事情，也需要学习和成长的过程。当前青少年婚恋状况呈现出婚前性行为流行化、结婚年龄推迟化、离婚现象广泛化等多样化特征，而我国青少年性教育工作却未能提供正面、直接、有针对性的回应。青少年社会工作需要面向不同年龄段的青少年提供婚恋知识及辅导，主题包括性教育、健康异性交往、婚恋中自我保护、艾滋病预防、婚恋法律常识等。

2. 青少年发展中的特殊问题

青少年健康发展受其生理因素和社会因素的共同影响，现实中，由于社会不良风气影响、家庭结构破裂等原因，部分青少年成为“问题青少年”“边缘青少年”。青少年社会工作需要重点关注这些青少年问题。

一是青少年吸毒问题。随着毒品数量在社会中的蔓延增长，毒品的种类也越来越多样，不少青少年在好奇心的驱动下，主动或被诱惑尝试毒品，最终深陷其中不能自拔。毒品严重危害着青少年的健康发展，青少年社会工作需要从事先预防和事后介入两种方式上关注青少年吸毒问题。一方面，动员组织家庭、学校、社区及医疗机构等相关机构积极向青少年提供关于毒品的教育信息，开展提升自我效能和社会适应技巧的训练，增强青少年对毒品的警觉，积极做好预防工作；另一方面，真诚对待正在接受戒毒的青少年，帮助他们提升社交技巧训练，改善自我形象，增强自我控制的能力，协助他们尽快回归正常生活。

二是青少年流浪问题。随着社会的发展，青少年流浪已成为世界各国高度关注的一个问题，他们长期离开监护人，生存环境非常恶劣，生存权、发展权等基本生活权利难以得到有效保障，成为特殊的社会弱势群体。青少年社会工作可以考虑从机构救助、街头救助、流浪源头救助（家庭、社区）三个层面进行介入，进一步完善我国的流浪救助政策、提升机构救助的价值理念与方法，防止重复流浪现象；为街头流浪的青少年提供庇护场所和个案辅导，了解其流浪行为背后的现实需求，给予积极回应；从家庭、社区等源头上做好青少年流浪预防工作，对于失学、辍学、疏于照顾、家庭困难等青少年给予及时的帮助。

三是青少年犯罪问题。青少年犯罪已经成为继吸毒和环境污染之后的世界第三大公害。在我国，青少年罪犯占刑事罪犯的比例虽有所下降，但绝对数量却有所增长。青少年罪犯不仅造成了他人的人身伤害，威胁了社会公共秩序，基本上也成为其犯罪行为的牺牲品。青少年社会工作针对青少年犯罪问题，可以从三个方面提供服务：一是对有偏差行为和问题行为的青少年及时介入与帮助，预防他们出现犯罪行为；二是对服刑青少年提供个案辅导，帮助他们端正动机，提高再社会化的信心，促进他们早日回归社会；三是透过青少年犯罪现象，关注社会环境的净化，从家庭、社区、国家政策等方面进行倡导和宣传。

三、青少年社会工作的方法

结合青少年的心理特点及其处境，社会工作者在采用社会工作三大方法时，还可考虑以下工作方法。

（一）历奇训练

历奇训练就是将青少年置于一个新奇的环境中，让他们体验生理和心理极限，互相合作解决问题，并将成败经验转化为新的生活经验的活动过程（田先梅，2007）。历奇训练的形式包括野外历奇和流动历奇（方芳，2005）。野外历奇通常是利用山区或乡村等野外的自然条件，流动历奇多是借助人工的器械和场地，历奇训练向青少年提供具有一定难度、吸引青少年兴趣的游戏内容，社工在游戏带领的过程中，注重经历、体验、成长的核心理念，促进青少年的反思与成长，已在青少年社会工作中获得越来越广泛的应用。

（二）青少年外展工作①

青少年外展工作，是指社工主动到青少年经常聚集的环境场所中，与他们进行接触并建立专业关系，然后就他们所遭遇的家庭和学业困扰、情绪和职业适应、休闲活动、同辈关系等，提供情绪辅导、求学就业安排、资源提供、转介服务、团体活动等即时性、紧急性或长期性的服务，旨在协助其正确处理生活中的各种困扰或问题，满足他们个人的合理需要并发挥他们的个人潜能。青少年外展社会工作模式有三种形式，分别为街头工作模式、据点工作模式和外展工作模式。

（1）街头工作模式。社工到青少年流连聚集的户外场地展开工作，在工作方法上采用球类比赛、康乐活动等方式。由于外展服务对象大多是精力充沛、喜欢挑战性活动的青少年，因此社工通过程序安排和灵活的手法，以活动为载体，为他们提供改变的机会，增强他们自身改变的动机与能力。

（2）据点工作模式。社工前往容易聚集有消费能力青少年的室内场所，如游戏机房、网吧、溜冰场等开展工作。方法是以普通消费者的角色与青少年建立联系或邀请对方切磋技艺，在取得信任后，在店里举办辅导性、教育性、倡导性或娱乐性的活动等。

（3）外展工作模式。社工利用设置外展中心来为青少年提供服务，需要认真考虑外展中心的设置地点，最好是选择在青少年经常聚集并且熟悉的地区和地点；对于公众而言，这里是非公开的活动场地，专为消费能力不大和愿意在中心流连的青少年提供服务，其他人等未经社会工作者认可不予接待。

★补充材料——冲突理论

冲突理论是社会学理论中的一大流派，强调社会生活中的冲突性并以此解释社会变迁。科塞是冲突理论的重要代表之一，他认为产生冲突的原因主要是不平等系统中被统治者对现存的稀缺资源分配的合法性提出质疑，或者是被统治者的相对剥夺感与不公平感上升。他提出，在亲密关系中，既存在着爱也存在着恨。亲密就意味着会有大量发生

① 何明宝：《社会工作200问》，上海社会科学院出版社，第104页。

怨恨、愤怒的机会存在。所以，冲突、不和睦乃是人际关系的一个组成部分，然而，这并不一定是不稳定或破裂的信号。科塞认为敌意和冲突所采用的形式及其在不同情况下发生的相对频度必须依靠社会制度和社会角色来加以解释。一般地，在亲密关系中怨恨总是难以避免的，但是父亲拥有权威的程度在文化背景方面存在着巨大的差异。另外，子女在经济上是否独立、使子女担当既定的成人角色的步骤是否明确、家庭中其他成员是否在核心家庭以外以及实际的和感情上的支持等，也存在着不同文化背景方面的巨大差异。科塞强调冲突存在的同时，也肯定冲突在维持社会成员关系和社会系统运行中的积极功能。

该理论说明，青少年在生理、心理急剧发展时期与父母之间的冲突是一种我们应视之为寻常的行为现象，反映了他们对自己的权利、地位、平等关系等的渴望。

第三节　老年社会工作

★案例 11-3

案主李伯，终身未婚，入住老年院 5 年之后被确诊为肺癌。李伯的身体状况已不适宜继续居住在自理区，但他拒绝入住宁养服务区。社工通过评估，分析认为李伯是难以接受自己不久于人世的事实，对宁养区存在误解，以为那就是等死的地方。根据李伯的种种情况，宁养区的社工、自理区的社工以及心理咨询师共同为李伯制订了服务计划，并联合医生、护士、营养师组成跨专业团队，对李伯开展跨专业综合照顾。在团队成员的努力下，李伯清楚知道自己的病情，并用乐观的心态谈论死亡。在社工的协助下，李伯回到自理区与老友们交流，并在充满世界杯氛围的病房里实现了自己的愿望。四天后，李伯平静地离开了人世。

一、老年社会工作的概念

（一）老年人的年龄界定

目前世界上大多数国家都把 60 岁（发展中国家）或 65 岁（发达国家）作为法定退休和享受养老保障的年龄界限。我国不同地区办理老人证或老人优待证的年龄也分别存在 60 岁和 65 岁两个不同标准。我国内地职工退休年龄存在性别、职业身份的差异，因此，有部分女性在 50 岁就已进入退休状态。在实际的老年服务中，老年人的年龄界定存在一定的模糊性。

（二）老年社会工作的概念

老年社会工作，顾名思义就是以全体老年人为对象的社会工作，是社会工作的专业价值、理论、方法和技巧在老年人生存、发展、问题解决等领域中的应用。老年社会工作的目标是落实我国“老有所养、老有所医、老有所学、老有所教、老有所为、老有所乐”的老龄事业发展总目标。有学者将老年社会工作分为广义和狭义两个方面（仝利民，2011）。在广义上，老年社会工作是为了满足老年人个人及群体的社会安全需要，而推行相关的老年社会福利政策及措施，包括老年人的经济保障、医疗保健、家庭、就业、再教育、休闲娱乐、交通等方面的宏观政策和制度，它与政治结构、社会变迁、社会文化和经济状况等密切相关。在狭义上，老年社会工作是按照老年社会福利的政策和制度，通过社会工作的专业助人过程，帮助老年人个人或群体，特别是社会中的弱势老人，解决其日常生活中的各种问题，以满足老年人需求、提高其生活质量的具体实践过程。

二、老年社会工作的主要内容

（一）倡导老年人社会福利政策及制度的完善

宏观的社会福利政策及制度不仅决定了社会工作的方向和目标，而且直接左右着社会工作的顺利实施及服务质量和效果。目前，我国关于老年人社会福利的基本政策有《中国老龄工作七年发展纲要（1994—2000 年）》《中华人民共和国老年人权益保障法》《关于加强老龄工作的决定》《社区老年福利服务星光计划》《中国老龄事业发展“十二五”规划》等重要纲领性文件，但是，依然存在立法滞后、政策主体单一、政策制定无法满足老年人多方面需求、政策执行力度不够等问题（杨刚和闫慧娜，2013）。随着我国老龄化问题的日益加剧，社会工作者除在一线对老人提供服务之外，还需要对包括养老保险制度、医疗保障制度、社会救助制度在内的与老人相关的保障制度进行思考和倡导。

（二）老年人照顾

老年人照顾可以分为三种形式，即家庭照顾、社区照顾和机构照顾。

1. 家庭照顾

家庭照顾是指有照顾需求的老年人，居住在自己家中或熟悉的环境中，接受照顾者（配偶、子女、亲友、邻里、保姆等）提供的“非正式照顾”服务。家庭照顾是最常见的老年人照顾形式，其内容以日常生活照料为主，缺少对老年人精神文化需求的关注，照顾者在照顾过程中往往承担着巨大的压力和负担。社工除面向被照顾的老年人提供倾听、交流、辅导等个人介入服务外，还需要将整个家庭，特别是照顾者作为服务对象，开展相关工作。

2. 社区照顾

社区照顾是指按照“属地养老”的原则，让那些需要照顾的老年人住在自己的家中或者尽可能地靠近自己的社区，接受由非正式照顾和正式照顾网络共同提供的全面照顾。正规照顾通常是指由政府承担及提供的照顾性服务，多由政府人员及专门工作人员提供，随着民间组织和志愿者团体的发展，他们提供的服务也被纳入正规照顾的范畴。社区照顾包括以下服务项目。

一是居家养老服务。由经过专业培训的服务人员上门为老年人开展照料服务，为老人提供起居饮食的照顾、打扫居所、代为购物等。

二是居家护理服务。由社区卫生人员上门提供医疗卫生服务，从基本护理到技术性较强的专业护理。

三是日间托老服务。老年人白天在社区托老服务中心参加活动，接受照顾，晚上再回到自己家中，既有助于减轻家庭照顾者的负担，又可以增加社会参与及互动的机会。

四是社区老人餐饮服务。社区在固定场所为辖区老人，特别是中低收入老人及独居孤寡老人提供餐饮服务，解决老人饮食方面的困难。

五是喘息服务。在家庭照顾者因故短期或临时无法照顾老人时，社区托老服务中心或养老机构提供临时托养服务，以舒缓家庭照顾者的压力和情绪。

3. 机构照顾

机构照顾是指在家庭照顾和社区照顾中存在困难的老年人，进入养老机构，由机构专业人员提供带有医疗、保健和相应的护理照顾及日常生活起居的照顾形式。

进行老年人照顾的机构可以根据机构功能、护理程度、服务内容侧重点等分为以下几种（仝利民，2011）。

一是特殊护理院。这是技术层次要求较高的机构，一般须提供 24 小时护理，老年人以卧床不起者或行动不便的慢性病老年患者居多。机构提供的服务多为专业性的医疗、康复保健、护理照顾和其他一般性的日常生活照顾。属于以医疗服务为主，社会服务为辅的机构服务模式。

二是护理型养老院。也称为老人护理院、老人福利院等，技术层次、服务时间和服务对象与特殊护理院类似。机构提供的服务除有一定的康复保健、护理照顾外，主要是一些个人照顾、日常生活活动的协助（如穿衣、洗澡、喂食等）和其他一些社会性、娱乐性服务。属于以健康服务为主、社会服务为辅的机构服务模式。

三是康复保健型养老院。主要是为那些疾病已经治疗、病情较为稳定，不需要继续入住医院，但又需要有一定的专业康复保健服务的老年病患者所提供的机构服务模式。提供的服务多为专业性的康复保健、护理照顾和其他一般性的日常生活照料。其特点为短期入住，在获得一定的服务，其状况得到改善后即可出院，是以健康服务为主、社会服务为辅的机构服务模式。

四是老年公寓。也称为老人之家、老人院等，是指提供膳食、住宿、个人服务或社会照顾的机构。入住的老年人一般没有大的健康问题或残疾，只需要保障其良好的居住、活动环境和提供一定的社会性、娱乐性服务，是以社会服务为主、健康服务为辅的机构服务模式。

（三）老年人心理和社会服务

一是协助老年人适应退休之后新的社会角色，鼓励老年人积极参加社会活动，保持对生活的热情和兴趣，形成健康的晚年生活方式。

二是定期向老年人提供信息咨询服务，帮助老年人重建或加强其社会支持网络，通过社会资源链接的方式协助老年人解决生活中的困难或其他问题。

三是鼓励老年人积极发挥余热，动员老年人参与社区公益志愿服务活动，协助老年人面对社会对老年人的偏见，让老年人充满自尊与独立地生活。

（四）特殊老人服务

1. 空巢老人服务

空巢老人是指与子女分开居住或无子女的老年人。进入 21 世纪后，随着独生子女父母开始步入老龄阶段，越来越多的城乡老年人将成为空巢老人。缺乏精神慰藉、生活无人照顾、经济困难成为困扰空巢老人的三大问题，其中，空巢独居老人是空巢老人中最孤独的一个群体，由于他们对子女的情感依赖无法实现，配偶成了他们的主要精神支柱，因此丧偶会引起他们的社会孤独感，造成严重心理功能和社会功能下降。如何提高空巢老人的生活质量和心理健康水平成为一个亟待解决的社会问题。

社工需要重视加强和完善社区老年人服务体系的建设（张秀芬和曹顺仙，2009），通过与社区基层服务组织的合作，发动社区居民，组建各类老年人服务团体，在社区内开展丰富多彩的活动，为空巢老人建立个人档案，定期上门探访，开展老年互助入户服务系统等方式，及时了解空巢老人的生活状况，并给予帮助。

2. 失智症老人服务

失智症，也被称为老年痴呆症，是一种持续性高级神经功能活动障碍，即在没有意识障碍的状态下，记忆、思维、分析判断、视空间辨认、情绪等方面出现障碍（伍小兰和曲嘉瑶，2010）。其早期主要症状是记忆力衰退，尤其不记得最近发生的事情，运动表现下降、突然的言行放纵，更多的症状包括易怒、兴奋、困惑、不易平静和集中精神、语言和方位能力的损伤。随着病情的加重，患者最终需要 24 小时服务。临终前，患者通常不能认出家庭成员，不能理解、使用语言，不能够自己吃饭（扎斯特罗和柯斯特-阿什曼，2006）。

老年社会工作一方面需要为失智老人提供完整的个人心理、社交能力及自我照顾能力等方面的评估，以此制订个人照顾计划，通过多样活动帮助老年人重新适应日常生活的安排；另一方面，也需要向老年人照顾者提供支援性和指导性服务，缓解照顾者的压力，指导他们如何保持失智老人的自我照顾能力，提高照顾能力。

3. 老年人的临终关怀

临终关怀也称为宁养服务，是一种新兴的医疗保健服务项目，它是由多学科、多方面人员组成的团队，对临终病人及其家属提供全面照料，以使临终病人得以舒适安宁地度过人生最后旅程（孟宪武和张鸿铸，2002）。随着我国人口老龄化的发展，社会对临终关怀的需求也越来越大。

临终关怀的服务理念通常包括以照料为中心、维护老年人的尊严和权利、提高临终者的生命质量、共同面对死亡。社工在老年人临终关怀中的工作重点主要为以下几方面。

（1）情绪的疏导与支持；

（2）维持良好的沟通；

（3）协助临终老人愿望的达成；

（4）帮助临终老人回顾人生；

（5）满足临终老人灵性的需求；

（6）家属的哀伤辅导；

（7）资源的整合与运用。

三、老年社会工作的方法

除了社会工作的三大方法，老年人辅导技巧中最为常用而又有效的两种方法是怀旧与生命回顾。

（一）怀旧

怀旧，是指社工协助老年人透过对过去事物、感觉及想法的回忆，重新理解及评价过去一些不愉快的经历，从正面的角度去面对过去的失败和困扰，从而肯定自己，并促进他们对现况的适应（梅陈玉婵等，2009）。怀旧已被肯定对老年人的抑郁、自尊和社交有正面的影响。怀旧法对于有严惩认知限制的老年人可能效果欠佳，但对于有轻微的失智老年人来说是有用的。因为相对于短期记忆，许多老年人的长期记忆仍然保持完整。有研究表明，实施怀旧治疗有助于改善社区空巢老人的抑郁症状，提高老人的心理健康水平及生活质量，对实现健康老龄化战略目标具有重要意义等（汪星等，2011）。

社工应把握老年人怀旧的目标，主要为以下几方面。

（1）追寻过去的快乐回忆。回忆过往开心快乐的事件，有助于老年人消除抑郁，带动老人的正面情绪。

（2）提高老人的自尊。通过回忆老年人过去如何成功面对困难，从而改善老年人的自尊和应付能力。

（3）改善老人的社会技巧。通过组织老年人对昔日社交生活、约会、恋爱、生儿育女等与人交往的重要事件的回忆，可以帮助老年人之间正面的相互联系。

（二）生命回顾

生命回顾是指由社工引导下的生命重温过程，可以帮助老年人处理一些在早期生命中还没有妥善处理的问题，从而解决长期的心结，促进老年人生命的整合（梅陈玉婵等，2009）。

生命回顾包括唤醒过去经验中不堪回首的部分，特别是未解决的冲突、悲伤，期待再一次的审视能以更宽广的角度诠释生命事件，重新诠释过去的伤害，赋予它新的意义。因此，生命回顾的重点并非事件，而是当事人回顾时能否持开放、和谐、接纳自我的态度与观点，去正视生命中的阴影，体验走过阴影的力量，进而统整并接纳自己的生命历程。

在生命回顾分享之前，社工可为老人做情绪健康评估，如使用抑郁量表以了解老人的情绪状况。此后，社工需要帮助老年人慢慢集中注意力去回忆一些重要的事情，然后推动老年人改换不同的角度重新看待发生的事件。生命回顾可涉及老年人不同成长阶段的人生体验。当老年人回忆某些不愉快的事件而产生痛苦、紧张的情绪时，社工要多加留意并且及时协助老年人理解和处理这些情绪。

★补充理论——临终心理发展理论

瑞士心理学家库伯勒·罗斯于 1969 年在其《论死亡和濒死》一书中，提出临终病人的心理过程可概念化为五个阶段，分别为否认、愤怒、协商、抑郁和接纳。

第一阶段——否认。多数人在开始得知自己患了不治之症时，最初的反应多为否认的态度。这一阶段常较短暂，是一个应付时期，随着时间的推移，这种否认的心理会逐渐减弱。

第二阶段——愤怒。当有关自身疾病的坏消息被证实时，代之而来的是气愤、暴怒和嫉妒。这一阶段病人往往怨天尤人，想不通为什么是自己而不是别人得这种绝症。

第三阶段——协商。产生延缓死亡的企图，或希望免受死亡的痛苦与不适，具有讨价还价的心理，通常这个时期很短，不明显。

第四阶段——抑郁。由于疾病的恶化和身体的更加虚弱，病人的气愤和生气暴怒都会被一种巨大的失落感所取代，有些病人还会有自杀倾向。这种抑郁表现，对于他们实现在安详和宁静中死去是需要而且有益的。

第五阶段——接纳。病人表现出惊人的坦然，不再抱怨命运，也不显示淡漠的情绪，而是疲倦和虚弱，喜欢休息和睡眠。

对于库伯勒·罗斯的理论，还有一些心理学家针对临终心理提出了不同的理论视角，这些理论观点，值得老年社会工作者、医护及家属在护理临终老人时予以充分的关注。

第四节 妇女社会工作

★案例 11-4

在郭村，“打老婆”历来是自己家的事情，不到出人命的地步，外人是不会管的。反家暴工作开展以后情况再不一样了。家庭暴力成为村民议论与参与治理的事情。社区的宣传板画满了反家暴的宣传画。村里也成立了妇女支持小组，反家暴项目协调组还用小额贷款的方式组织和培训妇女们养起了长毛兔。现在，谁家的女人受了家暴，妇女小组一起到这家进行谴责。你一言，我一语的“批判会”让施暴的男人难以招架。养殖和销售的经济效益也让女人的腰杆子硬了。慢慢地，村里也有男性志愿者带头成立了社区农民演出队，宣传反家暴知识①。

一、妇女社会工作的概念

妇女社会工作，是指运用社会工作的专业价值、理论、方法和技巧，针对妇女在自我成长和发展的过程中，在参与政治、经济、社会、文化和家庭生活过程中遭遇到群体性或个体性的问题时所开展的社会服务性工作。其目的在于提高妇女自身能力，赋予妇女更多的权利，以增强女性的社会适应能力，为妇女的发展创造有利的社会条件和社会环境。

妇女社会工作有狭义和广义之分。狭义的妇女社会工作，是指运用社会力量，对因生理、心理、天灾、人祸等因素造成的肢体残缺、功能缺损、患病无靠、流离失所的一般妇女提供人道主义援助，使她们医治创伤、减少损失、安居乐业，像正常人那样（或

① 闫广芬：《妇女社会工作》，天津大学出版社，第 187 页。

接近正常人那样）生活；广义的妇女社会工作，是指动员社会力量，创造有利条件，消除性别歧视，吸引妇女参与政治、经济、社会、文化和家庭等各方面生活，在社会实践中提高自身素质，增长才干，逐步实现自身彻底解放，达到真正的男女平等的工作。

二、妇女社会工作的主要内容

妇女社会工作的内容十分广泛，几乎涵盖所有的社会工作范畴，在儿童、青少年、老人、家庭、康复等实务领域都可以开展服务。一般来说，妇女社会工作的主要内容可以从微观和宏观两个方面来加以考察。

（一）宏观内容

从宏观方面来看，妇女社会工作着重于在整个社会环境中倡导男女平等，维护妇女的合法权益，提高妇女的社会地位，促进妇女在政治、经济、文化等各种社会领域中的全面参与,并通过参与有关妇女政策的制定来为妇女争取应有的权利和更多的发展机会，具体为以下几方面（闫广芬，2010）。

（1）通过自尊、自信、自立、自强精神教育，唤起广大妇女的自我意识，树立正确的思想观念，促使妇女增强历史使命感和社会责任感，为社会多做贡献。

（2）开展扫除文盲活动，进行文化教育，提高妇女文化素质。

（3）提供实用技能培训，提高科技文化素质，帮助妇女脱贫致富。

（4）提供有关健康保健、优生优育等知识的宣传、咨询及相关服务。

（5）提供婚姻家庭咨询服务。

（6）落实《中华人民共和国妇女权益保障法》，切实维护妇女的权益。

（二）微观内容

从微观方面来看，妇女社会工作是帮助妇女个体或群体解决她们在个人、家庭和社会生活中所面临的各种困难和问题、谋求自我发展、挖掘自身潜能和提升发展能力等，有特殊困难的妇女是妇女社会工作的重点。

1. 失业女性

失业女性再就业面临着一系列的困难与问题，如岗位竞争压力大、就业领域存在性别歧视、用工单位及失业女性对就业优惠政策了解不够、失业女性就业能力不足、就业观念需要更新等。妇女社会工作者应提供以下服务：①针对就业中的性别歧视，加强监督和舆论宣传；②协助失业女性重树信心，做好新的职业生涯规划；③加大培训力度，提高失业女性自身素质；④搞好就业服务，帮助搭建就业平台；⑤协助建立失业女性自助服务组织；⑥帮助失业女性解决因失业而引起的家庭、婚姻、子女教育等方面的问题。

2. 单亲母亲

随着离婚率的上升，单亲家庭不断增多，其中单亲母亲家庭在数量和困难程度上都超过单亲父亲家庭。多数单亲母亲生活陷入贫困，精神缺少支撑，进而引发子女教育问题，给未成年人带来了很多成长的烦恼，衍变出许多社会问题，也影响到整个社会的稳定与和谐（李亚妮，2012）。针对单亲母亲，妇女社会工作者可提供以下服务：①开展帮扶工作，以解决单亲母亲家庭的实际困难；②提供心理辅导和支持，帮助单亲母亲顺利渡过婚姻变迁初期的心理适应阶段；③倡导呼吁政府及社会部门、团体向单亲母亲提供就业、保险、医疗等多方面的优惠政策；④提供有针对性的教育培训，帮助单亲母亲提高在就业、子女教育等方面的能力。

3. 受家庭暴力侵犯的妇女

《中华人民共和国婚姻法》将家庭暴力定义为，行为人以殴打、捆绑、残害、强行限制人身自由或其他手段给家庭成员的身体、精神等方面造成一定伤害后果的行为。家庭暴力中的受害者大多以妇女和儿童为主。主要有三种表现形式，即身体暴力、精神暴力和性暴力。

遭受家庭暴力的妇女可能会有以下表现（闫广芬，2010）。

（1）低自尊、无自信；

（2）扮演委曲求全的传统角色，坚信必须维持家的完整；

（3）想念自己必须对施虐者的暴力行为负责，以为是自己的错；

（4）感觉罪恶感，但否认自己感到恐怖和愤怒；

（5）对外在事物相当消极被动，但有能力掌控所处的环境以避免更大的伤害；

（6）对压力呈现强烈的身心反应，经常抱怨身体不适；

（7）在暴力压迫下，不得不以性作为缓解暴力关系的工具；

（8）认为没有人能够帮助自己解决困难；

（9）依赖性格，有很深的无助感，欠缺独立生活的能力；

（10）缺乏良好的沟通技巧。

针对家庭暴力方面，妇女社会工作者的介入主要包括对受虐者的支持和对施虐者的治疗两个方面。

针对受虐妇女，可以从以下几个方面入手：首先，要考虑保护受虐妇女的安全问题。要制定紧急危机干预策略，并在必要时为受虐妇女提供安全的居住场所和经济救助等。其次，要利用正式的和非正式的社会支持网络对受虐妇女提供帮助。最后，从长远的角度，应帮助受虐妇女制订长远的发展计划，提升自我价值。

针对家暴施虐者，社会工作者可以联合司法、警察、医疗和社区等相关机构，从法律层面上对施虐者的暴力行为加以制止。同时，为了从根本上改变施虐者的暴力倾向和暴力行为，社会工作者还必须在更深的层次上对施虐者进行咨询和治疗。例如，通过定期的个案咨询或团体治疗，加强对施虐者的教育和帮助，促使施虐者修正不恰当的个人作风和行为方式，切实掌握正确的人际沟通技巧，妥善控制自己的行为和情绪，促进家庭成员之间的和睦相处，维护家庭的和谐与稳定。

4. 留守妇女服务

留守妇女是在城市化进程中，伴随着农村男性劳动力大规模向城市转移而产生的一个新的社会弱势群体（许传新，2009）。研究者普遍认为，丈夫外出给留守妇女的生存状态带来了不良影响，增强了其生活压力。劳动强度高、精神负担重和缺乏安全感，是压在留守妇女心头的三座山，而孤单感和性压抑也会对婚姻关系构成一定的潜在威胁

（叶敬忠和吴惠芳，2009）。妇女社会工作者应积极关注以下事项：第一，要发动留守妇女的积极性，引导留守妇女发挥其优势，提升保护自身合法权益的意识；第二，要倡导政府关注留守妇女并给予相应支持；第三，引导留守妇女成立互助小组，拓宽社会支持网络；第四，向有各种困难的留守妇女提供个案辅导帮助及相应援助服务（肖慧欣和王卫平，2007）。

三、妇女社会工作的方法

由于现实社会环境中存在诸多歧视、轻视和不公平对待女性的现象，因此，女性发展中的问题往往并非是纯粹的个人问题，而更多的是社会问题，因此，妇女社会工作者在开展服务时，要注重透过女性个人现实问题进一步洞察背后所反映出来的改善妇女生存与发展环境、维护妇女的合法权益等妇女发展的迫切需要。由此，除了开展一对一的个案工作之外，小组和社区工作方法更值得关注。例如，女性的职业培训、女性的能力提升、女性的兴趣爱好、女性志愿队伍建设、女性与反家庭暴力、亲职教育等，都适合以小组工作的方式开展。针对提升妇女的意识和能力，协助妇女建立自己的集体，消除女性传统角色定型，动员女性社会参与等方面的议题，则更适合采用社区工作的方法。

★补充理论——社会性别理论

社会性别理论认为性别具有两层含义，分别为生理性别与社会性别。生理性别是与生俱有的自然性别，而社会性别则是一种社会关系，也是一种权力关系。社会性别理论认为，男性和女性的角色和行为差异是由制度因素和文化因素造成的。个人性别定位限制了自身的发展机会，女性和男性受到这些因素的制约，不能很好地发挥自己的潜能和价值，在社会上所形成的刻板印象的角色定位根深蒂固。该理论认为，社会性别关系是在社会性别社会化过程中形成的，要改变男女两性不平等的关系，必须改变社会性别社会化的过程。运用社会性别理论分析妇女问题的过程称为“社会性别分析”，在妇女社会工作中，往往会发现许多妇女面对的问题不仅仅是个人的问题，也在一定程度上体现了性别不平等。有了社会性别的意识，就可以运用辩证的、历史的观点分析单个妇女问题背后的社会性别不平等现象。

第五节　家庭社会工作

★案例 11-5

苏州市婚姻家庭健康指导中心是一个为妇女和家庭提供婚姻家庭、婚恋情感、子女教育、心理健康、依法维权等婚姻家庭生活各方面服务的公益性机构。中心的服务宗旨是缓解婚姻家庭矛盾，促进婚姻家庭健康发展，构建社会主义和谐社会。该中心开展的“和谐家庭社区行”公益服务活动于 2010 年 3 月启动，以苏州城区的 10 个社区近 2 万户家庭为服务对象，先后举办了 324 场专家讲座，接受咨询 2 523 人，开展典型个案 17

例，为新婚夫妇编印了《婚姻宝典》。该公益服务活动立足社区，以家庭和谐带动社区和谐，形成了多方共赢的格局①。

一、家庭社会工作的概念

（一）家庭社会工作的界定

家庭是由婚姻、血缘或收养关系所形成的社会生活的基本单位。家庭作为社会有机体的基本组织形式，随着社会的快速变迁和发展也经历着重要的变革。

家庭社会工作就是运用社会工作的专业理念、价值、方法和技巧，以家庭整体为中心，并顾及家庭中每一个成员的需求，将家庭中任何一个带有问题的成员都看做整个家庭的问题，为其提供各种相关服务，协助家庭成员正确履行各自角色，从而解决家庭面临的各种社会问题，帮助家庭适应社会，提高家庭生活质量，进而促进家庭关系的协调和家庭功能的正常发挥，维护社会的稳定和发展。

简而言之，家庭社会工作可以被理解为，是以家庭为服务对象，以社会工作的原则和方法为服务手段，以促进家庭功能正常运转和帮助家庭适应社会为目的的社会工作的一个分支领域。

（二）家庭社会工作的特点

（1）服务对象是作为整体的家庭。以家庭整体为取向，将家庭中每一个成员的问题都看成是整个家庭的问题，所有家庭成员都是社会工作的服务对象。当个别成员出现困难或问题时，其原因可能不仅仅在个人，而可能与整个家庭有关。例如，许多子女的行为问题常常与夫妻之间的婚姻关系不和睦有关。因此，社会工作者并非只对子女的行为问题提供服务，还要协助夫妻双方协调婚姻关系，进而改善家庭关系，加强子女教育工作。

（2）服务目标是协助家庭正常运转。每一个家庭都有向往和睦、轻松、愉快生活的期望，每一个家庭也蕴藏着丰富的能量与资源，具有解决问题的潜能。因此，社会工作者可以通过适当的指导，协助家庭发掘自身及社会资源，增进家庭功能，改善家庭关系，引导家庭自动、自主地解决所面临的问题和困难，从而实现家庭正常运转的目标。

（3）强调多元方法的融合运用。在家庭社会工作中，社会工作者往往整合个案工作、小组工作和社区工作等方法来提供服务。例如，运用个案方法从有问题的个体成员入手来发现和获取信息，然后运用小组工作方法对家庭成员进行治疗和服务，同时鼓励家庭参与社区活动，协助家庭加强与社区资源的链接，从而增强家庭功能。

---

① 江苏省妇女联合会：《妇女儿童家庭社会工作实务案例》，中国人民大学出版社，第324页。

二、家庭社会工作的内容

（一）倡导家庭福利政策的发展与完善

在多数西方国家，政府普遍制定由各种法律、收入保障和建立社会服务机构所组成的家庭政策，包括现金帮助（减免税及儿童或家庭津贴）、工作福利（休假制度、教育补贴）、家庭服务和法律（婚姻和收养）等以保护支持家庭。也有不少国家，如英国，通过家庭休假制度和弹性工作时间等政策帮助社会成员实现工作与家庭责任的平衡。我国也有一系列家庭救助政策，但家庭福利政策方面仍有更大的发展和完善空间（韩丽丽，2005）。

（二）婚姻与家庭辅导

从本质上讲，婚姻是男女之间在特定条件下的社会结合，是家庭的起点。家庭作为社会的细胞，其稳定与和睦具有不言而喻的重要性。随着现代社会离婚率的增加、未婚同居、未婚先孕、婚外恋、婚外同居等现象的增加，婚姻与家庭辅导越来越值得关注。

婚姻与家庭辅导可以分为三个阶段，即婚前辅导、婚姻辅导和家庭辅导（法利等，2005）。

婚前辅导是指社工协助处于恋爱期的人解决恋爱中的问题，做好婚姻筹备方面事项，并处理好与结婚相关的心理与生理问题。其目标之一，是提醒人们提前防范婚姻中可能发生的矛盾与问题；目标之二，是帮助人们提高自身及双方的相互了解、沟通和自我解决问题的能力（中国就业培训技术指导中心，2009）。

婚姻辅导是指社工协助夫妻处理因结婚而产生的家庭关系和家庭冲突问题。社会学的研究发现，虽然离异的可能性贯穿于婚姻的始终，但有四个时期是危险性最大的，分别是婚姻初期、结婚七年、中年婚姻和老年婚姻（朱东武和朱眉华，2011）。同时，在影响婚姻幸福的诸多因素中，婆媳关系是导致夫妻矛盾的一大诱因。

家庭辅导是指社工协助夫妻处理涉及子女教育、亲子沟通等问题。夫妻之间沟通是否通畅，对于家庭关系的和谐至关重要。缺乏沟通或沟通不畅，往往会造成婚姻危机，引发婚姻问题。

（三）离婚前辅导

离婚对大多数面临此选择的人而言，是一种最痛苦的体验而非解脱。社工对于那些尚有感情却因种种原因前来办理离婚登记的当事人进行调解，有助于减少当事人冲动、非理性的离婚行为；对于那些确定离婚，但对如何就子女、财产等进行协议分割尚有疑惑的夫妻，社工尽力指导，能够帮助他们达成合情合理的协议，最大程度上维护妇女儿童的合法权益（谭丽和于乐锋，2011）。

（四）家庭教育与培训

家庭教育与培训的目的是提高家庭生活质量，加强家庭文化建设，主要形式有以下几个。

（1）婚姻学校。帮助参加者了解婚姻不同阶段容易产生的问题及相关的生理、心理、法律知识，帮助人们科学理智地面对婚姻，面对婚姻的矛盾与冲突。

（2）家庭学校。帮助参加者提升教育理念，掌握科学的育儿方法和家庭教育方法。

（3）家政学校。针对希望提高家政能力的家庭主妇以及准备做家庭服务员打工者，讲授家庭理财购物、家庭生活料理、家庭布置、病人护理等知识。

（4）再就业培训。针对下岗职工及有能力、有意愿的退休人员，教授其速成、便于就业的知识和技能。

（五）单亲家庭服务

单亲家庭是与双亲家庭相对而言的一种特殊家庭，贫困对于单亲家庭的影响要远远大于对双亲家庭的影响（扎斯特罗和柯斯特–阿什曼，2006）。家庭社会工作的介入，能够从个人层面解决单亲家庭的实际困难，使其经济生活有所改善，自信心提升；在家庭层面，通过家庭关系的改善，家庭功能得到恢复与增强；在社会层面，通过对单亲家庭困境的直接帮助，缓和由此可能产生的社会矛盾和不良后果，有利于和谐社会的建设。

三、家庭社会工作的方法

家庭社会工作者在采用社会工作三大方法的同时，还可以辅助采用家庭生态图的方法（扎斯特罗和柯斯特－阿什曼，2006）做好家庭系统评估工作。

家庭生态图是通过纸笔作图来为案主评估问题、策划调解方案的一种工具，是一幅案主或委托家庭及其社会关系的图表，通常由社工及其案主合作绘制。家庭生态图有助于社工及其案主对案主的家庭生活、家庭与群体、组织、机构、其他家庭或个人的关系的性质形成一个生态学上的认识。

一个典型的生态图包括一个家庭图表。这个图表由一组用于描述处于某种环境框架下的家庭情况的圆圈和线条所围绕。首先写出一些重要的标记性信息，如表 11-1 所示。

表 11-1　家庭信息符号表

符号	所表示家庭信息
○ 40	女性，40 岁
□ 38	男性，38 岁
△	人物，性别，年龄不详
⊗ 62	已故女性，死于 62 岁
┼┼┼┼┼┼┼┼┼	充斥着压力、矛盾的关系
- - - - - - - - - -	疏远、不确定的关系
━━━━━	积极的关系或资源（线越粗，关系或资源就越强或越确定）
──────→	一个关系或资源的发出或接受方向（在一些关系中，案主可能会是最先的接收者或发出者）

其次，画一个生态图，先把一个圆环（代表案主的家庭）置于一张空白大纸的中央，在家庭圈中标出家庭的组成成员，并在其周围画出很多圆圈。这些圆圈代表这个家庭平常接触的其他系统（即群体、其他家庭、个人和机构），如图 11-1 所示。

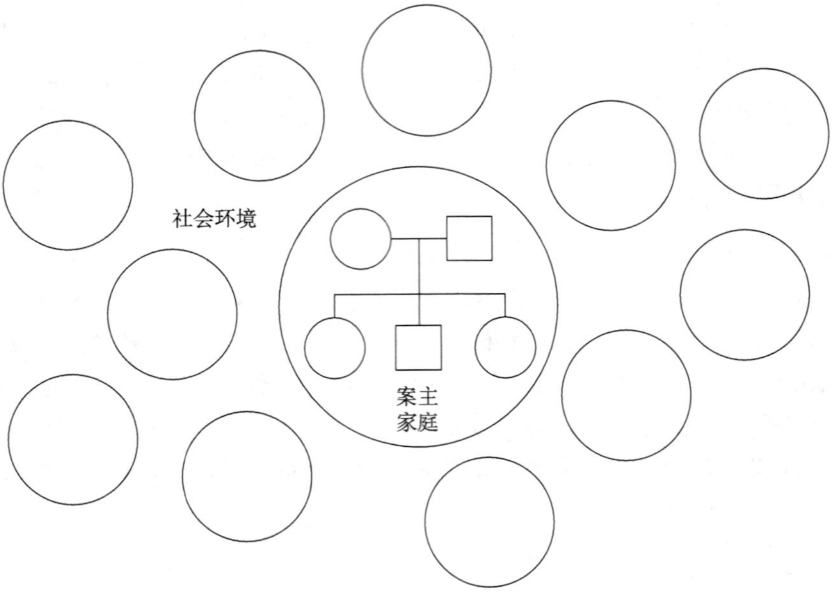

图 11-1 绘制中的家庭生态图

最后，画出各种不同的连线来描述案主的家庭成员与其他系统的关系的性质，如图11-2 所示。

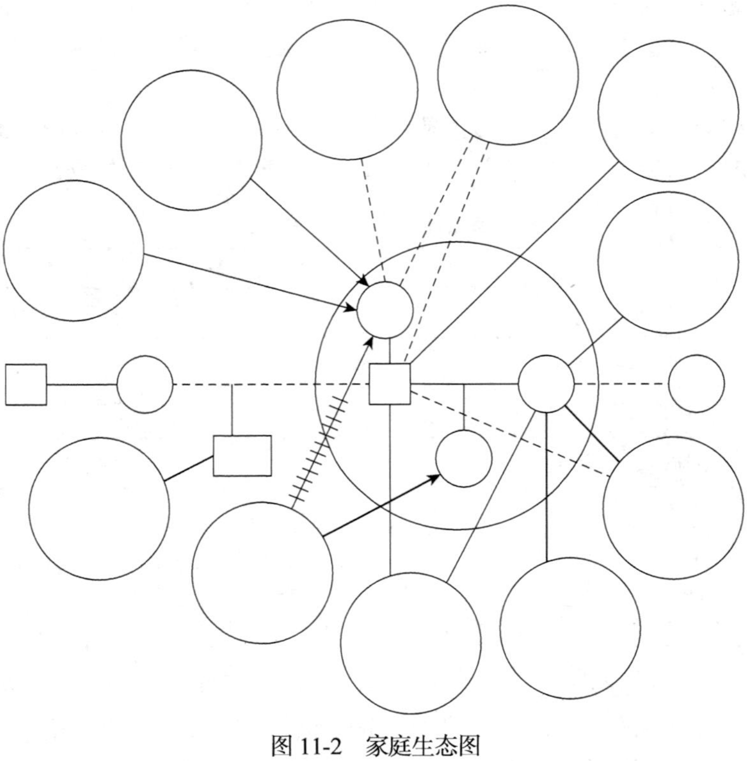

图 11-2 家庭生态图

生态图的主要价值在于，它可以帮助社工和案主从系统的和生态的角度看待案主的家庭，可以帮助案主和社工更好地洞察一个困难境况的社会根源。

★补充理论——萨提亚家庭治疗模式

家庭治疗是兴起于 20 世纪 50 年代心理治疗界的一种整体论治疗方式，以整个家庭而非某个特定的成员为治疗目标，着眼于整个家庭成员之间的互动和沟通关系，促进家庭之间的理解，从而解决问题并达成家庭和谐。维吉尼亚·萨提亚是家庭治疗流派的创始人之一。

萨提亚家庭治疗模式强调帮助当事人重建自尊的重要性。她认为，在由父亲、母亲、孩子构成的三角关系中，孩子获得对自我价值的认同，也逐渐形成许多功能不良的沟通方式。因此，家庭治疗的重点就是要更新人们的体验，并将他们从童年习得的、受限制的功能不良的应对模式当中解放出来。

萨提亚注重分析家庭的沟通模式，认为沟通涉及自我、他人和情境三个层面。良好的沟通就是兼顾三个方面，表现出表里一致的沟通特点。她将表里不一的沟通形式分为四类，即讨好型、责备型、超理智型及打岔型。萨提亚家庭治疗就是在协助家庭成员认清自己所采用的沟通方式，并尽量学习表里一致的沟通方式。当事人的改变过程有六个阶段，分别是现状、引入一个外部因素、混乱、整合、实践、新的状态。

萨提亚在其家庭治疗模式中提出包括个性部分舞会、家庭重塑、雕塑、隐喻、曼陀罗等干预技术。

个性部分舞会旨在帮助当事人审视自己所拥有的多个部分，学习如何控制它们，并将它们转化为一种使自己变得更加完善和一致的内部资源。

家庭重塑在于帮助当事人重新整合进入在原生家庭的历史和心理矩阵中属于自己的位置，让当事人重新看待自己以及自己的父母。

雕塑是指将家庭的沟通方式通过非语言的空间身体关系进行外化，然后邀请家庭成员展示他所渴望的家庭关系的场面，通过这些过程帮助整个家庭从他们早先功能不良的场景转变为更加被大家所渴望和具有支持性的关系系统。

隐喻通常用于治疗师想引入一些对当事人具有威胁性的信息或希望唤醒当事人已有的经验时，其作用在于在治疗师和当事人之间创造一个有益的空间。

曼陀罗反映的是个体具有相同的基本资源，即都拥有身体的、智力的、情绪的、感觉的、交互的、养育的、情境的和灵性的“我”，萨提亚强调它们是一个平衡、协调的方式，每个部分都具有相等的价值，彼此联系和依赖。

萨提亚家庭治疗模式在西方极具效用，它能否成功挑战我国家庭“家丑不可外扬”的思想，形成更适合我国的家庭治疗模式值得期待。

参考文献

法利 O W，史密斯 L L，博伊尔 W. 2005. 社会工作概论. 第九版. 隋玉杰译. 北京：中国人民大学出版社.

方芳. 2005. 历奇：一种青少年社会工作方法初探. 重庆社会工作职业学院学报，（1）：10-13.

广州老人院. 2011. 为霞满天——养老机构社会工作人才队伍建设实践与探索. 北京：中国社会出版社.

韩丽丽. 2005. 家庭问题与家庭社会工作的介入. 首都师范大学学报（社会科学版），（2）：98-102.

何明宝，朱希峰. 2007. 社会工作 200 问. 上海：上海社会科学院出版社.

江苏省妇女联合会. 2013. 妇女儿童家庭社会工作实务案例. 北京：中国人民大学出版社.
李亚妮. 2012. 单亲母亲家庭生活困境分析及家庭社会工作介入策略研究——以上海市浦东新区×社区单亲母亲家庭服务项目为例. 社会福利，（11）：20-22.
陆士桢，王玥. 2005. 青少年社会工作. 北京：社会科学文献出版社.
梅陈玉婵，齐铱，徐永德. 2009. 老年社会工作. 上海：格致出版社.
孟宪武，张鸿铸. 2002. 家庭医学全书：临终关怀与善后. 成都：四川科学技术出版社.
米尔斯. 2006. 儿童青少年社会工作. 李建英译. 上海：华东理工大学出版社.
谭丽，于乐锋. 2011. 上海市家庭社会工作发展研究. 山东女子学院学报，（3）：39-42.
田先梅. 2007. 历奇训练——青少年思想教育的新途径. 社科纵横，（12）：252-253.
仝利民. 2011. 老年社会工作. 上海：华东理工大学出版社.
汪星，张建凤，李志菊，等. 2011. 怀旧治疗对社区空巢老人抑郁情绪及幸福度的影响. 护理研究，（12）：3192-3194.
王瑞鸿. 2010. 社会工作项目精选. 上海：华东理工大学出版社.
文军. 2010. 学校社会工作案例评析. 上海：华东理工大学出版社.
伍小兰，曲嘉瑶. 2010. 台湾老年人的长期照护. 北京：中国社会出版社.
肖慧欣，王卫平. 2007. 农村留守妇女生存现状对妇女社会工作的启示. 社会科学论坛(学术研究卷)，（10）：60-62.
许传新. 2009. 农村留守妇女研究：回顾与前瞻. 人口与发展，（6）：54-60.
闫广芬. 2010. 妇女社会工作. 天津：天津大学出版社.
杨刚，闫慧娜. 2013. 中国老年人社会福利政策存在的问题及对策. 长春大学学报，（7）：805-807.
叶敬忠，吴惠芳. 2009. 丈夫外出务工对留守妇女婚姻关系的影响. 中州学刊，（3）：130-134.
扎斯特罗 C H，柯斯特－阿什曼 K K. 2006. 人类行为与环境. 第六版. 师海玲译. 北京：中国人民大学出版社.
张秀芬，曹顺仙. 2009. 我国空巢老人养老问题与对策研究综述. 社会工作，（12）：39-41.
中国就业培训技术指导中心. 2009. 婚姻家庭咨询师：国家职业资格三级. 北京：中国劳动社会保障出版社.
朱东武，朱眉华. 2011. 家庭社会工作. 北京：高等教育出版社.

第十二章

社会工作实务领域：特定行业的视角①

社会工作服务有不同的实务领域分类方法，从年龄和性别的视角，有儿童社会工作、青少年社会工作、老年社会工作、妇女社会工作、家庭社会工作等，从特定行业视角，则有学校社会工作、企业社会工作、医务社会工作、农村社会工作等实务领域，这些领域有着独特的工作场域和服务对象。本章将从概念界定、工作内容、基本方法和典型项目（案例）等方面对以上特定行业领域进行介绍。

第一节　学校社会工作

★案例 12-1

学校社工给你的一封信②

同学们：

你们好！我是学校社工×××。我很愿意你称呼我为“社工姐姐”。当你听到“学校社工”这个词时，我想你肯定心生疑惑，“什么是学校社工”。

你的“知心姐姐”，社工姐姐欢迎你来到社工办公室，尽情地释放你的烦恼。你的“学习小助手”，社工姐姐希望能成为你的“学习小助手”，同你制订属于你的学习方

---

① 本章编写者王静，社会工作师，国家心理咨询师二级，广东白云学院社会工作系讲师，讲授《家庭社会工作》《老年社会工作》《社会工作导论》等专业课程。主持或参与省市校级社会工作相关项目十余项，发表论文十余篇。曾历任广东白云学院社会工作教研室主任、社会工作系主任、管理学院院长助理，广州市白云区天星社会工作服务中心副理事长等职务。参与《广州市社会工作条例》《广州市政府购买社会工作服务》等政策法规的撰写工作，参与广州市幸福社区、家综、居家养老和日间托老、“中山博爱 100”等多个社工项目的评估工作，具有丰富的相关经验。2015 年荣获“第四届广东省优秀社工导师”称号。

② 节选自网络资料的《学校社工给你的一封信》。

式和自我成长计划，相信“行动改变一切”。你的“谈话主持人”，社工姐姐与你共同讨论和我们相关的话题，增强你的表达能力。你的“孩子王”，社工姐姐将通过各种形式带领大家在“玩”中“学”，让你和你的同学在花样繁多的游戏中畅游和玩耍。你的行动实施“监督者”，社工姐姐将伴你一同完成各项计划，改变不良的上网、看电视习惯，与你一同见证成功的到来。

我的角色丰富多彩，但都是为了伴你成长。希望我能够在你的成长路上伴你一程，愿你在成长的路上“少走弯路，少些烦恼，多些快乐”。

学校社工×××姐姐

上面的这封信，是某中学驻校的学校社会工作者（以下简称学校社工）为了更好地让学生了解学校社工的作用和服务内容，用很亲切的话语写的一份告知信。在上述的信件中，我们可以初步了解学校社会工作的服务对象、服务者、工作内容，看起来学校工作者更类似于知心姐姐的角色，那么学校社会工作到底是什么，学校社工是怎么样的人，对于上述的工作如何开展，运用什么样的方法，这是本节要讨论的重点问题。

一、学校社会工作概述

对于什么是学校社会工作，目前并没有一个统一的定义，本书选取了公认的《中国社会工作大百科全书》中对于学校社会工作的定义，即学校社会工作是政府、社会各方面力量或私人经由专业社会工作者运用社会工作的理论、方法与技术，对于正规或非正规体系中的全体学生，特别是处境困难的学生提供的专业服务。其目的在于帮助学生或学校解决所遇到的某些问题，调整学校、家庭及社区之间的关系，发挥学生的潜能和学校、家庭及社区的教育功能，以实现教育目的乃至若干社会目标（全国社会工作者职业水平考试教材编写组，2014）。

学校社会工作的主要工作场域是学校，工作人员是学校社会工作者，一般会在学校以设立社工站的方式进行，但是服务开展并不局限于学校，因为学生问题的解决往往是多方面的因素，因此还需要家庭、社区、社会等场域开展，需要形成“家庭–学校–社区”三者良好的互动关系。

二、学校社会工作的内容

学校社会工作是实施于学校领域的一种专业服务，但学校层级又分为小学、中学、高中、大专、大学等，类别又分一般学校、职业学校和特殊学校，其领域划分十分复杂。其他学者，如李晓凤提出以需要为划分依据，分为学生特殊需求、学生一般需要，协调学校、家庭和社区关系，领导学校服务工作相关人员。本书不同于上述分类方法，从社会工作的功能视角出发，进行社会工作的内容分类。本书主要结合采用柏伊姆（Boehm）的社会工作功能观点认为社会工作功能有复原、提供资源、预防，王思斌的社会工作功能观点认为社会工作功能有治疗、预防、发展、促进（李迎生，2010），本书结合两者观点，认为学校社会工作的功能为预防、治疗和发展，也可以划分为预防、治疗和发展工作内容。

（一）预防性的学校社会工作

预防性的学校社会工作，主要是针对全体学生的一般性的、普适性的需求，即学校社工通过开展各类活动预防各种问题的产生，具体涉及生活辅导、学业和职业生涯辅导、人际关系辅导、自我认知与自我探索的辅导、情绪觉察与情绪管理的辅导等（全国社会工作者职业水平考试教材编写组，2014）。学校社工可以通过生活需求个案辅导、开设理财小组的方式，引导学生树立正确的生活态度与健康方式；学校社工可以通过设计包含明确生涯规划、树立正确学习观、优化学习方法等内容的学习和自我规划小组的方式，引导学生养成良好的学习习惯、初步建立自我生涯规划；学校社工可以通过个案辅导，开设人际沟通小组、入学适应小组的方式，帮助学生解决人际交往中的困惑，培养学生良好的人际交往能力；学校社工可以帮助学生通过“自我概念量表”“生命环活动”“自画像”“生命线”等活动（李晓凤，2014）；学校社工可以通过个案辅导，开设情绪减压小组的方式让学生分享情绪控制的经验，顺利度过人生第二叛逆高峰期——青春期，如图 12-1 所示。

图 12-1　贵州暖春社会工作服务中心驻校社工开展的自我认知小组

资料来源：澳门社会工作人员协进会（2014）

（二）治疗性的学校社会工作

治疗性的学校社会工作，即学校社工针对已经处于困境的学生或有特殊行为的学生提供辅导和治疗服务。

已经处于困境或有特殊行为的学生包括有厌学、逃学、学业差等学业困境的学生，有沉默寡言、遭人排挤、校园霸凌、遭受校园暴力等人际关系困境的学生，有来自于贫困家庭、单亲家庭、再婚家庭、服刑人员家庭、残障人家庭等家庭生活困境的学生，有出现沮丧、压抑、抑郁、冷漠、嫉妒、焦虑、孤独、浮躁等情绪反应的心理状况困境的学生，有网络成瘾、偷盗、离家出走、吸毒、未婚先孕等特殊行为的学生。对于此类学生，学校社工可以通过个案工作给予问题解决和情感支持，利用小组工作手法进行互相交流、自我肯定和共同探讨问题的解决，从而达到互相鼓励、互相促进的效果，与学校教育、家庭教育、社区教育工作相结合，多方链接资源，对困境学生或特殊行为学生形成社会支持网，如图 12-2 所示。

图 12-2　北京仁助社会工作事务所在北京打工子弟学校开设的支持小组

资料来源：仁助社会工作事务所的新浪博客，http://blog.sina.com.cn/renzhushiwusuo

（三）发展性的学校社会工作

发展性的学校社会工作，即学校社工深入地了解学生所在的环境，深入挖掘学校、家庭与社区系统中的资源，通过社区活动等方式发掘和培养学生的潜能，促进学生的社会化发展，如领袖力培养、志愿者服务等。

三、学校社会工作的方法

学校社会工作主要采用个案工作、小组工作、主题性活动的方法进行。学校社工的办公场地也要有个案工作室、小组工作室的配备。

（一）个案工作

学校社工针对有需要的学生，开展一对一的辅导工作，要经历接案、预估、计划、介入、评估、结案等工作流程。其中，在接案阶段，学校社工的服务对象来自于学生主动求助（自愿性）、社工接触和主动挖掘、朋辈群体或老师与家人等他人的转介；在预估阶段，学校社工对案主的生态系统进行评估，确定问题、可利用资源和支持网络；在计划阶段，学校社工与学生及其家庭一起，就其期望的目标和期待进行协商，制订出切实可行的计划；在介入阶段，进行提供学校社工的服务介入；在评估阶段，学校社工评估当事人各方面的改善程度、支持网建立程度、资源利用程度；在评估结束，达到既定目标后，实施结案，当然有时因为案主转校或主动不接受服务也会导致提前结案。

★案例 12-2

阿辉，男，14 岁，初三学生，父亲早逝，母亲单独抚养姐弟三人上学。阿辉性格内向，和班级同学关系一般，平时班级里面关系较好的有两个，曾经因为和某一位同学产生误会，认为对方一直对他有意见。在家庭里面和母亲与姐姐的交流不多，最多集中在学习方面。马上要面临中考，因为成绩一直不理想，每次的测验成绩都不能达到自己的理想，从而担心自己的中考成绩也不理想，经常会有一些焦虑紧张的情绪出现，加上家庭成员给予其压力，时常会感到烦躁不安，经常会跟母亲争吵。

阿辉主动到学校社工站求助。社工经过与阿辉沟通，将阿辉定位于治疗性个案，分析了阿辉在考试成绩的非理性认知、家庭沟通不良、自信心等方面存在问题，与阿辉共同确立服务目标为正确认识自我、正确看待中考、树立理性信念、增强自信心、以积极的态度面对生活和学习。在个案的工作过程中，社工以阿辉的需求为出发点，运用积极聆听、同感、尊重和接纳的方法，和他一起共同面对生活和学习中遇到的问题，并一起制定改变的目标；同时社工不断地给予阿辉支持和鼓励，逐渐地树立其自信心，以积极的态度去面对和解决问题，最终和阿辉一起达成服务目标。

最终，阿辉顺利地通过了中考，考上了高中，在班里担任班长的角色，取得了老师和同学的信任，总成绩在班级也名列前茅。在家和母亲的关系沟通交流增多，没有再同母亲发生争吵[①]。

（二）小组工作

小组工作，又称为团体辅导，是学校社会工作中经常运用而有效的方法，主要是因为青少年群体同质性高，也比较具有实践性、趣味性和活动性，符合学生的年龄特点和实际需求。小组工作是指在社工的协助下，通过游戏、情景模拟、任务达成及讨论分享等活动，促进小组成员之间的有目的互助互动，使参加小组的个人行为发生改变（香港社会服务发展研究中心，2013a）。其流程为选题、招募、甄选、实施、评估、跟踪，具体体现为以下内容：第一，结合学生需求和服务内容进行选题，围绕两大类的选题进行，一类为兴趣类小组，如书画小组、舞蹈小组等；另一类为专业小组，如心理健康小组（预防性小组）、治疗性小组（焦虑情绪控制小组）和成长小组（发展性小组），然后制订小组计划书，定出每节小组活动内容和目标。第二，通过网络、海报、微信、现场宣传等方式招募，采用新颖的形式宣传小组内容。第三，对有意向的愿意参加小组的学生进行个别会谈，进行甄选，看是否适合该小组的开设。第四，开展小组实施，小组的实施过程中进行不少于五节的活动，分为小组开设前期、形成期、协商期、成熟期。第五，小组结束后，对其小组过程进行目标评估，并总结经验与不足。第六，学校社工要整理小组记录，并提供追踪服务，对小组成员进行不定期的回访，了解其近况。

★案例 12-3

广州市白云区江高二中初一的新生们，由于刚刚经历小升初，面临学习环境、学习任务与内容的变化，还要面临新的人际关系和文化环境的适应。面对全新的环境，部分新生往往会感到陌生与茫然，心里没有安全感，甚至产生焦虑。天星社工机构的社工们通过与校方老师的沟通交流，了解到了上述问题。针对新生存在的这些现象，社工与学校老师沟通，决定在江高镇家庭综合服务中心通过开展新生适应的小组，招募 8 名入学不适的新生，通过开展认识你我他、新的开始、新的启程、我们一家人、初中生涯设计五节小组活动，使新生调适了个人心理，增强了环境适应能力[②]。

---

① 案例由广州市白云区天星社会工作服务中心提供。

② 案例由广州市白云区天星社会工作服务中心提供。

（三）主题性活动

主题性活动是以团体为单位，不仅仅局限在学校场域内，学校社工根据班级、年级或特定团体，以游戏体验、任务讨论、分享学习、社会实现等形式进行，开展的一次性或一系列主题活动。常见的主题性活动有班级拓展活动，以人际交流、感恩等为主题的校园活动，志愿者活动，亲子活动，社区活动，如图 12-3 所示。

图 12-3　“青年地带”驻校社工组织的主题性活动

四、典型项目介绍——“青年地带”项目①

2007 年，中共中央首次提出了为每 2 000 名学生提供 1 名学校社工服务的目标，并确立“一校一社工”的发展目标。为响应中共中央的“一校一社工”的政策号召，2008 年 3 月，深圳市民政局按单位设置学校社会工作试点岗位的学校社工正式上岗，来自 4 间社工机构的 78 位学校社工，被分配到各区的中小学提供专业服务（香港社会服务发展研究中心，2013a）。自此，全国的学校社会工作实务在深圳、北京、上海、珠三角等地区发展起来，或者通过按单位岗位设置派驻社工的方式，或者按照社工项目购买的方式开展社会工作服务。

“青年地带”项目，是广州市民政局和海珠区政府联合购买，委托海珠区团委统筹实施的社会服务项目，具体由广州市海珠区启创社会工作发展协会承接。该项目虽然不是纯粹的学校社会工作服务项目，但其内容既包括社区服务，又包括学校社会工作服务，以开设“社区社工站+驻校社工站”方式进行，具有极高的项目推广价值。该项目曾经荣获全国社工人才队伍建设试点项目和广东省团建创新特别奖。该项目以提高青少年个人及家庭综合素质、创建文明及和谐的社区为目的，运用个案辅导、小组工作等专业社会工作服务方法，面向广州市海珠区 6~30 岁的青少年和社区居民进行服务（罗观翠，2012）。2008 年年初，14 名隶属于广州市海珠区启创社会工作发展协会的专职青少年事务社工正式上岗，分别分配到三个街道和两个学校的“青年地带”社工站，引导青少年积极投身社会服务，提高个人素质和学习能力，挖掘潜能，增强解决问题能力。海珠区

① 广州市启创社工机构驻校社工站微博，http：//gov.weibo.com/profile.php?uid=qichuang&ref=。

政府为此花费 200 万元，这也是广州政府部门向社工组织购买青少年事务服务的首笔开支。

2012 年 9 月，“青年地带”项目进行扩展。广州市海珠区启创社会工作发展协会获得 3 年 1 650 万元的政府购买服务经费投入，在海珠区开设 18 个“青年地带”社工站，为海珠区 6~30 岁青少年提供专业社会服务，社工常驻学校的做法由原来的 2 所中学扩充到 12 所中学，其中驻校社工站与社区社工站结合，在学校层面，提供预防与解决问题服务，协助学校管理工作，促进学校德育教育、开展素质教育，搭建青少年学生、家长和教师三方资源，链接引入校外资源的成效；在家庭层面，帮助家长发展正确的教子观念和技巧，增进亲子关系，搭建家长相互支持的平台，为弱势家庭提供链接资源和社会支持（罗观翠，2012）；在青少年方面，满足 6~30 岁在校青少年学生和在校青少年的多维度需求；在社区方面，协助街道管理，营造和谐的社区文化，改善邻里关系，促进社区共融。

★补充理论材料——抗逆力理论

抗逆力是赋权模式与优势视角理论在社会工作实践中的具体运用，经常被运用在学校社会工作领域。抗逆力理论侧重于对案主的“保护性因素”的挖掘。抗逆力的特点如下：①抗逆力是个人具有的某些特质或能力，使个人处在危机或压力情境时能发展出健康的应对策略；②抗逆力是一种适应能力，纵使面对不幸的生活经验，个人亦能克服而有成长的能力；③抗逆力是克服不利环境的能力，纵使每日在复杂的环境下面对一连串的挑战，仍能实际地做出有建设性的生活抉择等。以下六个步骤是学校培养学生抗逆力的操作性环节：①促进亲社会联结，促进个体与每一个亲社会的个人和行动的联结；②建立清晰、稳定的边界；③教授生活技能；④提供关怀与支持；⑤建立和表达高的期望；⑥提供机会，促进参与。其中，①~③是缓解环境中的危机因素，④~⑥是建立青少年的抗逆力。

第二节　企业社会工作

★案例 12-4

2010 年 3 月以来，富士康科技集团接连发生 13 起员工跳楼事件，跳楼员工坠楼 11 死 2 伤事件，引起社会各界高度关注。深圳市民政局响应市委市政府号召，先后抽派了全市 425 名一线社工和社工督导，进驻富士康集团。社工以“采用社会工作专业方法与技巧，为企业营造和谐愉快工作、生活环境”为目的，向富士康提供社工服务，历时一个多月。

“当时，我们经过个案谈心，发现有 489 名年轻员工存在明显的自杀倾向……”曾参与富士康社工矫治的一名资深社工告诉《公益时报》记者，“针对青年工人们的具体情况，我们采取开展个案谈心、小组对话和社区活动等方式干预富士康的工人群体，效果非常明显”。上述资深社工表示，“活动（联谊活动）的时候，往往是专职社工、政府官员、民非单位、NPO、康复师、心理咨询师和企业所有岗位的员工在一起，企业一下子就活了”[①]。

一、企业社会工作概述

什么是企业社会工作？从上述富士康案例中，我们可以看出，企业社会工作就是社工采用社会工作专业方法与技巧，其工作场域是企业，为企业员工营造和谐愉快的工作、生活环境，特别是对危机干预有很好的实施效果。具体而言，企业社会工作就是运用社会工作理论与方法，以工业、农业、商业、建筑运输业及其他行业的企业单位及其职工为案主对象，以预防和解决企业及其职工问题为目标，以企业员工全面发展和企业组织科学管理为宗旨，以培养和发扬员工互助精神和自助能力为追求，调动和利用各种资源，增进员工福利，提升企业效率，促进员工与企业和谐发展的专业化介入手法和工作过程（周沛，2013），图12-4为企业社会工作服务点。

图12-4 广州市番禺创信鞋业创益源社工服务中心

由广州市北达博雅社会工作资源中心承办

二、企业社会工作内容

企业社会工作是社会工作实务中相对新颖的领域，对于其服务内容的界定也有不同的说法，本书主要借用了学者周沛在《企业社会工作》一书中的主要提法，认为企业社会工作服务内容主要以企业及其员工为服务对象，提供心理情绪辅导服务、企业弱势群体维权与充权服务、员工职业规划、员工福利保障等服务。

---

① 陈江宏：《深圳企业社工进驻富士康 称曾发现489人想跳楼》，《公益时报》，2011年1月11日，http：//cncasw.blog.163.com/ blog/static/169137968201101 1105842409/。

（一）心理情绪辅导服务

心理服务主要是指企业社会工作者对企业员工的心理情况、工作压力处理等方面提供介入服务。在现代快速工作节奏下，企业员工一方面需要承受高压、高质的工作压力，另一方面还需要面对来自社会和家庭的各种生活压力和人际交往压力。在这双重压力之下，员工的心理和情绪面临极大的考验，同时会进一步影响到企业生产效率和社会的和谐发展。企业社工站可以作为为员工提供咨询的窗口，为员工提供倾诉和宣泄的平台，企业社工对其进行情绪和心理疏导，提供危机介入服务，如针对富士康自杀员工的服务。

（二）企业弱势群体维权与充权服务

进厂不久的青年工人、女工、外来务工人员、残障人士等，往往是企业中相对的弱势群体（周沛，2013），企业社会工作者要对这些群体进行维权和充权。对于青年工人，可以提供职业和文化素质培训、法律知识普及、职业生涯规划、社交性活动参与等服务内容。对于女工，提供法律保护、性骚扰防范、家庭暴力防范等服务内容。对于外来务工人员，提供法律知识学习、维护合法权益、职业化培训、子女教育等维权和充权服务。对于残障人士，提供增强自信心、身体康复等充权服务。

（三）员工职业规划

员工职业规划是企业社会工作的核心内容之一，其服务内容较为集中在针对员工的职业成长、组织环境适应、职业生涯转换、离职或退休辅导等，大都采用个案工作和小组工作的手法。

（四）员工福利保障

企业社会工作者通过专业的介入手法为企业员工提供物质性、支持性、精神性等福利服务，能够改善和提升员工福利。物质性福利有企业年金服务、人寿保险服务、住房援助计划服务等，支持性福利有家庭援助福利、生活服务福利、员工健康服务福利等，精神性福利服务有员工心理援助福利、文化休闲型福利、职业发展性服务等内容。

三、企业社会工作的方法

（一）个案工作

企业社会工作者以员工及其家庭为服务对象，以专业社会工作价值理念，充分调动服务对象的潜能与积极性，挖掘其资源，围绕心理情绪辅导、企业弱势群体维权与充权、员工职业规划、员工福利保障等方面需求开展个案服务，经历接案、预估、计划、介入、评估、结案等工作流程，增进服务对象解决问题的能力。

★案例 12-5

张某，45 岁，女，某厂员工，因为婚姻家庭问题主动求助社工，说自己不想活了，过得很累。据她所说，丈夫经常对自己疑神疑鬼，经常对她打骂，自己感到很不开心，晚上经常折磨到她无法入睡，自己经历的这些都不知找谁说，两个女儿，小女儿还小，大女儿出去工作了，很懂事，能理解她，也赞成她离婚，但是也不想让她担心，总是偷偷流泪。张某想离婚但是又放心不下丈夫，甚至有自杀的念头。张某向该厂企业社工站的社工求助，想去改变丈夫的行为，问社工该怎么办，并咨询有关离婚的事情。社工启动危机介入，对张某进行情绪疏导和支援，通过寻解导向的方法，界定案主需求，通过改善张某认知、找到其曾经成功的经验、与家人的沟通，使张某消除了自杀念头，情绪得到了缓解，与丈夫的关系得到了改善[①]。

（二）小组工作

企业之中会不时发生员工之间的冲突和矛盾，使相关人员面临“同样的问题”，因此用小组方法进行介入，是一种较为有效的企业社会工作方法。在企业中可以开展员工成长小组，旨在让员工通过小组体验，更好地洞察和改善自我。可以开设兴趣文娱小组，旨在丰富员工的休闲生活，增加员工的生活乐趣。可以开设社会支持小组，旨在协助解决员工存在的如失恋、职业倦怠等共性类问题，简化压力，提供支持。可以开设教育小组，旨在帮助员工学习新的知识和技巧。可以开设治疗小组，协助员工改善个人问题，回复生理、心理和情绪上的悲伤。

★案例 12-6

广州某厂有员工近万人，员工子女较多，年龄也偏小。员工平时忙于上班和工作，与子女的相处时间较少，加上员工自身的文化水平有限，在照顾和教育子女方面出现了各种问题，有较为强烈的亲子沟通和教育需求。为此，社工开展以改善亲子关系为主题的“变废为宝”手工制作小组，通过亲子共同制作手工，增强亲子关系和融洽度。很多参与小组的家长和孩子很喜欢这种形式，一个妈妈说，以前没有时间管孩子，经常都是说他不好好学习，很久都没有这样跟孩子一起开心地做东西了，感觉跟儿子相处更亲近了。

（三）社区工作或主题性活动

企业是一个以经济形态出现的，以人的合作为主体的组织与特殊的“社区”（周沛，2013）。企业社会工作把企业及其所在的社区作为一个共同的环境，保持健康的态度和良性的发展。

★案例 12-7

“狮山树本产业家园”社工为了能够通过多样的活动内容和形式丰富人们的生活，并且筹集一些资金用于社区探访等公益性活动（图 12-5），提倡企业和个人为公益活动献爱心，在门前广场开展了公益集市活动，通过开设游戏区和爱心义卖区等形式满足参加者娱乐休闲的需要，同时为公益活动募捐了一些资金，增加了员工和企业的社会责任感[①]。

---

① 案例由广州市北达博雅社会工作资源中心提供。

图 12-5　“狮山树本产业家园”社工开展的公益集市活动

四、典型项目介绍——“狮山树本产业家园”项目

2014 年 5 月 28 日，由广州市狮山社会工作局购买，广州市北达博雅社会工作服务中心承接的“狮山树本产业家园”项目启动。该项目占地 300 多平方米，内设电影院、网吧、自助借书室、舞蹈室、树本义工之家等多种功能空间，通过引入和孵化各类细分项目的专业社会组织，以“社工+义工+员工”的模式，搭建政府、企业、商会、社会组织、工人“五位一体”的产业工人社会工作服务平台，实现产业工人与当地社区的“共建、共享、共融、共治”，构建狮山和谐发展的产业社会，从而建立适应珠三角工业镇实际需要的产业工人社会工作实践模式，现服务人次约 6 万人，取得了不错的服务效果。

第三节　医务社会工作

一、医务社会工作概述

关于医务社会工作有诸多定义，本书采用了台湾学者秦燕《医务社会工作》一书中的权威定义，医务社会工作是指社会工作者与医疗卫生机构中的医疗团队合作，运用社会工作的知识与技巧，服务病患、家属及社区民众，协助他们处理与疾病、治疗及健康维护相关的社会、心理问题，提升医疗效果，促进社区民众的健康。医务社工以医院为主要服务场所，为住院或接受门诊的病患及其家属提供社工服务（秦燕，2013）。医务社工的主要工作场域是医院，在大陆，其服务对象除了病患及家属之外，还包括医务工作者，如图 12-6 所示。

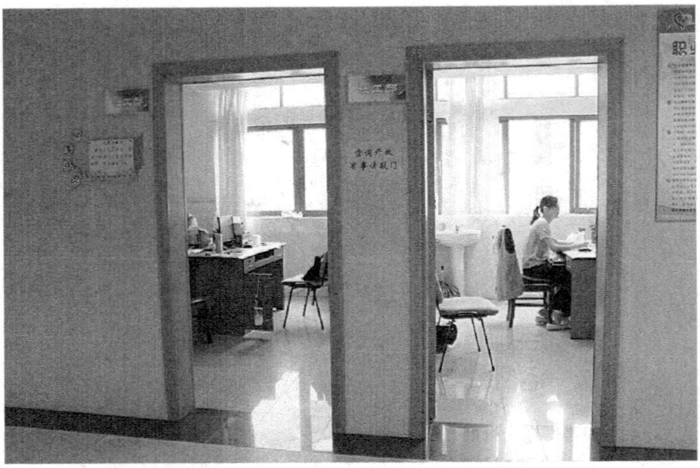

图 12-6　广州市南海八院社工部

二、医务社会工作的内容

（一）向病患及其家属提供治疗和康复服务

医务社会工作者与其他医务工作者团队共同合作，一视同仁地针对住院或正在接受门急诊治疗的病患及其家属提供“非医学诊断和非临床治疗”的治疗及康复服务，协助其解决与疾病相关的社会、经济、情绪、家庭等问题，开展社会支持、资源链接、情绪安抚、家庭关系处理等服务，协助病患对疾病治疗的了解与适应，做好出院准备。例如，为绝症病人和家属提供帮助，为被施乳房切除术的妇女提供咨询，为企图自杀者提供咨询，帮助未婚妈妈制订未来计划，为生育了精神、智力发育迟缓孩子的年轻夫妻提供遗传学咨询等（刘继同，2008）。

（二）向医务工作者提供支持性服务

我国的医疗资源匮乏，优质医疗服务更是供不应求，尤其是大医院门诊、住院部，人满为患，医务工作者超负荷运转，工作压力极大（香港社会服务发展研究中心，2013b）。医务社工以关爱医务人员，促进医院关系平等沟通为目标，从医院管理建设、文化建设，改善医务员工关系及缓解工作压力等多层面提供支持服务。

（三）提供医院关系调节服务

近几年来我国的医患关系日趋紧张，医疗纠纷日益增加，一方面经常有病人投诉、殴打甚至杀死医务人员的事件发生，另一方面医务人员也多有抱怨。医患关系紧张不仅影响到患者及家属的心理，也严重干扰了医疗单位的正常工作秩序，加重了医疗管理部门的工作量和医务工作者的心理压力，降低了医疗单位和医务工作者在社会上的声誉和形象。医务社会工作者以第三方的中立角色介入医患矛盾中，作为沟通患者与医院其他部门的中间机构，在难以达成共识的情况下，医务社工也可以帮助患者寻找第三方（如仲裁机关、法院等）来处理纠纷。

（四）向社区民众提供疾病预防宣传教育

医务社工为民众特别是社会亚健康人群提供有关疾病知识、保健知识的宣传教育，多在社区或公园等场所进行有组织的宣传，提高民众疾病预防和控制的观念和能力。例如，2014年秋季广东省的登革热疫情严重，截至2014年10月16日零时，全省共有20个地级市累计报告登革热病例34 920例（唐贵江，2014）。针对严峻的登革热疫情，广东省官方宣誓要进行网格化、地毯式清洁消杀行动，动员更多民众积极参与防蚊灭蚊工作，做好居民区、学校、机关单位等重点地区的清洁消杀。其中，医务社工利用自身的专业优势，联合医务工作者，发动志愿者队伍积极开展登革热防治社区宣传活动。

三、医务社会工作的方法

（一）个案工作

医务社会工作者以个案为主要工作方法，针对病患及家属个别状况给予评估，提供情绪支持、行为辅导、经济救助、资源运用、协助病患对于治疗的了解与适应，通过会谈方式，收集资料，予以综合分析，找出问题症结。

其具体内容包括病人目前问题及其因素分析，病人家庭生活情况及其家庭心理动力因素分析，病人成长史及其行为动机分析，对病人接受帮助的意愿和使用帮助能力的评估，以及对该病人服务或治疗计划的拟订（李迎生，2010）。

★案例12-8

服务对象：女，8岁，1岁时被诊断为肾病综合征，数年来一直反复住院，导致家庭贫困。此次入院，因缴纳不起费用，服务对象及其父母受病情影响心理压力较大，服务对象变得孤僻不爱说话，家庭债台高垒。社工积极进行介入，向主治医生、护士了解病情，鼓励其父母搜索自身、家庭可利用资源，启发其父母提高保障意识，为家人投保城镇医疗，给予服务对象情绪支持，促进其提升自我认知，为回归家庭、校园和社区做好准备，最终实现了服务对象及其父母情绪和压力缓解，申请了合作医疗，申请到了各类救助资金，服务对象的病情也得到了控制，自信心和解决问题能力得到增强①。

（二）小组工作

医务社会工作者根据有共性需求的病患、家属或医务工作者的需要开设小组，通过小组内成员的相互反应，让组员能够实现需求解决。常见的小组类型及其服务有以下几种：针对病患的有疾病知识宣教、饮食护理、心理治疗、离院前准备小组、人际关系小组、兴趣小组等；针对家属的有疾病知识宣教、临床护理技巧、家庭心理治疗、家庭和病友关系调适等；针对医务人员的有减压、职业生涯规划、兴趣小组等。

★案例12-9

南海区第六人民医院产科医务社工服务以生理-心理-社会的综合系统健康观为发展目标，通过医务社工服务和医疗技术服务共同为孕产妇提供身、心、社、灵的全方面

---

① 香港社会服务发展研究中心：《医务社会工作实务手册》，中山大学出版社，2013年，第100-111页。

服务。根据孕产妇在怀孕过程中情绪容易出现不稳定的情况，医务社工开设了名为“快乐妈咪，健康宝贝”的孕妈妈情绪管理（图 12-7）。通过开展认识你我、分享苦乐，孕期保健你我他，做情绪的主人，感谢“医”路有你的四节小组活动，孕妇组员学习到了情绪认知、情绪管理技巧和情绪替代方法等①。

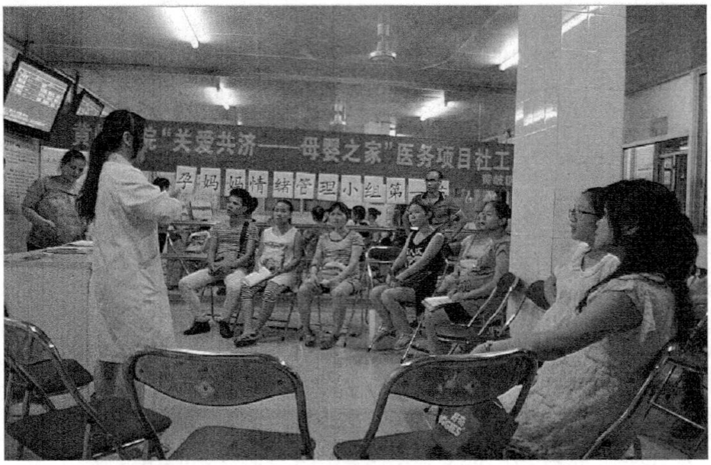

图 12-7　孕妈妈情绪管理小组

（三）社区活动或工作

医务社会工作者运用社区工作、方案设计与管理等方法，在院内针对病患及其家属开展活动，如疾病预防讲座、病患出游活动等，或在社区、公园、广场等针对民众开展专家讲座、义诊等，宣传疾病预防和健康知识。

★案例 12-10

为了让更多的孕产妇了解此项目，黄岐医院社工部选择了江北社区辖区的沙面新城小区开展“欢乐一夏，社区义诊行”活动，主要是由于沙面新城的孕妇较多。黄岐医院的孕产科社工部与社区居委会合作开展儿童游戏区、义诊、社工宣传、产科服务咨询平台，扩大黄岐医院医务社工服务和产科服务宣传，积极宣传孕产惠民政策，同时采用义诊的方式为社区孕妇、长者和儿童提供服务，促进社区居民与医护人员的近距离的互动，取得了不错的成效。

四、典型项目介绍——南海八院医务社工项目

广州市北达博雅社会工作资源中心于 2013 年年底携手佛山市南海区第八人民医院开展该院医务社工项目。项目紧紧围绕“履行医院的社会责任”这一主题，为全院的医务人员、入院患者及周边社区居民提供专业社会服务。6 名专职社工深入医院一线调研后，制订了“情同医家”员工关爱计划、“医乐融融”医患共融计划、“同心共筑”社区健康支持计划、“义曲同工”社会义工发展计划等特色服务项目，将医院的社会责任

① 案例由广州市北达博雅社会工作资源中心提供。

落到实处，担负起对员工的责任、对患者的责任、对社区的责任和对社会的责任。项目坚持“以人为本”的服务理念，针对医生、护士、患者、社区居民等不同群体的诉求开展相应的服务，最终为医务人员打造良好的工作环境，为患者打造良好的住院环境，为社区打造良好的健康环境，为当地社会打造一支量多质优的义工队伍。

★补充理论材料——健康危机干预和压力管理理论

健康危机干预和压力管理理论是医务社会工作常用的理论框架，这种理论的关注点在于缩小医生与病人之间的距离，在健康处境中提供心理社会支持，以适应生理-心理-社会健康观和医疗模式转变，提高医疗技术和健康照顾服务质量和效果。健康危机干预行为的核心是应对，应对健康风险的基本方式是压力管理、生活技能培训、认知能力康复、增权和对病人资助。这种理论特别适合慢性病人、亚健康状态和生活压力大的群体[①]。

第四节　农村社会工作

一、农村社会工作概述

农村社会工作是相对城市社会工作而言的，目前还没有一个明确的定义。本书主要采用了中山大学学者张和清在《农村社会工作》一书中的概念，即农村社会工作就是专业社会工作者和实际社会工作者（政府或准政府农村社会工作者）合作，以村庄为基础，持守社会公正、社会关怀和真诚信任的伦理情怀，以重建政府和农民信任关系和农民的自信心、自尊和权利意识为根本宗旨，通过与村民的同行，广泛参与和增能，对村民提供个人、家庭、小组等直接支持服务，改善他们的人际关系和沟通能力，以适应社区重建的需要，最终实现可持续发展能力建设的目标（张和清，2008）。

农村社会工作的工作场域是农村社区，以人为本的综合性社会工作介入，其工作重视提供直接服务，关注于农村社区弱势群体的民生问题，如图 12-8 所示。

二、农村社会工作的内容

结合社会变迁中的农村社区特点和当前新农村建设的现状和需求，农村社会工作服务包括以下内容。

（一）儿童社会工作

随着经济体制的改革，大量农村年轻夫妇外出打工，出现大批留守儿童状况。据全国妇联 2012 年发布的《中国农村留守儿童、城乡流动儿童状况研究报告》显示，全国农村留守儿童数量超过 6 000 万人，总体规模扩大。从当前实际来看，农村儿童社会工作的重点在于关注留守儿童的学业和身心健康问题。服务内容包括提供教育和学业辅导、提供心

---

① 刘继同：《医务社会工作导论》，高等教育出版社，2008 年，第 37 页。

图 12-8　广州市从化良口镇长流村农村社工站

广东绿耕社会工作发響中心承办

理健康辅导、改善生活环境、提供或促进对儿童的照顾与支持等（民政部社会工作司，2008）。

（二）老年社会工作

农村的老年人是要重点关注的人群，当前绝大部分的农村老人既无养老保险，又无退休金，晚年生活全靠子女照顾，但子女经济能力有限，有些甚至常年外出打工，导致老人情感需求、照顾需求缺失。从1990年开始，中国农村老年人自杀率已从20年前的千分之一上升到现在的千分之五，并保持在高位，甚至农村老人自嘲说有三个儿子，即药儿子（喝农药）、绳儿子（上吊）、水儿子（投水）（潘强和单儒超，2014）。因此，农村老年人社会工作服务内容如下：争取社会有关部门支持，改善农村老人社会保障和福利状况；提供丰富多彩的文化娱乐服务；提供集中关爱和农村居家养老服务，老年人权益维护和老年人协会建设；等等。

（三）妇女社会工作

在我国农村，妇女在权益保护、社会参与、身心健康、人格尊严、劳动力等方面存在较多问题，农村妇女社会工作内容包括生计技能服务、生殖健康服务、法律援助服务、心理咨询服务和妇女组织建设等。

（四）移民社会工作

当前，因城市征地拆迁导致农民失去原有生计和生活环境，部分地区民怨较大，需要社会工作者的介入，移民社会工作的主要内容有心理疏导、社会适应与融合、干群关系协调、家园重建等。

（五）农村社区发展工作

农村社区发展工作的主要内容有反贫困、促进农村经济社会发展、社区环境与社区规划建设、社区文化建设、社会组织培育、社区教育等。其中，反贫困是农村社会工作介入的最主要内容，也是农村社区发展工作的关键性问题，如何解决农村贫困温饱问题，提高收入水平是农村社会工作者的主要任务。

三、农村社会工作的方法

（一）农户工作

农户工作是以家庭社会工作理念为出发点，以个案工作为基本工作方法，通过对农户成员提供支持性、治疗性的专业服务，动员农户成员及其相关资源，满足农户的需求，促进农户发展，进而促进整个农村社区的发展。农户工作的目的不仅仅是服务农村家庭，更主要的是通过对农村家庭提供服务，实现为整个农村社区的发展服务。主要内容如下：支持农户挖掘自身的潜在资源；改进农户社会功能；改善农户家庭成员之间的关系；促进农户融入整个社区发展中；通过社区力量，改进农户经济生活和社会生活，如图 12-9 所示。

图 12-9　田牌村综合服务中心社工探访农户

由惠州慧民社会工作服务中心承办项目

（二）农村小组工作

在农村社会工作实务中，运用小组技巧开展服务是较为常用的做法，常见的有自助（互助）小组、任务小组、娱乐小组、教育小组等。在农村社区，许多村民小组都属于自助小组，可以根据村民需要开设村民戒酒（或戒赌）小组、妇女自助小组、老人互动小组、生产互助小组、外出务工互助小组等。对于村民需要立即解决的问题，如解决村民用水难、种子采购、土地征用、修缮学校等问题，农村社会工作者会通过社区事件和问题介入农村社会工作，倡导成立各种任务小组以实现社区事件和问题的解决。娱乐小组是农村小组中出现最多的一种小组，其目标是提供令人享受和锻炼的活动，农村社会工作者通常会利用村综合服务中心，或协助当地社区成立乡村社区文化活动中心、乡村图书馆等，提供村民聚会的场地和设备，让成员自行运用和管理。

在农村社区，村民受过的学校教育往往较少，甚至是文盲或半文盲，教育小组的目标是帮助成员获得知识和学习更复杂的技巧，教育主题的小组包括父母教育技巧小组，科学种植、家畜喂养技术小组，进城务工技能培训小组，劳动与法律保障学习小组等。

★案例 12-11

广东绿耕社会工作发展中心（以下简称绿耕）在从化良口镇长流村项目点开展农村社会工作服务，农村社工在村中发育了一个由 8 位家境贫困的妇女组成的旅舍管理小组，协助她们布置并经营仙娘溪乡村旅舍，通过组织村中处于较弱势地位的 8 名妇女成立乡村旅舍管理小组，实现村民自主管理乡村旅舍，提升妇女社区事务的参与度。在管理乡村旅舍的合作中，妇女们锻炼了沟通交流能力和社区议事能力，在与游客交流的过程中，妇女们的自信心和主体性得到不断加强。截止到 2013 年，仙娘溪乡村旅舍（图 12-10）迄今已接待了 89 批次游客共 776 人，直接为小组带来了 128 436.6 元的收益，其中，20%（25 687.32 元）作为旅舍的维修基金，10%（12 843.66 元）作为村中的公益金，妇女小组 8 人平分 70%（89 905.62 元），人均纯收益为 11 238.2 元（以上为 11 个月的合计数据）[①]。

图 12-10　仙娘溪乡村旅舍

（三）农村社区工作

农村社区工作是指和农村社区村民一起工作的一种方法，此种方法是指农村社会工作者以一个农村社区为单位或一个农村社区的村民为服务对象所从事的一种专业服务方法，主要有农村社区照顾、农村社区教育、农村社区服务三种模式。农村社区照顾以农村残弱、边缘人员和无家庭照顾的孤寡老人为主，可提供农户家庭照顾、夕阳红老年人活动中心、留守儿童托管所等服务。农村社区教育主要针对村民和农村社区发展的需要，组织、协调农村社区内外资源，并采用灵活多样的方法传授相关教育内容，以达成工作目标的活动，可提供技术培训、扫盲夜校等服务。农村社区服务是针对村民的不同需求

① 案例由广东绿耕社会工作发展中心提供。

和兴趣爱好，拓展农村社区公共空间，以满足人们对各种服务的需求，可以通过社区活动中心兴趣小组的手法，具体提供娱乐（唱歌、跳舞、体育运动）、读书、信息平台、青少年儿童服务、便民利民服务、邻里互助服务、社区卫生服务。

★案例 12-12

绿耕在从化良口镇长流村项目点开展农村社区教育服务，为了处理乡村教育资源匮乏的问题，农村社工通过链接各方资源在村中开设社区图书室、暑期学习班，并为村民提供外出学习交流和技术培训等学习机会。由此增强村民自主学习的意识和能力，激发村民的潜力，完善村民的知识结构，促进其能力的提升。[①]

四、典型项目介绍——“城乡合作　公平贸易　共创生态文明与可持续生计”项目

“绿耕”是目前广东省一家以农村社会工作为特色的社会工作专业服务机构。绿耕的前身是中山大学–香港理工大学绿耕城乡互助社。自 2001 年起，分别在云南少数民族地区及四川映秀等乡村开展农村社会工作，工作团队主要由云南大学社会工作专业师生、香港理工大学应用社会科学系督导、中山大学社会工作专业师生组成，至今已经深耕乡村十多年，成为中国开展城乡社区工作和农村社会工作时间最长的社工院校及社工机构。

绿耕自 2009 年年底承接了“城乡合作　公平贸易　共创生态文明与可持续生计”政府购买社会工作服务试点项目，项目选择了广州市从化最偏僻的良口镇长流村开展农村社会工作服务，农村社区收入单一、种植成本不断上升、农作物销量不畅、村民缺乏自我和社会认同、农耕文明被极度边缘化。绿耕积极开展乡村旅社和民宿（乡村生活体验游）项目、生态农副产品种养殖及乡土手工艺恢复项目、生态环境改善项目、本土文化恢复和社区文娱活动项目、公平贸易店和城市社区有机“小市集” 项目、村民能力建设培训项目等服务内容，绿耕以城乡合作、公平贸易为平台，采取“前店后村”的策略，通过运用整合的社会工作方法发育城乡合作组织，发掘优良农副产品资源、优秀的传统文化资源和优越的生态资源，推动城乡合作、和谐城乡关系，这是中国农村社会工作发展的新模式[①]。

参考文献

澳门社会工作人员协进会. 2014. 两岸四地杰出社会工作学生学术交流研讨会会议集.

陈江宏. 2011-01-11. 深圳企业社工进驻富士康称曾发现 489 人想跳楼. 公益时报, http://cncasw.blog.163.com/ blog/static/169137968201101110584240/.

李晓凤. 2014. 学校社会工作. 北京：中国社会出版社.

李迎生. 2010. 社会工作概论. 北京：中国人民大学出版社.

① 案例由广东绿耕社会工作发展中心提供。

刘继同. 2008. 医务社会工作导论. 北京：高等教育出版社.
罗观翠. 2012. 青少年社会工作服务模式及成效研究——广州市海珠区“青年地带的实践探索”. 北京：社会科学文献出版社.
民政部社会工作司. 2008. 农村社会工作研究. 北京：中国社会出版社.
潘强，单儒超. 2014-10-02. 多么“痛”的领悟：农村老人自杀率升高背后的“代际剥削”. http：//news.xinhuanet.com/ local/2014-10/02/c_1112705471.htm.
秦燕. 2013. 医务社会工作. 台北：巨流图书公司.
全国社会工作者职业水平考试教材编写组. 2014. 社会工作实务（中级）. 北京：中国社会出版社.
唐贵江. 2014-10-16. 广州登革热病例逼近 3 万例　全省治愈出院 11 176 例. http：//news.sohu.com/20141016/ n405186350.shtml.
香港社会服务发展研究中心. 2013a. 学校社会工作实务手册. 广州：中山大学出版社.
香港社会服务发展研究中心. 2013b. 医务社会工作实务手册. 广州：中山大学出版社.
张和清. 2008. 农村社会工作. 北京：高等教育出版社.
周沛. 2013. 企业社会工作. 上海：复旦大学出版社.

第十三章

社会工作实务领域：特殊人群的视角①

特殊人群（special community）是指有着特殊的社会经历和生存状态的群体。他们或许面临着生存的困难，或许脱离了正常的生活轨迹。同时，现实生活中他们多受到社会的歧视或排斥，因此，需要给予特殊人群关注和协助。社会工作在特殊人群领域的服务目标是使其回归社会，过上正常生活。本章重点讨论残疾人、矫正对象、救助对象、优抚对象等特殊人群的社会工作介入。由于这些人群面临的问题、需求以及生活场域的不同，在上述人群中进行社会工作介入的理论、方法和技巧就各具特性。

第一节　残疾人社会工作

一、残疾人社会工作的含义

传统上对残疾问题的讨论多强调医疗条件，人们多从个体层面帮助残疾人矫正、康复或处理其医学的病症。然而，从社会工作专业来看并非仅仅如此，社会工作更多地关注社会环境因素对残疾人社会工作功能发挥的障碍。其中，Morales-Sheafor 生态系统理论通过关注系统中五个不同层面的问题检视与残疾人相关的问题与资源，系统的五个层面包括个人层面、家庭层面、文化层面、环境-结构层面及历史层面。由此可见，社会工作常从残疾人的社会处境着手，除改变个体外，还应改变制约残疾人社会功能发挥的社会环境因素。

① 本章编写者王海洋，东莞理工学院城市学院社会工作教研室主任、讲师，台湾暨南国际大学社会政策与社会工作系博士研究生。讲授社会工作专业多门课程，主持或参与各类课题多项，发表《新生代农民工问题及其社会工作介入——以D市为例》等论文。兼任东莞社会工作行动研究小组召集人等。

★案例 13-1

李先生是一名青年画家，生活在广东省某市，年幼时因为交通意外造成肢残。轮椅是他出行的唯一可以借助的辅具。一次外出参加画展时，路边打车，多次招手司机都不停，好不容易停下来央求了好久司机才愿意让他坐车。走到一栋大楼前他又被三级阶梯难倒了，因为这栋楼没有供轮椅行驶的坡道。

针对上述案例，医疗模式关注此人通行的事实而试图为其安装假肢，而生态系统模式则将缺乏供轮椅行驶的坡道视为问题。因此，着力改善阻碍通行的外部环境。因此，从生态系统观点看残疾不仅仅是个人问题，而是社会问题，残疾人权利享有社会发展的成果，社会有义务消除阻碍残疾人获取社会利益的障碍。

社会工作强调人与生俱来的尊严和价值，相信人有改变和发展的能力。残疾人社会工作遵循“平等、参与、共享”的残疾人事业发展基本理念，强调残疾人的平等与尊严，强调他们的社会参与和社会发展成果的共享，这是残疾人社会工作最为主要的价值取向，也是残疾人社会工作为什么推行和怎样推行的基本出发点。残疾人群体所遇到的最大困惑或困境，在很大程度上看，就是机会的不平等，社会生活参与的缺失，社会经济发展成果的共享受阻。残疾人社会工作着力为残疾人构建社会支持网络，整合社会资源，提升其参与社会事务的主动性与积极性，以促使其真正融入社会，实现“平等、参与、共享”（周沛，2013）。

因此，残疾人社会工作是对残疾人进行的专业社会工作介入。它不同于一般的残疾人服务，而是社会工作者运用专业社会工作理论和方法协助残疾人补偿自身缺陷，克服环境障碍，使他们平等地参与社会活动，分享社会发展成果的专业活动（王思斌，2006）。

此外，有学者认为，对“残疾人”的称谓，从“残废”“残疾”“残障”再到“障碍”，其实都是污名化和贴标签的过程。建议将传统的“残疾人社会工作”的称谓改为“身心障碍者社会工作”。这一称谓改变体现了价值理念更加人性化。

二、残疾人社会工作的理论

（一）社会型残疾论

社会型残疾是相对于个体型（individual model）残疾而言的，二者体现了对残疾人工作的不同理解。个体型残疾认为残疾人所经受的问题是他们自身伤残的直接结果。所以，专业工作者的主要任务是使残疾人适应残疾后的社会生活，专业工作者主要协助残疾人在身体和心理上进行调整以适应社会的需求。社会型残疾则认为，“调整是一个对社会进行调整的问题，而不是对残疾人个体进行调整的问题”。它由关注于加在某个人身体上的限制，转变为关注于自然环境和社会环境施于某些团体或某几类个人的限制。真正需要解决的问题是，对于残疾成员，社会限制在其工作模式上、制定预期目标上做多大程度的调整；对现在正强加于残疾人身上的、他们自身无法逃避的限制做多大程度的解除。由于现今的社会组织不顾及或很少顾及身体有损伤者情况的特殊性，而把他们排除在社会活动的主流之外，从而使他们不便于活动，或者活动受限制。因此，社会型残疾不再认为残疾人自身有什么毛病，它摈弃了个人病理学模式。故而，当残疾人不能完成某项工作时，分析其原因时，就可能看到如建筑物的不良设计、他人提出的不实际的预期指标、生产组织不良或不适宜的住房环境等因素。残疾人的无能为力的状况不是由残疾人的缺陷引起的，而是外界环境所致（奥利弗和萨佩，2009）。

（二）社会排斥论

社会排斥论是近年来经常被运用的理论，越来越多的学者倾向于从社会排斥的角度探讨社会问题的深层次根源。社会排斥本意是指大民族完全或部分排斥少数民族的各种歧视或偏见，这种歧视和偏见意味着主导群体已经握有社会权利，不愿意与其他群体分享。随后社会排斥的概念逐渐成为一个专门性概念，是对已有的社会剥夺、边缘化、歧视等理论概念的丰富或深化。社会排斥论认为，残疾人被排除在充分的社会参与之外，被拒绝充分参与经济生活和获得社会服务，他们在劳动力市场以及社会保障体系中受到主流社会的排挤，日益成为孤独、无援的群体，其家庭压力和社会疏离感也很强。要改善残疾人的被社会排斥处境，国家应该承担介入的责任，帮助残疾人实现良好的社会参与（周沛等，2012）。

（三）标签理论

标签理论是以社会学家勒默特、贝克尔等学者的理论为基础而形成的一种社会理论。该理论认为，所谓的社会问题是一种主观的东西，某种社会现象之所以成为问题就是因为社会成功地给它贴上了这样的标签。因此，残疾人本身的缺陷并不必然导致其困境的出现，而是社会的评价或看待使然；社会给残疾人贴上“弱势”“不正常”等标签，这种标签是促成他们真的成为弱势的原因。因此，标签理论反对给残疾人贴上具有负面暗示的标签，以免这种外部压力真的导致他们具有负面的特征，从而导致生活陷入窘态。

（四）正常化理论

正常化（normalistation）是与某些特殊群体如智障人士、自闭症患者、肢体残障人士等相关的理论。在社会工作实践中，强调以服务对象为本，主流所认为的残疾人的异常，在服务对象的生活世界里是完全正常的，因此在开展专业服务时不应将残疾人视为异常人群并通过使其朝向正常化的目标进行专业治疗。而应以服务对象为本，理解服务对象的行为对其自身的正常性，从服务对象的角度出发对其进行协助。此外，还需从服务对象的需求角度理解正常化，即残疾人有过与常人相似生活的需求和权利，在提供专业服务时应保障他们尽可能获得接近正常人的生活方式，他们可以拥有生活中大多数人的日常生活模式和条件，而非通过隔离的方式仅满足其部分需求（此需求是社会认为的他们的需求，而非残疾人的真实需求），因此应从服务对象的需求和权利角度提供服务。

（五）回归社会理论

回归社会理论是针对将残疾人长期封闭在院舍里进行供养和照顾所产生的弊病而提出的。20 世纪 50 年代，美国社会学家戈夫曼在深入研究了长期封闭在精神病院进行治疗的精神病人的生存状况后指出，由于在封闭的院舍里精神病人长期处于一种不良的同伴关系中，他们由于在封闭的院舍里与同伴形成具有强烈刺激性的互动关系，加之院舍的管理人员、医护人员对其严格管制的行为和冷漠、消极的态度，导致精神病人与工作者发展出紧张、隔离、缺乏信任，甚至敌意的关系，从而导致精神病人非但病情没有好转反而病情愈加严重的后果。同时残疾人因长期封闭在院舍里接受照顾，从而也使得他们产生依赖性，逐渐丧失重新适应社会生活的能力。从回归社会理论来看，要改变上述弊病，应协助残疾人走出封闭的院舍，让他们回到其熟悉的社区中接受照顾，使其处于积极的社会关系中，促使其回归社会。

（六）增能理论

“增能”，又称“赋权”或“充权”，是指协助残疾人排除各种障碍，激发个体内在动能，增强个体自身的责任感，更好地发挥其社会功能。

增能理论认为残疾人之所以弱势，从个体看，是因为其生命经验中体验到自身面对困境时的无力感，这种长期无力感的状态使他们无法与外界环境积极互动；从社会环境看，社会环境中也存在着阻碍其社会功能发挥的结构性限制，其参与社会、发展自我的权利被剥夺。从增能理论出发，要协助残疾人增能，就要协助残疾人打破负面的自我标定，看到自身优势与潜能，重建自我认同和价值感。同时增强其权利感和自主性，改善残疾人生活的社会环境，使其在实现自身权益的过程中加强与社会的联系，获得正面体验和自尊，实现社会参与，提高残疾人控制自己生活及未来命运的能力。

三、残疾人社会工作的基本模式

（一）优势视角模式

优势视角是一种关注人的内在力量和优势资源的视角。从优势视角出发，社会工作应把人们及其环境中的优势和资源作为社会工作助人过程中所关注的焦点，而非仅关注其问题和病理。优势视角基于这样一种信念，即个人所具备的能力及其内部资源允许他们能够有效地应对生活中的挑战。优势视角强调关注残疾人的优势，挖掘其自身的潜能，增强其面对困难的信心。

残疾人康复工作集中于残疾人的生理特征，把残疾人看做部分或全部失去以正常方式从事活动的能力、不能在某些社会生活领域发挥正常作用的人。社会工作以“助人自助”“能力提升”等基本理念介入残疾人康复工作，包括：强化、调动其积极性，发挥其潜能，以期使残疾人的功能丧失降到最低程度；最大限度地提高残疾人的生理功能；增强残障者对于困难情景的自我处理和自我照顾能力以及向他人倾诉和沟通的能力。具体包括：首先，优势视角下残疾人医学康复社会工作介入，主要以改善与恢复残疾人的身体功能为出发点，使其减轻能力障碍，获得最大限度的日常生活能力。其次，教育康复社会工作介入，主要是鼓励残疾人接受教育、完善残疾人教育方式。再次，残疾人职业康复社会工作介入，社会工作者通过专业手法，围绕职业培训、评估等提高残疾人职业适应能力，主要包括就业咨询和评估。最后，社会康复社会工作介入，残疾人的社会康复是优势视角理念的最终目标，具体包括保障残疾人生存权利，消除家庭、社区和社会的物理障碍，消除对残疾人的歧视和偏见，鼓励残疾人的社会参与等（周沛等，2012）。

（二）家庭残疾人社会工作模式

家庭残疾人是指以家庭为所属单位的残疾人个体。对于家庭内的残疾人而言，大部分已不具备生产甚至生活能力，需要家庭成员的理解与支持。家庭残疾人具有孤独、自卑、敏感、自尊心强、情绪反应强且不稳定、富有同情心等特点。因此，对其服务内容包括残疾人家庭关系咨询、残疾人婚姻辅导等临床式服务；以残疾人的夫妻关系问题、亲子关系问题等家庭问题作为服务内容专业服务；面对残疾儿童开展的福利服务，如寄养照顾、中途家庭、教养机构等形式。

家庭残疾人社会工作主要方法有家庭残疾人的个案工作、家庭残疾人恳谈（在社会工作者的引导下，通过残疾人家庭成员的恳谈和互动，可以有效地解决某个家庭成员的心理或行为的适应问题，同时有利于残疾人家庭成员的互动）、残疾人家庭治疗等（周沛等，2012）。

（三）机构残疾人社会工作模式

机构残疾人社会工作就是残疾人机构内的社会工作，如各类残康中心的社会工作服务。主要服务内容包括：残疾人心理辅导，即运用社会目标模式，使残疾人获得社会责任感的价值体验；运用治疗模式，引导残疾人实现有效的自我认知；运用互动模式，锻炼残疾人融入社会的能力；残疾人的法律援助，发挥社会团体和基层法律工作者在残疾人法律援助中的作用（周沛等，2012）。

机构残疾人社会工作方法方面，个案工作、小组工作、社区工作等专业方法均可适用。

（四）社区残疾人社会工作模式

社区残疾人社会工作是指依托社区、充分利用社区资源为残疾人服务，满足残疾人多层次需求，促进残疾人的社区参与。社区残疾人社会工作内容包括：倡导新的残疾人观（如残疾人具有与生俱来的权利、价值和尊严）；推动社区残疾人维权工作；推动社区残疾人无障碍环境建设；开展社区志愿助残活动，形成关爱、支持残疾人的社区氛围。社区残疾人社会工作方法包括协助组建社区残疾人组织、基于社区调研协助制订本社区的残疾人工作计划、培养社区残疾人骨干、协助开展残疾普查和康复训练活动等。

★案例 13-2

设定残疾人社会工作服务的目标[①]

25 岁的男青年小宏由于车祸失去了一条腿，不但失去了工作，女朋友也离他而去。双重打击使小宏丧失了生活的信心，整天郁郁寡欢，甚至有自杀的念头。社会工作者为帮助小宏，制订了服务计划，确立了社会工作服务的总体目标与具体目标。总体目标是帮助小宏正确面对自身现状，调整痛苦情绪，协助其开展康复工作，同时指导小宏适应残疾生活，提高适应和利用环境的能力。具体目标包括帮助小宏宣泄痛苦情绪，消除自杀意念；引导他正确认知和接受残疾的现实，解决事故带来的心理困扰；协助医生开展全面的物理康复治疗；为小宏提供残疾人相关的信息，联络有关部门给予经济支持和提

---

① 易艳阳：《残疾人社会工作实务的过程与特点》，《残疾人研究》，2013 年第 1 期，第 38 页。

供就业辅导。

★案例 13-3

残疾人社会工作服务的价值理念转变："使能"转变到"支持"①

S 是某智障服务机构的社工，2010 年她开始接触智障人士服务时感到非常头疼。家长经常要求她多训练自己的孩子数学方面的技能，提高记忆能力和数字使用能力。她也很用心地开展训练，如教智障人士数数、学会找钱、学会看钟点等，但坚持了一年成效很差。某次，一位香港社工的话点醒了她。这个香港社工说，智障人士在某些方面如记忆和数字称谓方面本身就差，我们要做的不是提高或改善他们这方面的能力，因为几十年的经验证明这些缺陷是很难通过训练得以提升了，而应该提供"支持"帮助他们消除"障碍"，如教智障人士使用计算器来代替自己算数，使用刷卡技术代替找钱等。这让社工 S 大为震惊，原来自己服务的理念和方向错了。

第二节 矫正社会工作

一、矫正社会工作的含义

矫正也称矫治，原是医学术语，如矫正脊柱、矫正牙齿。后"矫正"一词被引入社会领域，成为司法领域的专业术语。其是指针对罪犯或有犯罪倾向的人所确立的司法制度和司法措施。司法矫正制度和措施发挥着惩罚犯罪、隔离受刑人员、改造犯罪人员、威慑公众以维护社会秩序的作用。

矫正社会工作也称矫治社会工作，是指社会工作实施于矫正体系中。它是指专业人员或志愿者，在专业价值观指引下，运用社会工作的理论、知识和方法、技术，为罪犯（或具有犯罪危险性的人员）及其家人，在审判、监禁处遇、社会处遇或刑释期间，提供思想教育、心理辅导、行为纠正、信息咨询、就业培训、生活照顾及社会环境改善等，使罪犯消除犯罪心理结构，修正行为模式，适应社会生活的一种福利服务（张昱，2008）。

现代矫正社会工作起源于美国，是由一位波士顿的制鞋匠约翰·奥古斯特斯（John Augustus）创立的。在奥古斯特斯生活的时代酷刑（鞭挞、截割、手枷等）普遍存在于各个监狱中，同时要求人道对待罪犯的呼声也开始兴起。随后于 1825 年成立了以革新狱政为主要目标的美国波士顿监狱协会。1841 年华盛顿全民禁酒协会在波士顿成立，奥古斯特斯成为该协会最忠实的会员之一，他常去监狱探访因酗酒而被判刑的囚犯，并积极倡导法官对此类罪犯暂缓处分并保释出狱对其进行感化教育。奥古斯特斯运用个案工作方法对其进行辅导以改善其个人、家庭及社区环境状况。经过奥古斯特斯辅导过的个案的行为大为改观，在法庭重审时多获宽大处理。后因奥古斯特斯承保的案件越来越多，他放弃了制鞋本行，转为全职从事感化工作直至去世，在他 18 年的感化工作中共辅导保

① 何乃柱、李淑云：《从"残疾"到"障碍"：称谓的演变对残疾人社会工作的影响》，《社会工作》，2013 年第 4 期，第 54 页。

释的罪犯近2 000名。奥古斯特斯开创了一个全新的工作领域，他的伟大精神为后人所传颂，因此被誉为“感化社会工作之父”。

二、矫正社会工作的理论基础与价值理念

（一）矫正社会工作的理论基础

一是亚文化群理论。亚文化，亦称副文化，是与主文化相对应的一个概念。美国社会学家科恩（Albert. K. Cohen）在《亚文化群体》（1955年）一书中提出了亚文化群犯罪理论。他认为，犯罪亚文化群产生和维护的价值观体系及行为倾向与主文化的价值观和行为准则相抵触、相背离，这是犯罪和非法行为的真正根源，而亚文化的产生是由社会化过程的不完善、不适当引起的。他认为，少年亚文化群通常是在社会下层阶级的居住区形成的，因而犯罪团伙基本上是下层阶级青少年中的现象。美国社会的民主性支持下层阶级青少年有权去追求与中产阶级青少年相同的目标，但事实上，社会并没有为每个人提供达到这些目标的相同手段。当下层阶级青少年最终感到失望时，就会发展一种与社会主文化相悖的文化，这就是青少年犯罪亚文化（郑航生，2009）。此外，在遵循越轨亚文化的群体中，越轨者接受与主流文化不同的观念和定义，遵从亚文化群体的规范，与主流文化发生背离。强大的主流文化可以有效地将亚文化标定为“越轨”（戴洁等，2013）。

二是社会解组理论。社会解组理论起源于美国芝加哥学派。社会解组的概念最早出现在W. I. 托马斯和弗洛里安·兹拉涅茨基的著作《身处欧美的波兰农民》（*The Polish Peasant in Europe and America*）中。他们研究了波兰移民来到芝加哥后所面临的各种困扰。研究发现，在新的环境下，原有的传统方式不能继续有效地发挥作用，原有的以家庭、邻里、社区为代表的传统社会控制方式被弱化。因此，在芝加哥的波兰人社区中，青少年和成人犯罪比他们原先所在的国家里变得更加普遍。该理论为从文化和社会过程来解释犯罪提供了有力的结构性基础（巴坎，2011）。社会解组理论是从社会结构角度来解释个人越轨行为或犯罪行为。该理论认为，稳定的社会结构是社会规范发挥其功能的基础。急剧的社会转型不断使社会关系疏离、原有规范体系被破坏，社会规范对个体行为的约束力减弱，社会复杂性、流动性、不稳定性加剧，“社会”趋于解组，越轨行为大量发生（Park et al.，1925）。

三是新社会防卫理论。德国刑罚学家李斯特（Liszt）等倡导以强调预防犯罪和保护社会为目标来改革刑事政策的社会防卫论。在此基础上，法国犯罪学家安塞尔（Anseer）又提出了新社会防卫论，其观点为矫正社会工作的发展提供了坚实的理论支撑。新社会防卫论基本内容包括：第一，同犯罪作斗争的目的不是对罪犯的惩罚，而是为了保护社会和社会成员。第二，通过将个人与社会隔离或对个人进行矫正的方法，使罪犯变成守法公民。第三，刑罚要以重建犯罪者的责任感和自信心为前提，人道化应成为刑罚的发展趋势。第四，刑事政策应以犯罪的个别预防为着眼点，而非犯罪的一般性预防。第五，刑事司法体系应是一个重视罪犯品格研究的人道化的过程。

（二）矫正社会工作的价值理念

社会工作的一般价值理念同样适用于矫正社会工作。但因矫正社会工作有其独特的服务对象，一些基本的价值理念对矫正社会工作的开展十分重要，具体如下（张昱，2008）。

第一，促使矫正对象回归社会是矫正社会工作的核心理念。

第二，矫正对象参与矫正过程是矫正社会工作的又一基本理念。

第三，平等、尊重是矫正社会工作的核心理念。矫正对象往往会形成严重的自卑感，而这种自卑感往往又成为他们重新犯罪的重要原因，因此，应给予平等的对待。同时，对矫正对象的尊重是无条件的，矫正对象无论处于什么地位，具有怎样的不良习气，都必须尊重他。

第四，保密是矫正社会工作最基本的价值伦理。矫正社会工作以犯罪人员为主要工作对象。社会对于犯罪人员的防范性很强，也由于社会存在对犯罪人员的歧视心理，社区服刑人员隐私的泄露会对其生活甚至生存带来重大影响。因此，保密在此专门提出，以期引起重视。

三、矫正社会工作的基本内容与方法

（一）司法判决前的社会工作

司法判决前的社会工作服务对象包括被拘押、保释、尚未被定罪的犯罪嫌疑人及其亲友。社会工作介入司法过程自司法判决前的案件审理阶段开始。在此过程中，社会工作者的主要职责是通过与犯罪嫌疑人及其亲友和其所在社区的接触，按照了解的真实情况，撰写庭前调查报告并提交法庭做审判参考。社工提交庭前调查报告的目的是在罪犯承认犯罪事实的基础上为法庭判决提出参考建议。因此，它侧重于从罪犯的社会背景和性格特征等方面进行阐述，有助于法庭做出适当判决，有利于罪犯的改过自新。故而，如缓刑、社会服务等判决，都是法庭在充分考虑社会工作者建议的基础做出的。由此不难看出，这与律师提交的为被告作无罪或轻罪辩护的报告有本质的不同。社工撰写的庭前调查报告一般包括犯罪事实的记录，当事人关于犯罪的供述和辩解，以及警察和被害人的陈述等记录；前科，对过往犯罪情况进行详细说明和评价；本人生活史，记载了家庭情况、受教育情况、工作经历、身体精神情况、宗教信仰、兴趣爱好、社会活动等方面的内容。报告的撰写需与犯罪嫌疑人及其相关的家人、邻里、同学、同事、受害者、警察等进行访谈，以做到报告的客观性和准确性。

此外，犯罪嫌疑人亲友的社会工作介入，主要针对因受到影响和拖累而陷入困境的犯罪嫌疑人亲友，特别是其年迈的父母和年幼的子女的社会工作介入。提供服务包括提供家庭关系协调以及家庭成员心理、情绪辅导服务，协助其链接社区资源以应对生活困难，为失去依靠的家庭成员提供生活照料等。

（二）监禁处遇中的社会工作

监禁处遇中的社会工作的主要目的是挖掘罪犯自身的潜能，调动社会资源，促使罪犯朝向积极的方向转变，使其改过自新、回归社会。

监禁处遇中的社会工作服务内容包括：第一，个案辅导。通过与服务对象的接触，在充分收集有关服务对象资料的基础上，进行专业诊断，找出困扰案主问题的根源，并与案主一道制订矫正方案并付诸实践。第二，团体辅导。将具有相同或相似经历、问题或困惑的求助者组建成小组，通过小组内组员的彼此互动和经验分享，形成小组文化和氛围，运用小组的力量，达到矫正对象心理、行为改变的目的。第三，加强社会联系。协助服务对象加强与社会的联系以恢复、重建其社会功能。具体包括通过讲座、培训、活动、演出等形式协助服务对象了解外界社会的变化；通过电话、走访等形式协助服务对象加强与其家庭的联系；通过动员志愿者资源，协助服务对象建构社会支持网络。

（三）社区矫正中的社会工作

社区矫正是与在监狱执行的监狱矫正相对的行刑方式，它以社区为平台，秉持科学的价值观念，运用专业工作方法，矫正罪犯心理和行为偏差，恢复其社会功能，促使矫正对象顺利回归社会的刑罚执行制度和过程。接受社区矫正的罪犯，又称社区服刑人员，包括被判处管制、宣告缓刑、决定暂予监外执行、裁定假释、被剥夺政治权利并在社区服刑的人员。在符合上述条件的基础上，对于罪行轻微、主观恶性不大的未成年犯、老病残犯，以及罪行较轻的初犯、过失犯等，适用实施社区矫正。社区矫正是矫正社会工作最重要的实施领域。

社区矫正工作内容主要包括：第一，缓刑、假释、监外执行人员的观护。根据司法规定对这类对象进行观察保护的辅导工作，具体包括：督促服务对象保持良好品行，接受观护人辅导，服从检察官和观护人命令，及时向观护人汇报工作、生活和居住状况，不经批准不得离开居住地等。第二，院舍训练的组织管理。院舍训练是通过向求助者提供住院或寄宿等训练，达到其回归社会的目的。社区矫正对象的院舍训练大多是为违法犯罪青少年设置的。院舍训练形式有：中途家庭，是收养被处社会处遇且无家可归或有家不便归的矫正对象，通过各种社会服务活动，使其更好地适应社会；寄养家庭，是针对收容观护青少年开展的旨在预防其因缺乏家庭生活而重新犯罪的服务；教养院，是针对具有不良行为和可能发展成不良行为的青少年开展的生活训练、职业训练和学校教育等服务，以使其在自由、开放的环境中成长，提高其社会适应能力；感化院，是针对犯罪青少年开展的服务；通过 6 个月以上、3 年以下的院舍矫正训练，使其在认知、行为上得到改善。第三，社会服务计划的执行。它通过判定罪犯在社区中的社会福利机构从事规定时间的社区公益劳动或服务替代其短期自由刑的刑罚措施。在从事社区公益劳动或服务的过程中培养其劳动习惯，增强其社会责任感，提升其就业和社会适应能力，促进其更好地回归社会。

（四）刑满释放后的社会工作

刑满释放人员回到自己的生活社区后，会面临家庭拒绝、同伴疏远、就业困难、社会歧视等问题和困扰，同时又缺乏社会适应能力。因此，如何协助刑满释放人员度过释放后的最初阶段，对其未来的生活和社会安定关系重大。刑满释放人员的社会工作服务又称更生保护。

主要服务内容包括：为暂时无家可归或不被家庭接纳的服务对象提供住所，并在住所中提供咨询和辅导服务；为服务对象开展工作技能培训，提升其工作技能；培养服务对象的工作和学习习惯，并协助其就业、就学；为有不良生活习惯的服务对象提供生活辅导；链接社会资源为生活有困难的服务对象提供物质援助等，促进服务对象顺利回归社会。

（五）针对涉毒人员的社会工作介入

针对涉毒人员的社会工作介入也称禁毒社会工作。它是指社会工作者通过社会工作方法，包括个案辅导、家庭辅导、小组工作、学校活动和社区活动等，充分利用社区资源，协调各方力量帮助涉毒人员禁毒和康复，并教育动员社会民众远离毒品、健康生活（全国社会工作者职业水平考试教材编写组，2015a）。其主要内容包括以下两方面。

第一，为禁毒人员提供的禁毒社工服务。具体包括：为禁毒人员建立档案，了解禁毒人员基本信息；对禁毒人员开展入户探访和个案辅导，协助其处理禁毒或康复过程中的不良情绪；开展家庭辅导，协助其处理家庭关系；整合资源，为禁毒人员提供生活、工作、学习等方面的实际帮助，协助其走出困境；开展禁毒人员的技能提升活动，提升禁毒人员的工作和生活技能，恢复其社会功能，促进其回归社会。

第二，为社会公众提供的禁毒社工服务。为滥用药物的青少年开展个案工作，协助其走出滥用药物的困境；开展针对青少年及其家长的预防滥用毒品小组，提升其对毒品的认知并远离毒品；开展社区禁毒宣传活动，提升民众禁毒意识；动员组织社区志愿者参与禁毒工作，建构禁毒人员社区支持网络。

第三节　社会救助社会工作

一、社会救助社会工作的含义

社会救助社会工作是指在社会救助领域，社会工作者根据社会救助的性质与特点，以社会工作价值理念为指导，以社会工作的专业理论为依据，采用社会工作专业方法和技巧，为社会救助对象提供专业服务的过程。这个过程包括物质方面的社会救助、精神层面的内在提升以及救助对象的社会功能恢复（全国社会工作者职业水平考试教材编写组，2015a）。

救助社会工作从救助对象的特殊需求出发，在借鉴社会救助工作经验的基础上整合了社会工作专业理念与方法而发展的社会工作领域。救助社会工作具有以下特点。

首先，救助社会工作服务对象广泛，包括贫困无依的老人、无家可归的儿童、下岗失业工人、各类残疾人士等。救助社会工作服务对象的广泛性，决定了救助社会工作的服务时间、服务模式、服务方法差异性大。

其次，救助社会工作服务具有持续性。社会救助除了通过物质救助，解决困难民众的生存困难外，还需要从服务对象的能力建设方面开展工作，这样的工作目标决定了服务不可能是短期的，服务对象的能力建设必定是一个持续的过程。

再次，救助社会工作服务多采取整合社会工作方法。服务对象的差异性决定了所采取的工作方法的多样性，而实践中多种工作方法的运用又不能独立、割裂开来，应采取整合社会工作方法，以整合各种方法的优势，满足服务对象的多层次需求。

最后，与其他领域社会工作相比，社会救助社会工作更强调政策性。例如，贫困或残疾的服务对象应获得何种类型的社会救助，都依据相应的政策、法规，因此，社会救助社会工作更要求对相关政策、法规的熟悉。由国务院制定的专门的行政法规《社会救助暂行办法》于 2014 年 5 月 1 日正式实施，这是全面深化我国社会保障制度改革的一项重大举措，因为社会救助是整个社会保障体系的基础性制度安排，它承担着维护社会底线公正和确保低收入群体起码生存条件的重大责任。尽管我国的低保制度已经覆盖城乡居民，特困人员救助更是由来已久，医疗救助、教育救助、住房救助等也在缓和困难群体的实践中发挥着日益重要的作用，有的早已制定了行政法规，有的也有政策性文件，但过去的做法是单项推进、分割实施，在实践中往往富有弹性，从而仍然处于改革试验状态。《社会救助暂行办法》的出台，标志着这一重大制度安排从长期改革试验状态向成熟、定型的制度安排迈进了一大步，同时，为将来制定《社会救助法》奠定了一个良好的基础（郑功成，2014）。

二、社会救助社会工作的主要内容与方法

（一）基本生活救助社会工作

基本生活救助以反贫困为主，是我国社会救助体系的重要组成部分。其目标是救助贫困的个体、家庭和群体，以解决或缓解其贫困状况。具体包括城市的城市居民最低生活保障制度和农村的以“五保”供养为主的救助制度。社会工作介入社会救助工作主要体现在下述两个方面。

第一，社区层面的社会救助。社区是社会救助的重要平台，因为社区是困难群体生活的重要场所，社会救助政策的实施都必须在社区的层面加以落实。首先，社区层面的社会救助工作，强调在提供物质救助的同时更要朝向服务对象的能力建设。具体包括：为服务对象提供物质帮助，如现金、物质及免费服务等；协助服务对象就业，为困难家庭的发展创造机会和平台，努力开发社区就业岗位，如开发家政、安保、保洁等岗位，在推动社区服务的同时，也促进其收入的增加和能力的提升。其次，整合政府和社会资源，协同推动社会救助，包括：协助救助对象修复其社区关系，建立或丰富困难群体的社会支持网络；发挥好传统社区邻里互助的功能。再次，努力开展驻区单位与社区之间的合作，使二者形成良好的互动关系，实现共驻共建、资源共享。最后，发挥好社区各类社会组织（如社区党组织、社区经济组织、社区文化组织、社区公益组织、社区兴趣小组等）在社会救助中的作用，协助救助对象走出困境。

第二，政策层面的社会救助。首先，社会工作者将救助政策通过专业服务传输给救助对象。因此，社会救助领域的社会工作者在熟悉服务对象基本情况、了解服务对象真实需求、认真研究救助政策的基础上，本着科学、公正的原则，积极参与社会救助政策的制定，发挥好政策倡导者的角色，力争在更大层面推动救助社会工作的发展。其次，

社会救助政策的实施是将救助政策转化为救助对象享有的服务的过程。在这个层面上，可以说社会工作者是救助政策的执行者，社会救助的每个环节都需要社会工作者落实。因此，需要社会工作者能熟练掌握社会救助政策，并能根据服务对象的差异性学会灵活运用。最后，社会工作者还需运用专业的评估方法，对社会救助政策进行评估，发现社会救助政策制定、实施中的不足，为政策的进一步完善提供参考。

（二）专项救助社会工作

专项救助社会工作包括教育救助、医疗救助和住房救助领域的社会工作介入。

教育救助领域的社会工作介入包括：第一，参与政策制定，加大政府对教育救助的投入力度。为了使低收入者可以享受到公平的教育机会和资源，促进教育公平，政府通过财政拨款，对于因家庭贫困而无法就学的学生进行一定的教育救助，以保障其学业的顺利完成。但现实中贫困学生的教育需求仍未得到充分满足，因此，救助社会工作者应积极争取机会，参与到教育救助制度的制定和完善中来，基于专业优势和对服务对象的了解，提出科学、可行的建议。第二，动员社会力量，调动社会资源，多方参与教育救助。各类社会组织也是参与教育救助的重要力量。社会工作者应积极将各类社会组织的资源及服务与有教育救助需求的地区、组织、学校、个人实现有效对接。在资源最大化利用的同时降低贫困学生的教育成本。第三，根据学生的多元化需求，分类实施救助。救助社会工作者应通过需求调研，深入了解服务对象的特点，并在此基础上根据救助制度规定的内容和标准，进行分类救助。第四，建立教育救助支持网络。教育救助申请程序涉及教育、民政、社会组织、企业等部门，手续繁杂。如何在各个部门间做好协调工作，对救助资源的获得起着非常重要的作用。因此，社会工作者应积极推动建立旨在促进各部门有效协调的教育救助支持网络。

医疗救助，因病致贫占据贫困人口的相当一部分比例。在现有的社会性别制度框架下，家庭中年男性患病多会导致一个家庭的贫困。医疗救助社会工作既要回应其贫困问题也要回应其疾病问题。因此，社会工作者应整合医疗机构、救助机构的资源，开展医疗救助工作。在积极协助服务对象申请医疗救助以使其得到及时就医的同时，还需运用社会工作的专业手法为患者及其家属提供陪伴、心理辅导和情感支持等服务。此外，参与医疗救助政策的制定，改进医疗救助程序也是社会工作者需要努力的方向。

住房救助，是指政府向低收入家庭和其他需要保障的特殊家庭提供现金补贴或直接提供住房（购买、租赁）的一种社会救助项目。其目的是解决部分居民住房支付能力不足的问题。符合条件的居民可以通过申请获得住房救助。因此，社会工作者可以协助贫困群体了解住房救助政策及申请程序，并协助其申请。此外，为了保障住房救助制度公平和公正地实施，社会工作者应努力参与住房救助的管理和监督工作，协助相关部门建立、健全住房救助的申请人家庭收入申报与核查制度、救助房使用的跟进机制等。

（三）灾害救助社会工作

通常国外社会工作介入灾害基本上都能实现从紧急援助到重建的阶段的全覆盖。然而在中国内地，有些阶段社会工作专业无法参与，特别是社会工作还没有完全建立自己的专业地位和社会认授性（legitimacy）的时候。所以在紧急援助阶段，在中国内地救人和抢救伤亡的工作落在了军队和医护人员的身上，社会工作基本没有任何角色。等到紧急收容安置阶段，从汶川地震的经验看，社会工作也无法太多地参与，物质分配和安置工作落在基层政府的头上。在中国内地社会工作介入灾后重建，在两个阶段可以有所作为，一个是以安顿身心为目标的中长期安置阶段；另一个是以重建生活和家园为目标的长期重建阶段。从灾区设立的社会工作站情况看，他们的工作基本上也是从恢复重建到发展性和防卫性的工作，其中包括经济项目、儿童青少年（学校社会工作）项目、康复项目、社会心理重建项目和社区综合发展项目。另外，还发现了一个普遍的现象，即社工在资源上的缺少和薄弱，其必须与政府、基金会和第三部门组织有所联系，才能更好地开展工作。古学斌教授指出，社区为本的社会工作是灾害社会工作的重要组成部分，资产建立和能力建设等增能模式是灾区工作的基本理论，优势视角是灾区工作的基本信念。灾害社会工作中的社区工作是整合性的（integrative），其重要内容包括了社区心理陪伴、社区需求评估、资源链接、社区生计重建等（张和清等，2011）。此外，张和清教授指出，根据灾后不同阶段的社会政治处境，灾害社会工作的角色定位应从“紧急救助”转向“社区重建”。

（四）流浪乞讨救助社会工作

第一，社会工作者基于与救助对象发展的信任关系和对其生活处境的了解，可以为救助政策，如《城市生活无着的流浪乞讨人员救助管理办法》《城市生活无着的流浪乞讨人员救助管理办法实施细则》等的修改、完善提供建议。第二，社会工作者积极介入救助机构的工作，促进传统的救助管理工作中引入专业社会工作的理念和方法，提升救助机构的服务质量。第三，为流浪乞讨人员提供个别化服务。可以借助救助巡逻车和救助亭为街头流浪人员发放“救助指引卡”，协调志愿者为街头流浪人员宣传救助方法与流程。对救助机构的服务对象开展旨在提升能力和纠正行为偏差的个案、小组工作等。第四，对年龄在18岁以下的脱离家庭或其他监护人，在外游荡超过24小时，无可靠生存保障并最终陷入困境的人提供流浪儿童救助服务。具体工作包括：动员社会力量，预防流浪儿童的出现；根据儿童身心特点，建立包括物质救助、精神救助、机构救助、回归家庭以及安置和跟踪服务的全方位的儿童救助系统。

★案例13-4

流浪乞讨救助社会工作①

案主黄某，男，32岁，广西人，伤残。因看病卖掉了房子，欠大量外债。后离婚，无业，父母离世，独自带着两个年幼的女儿长期在外流浪（案主宁愿流浪也不愿在家生活，曾多次被救助站送回老家后又返回）。后因找不到工作，生活压力大，产生了自杀后捐献器官的念头。经由某电视台记者送到市社会救助管理站。救助管理站社工接案后，耐心陪伴案主，评估案主需求，鼓励其勇敢面对困境。随后，社工针对案主想留D市工作的需求动员资源协助其找工作，但找工作时发现需要办理残疾证，该证需回到户口所在地办理，协助案主找工作也只能暂停。当时案主身无分文，极度贫困，无法独立生活。此时社工积极联络资源，随后在市电视台的帮助下，寻找到爱心人士愿意帮案主筹集

① 案例由熊军民社工提供。

5 000 元回家办理残疾证的路费，同时社工也积极与案主户口所在地相关政府部门协调，当地政府帮其解决了看病和孩子读书相关经费问题。案主办好残疾证后又返回D市，社工再协助案主找到了工作，现在案主将两个小孩接到身边就学。

第四节　优抚安置社会工作

一、优抚安置社会工作概述

优抚安置工作是我国军民在长期的革命和建设实践中逐步形成并发展起来的一项传统工作，历来受到党和国家领导人的高度重视。它是国家依据法定的形式对现役军人、退役军人及其家属提供优待、抚恤和安置，以确保其生活水平不低于所在地平均生活水平的一项“补偿性社会保障制度”，它兼具褒扬性和优待性的特质（民政部社会工作司，2011）。

优抚安置社会工作是在优抚安置领域，综合运用社会工作的专业知识、技能和方法，以优抚安置社会工作服务对象及其相关人员和系统为工作对象，协助有需求的优抚安置社会工作服务对象，整合社会资源，协调社会关系，预防和解决问题，恢复和改善社会功能，使优抚安置社会工作服务对象有更好的社会适应和福祉的活动（全国社会工作者职业水平考试教材编写组，2015b）。优抚安置社会工作服务对象及其需求、问题如表13-1所示。

表 13-1　优抚安置社会工作服务对象及其需求、问题

类型	服务对象	需求	问题
优抚医院社会工作	伤残军人 带病复员军人 患严重精神病的复员退伍军人	治疗康复 基本生存 家庭生活 生活交往 生活尊重	生活适应困难 心理障碍严重 生活保障问题 家庭婚姻障碍 生活隔离
光荣院社会工作	孤老烈属 孤老退伍红军老战士 孤老残疾军人 孤老复员军人 烈士遗孤及子女	健康维护 婚姻家庭 社会参与 社会尊重	老化问题 老年慢性病增加与生活质量受损 心理失衡 社会地位下降 社会隔离
复员退伍军人安置社会工作	退役义务兵 复员士官 转业士官 复员干部 伤残初级士官及义务兵	就业权益保障 社会再适应的心理调适	就业难 隐性失业 延迟上岗
军休社会工作	离退休干部和退休士官	军队情结 社会尊重 健康维护 居家养老 社会参与	角色失调 地位下降 心理失衡

资料来源：考试辅导编写组（2012）

二、优抚安置社会工作内容

根据优抚安置社会工作服务载体的不同，可将优抚安置社会工作分为优抚医院社会工作、光荣院社会工作、复员退伍军人安置社会工作、军休社会工作、军供社会工作、烈士褒扬社会工作等。

（一）优抚医院社会工作的内容

优抚医院是国家为残疾军人和在服役期间患严重慢性病、精神疾病的复员退伍军人等优抚对象提供医疗和供养服务的优抚事业单位[①]。优抚医院是特殊的社会福利机构。

优抚医院社会工作是为病患服务对象提供社会服务，预防和减轻他们因伤病残所带来的种种社交和情绪的困扰，协助服务对象及其家庭处理因伤病残而出现的在情绪、经济、康复、出院安置及其他适应方面的问题，促进医疗过程顺利进行，增强服务对象的自我照顾能力，回归社区，融入社会，增加社会资本，促进社会和谐稳定、协调发展（全国社会工作者职业水平考试教材编写组，2015a）。具体工作包括：第一，协助应对服务对象及其家庭问题，如开展心理辅导、修正不当行为、改善与医护人员的关系及危机介入等。第二，协助服务对象适应医院生活，如宣传医院的相关制度和工作流程、协助服务对象使用医院设施。第三，协助服务对象熟悉并有效使用医疗系统资源，具体包括提供医疗咨询、协助联络专业人力资源、协助运用医疗系统资源、提供咨询与转介服务、疏导医疗纠纷等。第四，协助出院并做好跟进计划，具体包括评估病情制订出院计划、协助家庭推进家庭照顾、运用社区照顾资源。第五，特别工作内容，包括协助复员军人慢性病患者养成良好的生活习惯并协助其融入社区，协助退役伤残军人充分发挥其应有的潜能、克服障碍、更好地适应社会，对复员退伍军人精神病人开展心理治疗和个案管理工作。

（二）光荣院社会工作的内容

光荣院原名烈属养老院，最早建于 1958 年，当时主要接收无亲属照顾的烈属老人。后来烈属养老院逐步扩大至接收孤老伤残军人、孤老复员军人，并更名为光荣院。光荣院是供养孤老优抚对象的社会福利机构，入院的优抚对象包括孤老烈属、孤老退伍红军老战士、孤老残疾军人、孤老复员军人、未满 16 岁的烈士遗孤和患有残病生活不能自理、家中无人照顾的烈士子女。

光荣院社会工作是社会工作对光荣院工作的介入，是推动与孤老优抚对象生理或心理健康有关的社会政策的完善的一项工作，以保障孤老优抚对象各项必需的福利服务，使他们过上正常生活。具体内容包括：服务对象入院评估和准备；院内生活适应；发展人际关系；为服务对象提供个案心理辅导，如运用怀旧、生命回顾方面的技巧，帮助服务对象重塑自我，找回生命意义；策划、组织简单易学的活动，增进服务对象之间的互动；提升自我管理能力；促进服务对象积极参与院舍活动；引导服务对象正确面对死亡

---

① 《优抚医院管理办法》，《中华人民共和国民政部令（第 41 号）》，2011 年 6 月 9 日。

问题，避免焦虑和恐惧；推动光荣院的志愿者服务并对其进行督导；进行政策倡导，影响社会决策；等等。

（三）复员退伍军人安置社会工作的内容

复员退伍军人安置工作是为军队建设服务的，是国防建设的重要组成部分，直接关系到国家的政治安全以及经济、社会发展。复员退伍军人安置工作主要包括承担军队退出现役的义务兵、复员士官、转业士官、复员干部的接收安置，以及过往部队的饮食、饮水供应和住宿保障工作。

复员退伍军人安置社会工作是社会工作在复员退伍军人安置工作中的介入，主要目标是协助服务对象增强自我能力、完成角色转变、促进社会融入，更好地发挥其社会功能。具体工作内容包括：提供复员退伍军人的心理辅导；协助服务对象适应新工作和新生活，顺利度过军地转化的过渡期；协助服务对象发展其社会支持网络；积极推动政府主导、部门协助、社会参与的安置体系的完善；搭建复员退伍军人安置的信息咨询平台；积极推动社会政策的良性改变；等等。

（四）军休社会工作的内容

军休社会工作是对军休干部晚年生活做出的一项福利制度安排，包括接收安置和服务管理两个方面。

军休社会工作是在军休干部接收安置和服务管理领域，运用社会工作的专业知识、技巧以及价值观，以军休干部及其相关人员和系统为工作对象，以影响军休干部正常角色功能的生理、心理、社会因素为切入点，帮助军休干部，改善社会功能，提高生活质量，使军休干部有更好的社会适应和福祉的活动（民政部社会工作司，2011）。为了有效地协助军休干部实现角色转变，顺利度过转化阶段，推动接受安置稳步进展和服务管理水平的整体提高。军休社会工作具体服务内容包括：开展心理辅导工作协助其实现角色转化；协助服务对象适应军休服务管理机构生活，发展良好的人际关系；协助军休干部适应晚年生活；协助军休干部维护其合法权益；协助军休干部发挥自身优势，服务社会；培训军休工作人员，提升专业服务品质等；做好军休工作人员的情感支持工作；推动相关政策的完善，实现军休干部利益最大化。

★案例 13-5

“晚霞计划”——D 军休所长者义工发展计划[①]

D 军休所共生活了 70 余位老干部，年龄大多在 60 岁以上。他们不同于一般老人，他们有过军旅经历，有独特的本领和奉献的情怀。在社工的协调下，老干部们参与到了一个社区中心的儿童兴趣班中，为孩子们讲课或开活动。开始时由于老干部准备不充分，给孩子们上课效果不理想，他们参与活动的积极性受到一定的影响。之后他们的活动参与变得有些紧张，表情更为严肃。社工一直陪伴他们，鼓励老干部再尝试。后来随着老干部们准备的充分以及与学生信任关系的建立，效果变得较为理想，他们的授课被学生们接受和认可。这种认可让军休干部越做越开心。老干部们表示，感到自己还是很受欢

① 案例由吴妙嫦社工提供。

迎的，有一种“被需要”的感觉。随后老干部们尝试新的做法，他们开始运用自身的“资源”，给孩子们讲述自己过往的经历，老干部们的过往经历，让学生惊叹不已并引发思考。学生反馈，没想到在遇到这些困难时，他们还能如此保持积极态度，积极面对。学生们开始“崇拜”这些老人。

随后，社工与军休干部一起做他们的“生命故事照片展”。通过老照片展示，在协助军休干部回忆过往经历的同时，对学生产生了极大的吸引力。该活动中学生参与度明显提升，也让老人们重新看过自己曾经的“辉煌”，他们再次建立坚定的自我认同。

随着老干部义工的发展，后来每次的义工服务都是由军休干部为主导，社工在旁协助。随后服务内容越来越充实，要求也越来越高，但发现人员配备不足。后来老干部们开始动员家人，一起参与。经过努力，他们的服务得到家人的认同和支持，愿意一起参与。“晚霞计划”取得较理想的效果，老干部们共服务学生 250 人次，服务场数达 15 场。学生多对军休干部的学识与魄力表示钦佩，学生家长也对老干部们有了新的认识。

军休老干部们就像一个个的宝藏，即使到了晚年也有被发掘、被看到价值的需求。社工陪伴着军休干部一路走来，每次的发掘都有新发现。他们在参与的过程中也丰富了自己的人生，实现自己的人生价值。

（五）军供社会工作的内容

军供社会工作主要是运用社会工作的专业知识，及时发现、预防、缓解和解决过往部队以及军供保障单位内部职工的社会问题；协调社会关系、整合社会资源，落实好军供保障任务。具体包括：及时发现过往部队中存在的生理、心理问题，配合部队做好预防、解决和转介；动员社会力量，整合社会资源，完成好军供保障任务；协调组建工作人员的支持网络，加强工作人员的心理辅导及沟通技巧，协助工作人员进行压力释放、情绪疏导和问题解决；开展研究工作，提供军供站管理和发展方面的政策建议（全国社会工作者职业水平考试教材编写组，2015a）。

（六）烈士褒扬社会工作的内容

烈士褒扬社会工作是协助服务对象进行哀伤辅导，倡导完善相关政策并协调落实相关待遇，缓解冲突，开展宣传工作，扩大社会影响。具体工作包括加强宣传、开展群体性心理辅导、举办纪念活动、协调各种纠纷、开展哀伤辅导、进行政策倡导、推动相关政策完善等。

三、优抚安置社会工作的方法

（一）认知和情绪问题的处理方法

优抚安置社会工作在角色转换的过程中，会产生角色失调或行为失范，会将负面情绪和行为归因于“从军队到地方”这样的事件。在认知上会产生“军队和地方视自己为负担”“两头都不管”的偏差认知。社会工作者处理此种认知和情绪问题时，一般运用认知行为模型，以此来协助服务对象识别导致情绪不适和问题行为的有缺陷的思维模式，以适应角色转变。认知行为模型中较为常用的是艾利斯（Albert Ellis）的理性情绪行为疗法（rational emotive behavior therapy，REBT）。社会工作者运用理性情绪行为疗法协助服务对象达至下述改变。

协助服务对象理解不是个人遭遇的事件而是个人的非理性信念导致其现有的情绪困扰，以及如何通过改变认知来改善情绪和行为。

鼓励服务对象反思自己在感到焦虑、抑郁或愤怒时自己的认知，协助服务对象探究隐藏在情绪困扰背后的“文本”，以明确问题所在。

支持服务对象质疑非理性信念和思维，与非理性信念进行辩论，认识其对当前生活的影响，促使其放弃不合理信念。

协助服务对象对从军队到地方这个环境事件做出理性反应，树立健康生活观，积极参与社会活动。

（二）精神问题的解决方法

优抚对象多为老年人，对他们而言，在人生的最后阶段，解答有关生命意义问题是最重要的任务之一。自我的超越、生命意义的探求和与他人的联结等精神困扰方面的问题是优抚安置社会工作服务对象面临的主要心理和社会挑战。他们的精神问题的解决方法包括：处理关于未来信念或准备后事、处理尚未完成的心愿、寻求当下生命的意义以及探寻和表达对生命信念的方法。根据费希尔（Fischer）在观察和描述精神对老人的重要性时总结的五个共同主题，优抚安置社会工作在处理精神问题时的具体做法包括：协助服务对象学会欣赏时间，珍惜当下生活；协助服务对象从过往事件中建构生命意义；协助服务对象直面人生局限；协助服务对象坦然接受生活中好的一面和不好的一面，重新激活疏远的关系，寻求与自己、他人的和解；协助服务对象拓展社交网络；等等（迪特里克，2008）。

（三）危机干预的方法

优抚安置领域常见的危机情景有多种情况，如离开部队、突发残疾、长期慢性病的折磨、面临新的人际关系、艰难的事业选择、缺乏社会支持、相对封闭的环境、失业、死亡等危机情景。事实上一个危机不是一个突如其来或灾难性的事件，而是一个过程，其焦点在于人们如何应对突发性危险事件。危机干预模式是围绕服务对象的危机而展开的调适和治疗工作，注重不同服务介入技巧的综合运用，目的是在有限的时间内快速、有效地帮助服务对象摆脱危机的影响。社会工作者需要迅速了解服务对象的主要问题，快速做出危险性判断，有效稳定服务对象情绪，积极协助服务对象解决当前问题，帮助服务对象增强自主能力。在危机的转折点上，最小的努力能够产生最大的效果，一点小小的、恰如其分的、有针对性的服务能够比在情感难以接近的阶段的巨大帮助产生的效果更加明显（民政部社会工作司，2011）。

（四）对工作人员压力问题的处理方法

优抚安置服务对象大多服务其一生，死后还要为其遗属提供服务。工作人员与服务对象相处时间长，工作量大、工作烦琐。长时间的朝夕相处难免会面临各种困扰，如不被服务对象理解；长期处于工作紧张状态；工作沉闷；工作倦怠；长期工作和生活在院舍内，与社会隔离；内心抑郁；等等。上述困扰需要社会工作者的介入，需要对工作人员压力问题进行处理。具体方法包括：通过宣传、开展学习型小组、讲座等形式提升工作人员的自我保健意识；开展工作人员的支持性小组，如时间管理小组、社交小组、冲突缓解小组，通过组员的分享，获得支持和理解，协助彼此释放压力或获得问题解决的方法与途径。

参考文献

奥利弗 M，萨佩 B. 2009. 残疾人社会工作. 高巍，尹明译. 北京：中国人民大学出版社.

巴坎 S E. 2011. 犯罪学：社会的理解. 第四版. 秦晨译. 上海：上海人民出版社.

贝克尔 H S. 2011. 局外人：越轨的社会学研究. 张默雪译. 南京：南京大学出版社.

戴洁，徐欢来，李华燊. 2013. 未成年"新莞人"越轨行为实证研究. 广东社会科学，（6）：193.

迪特里克 K M. 2008. 老年社会工作：生理、心理及社会方面的评估与干预. 隋玉杰译. 北京：中国人民大学出版社.

何乃柱，李淑云. 2013. 从"残废"到"障碍"：称谓的演变对残疾人社会工作的影响. 社会工作，(4)：54.

考试辅导编写组. 2012. 全国社会工作师职业水平考试应试解难（初级）. 北京：中国社会出版社.

美国智能及发展障碍协会. 2010. 智障障碍：定义、分类和支持系统. 美国智能及发展障碍协会定义指南第十一版. 台湾心路社会福利基金会译. 台北：财团法人心路社会福利基金会.

民政部社会工作司. 2011. 伏扶安置社会工作研究. 北京：中国社会出版社.

全国社会工作者职业水平考试教材编写组. 2015a. 社会工作实务（初级）. 北京：中国社会出版社.

全国社会工作者职业水平考试教材编写组. 2015b. 社会工作实务（中级）. 北京：中国社会出版社.

王思斌. 2006. 社会工作概论. 第二版. 北京：高等教育出版社.

易艳阳. 2013. 残疾人社会工作实务的过程与特点. 残疾人研究，（1）：38.

张和清，裴谕新，古学斌，等. 2011. 灾害社会工作——中国的实践与反思. 北京：社会科学文献出版社..

张昱. 2008. 矫正社会工作. 北京：高等教育版社.

郑功成. 2014-03-05. 让社会救助制度稳步走向成熟、定型. 中国社会报.

郑杭生. 2009. 社会学概论新修. 精编版. 北京：中国人民大学出版社.

周沛. 2013. 残疾人社会工作理论与实务研究. 残疾人研究，（1）：17.

周沛，曲绍旭，张春娟. 2012. 残疾人社会工作. 北京：社会科学文献出版社.

Reamer F G，包成恩. 2000. 社会工作价值与伦理. 第二版. 王永慈译. 台北：台湾洪叶文化事业有限公司.

Schalock R C. 2010. 智障障碍与其他发展障碍的生活品质——从个人、组织、社区到制度上的应用. 彭心仪译. 台北：财团法人心路社会福利基金会.

Cavanaugh M M. 2011. Toward a theoretical integration of crime and delinquency. Journal of Human Behavior in the Social Environment，21：3.

Hudson R. 2012. Transforming communities in residential aged care. Journal of Religion，Spirituality & Aging，24：55-67.

Orme J G，Cherry D J. 2013. Who is willing to foster children with disabilities? Journal of Public Child Welfare，7：566-585.

Park E，Burgess E，Mckenzie R. 1925. The City. Chicago：University of Chicago Press.

第十四章

社会工作督导[①]

第一节　什么是社会工作督导

一、社会工作督导的历史沿革和概念界定

1920年以前有关社会工作督导的记述罕见，在《慈善与矫治会议纪要》（*Proceedings of Conferences on Charities and Correction*）以及较早的社会工作期刊里提及的社会工作督导，经常指涉权威部门和政府委员会对机构所进行的行政性督导，这些机构在公共支出和当事人服务方面要对权威部门和政府委员会负责。最初，“督导”是指对项目和机构的监察和审核，而不是对项目内的社会工作者的督导（Kadushin and Harkness，2008）。

在1880年和1890年，对督导过程组成部分的描述就已经在文献中可见，但是1925年以前，社会工作督导都没有被《家庭》（*The Family*）索引，1930年以前也没有收入美国《全国社会工作大会会议纪要》（*Proceedings of the National Conference on Social Work*）（Burns，1958）。

社会工作督导的历史发展可以分为五个阶段（Tsui，2008）。

阶段一，起源于行政管理的社会工作督导。北美社会工作督导根源于慈善组织会社

---

① 本章编写者冯博雅，社会工作师，台湾东海大学社会工作专业博士研究生，广东工业大学政法学院社会工作系硕士、讲师，主要负责小组工作、学校社会工作、社会统计学、社会统计软件应用、义工管理与培训、社会问题等专业课程。主持或参与国家级、省部级、校级社会工作相关项目十多个，发表论文十多篇。2009~2010年参加广州市首届社会工作督导人才培训班获优秀结业，一直在广州市多个家庭综合服务中心兼任长者服务、义工服务、青少年服务等方面的督导工作，具有丰富的相关经验。主要社会职务有广东省社会工作师联合会督导工作委员会委员、广州市政府购买社会服务评标专家、广州市义工联理事、佛山市社会组织孵化培育基地专家库成员、广州阳光社会工作事务中心等多家社工机构的理事和督导。

运动。1878年美国纽约水牛城（Buffalo，New York），早期慈善组织会社年代，大部分机构的访视员来自上层社会，又是机构的董事监事成员，机构所雇用的中产阶级或劳动阶级的办事员或者个案助理不可能督导这些访视员，直到20世纪初，开始雇用工作人员担任访视员，这个时候服务机构的高层管理者督导访视员以确保行政责信。行政功能是社会工作督导在20世纪初期最早出现的功能，但教育和情绪支持的功能也紧接着产生。由于机构中的访视员不知道如何提供协助给有需要的人，人员流动率高，于是机构中有经验的或自身的员工开始针对机构访视员实施岗前与在岗培训。然而资深员工的主要职责还是行政督导，如方案规划、分派工作给义工、评估服务输送的结果，同时，督导们也提供情绪支持给那些在与案主工作过程中遭受挫折的访视员，这是社会工作历史中对支持性督导的最早记录。总的来说，早期的社会工作督导模式是行政督导，这个模式一直持续贯穿20世纪。

阶段二，社会工作督导脉络的转变，即转移到教育功能。纽约慈善组织会社在1898年为27位学生提供为期6周的暑期训练计划，这可能是世界上第一个正式的社会工作教育计划。后来，纽约慈善学校（New York School of Philanthropy）于1904年创立，提供一年的实习指导计划，这所学校后来成为第一所社会工作学校，即现在纽约市的哥伦比亚大学社会工作学院（Columbia University's School of Social Work）。历史上第一次实习督导课程在1911年由Russell Sage基金会的慈善组织部（Charity Organization Department of Russell Sage Foundation）赞助。20世纪20年代，社会工作人员的训练地点从服务机构转移到大学，实习督导的出现被视为教育的过程，传授需要的价值、专业知识和实务技巧给未来的社会工作员，学生在实习场域的个别督导时间学习社会工作实务。20世纪60年代中期，有学者和研究者开始认清，督导学生和督导员工之间存在概念、方法论和实际操作的不同，Bogo和Vayda（1998）提出了两者的七点差异，整理如表14-1所示。

表14-1 督导学生和督导员工的七点差异

对象	目的和任务	责任	侧重点	着眼点	内容	探讨方法	管理方法
学生实习督导	教育	教学和研究	建立学生的价值倾向、知识和技能	分析实务现况	批判性分析、发展尝试并报告新的想法，从事独立的心智活动	一般和抽象	寻求同侪共识决策方式
员工督导	服务品质	服务输出效果	提供高品质服务	维持和提升服务计划，服务有效性	称职的工作表现、体制的维持和相互依赖的团队工作	特定而具体	权责中心化的科层制度

阶段三，受实务理论与方法影响的社会工作督导。20世纪20年代到30年代，实务工作的重大改变对社会工作督导有深刻的影响。心理分析理论在20年代成为具有影响力的典范，促成20世纪30年代心理分析与社会工作的整合。社会工作尤其采取无意识的概念（concept of the unconscious），社会工作员对自己面对案主时的态度进行自我觉察（self-awareness）变得重要，督导过程被视为一种由社会工作督导者来进行的治疗过程。在督导者和被督导者共同参与的个别督导会议中进行的分析或治疗，是获得自觉的过程，

这些个别会议揭示了社会工作督导在个人和情感方面的启发。一直到20世纪50年代，社会个案工作方法对社会工作督导的形式和结构产生重要的影响，某些方面至今仍然可见，如督导者与被督导者之间的双面关系（dyadic relationship）、督导会议内容保密等。但是许多社会工作者排斥把个案工作方法运用到社会工作督导上，他们认为社会工作者的隐私也应该受到尊重和保护，除非被督导者向督导者主动表达，否则督导者没有理由检视被督导者的个人生活。

阶段四，不能终止的督导与自主性实务工作之间的争议。社会工作督导在社会工作实施初期是检视责信的行政方法，后来在正式的社会工作训练中体现了教育的功能，在心理分析的处遇理论与方法整合到社会工作实务之后，督导成为对第一线社会工作者的治疗过程，在20世纪50年代期间，强调治疗的风气没落，督导被视为社会工作者专业发展的一个阶段,但是社会工作督导已演变为伴随前线社会工作者职业生涯的终身过程。20世纪40年代和50年代，开始有人质疑，持续的社会工作督导对于受过专业训练的社会工作者的价值与必要性。拥护实务工作自主性的倡导者坚持，只要具有社会工作硕士学历及某特定服务领域2~6年的实务经验，就应该被允许独立执业，必要时再咨询外部专家即可。

阶段五，责信时代回归行政管理。随着20世纪80年代所流行的管理主义（managerialism）日渐盛行，政府或社会服务组织社群越来越要求社会服务组织能确保其资金用于该用的地方，基于“金钱衡量”（value-for-money）的考量以符合“成本效益”（cost-effective）。因此，服务输送成果的评估影响现今资源与经费的取得或分配。服务品质不再只是取决于专业工作者自己的评估，还要看经费赞助单位与服务消费者的评断。管理主义强调的是工作绩效、任务导向、标准化、文书化、消费主义及成本概念，社会工作者与案主之间变成处理事务的关系而非转化生命的关系。在所有这些改变之下，为了提供兼具效果与效率的服务给案主，服务组织的督导及整个专业又再次开始强调督导的行政功能。

在强调责信的时代，社会工作督导有时被视为对第一线的社会工作者的监控机制，这样会降低社会工作者的自发性与创造力。因此，社会工作督导不应该只是“指导”社会工作者，还应该“鼓舞”社会工作者，使其有所“感动”。社会工作督导者最重要的工作是传承其对社会工作使命与愿景之“热情”给被督导者，这样，社会工作督导是资深社会工作者与社会工作新生代之间使命感的共享，社会工作督导不仅仅是专业实践，更是道德实践。

有三种定义社会工作督导的取向，即规范性的、经验性的与实用性的。

规范性的取向就是为社会工作督导寻找一套规范或标准，强调两个基本问题，即社会工作督导应该是什么，应该做什么。此定义方法聚焦在观念与理想，也许无法反映督导的日常实务工作。一般而言，社会工作督导短期内应该增进社会工作者的工作能力，终极目标是保证前线社会工作者具有称职的专业能力和令人满意的工作表现。

经验性的取向关注督导者真正做的是什么。例如，Kadushin 和 Harkness（2008）认为社会工作督导一词是指机构中的行政管理人员，该行政管理人员有权对他所负责的受督导者的工作表现进行指导、协调、提高和评估，在行使这一职责的过程中，督导者与被督导者要建立积极的关系，并通过彼此的互动来实现督导的行政性功能、教育性功能和支持性功能。督导者的终极目标是奉行机构的政策，遵循机构的处理方案，为机构的当事人尽力提供数量上最多、质量上最好的服务。督导者不提供直接服务，他们通过间接服务影响直接服务。

实用性的取向目标不是为社会工作督导提供定义，而是提供社会工作督导的行动指导方针，并确认其功能和任务。在行政、教育和支持三个功能之中，哪个是最重要的，一直没有共识。20 世纪 50 年代开始，行政功能和教育功能的兼容性受到质疑，这与主张三种功能互相兼顾的观点相对立。不过上述双方的主张都没有经验基础。所以 Austin（1957）在 20 世纪 50 年代提出的三个问题至今仍然有重要意义。第一，在专业分工越来越细的情况下，督导是否能将行政和教育功能放在一起？第二，若将督导的行政功能和教育功能分派给不同的人负责，新的分工是否就会有效？第三，专业的社会工作者能否为其自身的工作承担更多的责任，并主动寻求可能的咨询管道，而不是一味被动接受督导？

由于中国内地的社会工作仍然处于起步阶段，对于社会工作督导的界定不可避免地同时涉及规范性、经验性和实用性取向的选择，目前 Kadushin 基于经验对督导的界定比较具体，适合作为目前我们理解督导的概念界定。

二、督导在社会工作中的重要意义①

第一，社会工作自创立之初就是以组织为基础的，社会工作者传统上都是通过机构向当事人提供服务，督导就是承上启下的职级，帮助新手理解并认同其组织模式和价值观。

第二，由于社会工作在经济上依赖外部，对资金的使用对社区造成影响，所以社区有权力要求社会工作者在服务中的决定有监督和程序作保证，一旦涉及公共资金，正规的问责程序不可或缺，这种程序的性质就是督导性的。

第三，机构用以救助当事人的资源大多来自机构外，而且机构关注的问题都对社区构成巨大威胁，这些难题与社区的既得利益密切相关，如精神疾病、犯罪、依靠救济生存、歧视、家庭解体，这些难题涉及社会政策与合理管理。

第四，社区对专业组织有效贯彻社会意志能力的信任是社区赋予该专业组织以完全自主权的必要先决条件，专业的自主水平反映了大众对该专业的认同程度。

第五，社会工作在程序上没有金科玉律，行动上不能循规蹈矩，做法上难以一成不变，因此在目标迷茫、工作无从下手、介入的效果难以预料、失败风险巨大的情况下，社会工作者需要督导与自己一起分担责任。

第六，社会工作者在从事个案等服务时不能够让别人从旁监督，这是对隐私保护和有效互动的需要，所以需要对工作者行为的监督系统保障当事人的合法权益。相对而言，

① Kadushin A，Harkness D：《社会工作督导》，郭名倞、寇浩宁、汪蓓蕾，等译，中国人民大学出版社，2008 年，第 27-36页.

小组工作者，特别是社区组织者在更大程度上是在“公开的场合下”开展工作，缓解了对督导的需求。

第七，对比其他职业的执业效果的客观性，社会工作的服务效果具有不确定性，不良的操作所导致的损害不会明显地自我暴露出来，不容易被观察到，为了保护当事人，必须建立明确的程序，定期检查社会工作者的工作成效。

第八，其他专业服务人士受到客户制约，服务不当或者不完善将会导致客户的流失，从而自身受到惩罚。但是社会工作服务对象往往是无法在公开市场中购买服务的困难当事人，社会服务机构在服务上具有垄断性，长年累月超负荷的个案量或者工作量会使工作者不堪重负，对他们而言少一个当事人有时候可能是好事。

第九，由于大多社会工作者从事这一专业是由于没有更好的出路才做出的退而求其次的选择，很多社会工作者进入这一个行业之前对社会工作究竟是什么懵懂不清，对专业的目标、标准和价值观更是一头雾水，而且考虑到很多社会工作者没有接受方方面面的社会工作社会化，没有树立职业道德，而且很多都不是接受正规培训的，不具备专业素质，对此机构必须提供教育性督导和行政性督导予以监督和教育培训。

第十，对于机构而言，专业自身缺乏行之有效的组织制约，组织的督导工作变得格外迫切。在保证社会工作者遵循职业操守和拥有技能资质方面，与其他更为成熟的传统专业相比，社会工作需要引入机构督导一类的另类制约体系。

第十一，由于大批拥有社会工作者头衔的人缺少培训，而且即使充分培训的社会工作者的知识基础和技巧也非常有限，所以，社会工作者更倾向于与督导者分担决策的责任，并难以抗拒督导者的建议或者强制性的督导要求。

第十二，责任重于泰山，办法却难觅其踪，皆大欢喜的结局得之不易，自责、焦虑、沮丧以及挫折无处不在，没有哪个职业像社会工作一样，其工作者需要经常打气，不断获得支持、鼓励、重拾信心，而支持性的督导满足了这样的要求。

三、本土社会工作督导体系的构建

《国家中长期人才发展规划纲要（2010—2020年）》提出了社会工作人才队伍建设目标以人才培养和岗位开发为基础，以中高级社会工作人才为重点；到2015年，社会工作人才总量达到 200 万人。社工人才队伍建设的迅猛发展导致社工督导人才的需求量激增。但是目前国内的社会工作处于起步阶段，社会工作督导一直是实务界的薄弱环节，严重影响了社会工作服务品质的保证与社会工作专业的发展。因此，建构符合本土情境需要的社会工作督导制度已经成为当务之急（童敏，2006；沈黎和蔡维维，2009），本土督导人才的培养也显得非常迫切。以最早开展本土督导培养的珠江三角洲地区为例，该地区政府购买社工服务出现岗位购买、项目购买两种模式，不仅大量初上岗的一线社工在开展服务时需要专业指导，仓促催生的社工专业机构在专业员工管理、评估甚至项目管理过程、保证项目的专业方向和服务质量上也亟待指引。表 14-2 显示了穗深莞三地督导缺口总量非常巨大。

表 14-2　2015 年珠江三角洲主要城市督导需求量预测表（单位：个）

城市	社工总量	督导总量	备注
广州	14 000	1 167	每万居民配备 5 个社工，督导-社工人数比例为 1∶12，1 个督导负责 12 个社工
深圳	5 000	417	
东莞	10 000	833	
佛山市顺德区	1 000	83	
小计	30 000	2 500	

资料来源：张莉萍和韦晓东（2011）

经过几年的探索，全国各地都开始形成一定的督导体系，特别是珠三角地区的社会工作督导人才的培养体系和制度建设相对系统。在珠三角地区，深圳是最早构建本土社会工作督导体系并且相对成熟的地区。从 2007 年开始，在有关政策和财政的大力推动下，深圳市社会工作开始迅速地发展起来，短短 4 年时间，2011 年深圳已经建成了 1 800 人左右的社会工作者队伍，社工机构超过 40 家。深圳在发展社会工作的同时开始探索社工督导制度的建设。起初，深圳从香港引进了具有丰富专业实践经验的资深社工，担任深圳年轻社工的督导工作，后来深圳尝试培养本土督导。刚开始时，深圳采用了一线社工、督导助理、见习督导三个层级的划分，在实践督导制度的过程中发现督导的程序和制度混乱，督导的培养和选拔不能够真正满足需要。2011 年，深圳市社会工作者协会出台新的办法，取消了见习督导这一层级，改以初级督导代之，并首批选出了 20 名具备 3~4 年实务经验的本土初级督导（邓译文，2012）。

概括地说，深圳模式的特点，即在本土督导的培养模式上以实务经验为重，从一线社工中逐步培养，通过组织相关培训提升本土社工督导；建立选拔制度，每一名社工都有机会晋升督导，在督导层级上设立一线社工—督导助理—初级督导三个层级；在督导管理上由社会工作者协会统筹本土督导的安排，由各个社工机构管理本机构本土督导的人事关系及工作内容；在财政制度上由前期政府财政支持加快发展到各机构积极寻求多渠道的资金来源，改善本机构员工的福利水平（冷琴，2010），如图 14-1 所示。

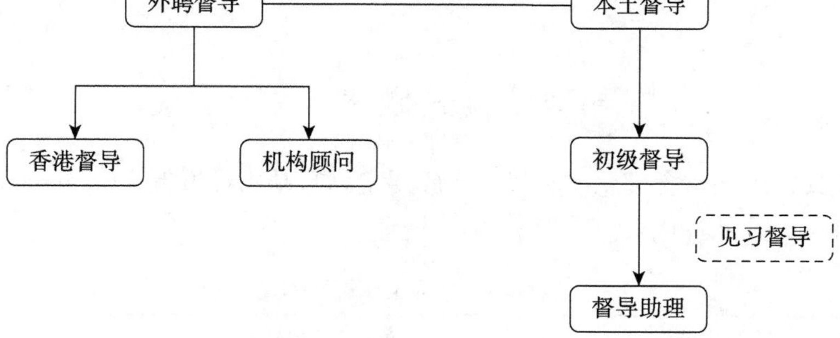

图 14-1　深圳市社会工作督导体系

资料来源：金润玉（2012）

广州市民政局以购买服务的形式委托广州市社会工作协会于 2009~2010 年开办了首届督导人才培训班，2009~2015 年开展五期社会工作督导培训班，每期学员约 50 人（罗观翠，2014），邀请香港、台湾的资深社工和内地的资深高校教授担任讲师，由香港社联提供资深社工担任实习督导。目前广州市购买督导服务的项目主要是家庭综合服务中心项目，聘用的督导是高校教师、督导班良好以上结业学员、香港注册社工。从前线成长起来的社工要做督导就必须通过广州市社会工作协会举办的社会工作督导培训班并且良好结业才能够得到认证。

2011 年，东莞参考深圳建立了督导晋升体系。《东莞市社会工作督导人才选拔培养办法（试行）》规定，东莞将社会工作督导人才分为督导助理、见习督导和督导三个层级，按照每 12 名一线社工选拔培养 1 名督导助理、2 名督导助理中选拔 1 名见习督导，2 名见习督导选拔 1 名督导的比例选拔督导人才。被聘为督导助理、见习督导的社工分别获东莞市财政每月 1 500 元和 2 500 元的补贴。目前，截至 2012 年东莞市已选拔四批共 68 名督导助理，2013 年选拔首批 34 名见习督导。从整体而言，东莞将有 102 名有督导头衔的社工，约占东莞社工队伍的八分之一（罗观翠，2014），如图 14-2 所示。

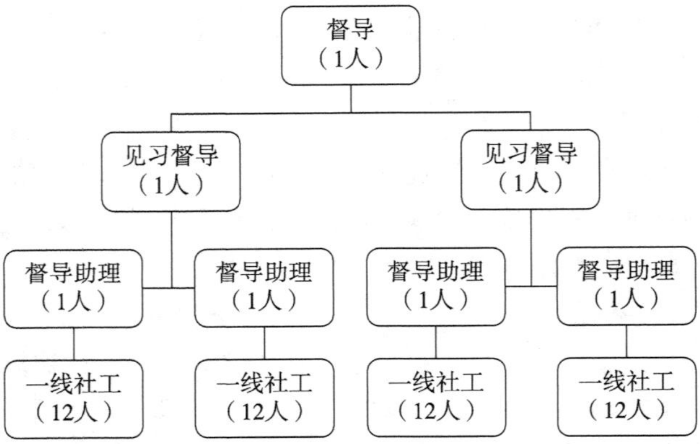

图 14-2 东莞市社会工作督导人才体系图

第二节 社会工作督导的理论模式

一、社会工作督导理论模式概述

所谓模式，应该包含理念、脉络、构成要素和行动指导方针（Sergiovanni，1983）。社会工作督导模式的理论可以参照表 14-3 梳理。

表 14-3 社会工作督导模式

模式名称		主要内容
实务理论模式		临床督导者采用治疗理论作为督导的模式，例如，以问题解决为焦点的治疗提供了结构的形式和规划清楚的步骤协助案主。但是值得关注的是，社会工作督导的专业成熟的指标之一应该是有不同于治疗模式的理论模式
结构功能模式	督导的功能模式	此模式强调督导的行政功能、教育功能和支持功能。每一套功能都有要解决的问题和目标。在后面第三节做详细介绍

续表

模式名称		主要内容
结构功能模式	整合模式	Gitterman（1972）提出三种督导模式，组织取向模式——督导是确保服务输送成效的行政机制；社会工作员中心模式强调督导是第一线社会工作者发展的工具；整合模式是前两种模式的结合，涵括知性（knowing）、感性（feeling）和行动（doing），督导者与被督导者双方都要履行功能和扮演角色。Lowy 指出社会工作督导必须朝理论建构迈进，这样才能对实务工作有更大的影响
	权威模式	Munson（1981）认为督导关系中有两种行使权威的模式，一种是认可模式，即督导者的权威来自于管理阶层；另一种是能力模式，即督导者的权威来自于自己的知识和技巧，Munson 指出，能力模式在创造频繁互动、督导过程的高满意度、高成就感以及高工作满意度上比较有效
机构模式	个案工作模式	督导者与被督导者是一对一的关系，督导者的角色包含行政、教育和支持功能，个别督导通常一周一次，时间在一小时到两小时之间
	团体督导模式	督导者发挥团体领导者的功能，鼓励社会工作者分享他们的困难和见解，社会工作者有更多的自由可以和督导者进行沟通甚至表达对督导者的不满。成效取决于督导者的技巧、社会工作者的动机以及组织的文化
	同工督导模式	同工督导模式不依靠特定督导者，所有参与其中的社会工作者人人平等，社会工作者对自己的工作负责。工作者一起参与个案的讨论会议以及彼此咨询。如果所有社会工作者经验不足，则这个模式不适用
	团队服务输送模式	督导者是工作团队的领导者，没有固定会议时间，责任由团队共担
	自主性实务模式	对于具有硕士学历而且具有 2~6 年工作经验的社会工作者，对专业负有责任的主要责任人就是社会工作者本身，督导与社会工作者之间是一种互动式、相互依赖且更加平衡的督导关系
互动过程模式		着重督导者与被督导者之间的互动。有四种互动的行为模式：工具性的行为模式适合行政与教育功能；表达性的行为模式适合支持功能；鼓吹性的模式包括严格的训练、提供理论、将社会工作者难以表达的感觉说出、引导社会工作者思考其他可能的协助和咨询来源、策略性的提问；反映模式中督导者像一面回响板（sounding board），协助工作者了解其假设和行动背后的基础是什么。除此之外，互动过程还有发展模式和成长取向模式。发展模式的重点是督导提供被督导者所需要的技巧，成长取向模式重点是提高被督导者对个人自我和专业自我的了解
女性主义模式		女性主义伙伴模式批判传统社会工作督导模式，将无止境的督导、行政管控和督导者对被督导者的权利位阶视为赋权模式的不同表现形式，提出社会工作能够自我指导、自律和自我规范，督导者与被督导者的关系建立在双方平等共享的伙伴关系基础上

资料来源：Tsui（2008）

二、社会工作督导实务模型[①]

Allan Brown 和 Iain Bourne 发展出包含四个基本系统的督导实务模型，如图 14-3 所示。

实务系统是指社会工作者在所有工作中努力的焦点，如参加一场个案研讨会，与一个地区的社区团体领袖开会，与一位服务供给者协商一个照顾的配套措施，同一个家庭一起工作，或辅导一个人。

社会工作者系统是社会工作者的专业知识和个人的资源，还包括社会工作者的专业发展的需要，适当使用自我作为协助的工具。

① Brown A，Bourne I：《社工督导》，郭玲妃、江盈谊译，学富文化事业有限公司，2000 年，第 73-90 页。

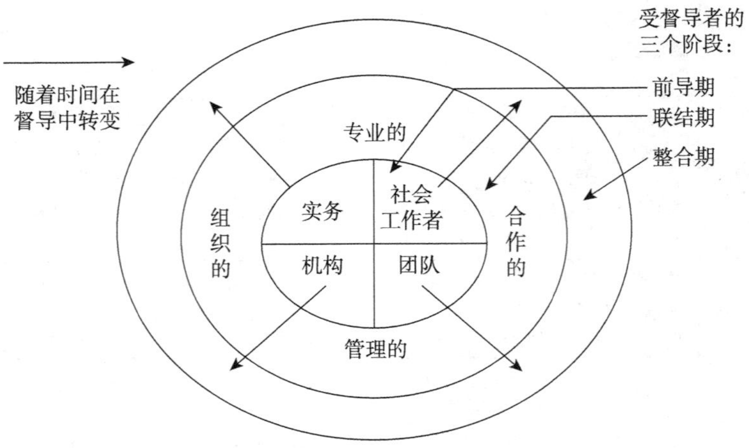

图 14-3　督导实务模型

团队系统是指社会工作者与其他同事组成的系统，通常分担相同的工作。

机构系统涉及机构的组织文化或法律规定的要件所指定的所有工作方面，可能包括社会工作的实务守则、政策、程序和工作手册。

上述描述了四个系统，下面描述三个层次的发展阶段。

首先是初期或前导期（induction phase），即图 14-3 显示的四个基本系统，相互独立的存在。督导者直接提供适当策略，指导社会工作者体察案主的需求与经验，了解机构的工作概况，促使社会工作者提供有效的服务。

第二个层次为联结期（connection system），如图 14-3 中间环部分所示，在此提出一个两两系统之间的联结，说明如下。

专业的（实务—社会工作者方面），社会工作者与案主之间的关系十分复杂，在督导中需要密切关注。在实务—社会工作者方面，我们要问自己，我们为什么要工作？我们从工作中得到什么？代价是什么？我们如何保护自己免于痛苦？我们如何在自己的需求和别人对我们的请求之间找出一个恰当的平衡？我们如何琢磨自己的技巧以发挥最大的成效？我们如何维系或萌发热诚？

合作的（社会工作者—团队方面），关注社会工作者如何跟其他同事和整个团队合作，社会工作者是否充分运用团队中的资源以及专业知识，与团队中的成员保持距离，是否让团队中的成员使用自己的专业知识，责任均衡、良好沟通和工作问题非常重要。建议受督导者将自己放入团队的脉络中思考人际的困扰。

管理的（团队—机构方面），机构的文化可能对受督导者在团队中的关系产生压迫性的影响，受督导者可能毫无觉察，督导者最好保持开放，如果机构有明显压迫的政策或实务方面，督导者应该积极地倡导改善。督导者要协助受督导者均衡评估各种影响力，找出正向的回应策略。

组织的（机构—实务方面），以社会工作者的观点来看，管理的层面比较难领会，所以需要督导的范畴。例如，观护制度，服务关系的本质是强制性的，这对受督导者的认知架构有很大的挑战。社会工作者必须不断检视，机构的使命与所提供的服务品质之间是否有落差。举例来说，英国实施的一项关于缓刑公寓的政策，规定缓刑官所督导的社会工作者要专注于犯人攻击性行为的矫正而非福利工作，结果却是社会工作者关注了缓刑犯的社会服务安排而不与缓刑犯讨论其攻击行为，但是效果来看阻绝了进一步的攻击行为。对受督导者而言，社会工作者应该察觉机构的政策与实际服务情形之间的差异，这些议题如果能够被公开且明确处理才会浮上台面。

第三个层次，整合期（integration phase）。如外环所示，四个系统的统合。此处适合有经验的社会工作者（受督导者），对于新入职的社会工作者，只有在自我评估时才会牵涉这个层面，否则不太可能自然发展出来。受督导者应该有一个机会以整体的观点来看自己的工作，即工作的状态、平衡、特征与方向，看看自己的生涯发展与规划。督导有经验的社会工作者，主要关切之一在于如何避免他们工作过久后的停滞与僵化，另一方面在于增强其创造能力，提供一种挑战的感觉。最好的做法是督导者承认没有放诸四海皆准的标准答案，信任受督导者的专业能力，进一步把关系移往咨询者与受咨询者的位阶，采取启发式的学习风格，在这个时期，同事间的咨询可以成为学习与发展上较恰当的方法。

三、社会工作督导样式、方法与安排①

督导样式主要有四种，如表 14-4 所示。

表 14-4　督导样式

计划性（面谈内容）	正规性（时间和地点）	
	正式的	非正式的
有计划的	督导者预先知会被督导者有关谈话内容、约见及地点，使整个督导过程有计划地进行	督导的谈话内容已预先拟定，但时间和地点按需要而定
临时性的	面谈时间和地点确定，但是面谈的内容因应社会工作者督导的需要而定	督导活动会随时随地进行，被督导者事前并不知道会谈时间、地点和谈话内容

下面举例说明。

正式的—有计划的样式。督导 A 提前几天告知社会工作者 B、C、D 督导的时间和地点，要求社会工作者提前汇总要讨论的议题。

正式的—临时性的样式。督导 A 提前与社会工作者 B、C、D 约好了面谈的时间和地点，但是具体面谈内容要见面后由社会工作者根据自身情况提出。

非正式的—有计划的样式。社会工作者 B、C、D 提前准备好了有关议题，但是具体的时间和地点要与督导 A 沟通协调。

非正式的—临时性的样式。督导 A 进入某家庭综合服务中心后，发现有小朋友在追逐嬉戏，他马上叫来家庭部的社会工作者 B、C、D，提醒在工作中要注意的事项，要求他们马上去提醒小朋友并制定有关的场地活动爱心提醒图。

督导方法主要有五大类型，即讨论、策划、问题解决、模拟、直接督导，每一类型包含几种方法，着重介绍如下。

第一，讨论。最常用的是自由发表和个案讨论。

① 梁伟康：《成效管理：非营利社会服务组织全面实践策略》，非营利组织卓越管理有限公司，2012 年，第 569-576页。

（1）自由发表是指社会工作者自由表达个人的见解和观点，督导应该持有开放的态度，吸纳不同的意见和了解社会工作者的心态。例如，有社会工作者B提出，自己在下班路上见到有一个女子裸露身体，坐在楼梯上哭泣，有一个男子在其身边安慰，这时候社会工作者应该怎么办？督导A不急于表达自己的看法，他引导所有在场的十几个社会工作者自由表达自己的观点。

（2）个案讨论是指督导选择一个案例，吸引社会工作者详细地探讨问题所在，引导社会工作者思考现实的困难，建议社会工作者收集资料分析问题的症结和决定此问题的解决方法。例如，督导A选择了三个长者收集囤积物品于家中的案例，详细介绍了这三个案例的基本情况和有关社会工作者的介入过程和介入效果，引导参与讨论的社会工作者B、C、D收集类似问题的资料，探讨问题的症结和解决此问题的方法。

第二，策划。其是指经由有关社会工作者的集体思考、判断和计算，制定在某一特定时间内所要达致的目标及所用的程序与方法，作为执行的依据，并建立评估的准则。例如，某家庭综合服务中心准备进行一个需求评估，督导对其负责的社会工作者进行集体督导，引导与会的社会工作者集体思考需求评估要达致的目标是什么，用什么方法抽样，如何分工协作，如何评价这个需求评估的效果。

第三，问题解决方法。其是指透过社会工作者集思广益，有效地将问题解决或商议未来的政策发展，这是一个有效达致教育功能的方法。最常用的形式包括以下几方面。

（1）名义小组。其是指个人首先将自己的意见写在纸上，其次将建议分类、阐明、评选优先顺序，最后进行表决，选出公认最好的建议。

（2）大脑激荡法。在一个指定的时间内，每位受督导者不停地提出任何建议或者看法，其他人不能够提出任何批评，督导者要将所有的意见记录下来，然后共同对每一建议的可行性进行分析。要求督导者具有丰富的经验，能够带领社会工作者去分析意见，辨析哪些是不可以尝试的，哪些是可以尝试的。

（3）小组研习。督导者协助社会工作者讨论研习的目标，设计一系列行动计划，然后加以实际的推行。在小组研习的过程中，督导者不断监察及检讨社会工作者的表现，直至该研习计划完成为止。

第四，模拟方法。该方法最适合达致教育功能的目的。主要有如下两种方式。

（1）模拟练习。透过特别设计的模拟练习，由社会工作者说出个人经验，然后再互相讨论。例如，针对新进青少年服务社会工作者B、C、D，督导设计了一个模拟练习，让B、C、D尝试向其他人介绍青少年服务的内容，然后社会工作者说出自己的感受和个人对青少年的经验看法，然后互相讨论。

（2）角色扮演。例如，针对在社区工作中进行“洗楼”（社会工作者上门敲开陌生居民的门，向居民介绍社会工作者的服务，了解居民的个人需求），社会工作者常常觉得被怀疑和拒绝，督导举出一个情景，然后邀请社会工作者扮演“洗楼”的社会工作者，督导自己扮演居民，或者变换方式。通过上述模拟，提高工作者的对话技巧和增加有关对话策略。

第五，直接督导。主要用于增进社会工作者的实际技能和协助其专业发展，主要方式有以下几种。

（1）示范。督导者亲身示范，让社会工作者观摩和分析其中的优点和缺点，然后进行讨论和找出改善方法。例如，督导A让社会工作者B、C、D以组员身份参与其开展的小组工作活动，然后让他们描述活动过程中的小组动力情况和目标达成情况，引导B、C、D思考小组工作的活动安排和开展技巧。

（2）模仿式。由富有经验的社会工作者做出示范，由缺乏经验的社会工作者模仿学习。例如，针对低保户的入门家访，富有经验的社会工作者A向缺乏经验的社会工作者B示范如何陈述家访的核心内容，然后要求B尝试复述有关核心内容。

上面描述了督导的常见方式和方法，下面介绍督导安排的四类情况，即个别督导、一对督导、小组督导以及团队督导。

（1）个别督导是督导者对社会工作者进行一对一的督导，谈话内容通常比较深入或者保密。例如，社会工作者B对督导A描述他想离职的情况，A引导B抒发个人情绪和表达个人观点，进而引导其梳理职业生涯规划，再次判断是否应该离职。

（2）一对督导就是督导同时面对两位社会工作者。如果是新聘用的社会工作者，则最好选择两位经验和背景相似的社会工作者一同面谈。如果是两位具有相同经验的社会工作者，则督导可以扮演观察者的角色，邀请他们相互观摩和学习。如果是一个富有工作经验的社会工作者指导一位欠缺经验的社会工作者，则督导主要对有经验的社会工作者进行观察，注意经验丰富者的指导是否有问题。

（3）小组督导是指对于相同需求和背景的一组社会工作者，督导计划、准备以及提供督导服务，这种安排针对没有经验的社会工作者。但是对于有经验的社会工作者，督导可以在旁观察，由组员互相督导和学习。

（4）团队督导。其是指一组工作人员有着不同的专业背景，督导负责带领讨论以及做出决策，这种安排可起着推动团队内行政决策、工作决定以及工作后评估的作用。例如，某长者日间照顾中心被长者反馈说要改善运营，督导带领一组不同背景的工作人员——社会工作者、厨师、护工、外聘医生、康复理疗师等一起讨论改善的方法。

第三节　社会工作督导的功能

一、行政性督导的功能①

社会工作机构具有科层制组织的性质，雇员在行政科层制中从事专门的工作，有一套明确规定的规则和方法以及一系列明确定义的角色和位置，所有这一切都是为了达到组织的使命和目标。

在社会工作机构的科层结构中，直接对一线服务工作者负责并与之联系的行政人员就是一线督导。例如，在广州市的家庭综合服务中心，工作团队的行政级别大体如下：主任—副主任—部长—前线社会工作者，如果部长拥有丰富的实务经验和一定的年限，可以看做

① Kadushin A，Harkness D：《社会工作督导》，郭名倞、寇浩宁、汪蓓蕾译. 中国人民大学出版社，2008年，第37-62页。

前线社会工作者的一线督导，当然现在社会工作行业处于起步阶段，所以通常会由中心主任或者副主任兼任前线服务督导，或者由更高层级的总干事或者副总干事兼任督导，或者外聘香港社会工作者、本地高校教师、本地区培养的督导班结业社工作为督导。

又如，广东省中山市阳光社会工作服务中心承接了中山市教育局的驻校社工服务项目，在九所学校各有一名驻校社会工作者，机构外聘香港注册社工作为驻校社会工作者的督导，而中山市阳光社会工作服务中心总干事作为行政性督导，主要监控各个项目点的进度以及有关人事安排、公共关系协调等。

一线督导的行政任务主要有以下 11 点内容。

（一）员工的招募与甄别

督导者为了减少团队协作中的不确定性，应该在应聘者中选择个性、态度以及成熟程度符合要求的人。很多社会工作的应聘者不清楚社会工作的具体工作内容，不清楚自己在岗位中要做什么，应该具备什么态度、技巧和知识，因此对机构和业务都熟悉的督导者应该参与制定招募某个岗位社会工作者的标准，并应用这些标准对求职者进行面试，督导者应该对是否聘用提出意见和建议。例如，某机构的人事部筛选了求职者简历后，约谈了一些求职者，然后分配这些求职者到不同的服务中心的部门的空缺职位去进行试用，然后在试用期结束前，中心主任、部门负责人和督导一起讨论是否留用该求职者。

（二）引导与安置工作者

求职者一旦被正式录用，督导就要负责引导社会工作者了解自身在组织结构中的位置，清楚他们的上级和下级是谁，在机构人际关系网络中找到自己的位置。督导应该协助新来的社会工作者获得一种被工作环境接纳的感受。督导者要向被督导者陈述其被分配到的部门是干什么的，在整个机构中的位置和作用是怎样的，督导者与被督导者之间的关系和各自的角色、职责是怎样的，新社会工作者与其他同事的关系以及督导工作的综合目标。还需要澄清薪酬、付酬期、工时、指标、五险一金情况、请假或调休的方法、活动经费申请流程、差旅费等报销流程、加班申请的方法、鼓励参与全国会议的政策、接听和拨打中心电话的方法、周边社区环境、办公桌椅和有关设备的安排等。甚至还要协助新入职社会工作者找房子、找托儿所、找医生等。有时候老员工对于新员工的入职表现敌意，督导者的做法最好保持克制并且做到一碗水端平。

（三）拟订工作计划

正是在一线的督导层面，机构的政策和目标才能通过提供直接服务的社会工作者最终体现出来。督导者的行政性职责就是把工作做出来或者把岗位职责落到实处。督导者掌握着人力资源以及服务资源，为了完成项目的要求，督导者必须做出计划安排人力、指派任务、分配员工和服务资源，做好部门的分内工作。好的个案工作分配计划需要了解图 14-4 的信息。

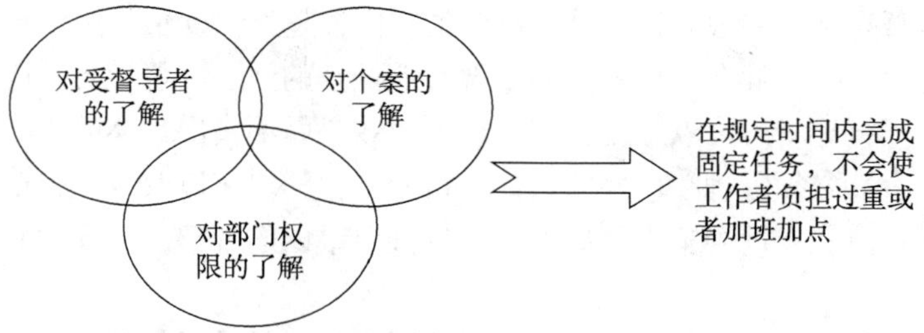

图 14-4　好的个案工作分配计划需要了解的信息

计划工作要向前线社会工作者有选择地进行工作分派和授权，以决定需要完成哪些任务以及如何完成这些任务，工作计划还要确定日程安排和工作的先后顺序，决定工作在什么时候去做。在调配人力资源的时候，督导者必须对缺勤、迟到、度假以及病休等情况予以掌控，从而确保在任何时候都有充裕的人力在岗工作。作为督导，对部门未来的工作量以及配备资金、技术和人力资源要进行估算和预测，在此基础上预算部门预算。

（四）分派工作

在部门的总体工作进行了计划安排之后，督导者要根据部门的总体计划为每一位社会工作者分派任务。分派工作要考虑标准、方法和问题，如表 14-5 所示。

表 14-5　督导者分派工作要考虑的标准、方法和问题

项目	内容
分派工作的标准	1. 要根据社会工作者具体的强项和弱点进行个案、小组工作的分派 2. 根据各个社会工作者所承担的工作压力来分派工作 3. 确保分配给一名社会工作者的工作种类要不断改变 4. 分派工作要求不低于社会工作者能力的任务 5. 年龄、性别、种族、民族方面，社会工作者与当事人要搭配 6. 明确工作的时间跨度和截止日期 7. 根据社会工作者的整体工作量、完成工作所需要的时间安排会面、督导会、布置任务的时间以及最后时限 8. 对那些情况稳定、影响不大的个案不妨一带而过，对于当事人更为脆弱、当事人以及社会情境更容易在社会工作者影响下取得积极变化的个案格外关注。明确机构工作的轻重缓急，在时间精力有限的实际情况中，判断向哪些个案提供服务，哪些个案停止跟进
分派工作的方法	1. 由督导者来分配个案 2. 在小组会议上由组员来分派个案。督导者如果能够适当运用其权威协助工作者扬长避短，又能够拒绝他们过分的个人要求，这种分派工作的方法卓有成效，社会工作者也能够在集体讨论中对整体工作量有一个更好的宏观把握并接受自己的角色和位置
分派工作的问题	1. 判断由管理层分派给某一个前线社会工作者的个案是否恰当 2. 决定在分派任务时要做多少交代以及在多大程度上给予社会工作者自主判断的权限

（五）工作授权

任务授权在两个极端之间，一个极端是社会工作者拥有在任何时候自主采取任何行动的权限，另一个极端是社会工作者只有在事先征得许可之后才能获得授权并采取行动。在授权中调整自主性的大小，方法可以包括将有关任务的各个方面都交代的清清楚楚，相反的就是提纲挈领点到为止；与社会工作者一同制订完成任务的计划，或者完全放手由社会工作者自己去做；以提出建议和忠告的方式来进行指导，或者开诚布公把事情说清楚以点醒被督导者。一般来说，受督导者的自主权越大，受信任感就越强，对一些有经验的工作者，只要是社会工作者能够妥善有效处理的问题，督导者就应该充分放手让他们自己去做。督导者可以点明工作需要达到的效果而不指出具体的工作步骤。当然社会工作者的自主性必须限制在机构的目标、机构生存的要求以及专业的信条下，督导者不能完全放任自流。在社会工作督导中，一旦做出错误的授权，几乎没有监控办法可供使用。

值得注意的是，影响一个督导授权意愿的因素包括督导者的工作、督导者与被督导者之间的关系，督导者与上司的关系，还有社会工作者自己有多大意愿承担独立完成任务的责任，工作任务本身涉及的公共范围，当事人的脆弱情况，任务的负责情况与完成任务的时间压力，机构对督导施加的问责压力，在第二环境（第二环境是指社工在社区中或者其他专业机构中工作，第一环境则是指社工在本机构中工作）中需要督导者与其他专业人士写上确定工作者的地位和权利。

（六）监控、检查和评估工作

检查是否在规定的时间内完成工作任务、完成工作任务的方式和质量是否符合机构的规定。在规定的时间内受督导者何时开展工作以及开展工作的情况，工作是否得到妥善处理都是需要监察和检查的。对于受督导者的迟到与缺勤的规律有所了解，辨别哪些是应该避免的。如果有社会工作者离开机构，督导要保证服务不会中断。如果有社会工作者缺勤或生病，督导者要确保服务的连续性并全面完成工作。督导者要判断工作是否达到了及格的要求，督导者的评估是机构指定合理提拔、升职与转换工作程序的基础。

（七）协调工作

督导协调同一个部门内的社会工作者之间、不同部门之间、部门与后勤服务之间、部门与其他机构之间的关系。为了协调，督导者需要对其所负责的部门员工之间的矛盾进行裁断，对所在部门与其他部门之间的矛盾进行裁断。有时候两个工作者都想做同一项工作，有时候工作者都不想做某一项工作，这些时候督导者要起到和谐工作者之间关系的作用。例如，对于一群青少年，家庭综合服务中心的青少年部的社会工作者想把他们作为服务对象开一个增能小组，而义工部的社会工作者想把他们作为服务对象开展义工培养小组，这些青少年是青少年部的粉丝，所以青少年部容易发动他们参加小组，但是青少年部需要义工部提供社会实践的机会，义工部需要青少年部帮助发动这些青少年参与自己组织的社会服务活动，但是又希望在这个过程中巩固青少年的义工意识。而且，在可能的合作中，各自部门的工作指标也需要完成，工作成果如何分配也是问题。这时候需要督导起到跨部门整合工作者资源的作用，而且在行政上能够梳理出各自的工作成果分配。

在协调工作中值得警惕的是，如果督导者不能够树立权威，那么就无法有效协调手下的社会工作者充分发挥所长。

（八）沟通功能

督导者是承上启下的，面对上级和下属进行信息收集和处理，上情下传，下情上达。

在科层制的社会工作机构中，组织管理者很少直接接触社会工作者，要做到上下的步调一致，就需要正规的沟通渠道。社会服务机构的工作任务含糊不清，在完成工作任务过程中又难以制定明确的操作方法，所以需要不断澄清与核查。督导者就是把关者，是信息沟通的途径之一。督导者可以多渠道地反复传递统一信息以便减少对信息的误读和歪曲。值得注意的是，督导者和社会工作者可能都只说好话以便取得对方或其他人的好感，所以受督导者不愿意分享使自己的朋辈蒙羞的信息，督导者不愿意与管理层分享尖刻而中肯的评价。此外，督导者之间的横向沟通以合作意愿为基础，督导者要重视非正式沟通的流言蜚语。

（九）督导者充当被督导者利益的代言人

督导者要积极代表被督导者的利益和观点，《美国全国社会工作者协会伦理守则》规定为受督导者奔走呼号是督导者的一项职责。受督导者对督导者的工作满意度与督导者对管理层的影响力是相关的。作为管理层应该诚心诚意地回应督导者传递的受督导者的心声，管理层必须回应受督导者自己的权力限制，使受督导者放弃一些不切实际的期望。督导者需要注意，在沟通中将问题讲清楚并提出对策，这样可能更容易被管理层接受。督导者在与管理层沟通时，需要据理力争、投其所好或者进行某种交换，才能使自己的代言被管理层接受，需要用最容易被接受的方式或最不容易遭到反对的方式提出建议。

（十）督导者充当行政管理的缓冲器

督导者充当机构与当事人之间的缓冲器。管理层依赖一线督导来处理与服务有关的问题。对那些投诉的当事人，督导者要接待。如果当事人对工作者不满意，想向上级反映，督导者应该随时接受他们的投诉。

督导者充当工作者与机构之间的缓冲器。督导者要保护工作者，拒绝接受管理层强加的不合理的工作量。在一个官僚主义盛行、权力当道的机构中，督导者可以改善环境或者缓和气氛。

督导者要防止可能出现的违规事件和观念冲突。违规事件是违反和破坏机构规范的行为，观念冲突是与机构的理念基础冲突的观点。此外，机构在一个由当事人、资金提供者、公众、竞争者、管理机构的单位等构成的外部环境中要维系自我的生存，所以有悖于机构捐赠者初衷的行为将严重地影响机构的生存。当机构政策、工作方法、规章制度和行政秩序与社会工作伦理冲突的时候，督导率先成为缓冲地带。督导要耐心与被督导者进行充分的探讨，理解机构的政策和规定，哪怕督导者自己认为不愿苟同。

（十一）督导者充当改变媒介和社区联络员

作为督导者，除了站在机构的立场上处理违规事件和观念冲突，还要广开言路接受创新思想，以免故步自封威胁机构的发展。督导者可以积极参与机构政策的制定和修改过程，根据自己对社区需求和当事人需求的了解，以及对于工作者在执行机构政策的过程中发现的不足和缺陷，对机构政策与程序的调整提出动议。督导者对于机构网络体系中改变的需求要敏锐地察觉，督导者在社区中号召开展补充社区社会服务体系中欠缺但是有需求的服务，丰富当事人的资源网络和受督导者的资源网络。

二、教育性督导的功能①

教育性督导的任务是向社会工作者传授其开展工作应该具备的知识并帮助其学习掌握这些知识。社会工作教育为实务工作所需的知识提供了一个总体框架，而机构中的督导者、在职培训和其他社会工作者为新进社会工作者提供了工具性的知识诠释。就知识的实际运用而言，督导工作比研究生的培训还重要，接受有效督导是成为有能力的社会工作者不可缺少的一环。从 1989 年北京大学社会工作与管理专业招收第一届本科生开始，内地社会工作教育的恢复建立和发展时间不长，而职业化的发展比教育的恢复建立更是晚了 20 年，社会工作教育倚重的实践资源缺乏，表现为内地多数地区民间机构数量有限而且专业性不足，而社会工作是实务性很强的学科，十分强调通过专业实习促进专业素质的培养，达到实际动手能力和专业认同感的培养（冯博雅，2011）。所以教育性督导在目前国内社会工作教育实务培训能力有待加强的今天，对社会工作从业人员的个人专业能力提升有十分重要的作用。而且人事变动与员工在机构中的流动问题也会导致不断地有员工要学会社会工作者所做的工作，并学会如何在特定的机构中开展工作，这是一项始终存在的需求。

每个社会工作者要学习的东西可以用 5 个 P 来表示，即 people（人）、problem（问题）、place（地点）、process（过程）、personnel（工作人员）。社会工作都可以归结为当事人或者家庭、群体、社区（people）遇到了社会功能方面的问题（problem），来到社会服务机构（place）寻求帮助的一个过程（process），而提供帮助的人则是社会工作者（personnel）。教育性督导的主要内容如下（王思斌，2010；Kadushin and Harkness，2008）。

第一，教导有关“服务对象群”（people）的特殊知识。不论当事人群体如何不同，督导者必须把人们在面对当事人所遇到的社会问题时可能产生的行为变化作为教育的一项内容，为了让社会工作者了解遇到问题的个人和群体在面临社会压力时会出现哪些反映，督导者也需要让社会工作者了解“正常”的个人和群体的变化和行为反应。例如，某新入职的驻初中的学校社会工作者，不太了解青少年性教育的知识、方法，督导推荐有关性教育的书籍、青春期的性生理心理行为的书籍给该社会工作者，告诉这位社会工作者初中生在这个年龄段的性生理心理行为特征。

第二，教导“社会服务机构”（place）的知识。督导者要把机构的情况作为教育的一项内容，社会工作者通常都要依托社会工作机构来开展社会服务，所以必须掌握自身所在机构的组织情况、行政管理情况、与其他机构的关系、在当地社区服务网络中的地位、使命、愿景、工作目标、自己所在项目的指标和质量要求、机构提供的服务范围、机构的规章制度、机构的法律地位和权力等。系统掌握这些知识对于需要运用机构的组织资源的社会工作者十分重要。例如，在社区综合服务中心工作的社会工作者，需要了

---

① Kadushin A，Harkness D：《社会工作督导》，郭名倞、寇浩宁、汪蓓蕾译. 中国人民大学出版社，2008 年，第 101-137页。

解自己所在中心的承办机构有什么资源，了解所在中心有什么资源，中心所在的社区有什么合作方等。

第三，教导有关“社会问题”（problem）的知识。督导者要把社会问题作为教育的一项内容，包括社会问题的界定、产生的原因，社区对某些特殊的社会问题的反映，所设计的社会心理学的一些问题，对社区不同人群的影响，某些特殊问题对社会工作者和人们的生活的影响，以及机构所提供的服务与该机构致力于解决的社会问题之间的关系。例如，某社区综合服务中心的长者部社会工作者，对于社区内的独居老人的服务力不从心，总是觉得可以链接的资源是有限的，有一次一个九十多岁的婆婆从医院做完手术后回家恢复，但是她是孤寡老人，她希望中心社会工作者能够每次都陪她去医院看医生，居委会建议她去老人院接受更好的照顾，但是长者不愿意离开自己家。社会工作者在尝试链接邻居来服务这个长者，但是邻居表示害怕负有责任。社会工作者找到居委会和助老员，但是发现对方能够提供的支持不能满足长者经常看病的需要以及日常的生活需要。督导者告诉社会工作者目前国内的社区照顾是不充分的，有关的资源是不充分的，社会工作者要收集有关的基层情况，通过社会倡导，推动政府、企业和有关社会方面增加对长者社区照顾的投入。

第四，教导有关“工作过程”（process）的知识。督导者要教会社会工作者，当他们在帮助个人、群体和社区解决问题的时候，应该做什么和怎样做。督导者要从理论上阐述该社会服务机构为什么要选择这种服务技术和方法，而且为什么这些方法最可能有效。过程可以有多种方式，如社会调查、采集数据、分析数据、获取信息、处理信息、诊断、处遇以及施加社会影响。帮助的过程以获取信息与对信息的分析和理解为基础进行。

第五，教导有关“工作者本身”（personnel）的知识。督导者要把加强社会工作者的专业化意识作为教育的一项内容，包括帮助社会工作者培养有助于加强和保持与当事人之间有效的工作中关系的态度、感觉和行为，纠正有偏差的和有成见的年龄歧视、种族歧视、性别歧视和同性恋恐惧态度，建立起自决、保密和非评判的社会工作价值观。社会工作者的个人行为在与当事人的交流中起着重要的和决定性的作用，因此受督导者本身以及其态度、感觉和行为就成为教育性督导的一项不可或缺的内容，其目的是让社会工作者加强自我意识，使其能够有意识地、严格地、自觉地开展工作，让服务对象得到最大的帮助。自我意识涉及客观地认识自己的问题，是自己对自己的反省。建立自我意识是对自己进行反思，教育性督导需要关注的是能否有目的地、自觉地用专业自我开展工作。

三、支持性督导的功能[①]

行政性督导类似于管理者的角色，教育性督导类似于教师的角色，支持性督导类似

---

① Kadushin A，Harkness D：《社会工作督导》，郭名倞、寇浩宁、汪蓓蕾译. 中国人民大学出版社，2008 年，第 170-219 页；王思斌：《社会工作综合能力：中级》，中国社会出版社，2010 年，第 269-270 页。

于心理调试员的角色。在美国全国社会工作者协会制定的《儿童保护社会工作实务标准》中就明确规定督导者要“处理与工作相关的压力，并帮助员工应对与工作相关的压力”。在社会工作机构这种以人力资源为中心的地方，督导者应该将工作重点放在人力的保护和开发上。

社会工作者最常面临的压力来源有服务对象的压力，包括处理非自愿的服务对象、服务对象过度依赖、害怕决策可能产生不良后果、无法完美地服务每一个服务对象；工作压力，包括工作环境不佳、无力改变病态社会结构、专业知识和能力不足；服务机构行政压力，包括机构的政策和管理秩序、工作绩效、工作量过重、工资福利不满、机构动荡或者规则迅速改变、官僚化的互动结构；来自社会的压力，包括社区群众不了解社会工作专业，服务对象不了解社会工作，领导或者同事不了解社会工作，其他如医生、律师、会计师等专业人士对社会工作者专业性的质疑；等等。

支持性督导在社会工作者中要树立的是富有同情心和善解人意的社会工作者典范。面对社会工作者的压力，支持性督导的主要内容如下。

第一，协助被督导者适应和处理服务中的挫折、不满、失望、焦虑等各种情绪，增强被督导者的自我功能。在遵守职业道德规范的前提下，社会工作者只要不在行为上表现于案主面前，可以在督导面前通过将非职业的感觉正常化来减少压力。例如，督导者让社会工作者描述案主的特征，督导者问社会工作者案主是否有吸引力时，社会工作者可能逐渐表达出内心中对案主负面的看法和感受，然后督导者支持社会工作者去完成不得不完成的工作。

第二，给予关怀和支持，营造安全的氛围，促使社会工作者愿意尝试新工作。督导者对工作者做出的决定进行肯定，并不断强化这种肯定，这就是对巩固综合的支持。这样做可以使工作者相信，督导也在分担着相应的责任和义务。例如，一个青少年服务的社会工作者毕业自心理学专业，他想运用自身所学的心理学知识，为中心的青少年开一系列围绕心理健康的专业小组，但是他害怕自己做得不够好，所以向督导申请把这个小组看成是普通的兴趣类小组。督导认真看过他的计划书和聆听了他的想法后，肯定他做的需求评估是充分的，自身的知识准备也是足够的，鼓励他尝试把“兴趣”小组做成“专业”小组，在小组中营造小组动力促进组员的参与和成长。

第三，协助被督导者发现自身的工作效能，自我欣赏，激发斗志和士气，认同机构和所在团队。例如，督导者可以对社会工作者说“你能够意识到这里有点问题已经很不错了，也许你的回应不是最好的，我们一起来谈谈怎么更好地处理当事人的焦虑问题吧”。尽管社会工作者的工作对案主并没有显著的帮助，但是其仍然因为发现了问题而受到了表扬。如果成功的迹象十分渺茫，工作者就会失去工作满意感的重要源泉，督导的支持就会很重要。例如，社区综合服务中心的社会工作者在外展中发现有一个中专毕业的青年人失业在家一年多，其母亲看上去似乎有精神方面的障碍，其父亲看上去似乎脾气很大而且对自己的小孩不抱希望。督导者支持社会工作者邀请这位失业的青年人来服务中心交谈就业的问题，工作者在面谈中判断这位青年人的反应速度比较慢，而且害怕与陌生人交流。督导者支持工作者写了一封信给青年人的父亲，信里提议青年人在还没有找到工作之前可以先到中心参加活动，逐渐增强其人际沟通能力。结果出乎工作者意料，青年人的父亲很赞成社会工作者的提议，社会工作者的自我效能感得以提高。

第四，给予被督导者从事专业的满足感和价值感，促进其对社会工作专业的认同，愿意持续投入社会工作服务中。刚刚从事社会工作的新社会工作者往往对专业所能达成的目标有不切实际的高期望，当这种过度乐观的幻想被现实打破时，他们会对自己求全责备，督导者从职业上的过来人的角度可以告诉他们，他们没有大的过错以减少他们的内疚感。督导者协助社会工作者为期望划上合理的界限，从不必要的自责中走出来。例如，某居委会辖区的一个中年妇女，其女儿和丈夫都是精神病患者，其丈夫住精神病院，女儿随她住丈夫的房子，这位中年妇女无业，她的丈夫的弟弟拿着丈夫的存折，每个月给这位中年妇女几百元作为娘俩的生活费，居委会每个月给这位中年妇女的女儿低保金。这位妇女为了婚姻和财产的问题屡次找社会工作者提出诉求，社会工作者经过两年多的辅导和多方资源链接陪伴这位妇女度过了很多艰难时刻，但是由于这位妇女自身的问题还有家人的问题，一直走不出“闹”街道、“闹”居委会的错误圈子。经过督导的反复支持，社会工作者意识到自己已经“尽力而为”，而且自己要“量力而行”，能够适时为案主提供机构权限内的支持而又不被影响到自身的工作情绪，社会工作者意识到自己已经为案主及其女儿提供了很多的帮助，体现了社会工作的价值。

参考文献

邓译文. 2012. 从深圳经验浅析中国社会工作督导制度现状. 华中师范大学硕士学位论文.

冯博雅. 2011. 雏论内地社会工作教育困境及其突破领域. 社会工作下半月（理论），（5）：64-66.

金润玉. 2012. 深圳市社工督导体系建设. 中国社会工作，（6）：36-38.

冷琴. 2010. “成长向导计划”中关于社会工作督导的经验研究. 中国青年政治学院硕士学位论文.

梁伟康. 2012. 成效管理：非营利社会服务组织全面实践策略. 香港：非营利组织卓越管理有限公司.

罗观翠. 2014. 广东社会工作发展报告. 北京：社会科学文献出版社.

沈黎，蔡维维. 2009. 社会工作研究的理念类型分析——基于《社会工作》下半月（学术版）的文献研究. 社会工作（学术版），（2）：4-9.

沈黎，王安琪. 2013. 本土社会工作督导运作状况研究——基于上海社会工作实务界的探索性分析. 社会工作，（1）：86-97.

童敏. 2006. 中国本土社会工作专业实践的基本处境及其督导者的基本角色. 社会，（3）：194-204.

王思斌. 2010. 社会工作综合能力：中级. 北京：中国社会出版社.

张莉萍，韦晓冬. 2011. 中国社会工作本土化实践：督导人才培养研究报告——以珠江三角洲地区为例. 华东理工大学学报（社会科学版），（6）：8-15.

Brown A，Bourne I. 2000. 社工督导. 郭玲妃，江盈谊译. 台北：学富文化事业有限公司.

Kadushin A，Harkness D. 2008. 社会工作督导. 郭名倞，寇浩宁，汪蓓蕾译. 北京：中国人民大学出版社.

Tsui M S. 2008. 社会工作督导：脉络与概念. 陈秋山译. 台北：心理出版社股份有限公司.

Austin L. 1957. Supervision in social work//Kurtz R H. Social Work Year Book. New York：National Association of Social Workers.

Bogo M，Vayda E. 1998. The Practice of Field Instruction in Social Work：Theory and Process. Toronto：University of Toronto Press.

Burns M E. 1958. The historical development of the process of casework supervision as seen in the professional literature of social work. Ph D. dissertation，School of Social Service Administration，University of

Chicago.

Gitterman A. 1972. Comparison of educational models and their influence on supervision//Kaslow F W. Issues in Human Services. San Francisco：Jossey-eass.

Munson C E. 1981. Style and structure in supervision. Journal of Education for Social Work，17（1）：65-72.

Sergiovanni T J. 1983. Supervision：A Perspective. 3rd ed. New York：McGraw-Hill.

第十五章

社会工作评估[①]

随着中国内地加快社会工作专业化和职业化的发展，社会工作服务发展迅速，与社会工作相关的评估成为各界关注的议题，如社会工作服务成效、社会工作服务机构管理品质等。本章在回顾社会工作评估发展历程的基础上，分析社会工作评估要素，并梳理当前社会工作评估理论流派，以及实践中常用的几种社会工作评估模式。最后，本章结合社会工作评估实践，简述社会工作评估流程。

第一节　社会工作评估概述

一、社会工作评估的含义及基本要素

评估是“一个系统和独立检视，旨在审查相关活动是否按原先的计划执行，以及审查相关活动是否有效地执行，以及审查是否达到目的”[②]。从广义上来说，社会工作评估泛指与社会工作直接相关的评估，比较常见的是社会工作服务项目评估、社会工作服务机构评估和社会政策评估。从狭义上来说，社会工作评估专指有一定资历的社会工作

---

① 本章编写者顾江霞，广东财经大学人文与传播学院社会学系博士、副教授，讲授《社会工作概论》《社会政策概论》等课程。主持教育部社科基金“生命历程研究视角下的农民工家庭维系策略分析”等课题，在《中国青年研究》《中州学刊》《山西师大学报（社科版）》等刊物发表论文多篇，如《独立与依附：社会工作服务评估的价值观反思——基于H市两个社会评估项目的案例研究》《充权评估模式的应用与挑战：以H市家庭综合服务中心评估项目为例》等。主持或参与了多个社工项目的评估，具有丰富的相关经验。

对社会工作机构的评估从广义上包括了社会工作评估的所有具体事项，因此，本章除了从狭义的角度阐述社会工作机构作为一种组织评估对象之外，着重从整体上探索社会工作评估的要素、内容与流程等方面。无论是社会工作机构的员工还是作为第三评估方，需要了解的实际上是作为社会工作的整体评估，因此本章主题为“社会工作评估”。

② 参见陈锦棠2013年在广州市社会工作协会举办的社会工作评估培训中的讲义。

专业人员，在社会工作专业价值观指导下，运用科学手段，对评估对象所开展的专业评估，旨在提高社会工作服务品质，推动社会工作专业发展。

社会工作评估价值观，是社会工作专业价值观在评估中的表现，如尊重、保密、公正、专业发展等。具体来说，社会工作评估尊重利益相关方、对评估过程中所收集到的信息保密、公正地开展评估、对评估不同对象通过评估促进社会工作专业发展、提升社会工作服务品质、维护社会正义等[①]。

在此，需要区分社会工作评估、社会服务评估、社会工作服务评估的概念。

社会服务评估是指用科学的思考、方法、测量和分析，评估社会服务组织绩效和服务方案绩效的过程和工具，其目的在于提升社会服务的效率、效益和品质。Martin 和 Ketter认为绩效评估是将效率、品质和效益三大评估观点合而为一的过程，其中效率强调的是一个有责信的人群服务方案会尽全力使输出和输入之间的比例达到最大值；品质是指方案提供的输入与输出的比例；效益则是指方案应努力提供成果与输入的比例（王思斌，2006）。

社会工作服务评估特指运用社会工作专业理念与方法所开展的服务评估，包括社会工作综合服务项目评估、专项服务项目评估和社会工作服务岗位评估。社会服务评估并不一定是针对社会工作专业服务开展的评估，可以包括针对营利性组织、政府及其他服务主体提供的社会服务评估。

社会工作评估基本要素是指社会工作评估基本组成部分，主要包括评估活动所处的社会生态背景、评估主体、评估对象、评估内容及评估方法。

评估活动所处的社会生态背景是指评估所处的权力关系系统，如评估主体与评估对象之间的权力关系，评估结果对各利益相关方的影响等。正如罗希等（2007）所描述的，评估有其自身的社会生态学，“无论（评估）动力是什么，评估者的工作总是在一个真实世界的背景下展开，这一世界充满各不相同的甚至经常是相互矛盾的利益群体。在这种关系中，必须注意两个作为评估背景的重要因素：一个是多项目方的存在，另一个则是评估通常是政治程序的一部分”。

对社会工作评估其他基本要素来说，首先，评估主体即实施评估者，可以是社会工作机构管理者，或者社会工作服务项目出资方或者委托的评估机构，也可以是临时召集或专门组建的评估团队。其次，评估对象是指评估活动所指向的对象，可以是社会工作机构，也可以是社会工作服务项目或所从事的社会工作服务岗位，也可以是社会政策。评估对象与调查对象不同，调查对象包括与评估对象相关的各利益相关者，如服务使用者、出资人等利益相关者。再次，评估内容是评估具体的内容，通常以评估标准或评估指标体系的形式出现。评估内容通常依据相关的政策法规或评估项目合同内容来设计。最后，评估方法是收集、整理和分析评估资料，通常采用定性和定量相结合的方法，多渠道收集资料，对所需要评估的问题进行评估及研究。

---

① 美国评估协会《评估工作者指导原则》（2004 年修订）规定评估工作者有五大工作原则，分别是系统探究、胜利力、正直诚实、尊重他人、公共与其他福利使命（方巍等，2010）；详细的美国评估协会的指导原则，请参见罗希 P、李普希 M、弗里曼 H：《评估：方法与技术》，重庆大学出版社，2007 年，第 283-285页。

二、中国内地社会工作评估历史

如果按评估经验的成熟程度来划分评估发展阶段的话，与社会工作专业化服务相对应，可以将中国内地社会工作评估发展历程分为三大阶段，分别是摸索阶段、发展阶段与成熟阶段。摸索阶段的主要特征是评估主体借鉴其他国家或地区的评估经验，通过评估来规范社会工作服务机构发展，并推进社会福利政策创新，评估相关的政策变动性较大。发展阶段的主要特征是评估主体整合本地社工发展经验，改进评估机制，评估相关的政策逐渐稳定下来。成熟阶段的特征是评估主体积累了相当丰富的评估经验，并通过制度化的方式，评估相关的政策能够被社会各界认可，但仍保持适度调整的可能性。

（一）摸索阶段：借鉴其他地区评估经验，尝试开展本土社会工作评估

随着政府在社会工作类服务方面财政投入越来越大，为了向政府及公众交代，社会工作服务评估也变得越来越受到重视，政府委托第三方进行评估。从实践上来看，早期社会工作评估主要是关注过程评估（立项评审、中期评审和末期评审），以及对社会工作服务机构管理品质绩效进行评估。

例如，广州市政府提出社会管理体制创新，于 2010 年开始推动政府资助或购买社会工作服务，当年依托社会工作行业协会成立服务标准研究小组。研究小组开发的各领域的服务质量标准，较多是基本术语界定、服务数量规定及服务使用者满意度要求。其后，深圳市、东莞市也纷纷着手研发社会工作服务标准。广东地区早期社会工作评估队伍主要由香港等地的资深社工、本地高校社会工作专业教师和本地资深实务工作者组成，对服务单位人、财、物、事、服务领域质量等进行评估。

在这个阶段，由于评估队伍中的大多数评委初次接触社会工作评估，试行的评估标准尚未遇到实践上的挑战，评估模式尚处在探索之中，因此，社会工作服务质量评估的重要性还没有完全被各界认识，与此相对，各界由于对社会工作服务不甚了解，因此，社会各界对评委构成、评估标准、评估方法、评估结果的运用等质疑声也不断。

（二）发展阶段：整合本地社会工作发展经验，推进社会工作评估

在社会工作嵌入体制内部的过程中，通过专业移植与改造，消化与吸收，社会工作评估在评估对象、评估主体、评估类型、评估标准等方面积累了些许本土经验，推动了评估发展。评估主体出现多元化队伍，包括评估组织方的多元化、评委专业背景的多元化、评估方法进一步精细化。例如，在 2010 年，广州市仅有一个机构作为社会工作评估主体参与评估工作；而在 2013 年，广州市有 8 个以上机构加入了评估方队伍，第三方评估机构担任评估方要参与选聘项目招标，中标后方能承接该项目的评估。

在这个阶段，评估相关方对前期社会工作评估理念及方法提出批判或反思。例如，广州推广家庭综合服务中心过程中，在对街道家庭综合服务中心（服务单位）进行评估时，有评估相关方反思早期的评估是从政府管理主义出发，“以方法为本”和“以服务单位为本”，而非“以服务对象为中心”和“以社区为本”，造成的结果是评估以“服

务指标导向”（特别是服务数量方面的指标），而忽视了最根本的社会工作价值追求之“社会关怀”。

三、社会工作评估相关理论

在当前社会工作发展过程中，就社会服务评估理论发展来说，社会服务评估的理论与方法主要来源于政府、企业的评估理论与实践，主要有以下三种取向。一是“3E”评估理论，重点考察经济（economy）、效率（efficiency）与效果（effectiveness）；二是“3D”评估理论，从诊断（diagnosis）、设计（design）与发展（development）三方面对非营利组织或项目进行评估；三是服务对象满意度评估理论（王思斌，2006）。在评估实务中，社会工作评估价值观受到多种思潮的影响，由此逐渐形成不同的评估理念，以下仅介绍新公共管理主义、增能理论、社会生态系统理论对社会工作评估的影响。

（一）新公共管理主义思潮下的社会工作评估

在国际“公共管理改革”浪潮之下，中国政府提供公共服务的方式开始发生变化。刘淑琼（2008）认为，“公共管理改革”采用新公共管理，其主要价值目标是效率、效能、经济、质量，其主要内涵包括引进市场机制与民间力量、重组公共部门与公共服务、采取契约委托手段、鼓励参与、重视绩效管理，以顾客满意为导向。这种改革的一个表现就是，大量的公共服务以契约委托的方式，转由民间营利或非营利组织来生产与供应。

社会工作服务作为中国社会管理体制创新的一种手段，不可避免地受到新公共管理主义思潮的影响。在中国政府大力推动社会工作服务项目购买的过程中，为了回应公众对社会工作服务机构或服务项目的质疑，这些购买项目基本上都要进行评估。在这种社会工作专业市场化和商品化发展背景下，社会工作评估很容易成为政府管制社会工作服务发展的一种工具，而忽视社会工作行业对社会质量的促进作用。显然这是本末倒置的，社会工作评估应着力于社会质量的提高，而非着力于市场监管。或者毋宁说，市场监管只是提升社会工作高质量地服务于社会的手段。

在“市场化”的政府购买社会工作服务项目中，政府担任纳税人的代理人，是社会服务项目的发包方、监督方，而社会工作服务机构是社会服务项目的承包方、实施方，服务对象的角色是案主或公众。社会工作评估的任务是规范社会工作机构管理，以及评估其所开展的社会工作服务质量的优劣，试图通过市场实现社会工作机构或社会工作服务项目优胜劣汰。

（二）增能理念下的社会工作评估

西蒙（Zimmerman）认为，19 世纪 90 年代以来的社会工作增能实践者设计出和服务对象之间的一种工作关系，以服务对象的特殊能力、资源和需求为前提，支持服务对象或其群体使日常生活更加有报酬性，以及在与他人的伙伴关系中施加共享的权力。这种伙伴关系的目的是鼓励服务对象在追求和巩固已被提升了的自尊、健康、社区、安全、个人及社会权力等的过程中利用他们自己的长处以谋求自身发展。增能涉及个人、组织和社区三个层面，在个人层面上，增能包括参与行为、施加控制的动机、效能和控制感；组织层面上的增能包括共同领导、发展技巧的机会、扩展有效的社区影响；社区层面的增能，包括社区社会组织参与、沟通，实现社区自决，包括公民参与社区决策的机会，在冲突期间社区决策者公正地考虑多种观点（陈树强，2003）。

增能理念在社会工作评估中体现在评估强调各利益相关方积极正向的沟通，试图提高弱势群体的参与力量，以此来改变不均衡的权力结构关系；积极发展透明公平的游戏规则，能够使各方有平等的参与机会，着重评估主体和评估对象之间的相互促进或者相互充权与相互培力、相互增能的过程。有的著作称之为“充权评估”。有学者认为，充权评估强调利益相关者的操控和参与，通过一个反思及行动的循环，务实地提出改善项目的具体方法，使利益相关者以自我评估及自我决定为目标（何宝英，2008）。

充权评估是一个循环过程：①评估社区关注与资源；②设定任务与目标；③发展策略与行动计划；④监察过程与成果；⑤与有关人士的沟通资料；⑥提升适应性，更新和制度化。在此模式中，评估员需要遵循的基本原则包括改善、社区拥有、包涵、民主参与、社会公平、社区知识、实证为本的策略、能力建设、组织学习和交代。由于“充权效果的达成主要通过五个核心元素，包括训练、促进、提倡、阐明及解放”（郭毅权，2008）。因此，在评估过程中，评估者扮演的角色是训练者、促进者、倡导者、阐明者和解放者。对充权评估来说，评估主体沿着“专家评估”到“社会工作服务机构自我评估”再到“服务对象利益团体评估” 的轴线转移，与此相对应，评估权力将沿着“专家”到“社会工作服务机构”再到“服务对象利益团体”的轴线转移。

（三）社会生态系统理论与社会工作评估

正如前文所述，社会工作评估处在一个特定的社会生态情景中，评估主体、评估内容及方法的选择，都受制于特定的社会生态系统。例如，在政府购买合同的评估项目中，评估方不得不考虑以下事项，即政府不同行政级别、不同部门之间的相互牵制对评估结果的影响，评估行政程序对评估社会合法性的影响，评估结果对主要领导人政绩的影响。又如，若委托方或资助方是民间机构（如基金会），这些民间机构在组织或选择评估团队时，会考虑评估方的价值观与本机构价值观是否一致。相对于其他利益相关方（评估项目委托方、服务提供者）与评估的关联度来说，处于评估项目最核心的服务使用者（特别是服务项目所指向的处于弱势的服务对象）反而对评估机构的约束很低，这样的评估体系致使他们处于评估的“无声地带”。

由此可见，在当前，评估方、委托方与被评方三方合作，形成相对封闭的评估运行环境，这为社会工作评估带来很强的社会风险。在各方利益掣肘的情况下，评估方如果自身价值立场不明确，或者所声称的社会价值观不坚定的话，评估方很难做到为弱势社群发声，从而最终丧失社会工作价值追求。因此，评估主体需要有危机意识，着力促进建构相对开放的评估运行环境，逐步建立评估机构行业规范，推动、倡导社会服务监察制度，为社会监督机构开放更多空间，尤其是要为弱势群体的服务使用者提供表达需求和意愿的评估渠道，如图 15-1 所示。

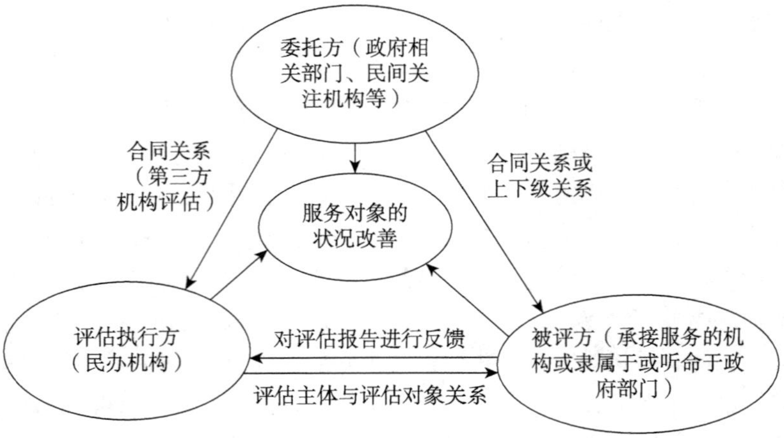

图 15-1　民办非企业性质的评估机构所处的生态系统图

第二节　社会工作评估类型

一、社会工作评估类型的一般划分

按照不同的标准，社会工作评估有不同的分类。各种评估类型，都有其优点和缺点，并没有哪一种评估类型最好，至于选择哪一种评估类型，还是要看具体评估事项的情形，如评估时间、经费、能力及评估目的等。

（一）按评估对象划分：机构评估、服务项目评估、岗位及社会政策评估

在中国内地，随着社会工作服务领域扩大，社会工作评估所指涉的范围相应地扩大。从当前中国社会工作评估实践来看，社会工作评估主要有以下几种对象。

1. 对社会福利机构或社会工作机构开展的评估

社会福利机构，包括官办、民办或混合形式举办的社会福利机构。比较常见的评估形式有两种，一是各级政府民间组织局开展的社会福利机构或社会工作机构年检或社会组织的等级评估①，二是各级政府民政局社会工作管理部门（如社工处或社会事务科）委托第三方或直接对社会工作机构进行的评估。各级政府民间组织局开展的评估通常按照事先拟定好社会组织的评估标准进行，比较正规和常态化；与此不同，各级政府民政局社会工作管理部门委托第三方或直接对社会工作机构进行的评估，通常是带着特殊的

---

① 我国《社会组织评估管理办法》已经 2010 年 12 月 20 日民政部部务会议通过，自 2011 年 3 月 1 日起施行。本办法所称社会组织评估，是指各级人民政府民政部门为依法实施社会组织监督管理职责，促进社会组织健康发展，依照规范的方法和程序，由评估机构根据评估标准，对社会组织进行客观、全面的评估，并做出评估等级结论。社会组织评估结果分为 5 个等级，由高至低依次为 5A 级（AAAAA）、4A 级（AAAA）、3A 级（AAA）、2A 级（AA）、1A 级（A）。获得 3A 以上评估等级的社会组织，可以优先接受政府职能转移，可以优先获得政府购买服务，可以优先获得政府奖励。对社会组织评估，按照组织类型的不同，实行分类评估。民间社会工作服务机构属于“民办非企业单位”，按照规定，实行规范化建设评估，评估内容包括基础条件、内部治理、业务活动和诚信建设、社会评价。

评估目标和特定的评估任务进行的，比较具体和具有情境性。

2. 对政府购买社会工作服务项目所开展的评估

政府购买社会工作服务项目，有两种形式，一种是购买综合服务项目，承办方综合各种社会工作方法，为各类人群提供综合性的服务，比较有代表性的是2010年开始的广州市政府购买的家庭综合服务项目，另外还有农村社区发展（生计发展）项目等；另一种是购买专项服务项目，主要是为特定人群开展的服务，如社区矫正服务、老年人日托服务（有的地区叫长者日间照料服务）、低保人群服务等。

3. 对基金会、群团组织或其他出资人资助社会工作服务项目进行的评估

基金会所资助的社会服务项目范围较广，较多是慈善救济类项目，也有发展类项目。在国内，基金会资助的项目包括农村教育、妇女发展、老人服务、流浪人群服务、艾滋病干预等项目。群团组织主要是指对工、青、妇等团体资助的服务。在沿海地区社会工作大发展的背景下，群团组织提出建设枢纽型社会组织，孵化公益性或互助性的社会服务组织，资助与群团组织相对应人群的服务项目。团委资助青少年相关的服务项目，如社区青少年成长项目、在校学生危机干预项目等；妇联资助妇女相关的项目，如家庭暴力干预项目、单亲家庭支持计划等。其他出资人资助的项目，包括社会工作机构自筹资金或者不同出资人合作资助的服务项目等。

4. 对政府或其他出资方所购买的社会工作服务岗位所开展的评估

中国内地为了推动社会工作服务，有些地区政府要求在民政局、妇联、残联、司法所、社区卫生服务中心等单位开发社会工作服务岗位，要求配置社会工作者。对这些岗位社会工作者，根据雇用社会工作者的机构不同，实施评估者和评估所采用的方法也不同。如果这些岗位社会工作者由服务单位直接聘用，则由服务单位采用内部员工绩效考核；如果这些岗位社会工作者由社会工作服务机构派驻到服务单位工作的，则由社工服务机构对其进行绩效考核。

5. 对社会政策所开展的评估

社会工作评估不仅关注具体社会服务机构、社会工作服务项目或岗位评估，还关注社会政策评估。一般而言，社会政策评估的意义表现在：①是提高决策科学性和实现决策民主化的必要保证；②是检验社会政策效益、效率、效果的基本途径；③是决定社会政策修正或调整、继续或终止的重要依据；④是有效配置社会政策资源的客观基础。国内从事社会工作评估的工作人员较少将社会政策评估纳入社会工作评估范围内，他们没有看到，社会工作与社会政策同属一个国家社会福利制度体系，政府运作的社会政策和民间运作的社会工作成为一套制度、一个过程的两个方面，两者相辅相成。一方面，社会工作是社会政策的执行体系，社会政策行动（制定、实施与修改）需要社会工作者及其机构的积极参与；另一方面，社会政策也为社会工作提供了行动的空间和发展的条件，社会工作的运行需要社会政策的资助和指导。社会工作发展的状况取决于社会政策的导向与水平。因此，我们将社会政策评估纳入社会工作评估范围内。

社会政策评估对象主要包括两个层面，一是政策本身，二是政策实施的行动及效果。黄源协（2004）认为，评估是“一种审核性的程序，其做法在于估量并评判一项政策或

方案的实际作为与绩效，目的在于提供有关政策设计、执行、结果的资讯，以作为日后方案采择、修正、持续或终结的决策之参考”，并指出政策评估有五个面向，即政策计划执行的状况、政策执行的效益与成本、政策与其执行对社会经济环境的影响、政策与政策执行的长期效果之追踪、政策方案及其执行之合法性。而且，社会政策评估不仅需要评估技术的发展，而且还必须考虑所处的社会经济政治环境。

（二）按评估形式划分：预先通知评估与偶到式评估

对社会工作服务机构来说，通常在年末要接受政府主管部门的年检。对社会工作服务项目来说，通常会在项目执行过程中进行过程评估（如中期评估）和项目结束时进行结果评估（末期评估）。预先通知评估，评估方往往会提前通知评估对象，让其做好评估的各种准备，如告诉要审阅的材料、现场评估的程序等。如果评估方事先不通知评估对象，直接到访服务场所，了解机构或项目运作情况，便是偶到式评估。

（三）按评估方法划分：单案例评估与多案例评估

单案例评估是指评估的对象是一个案例，这个案例可以是一个社会工作服务机构，也可以是服务机构下属的服务单位（如由社会工作机构运营的某社区星光老人之家），也可以是一个服务项目（如社区戒毒项目）。

多案例评估，是指评估的对象包括多个案例，需要对不同案例进行对比。例如，对比不同机构开展的同一服务人群的服务项目（不同机构承办的青少年服务项目或妇女发展项目、老人服务项目），或者对比同一机构在不同地区开展的共同服务内容的项目。

（四）按评估目的划分：探索性评估与解释性评估

探索性评估是指评估工作仅是为了探索机构或服务未来发展的方向，评估内容主要是了解机构或服务项目开展的情况，找出评估对象的强势或风险，考虑当前机构管理或服务项目是否沿用还是更新原有的形式发展。

解释性评估是指评估工作的目的是解释构成评估对象管理品质或服务成效的主要因素有哪些，影响因素有哪些，如何提升管理品质或服务成效。

二、社会工作服务项目评估

（一）按评估者身份划分：内部评估和外部评估①

所谓内部评估（inside evaluation），是指由方案执行单位的成员所从事的评估工作。每一项社会福利计划或方案执行之前，都应该先由执行方案的单位内部的人员来做评估工作，这种评估的优点是评估人员对于执行方案的组织结构以及所要评估的计划方案有更详细、更准确的了解，同时有助于以后继续进行研究和评估工作。

所谓外部评估（outside evaluation），是指由机构以外的专家对社会福利计划或方案进行的评估工作。这种评估的优点是比较容易保持评估工作的客观性，尤其是当社会福利机构组织内存在广泛而激烈的冲突时，“外来者”可以更客观地保持中立的地位，更

---

① 王思斌：《社会行政》，高等教育出版社，2006 年，第 180 页。

有效地执行评估工作。

（二）按照评估的性质划分：努力评估、成果评估、效率评估和影响评估

按照评估的性质，W. F. Anderson，B. J. Frieden 和 M. J. Murphy 将评估划分为四种类型，就是努力（effort）评估、成果（outcome）评估、效率（efficiency）评估和影响（impact）评估（王思斌，2006）。

努力评估是针对达成服务目标的质和量所进行的评估工作。它关注正在运行的服务方案，通过提供基本描述资料，包括服务使用率、求助的人口统计特征和人员配备模式等，用来检讨服务方案的优先次序，制定预算并进行员工职责分配。努力评估由方案监察、特别研究、记录管理和保存三部分组成。努力的评估也被视为是对服务提供的一种反省和对输出输入总和资讯的检讨，以便加强或改进方案（或计划）的管理与控制。

此外，努力评估亦具有监督的功能，对于方案管理者而言是一种早期的警告系统。梁伟康指出，要测量服务方案的投入，必须对工作人员投入的工作时间和精力进行记录，而这项评估常被解释为监督的工作。监督的工作包括服务数量的记录与服务质量方面的资料。

成果的评估是将焦点集中于干预的结果上，特别是干预是否会产生预期的成效，即检验案主接受干预后达成的结果，并且确认方案的成果目标达成的程度。如果评估的是服务方案的话，则要探讨方案实际结果与原预期结果间的差异。

成果的评估需要依赖清楚和明确的目标，但这些目标是基于“期望的效果”而非设计的活动。也就是说，成果评估将焦点放在案主状态的改变上，如案主在行为、人格、感觉、适应力、技巧、知识等方面的改变。

效率评估是对达成服务目标的资源成本进行的评估，尤其关注为扩大成果而必须投入资源的比例。效率评估有三种形式，即成本会计、成本—效果评估、成本—效益评估。其中，成本—效果评估关注最具收益的服务或政策；成本—效益评估注重的是每一个提供服务的单位所需要的成本，包括时间、期间（episode）、资源（material）或输出的单位（output units），下文有详细介绍。

影响评估是针对社会服务方案对整个社区所产生的影响而进行的评估，内容包括服务方案是否获得了预期的结果、服务对社会环境是否产生了干预作用，以及服务是否还产生了意想不到的效果等。这种影响评估往往通过服务对象的评价以及社会评价（包括政府的认同、媒体的报道）反映出来。

（三）按评估时间划分：形成性评估与总结性评估

形成性评估关心的是正在进行中的社会福利服务或活动，以及这些服务或活动如何影响产出的结果，所以评估的对象是以正在进行中的社会福利服务或活动为主，评估的重点在于提出改进服务计划或方案的意见，以具体积极的建议协助社会工作方案的推展与改善。形成性评估包含成本—效率评估与努力的评估。总之，形成性评估主要分析的是服务提供过程中的各项资讯，包含服务提供的成本、提供服务的人员、接受服务的人员等，以便为修正服务提供参考。

总结性评估关心的是产出和效率，评估的对象是已完成的社会工作服务。总结性评

估也是一种对服务方案成功程度的评估。此种评估通常能指出方案的优点和缺点，并且提出改进的建议。如果能够谨慎地设计和执行总结性评估，就能辨别出服务方案中“非期待”的结果。除了在方案结束时评估之外，总结性评估也可以在方案的周期（cycle）或单元（component）结束时进行。总结性评估包括成果的评估、适当表现的评估与成本—效益的评估。其中，适当表现的评估是在比较服务的需求后去测量实际所输送的服务。这种评估聚焦于比较方案实际所满足的需求与在方案计划过程的评估阶段所确定的需求。

（四）根据时间因素划分：事前评估、过程评估与事后评估

事前评估，是指在服务计划形成后进行的评估工作，目的是评估计划的合理性。经过评估，如果对已形成的计划完全不满意，则要重新开始资料收集等基础工作；如果只是部分不满意，则主要检讨目标选择的适当性。

过程评估，是指在服务执行（输送）中进行的评估工作，目的是检查执行环节是否能够顺利达成目标，如果对执行过程完全不满意，则要检查事前评估是否准确；如果只是部分不满意，则主要检讨计划形成过程的适当性。

事后评估，是指在服务提供完毕后进行的评估工作，目的是检查服务是否达到目标和为下一次服务提供经验和研究资料。由于经过事前评估和过程评估，事后评估一般只有部分不满意的情况出现，通常是需要重新检讨计划的形成过程的适当性。

三、社会工作机构评估

根据管理学的观点，任何一个组织无论其规模大小，都需要通过正式或非正式的渠道，执行监督和控制的功能，这关系着组织的生存和发展，更直接影响其决策的方向、服务成效、信誉和潜能的发展，鉴于此，组织效能评估成为机构发展的重要议题。

依据社会服务组织的基本特征，结合其所处政策制度环境和社会环境的变迁，社会服务组织的评估主要包括责信评估、使命和战略规划评估、服务方案评估和组织能力评估。其中，社会服务组织责信评估发展，构成了社会服务的多元交代体系，分别是财政交代、政治交代、专业交代、服务交代、行政交代（徐明心和张超雄，2000）。社会服务组织责信评估的内容包括：①服务和活动与组织使命和宗旨的一致性；②规范的治理结构；③资金的合理使用和运作；④财务与信息的透明程度。

中国内地对社会工作机构评估有其法律依据，并在评估实践中体现出来。社会工作机构开展评估，依据民政部第 39 号文件《社会组织评估管理办法》，其中社会组织是指经各级人民政府民政部门登记注册的社会团体、基金会、民办非企业单位。社会组织评估是指各级人民政府民政部门为依法实施社会组织监督管理职责，促进社会组织健康发展，依照规范的方法和程序，由评估机构根据评估标准，对社会组织进行客观、全面的评估，并做出评估等级结论。

在评估实践上，社会工作机构主要是民办非企业单位性质，因此，评估者是根据《社会组织评估管理办法》对社会工作机构进行评估。对于民办非企业单位，评估内容包括基础条件、内部治理、业务活动和诚信建设、社会评价。社会组织评估结果分为 5 个等级，由高至低依次为 5A 级、4A 级、3A 级、2A 级、1A 级。一般来说，被评估机构通常需要按照评估机构的要求，填报评估申请表，并提交至评估机构。评估机构会将评估标准编制成不同的条目，并以表格化的形式出现，由评委根据所了解到的情况进行打分，并最终得出相应的评估结论。

第三节　社会工作评估模式

社会工作评估在发展过程中，逐渐形成了不同的评估模式，比较常见的有过程逻辑模式、成本—收益分析模式、服务质量控制模式和风险管理评估模式。

一、过程逻辑模式①

过程逻辑模式（process logical model）是从对服务过程各环节进行评估，分为七大主要环节，即资源投放（input）、活动和服务（activity）、输出（output）、服务成效（impact）、处境分析（situations）、假设或理论基础（assumptions）、外在环境因素（external factors）及逻辑联系（logic links）七个方面，见图 15-2。

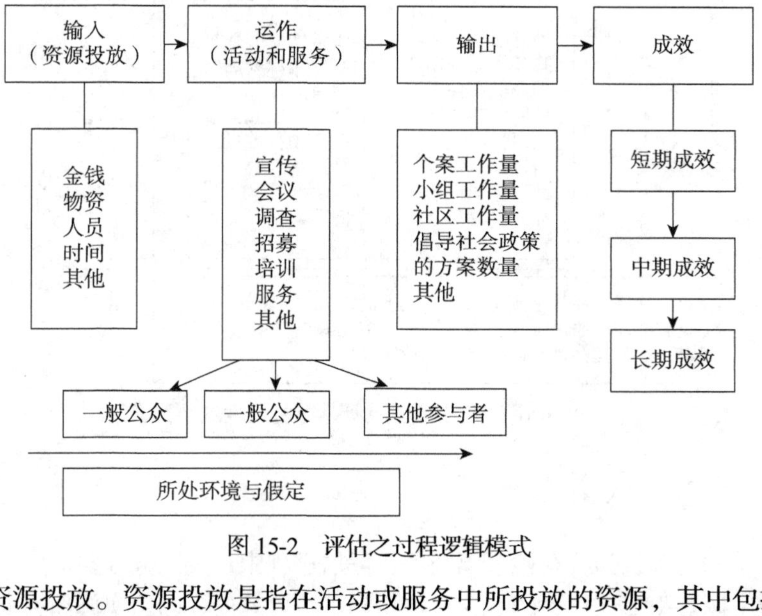

图 15-2　评估之过程逻辑模式

（1）资源投放。资源投放是指在活动或服务中所投放的资源，其中包括时间、人力、财力、活动物资和设备等。

（2）活动和服务。向服务对象所提供的活动和服务。

（3）服务输出。也称服务产出，即提供的各种服务数量及质量。

（4）服务成效。是活动和服务为个人、家庭、团体、社区和机构所带来的好处和转变，包括短期、中期和长期成效目标。

① 陈锦棠：《香港社会服务评估与审核》，北京大学出版社，2008 年，第 77-87 页。

具体来说，短期成效目标（认知）是指期望参加者能掌握有关的知识、技能和技巧，并引发他们对某课题的醒觉和关注，以增加他们对某课题关注的动机和改善的期望。中期成效目标（行为）是指参加者就相关课题做出具体行动或行为的转变，有一些清晰而良好的指标测量具体的行动或行为的转变，让工作人员知道参加者是否已明白及掌握有关的知识。长期成效目标（结果）是指当参加者持续实践所学习的，并将它持之以恒，便会带来整体的转变和深远的影响。

例如，糖尿病老人小组工作成效指标，短期服务成效目标是希望老人掌握疾病的知识，增加对自身处境的关注，增加老人对身心健康的关注和改善期望。中期成效目标，即希望老人在疾病控制行为上有所转变或改善，减少促发血糖升高的饮食，小组成员增加知识分享、互相支持。长期成效目标，即希望老人在身心健康上有良好的生活习惯，病情稳定。

又如，以某市社区发展项目评估为例，要评估社区发展项目成效，在特定的项目理念指导下，项目假定社区社会资本的发展有利于社区可持续发展，从社区发展投入、活动、产出和成效几个方面开展评估，如图 15-3 所示。

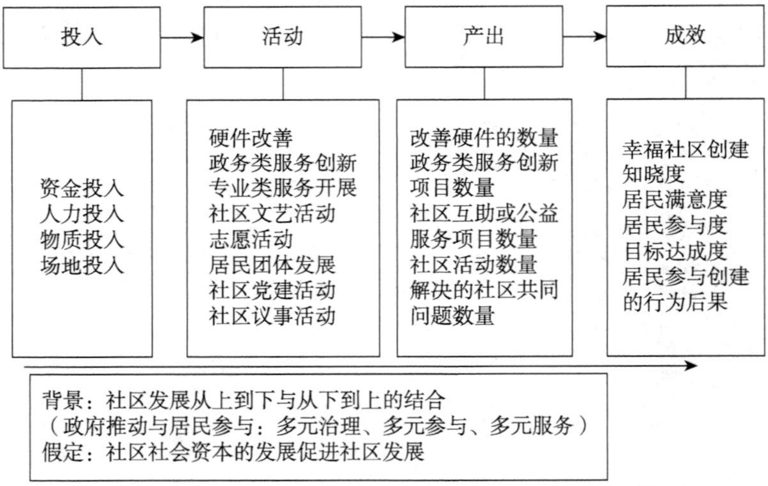

图 15-3　运用过程逻辑模式评估某社区发展项目成效

二、成本—收益分析模式

方巍等（2010）认为，在社会福利项目评估过程中，要区分收益、效益、效用。收益特指“通常以货币形式表达的、与成本相同单位计算的、因为实施项目而产生的或节省的价值。”效益是指效果和利益，往往是非货币形式。效用是项目利益相关者从活动中获得的各方面的满足。因此，成本导向项目评估有不同形式，如成本—收益分析、成本—效益分析、成本—效用分析，其中成本—收益分析是对项目单位收益的成本计算。成本和收益的表达形式都是货币，因此成本—收益分析的结果是一个数值，数值越小，该项目的效率越高。

（一）成本

1. 成本的分类

成本是生产一种产品所需要的全部费用，包括现金支出与非现金支出，包括人力、设施、材料、设备及其他支出。从经济学的概念出发，成本有不同的划分。

一是有形成本与无形成本。有形成本是指通过货币等实物形式表现出来的成本。无形成本是指无法通过货币等实物形式表现出来的成本。例如，在儿童家庭寄养项目中，有形成本是寄养家庭寻找费、交通费、救助费、其他跟进服务的费用等支出；无形成本是儿童对寄养家庭的适应。

二是直接成本与间接成本。直接成本是指与计划所提供的具体服务直接相关的成本。间接费用是指来自计划运行所需要的资源，但其与提供给服务对象的具体服务并不直接相关，如管理服务项目支出等。

三是平均成本与边际成本。平均成本是指平均每产生一个单位标准量的结果所需要的成本。边际成本是指因额外增加一个服务单位而增加的成本。

除了上述成本分类方法外，还可将成本划分为固定成本与可变成本、机会成本（由于实施现行计划而失去了做其他事情的机会的价值）等。

2. 项目成本要素价格计算

一是要确定具体项目的成本构成要素。方巍等（2010）认为，可以通过以下三种方式确定项目成本构成要素。第一，评估项目成本预算报告和项目执行过程中的财务记录；第二，借助与利益相关者的交谈，掌握项目成本的构成要素；第三，评估者对项目实施过程的观察分析。

二是要根据市场价格或影子价格计算项目成本。在确定项目各种构成要素的成本过程中，那些市场化的、可以在市场上获得供应的物品，可以直接以其市场价格作为相关项目构成要素的成本。影子价格是指对于某部分原本不存在市场的资源，假设存在市场情形下产生的价格，并非按照精确市场价格所估计的产品与服务价值，也指由规则约束或外部性所导致的不恰当市场价格，也叫做会计价格（罗希等，2007）。

（二）收益

方巍等（2010）认为，社会福利项目的收益是因为项目的实施或者服务对象接受了项目服务而带来的货币形式的增益。例如，政府通过对外来务工人员和城市下岗职工发放培训券，使得受益者提高了劳动技能，最终令他们在就业过程中增加收入。但是，在现实生活中，许多成果不一定能够直接用货币表示。因此，评估研究中利用服务对象支付意愿（服务对象愿意为项目提供的货币支出数额）作为项目收益的替代，但支付意愿与收益在数值上并不等同。

在项目的结果难以转化为货币时，评估者可以通过项目成效指标来了解项目的效益。例如，再就业项目中，效益指标是选择就业人数或就业率；某一项青少年网瘾的矫治项目，其效益指标是接受服务的对象中摆脱网瘾青少年的比例。

（三）成本—收益分析和成本—效益分析

成本—收益分析，成本收益是从单位成本角度来评估项目的收益。收益评估的方法，有通过实验设计、情景设计方法。收益实验评估方法，是借助实验方法比较干预组和控制组的结果，确定项目收益的一种方法。例如，再就业服务项目中，评估人员随机挑选两组对象，分为干预组和控制组，对于干预组成员进行再就业培训，然后比较两组成员就业率及所获的工资收入。例如，再就业服务项目的成本假如是 10 万元，通过再就业服务项目获得工作岗位及产生的工资收入（若工资收入是收益全部的话）是 20 万元，那么，单位收益的成本是 10/20=0.5 元；或者计算益本率，为 2。

成本—效益分析，成本效益是从单位效益所需要的成本角度来分析项目效率。效益评估的方法有关联性设计或非实验设计。例如，再就业服务项目中，评估人员挑选背景相似的两组对象，分为干预组和控制组，对于干预组成员进行再就业面试技巧培训，而控制组不进行此类培训，然后比较两组成员就业比例，假如干预组增加了 10%，便是项目的效益。再假如再就业服务项目分为两个方案，分别是再就业技能培训方案、再就业信息转介网络方案，在两个方案各自推行 1 年后，评估其投入的成本和产生的效益。如果两个方案达到的就业率都是 10%，而前者花费了 10 万元，而后者花费了 5 万元，那么，从成本效益的角度来看，后者（再就业信息转介网络）的方案成效要优于前者（再就业技能培训方案）。

在进行成本、收益和效益等因素的分析时，总是可能存在着某种不确定的因素。因此，在分析过程中，引进敏感性分析。所谓敏感性分析，便是考虑其中一个或多个投入和产出结果变化的情形，对几种备选项目评估结果排位的影响的方法。

在有多项备选方案时，可选择最低成本标准、最大效益标准和边际效益最大的项目。最低成本标准是指在效益一定时，选择达到条件所需成本的方案。最大效益标准是指在成本一定时，选择效益最大的项目。边际效益最大是指选择边际效益最大的项目。

三、服务质量控制模式

社会工作机构的服务质量水平是机构核心竞争力的衡量指标之一，如果社会工作机构无法提供有专业水准的服务，社会工作机构也难以长久地发展下去。如果社会工作机构不能协助服务对象有效地面对自己的困境及提升自己解决问题的能力，那么，社会工作机构很难做到服务品质问责，也最终失去了存在的意义。

有学者从社会工作角度认为，界定品质时可能需要包括：①有能力提供符合服务使用者或照顾者真正需求的服务；②易于在适当的时间和地点取得适当的服务；③不管个案的社会、种族或文化背景，要能公平地提供服务；④可靠、一致性和持续性；⑤明确的目的和目标，且叙明个案能取得服务的最低标准；⑥所提供的服务有可用的资源，且符合成本、效率和经济效益；⑦由接受过高品质训练、督导和支持的员工提供服务。但是，商品与社会服务之品质特性不同，两者的差异性，请见表 15-1。

表 15-1　商品与社会服务之品质特性差异表

商品品质	社会服务品质
有形且可移动的	无形、异质同易变动的
产出和消费不同时发生（可分离性）	产出和消费同时发生（不可分离性）
生产过程中消费者参与较少	生产过程服务使用者参与较积极
品质可事先测量并获得保证	品质不易事先测量及获得保证
主要以一般社会大众为对象	主要以社会上的弱势族群为对象
以追求利润为目标	以关怀弱势者和公民为目标
品质创造满足和需求后带来利润	品质创造满足和需求后可能造成资源排挤
涉入的利害关系人及其动机较为单纯	涉入的利害关系人及其动机较为复杂

资料来源：黄源协（1999）

在社会服务质量评估模式中，一般要先开发或设计社会工作服务质量标准，按标准进行评估。而且，服务机构引入国际服务质量标准，通过全面质量控制（total quality control，TQC）优化服务输送过程。在社会工作行业发展不同时期或不同地区，质量标准有所不同。“‘服务质量标准’乃是衡量机构之行政措施及服务提供的过程或程序，故以过程为主体，并为服务过程界定最低的准则，这些标准通常是属于一般性的”（梁伟康和黎志棠，2003）。

采用服务质量控制模式进行评估，比较常见的有服务过程质量控制、平衡计分卡（从顾客、财务、员工及服务流程进行评估）、顾客满意度等服务质量控制方法。

其中，服务过程各环节质量进行评估是对各环节进行服务质量控制，见图 15-4。

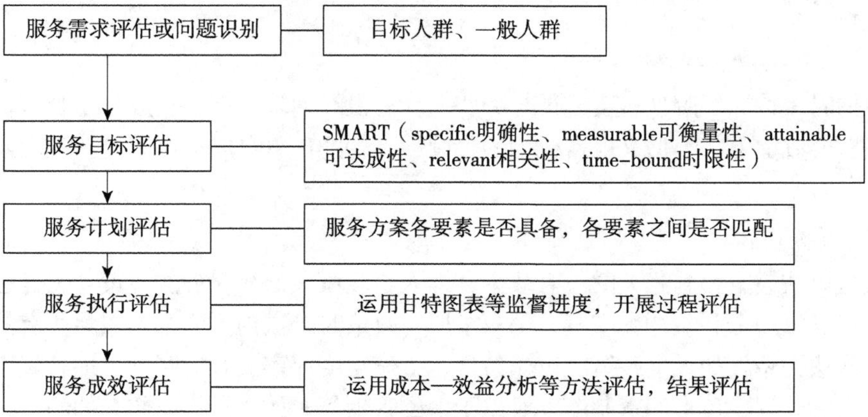

图 15-4　服务各环节质量控制图

顾客满意度量度工具最常用的是由 Parasuraman 等提出的 SERVQUAL 或称 RATER①，这个工具是用来分析顾客对服务的期望与实际上服务的差距。差距越小，满意度越高，共有五大范畴，即回应性（responsiveness）、保证性（assurance）、适切性（tangibles）、同理心（empathy）及可靠性（reliability）。

① http://www.doc 88. com/p-2478302 49904. html。

四、风险管理评估模式[①]

萧建华（2012）认为，风险评估的目的是确保机构在考虑到风险的影响时仍有效地提供服务，风险评估模式最主要关注的是危机在哪里、机会在哪里、它对服务的影响、怎样去降低风险，以及评估社会服务机构特有的风险及其影响，找出应对策略，建立风险管理体系。以加拿大多伦多市政府资助营利组织的相关拨款部门（或政府监察部门）为例，拨款部门根据市议会所批准的服务机构资格要求和衡量的标准，并且根据市议会所订立的服务准则和风险管理守则，对非营利组织机构或项目进行评估，给予资助。拨款部门的监管员主要对评估对象的服务现状、过往服务记录、机构的管理模式（如是否成立董事会来制定政策和策略计划）、财政状况等一些风险指标进行评估。

（一）非营利机构风险类别

非营利机构风险包括机构有没有策略性政策、财务（财政来源不是多元化）、法律、问责管理、服务运作、资讯与工程方面、泄密（服务对象数据的保管）、劳工人事资源、公众舆论等风险。机构需要一些政策来减低这些环节的风险，如下所示。

1. 财政来源及财务管理风险

如果机构财政来源集中一两个财政来源，这个机构是很高风险的机构。因为如果财政预算大幅度消减的话，机构生存就成问题。

财务管理风险评估，主要是了解机构的财务政策，如有没有年度财政政策及批款制度怎样。又如哪些人可以签名去拿到钱、支票多少人可以签名、哪些人去做，以防机构总管卷款私逃。

2. 机构决策管理风险

评估时，首先了解理事会成员是哪些人，有没有期限，理事会成员是否有梯队性。保持理事会成员更替，但又保持机构的延续性，新的理事会成员可以更新观念及带来新的冲击。

3. 服务运营风险

风险评估最主要看相关的一套政策，即人事政策、推行服务的政策、怎样去处理这些投诉等。每一个利益冲突政策，都有了所有政策时，机构才健全，因为所有的人员知道怎样依法去做。如人事政策、工作条件、工作年度评审、升迁制度、加薪幅度、申请制度、投诉计划、负责问责制度、对总干事的管理等。如果机构有整套的制度，机构依服务表现为升迁准则，工作人员就可以在一个很持平的环境下工作。否则，机构按照人际关系准则来决定员工升迁，这样很不公平。尤其是当一个机构在遇到一些危机的时候，没有一套好的政策，机构工作环境就会变得非常危险。

（二）非营利组织的风险等级

加拿大多伦多市对于所有受资助的机构，都需向政府拨款部门定期报告其服务进

---

① 萧建华：《加拿大社会工作与服务机构的培育管理》，岭南大讲堂社工系列演讲，2012 年 12 月 8 日。

展。政府拨款部门提供报告表格，受资助的机构每半年报告一次。报告内容包括服务进度、财政状况、所遇难题、计划是否改善及理由、成果。政府拨款部门根据报告情况来决定是否需要跟进。

根据风险管理守则，监察员评定申请资助机构为高风险机构、中度风险机构、低风险机构。政府拨款部门协调社会服务机构之间的合作，鼓励高效率及优良的机构成为高风险机构的信托人，使高风险机构可从中学习。拨款机构定期举行会议，找出目前机构面对的困难，从而商讨解决方法。初期政府会负带头的责任，当此行业发展到相当程度（社会服务行业分工会越细的），社会服务机构行内便以较主导的角色进行自我完善，政府鼓励机构成立一些网络或委员会，政府便扮演监管的角色，以确保公帑有效地运用。从机构成长的角度来看，机构在不同的阶段有不同的挑战，不同规模的机构也有不同的挑战。

1. 对高风险机构的监察

高风险机构，是指机构欠缺基本条件（人、钱等）、财政不稳定、管理模式不稳健、服务质素低、正面对危机等状况。

监管部门要求高风险机构有完善的政策及三年策略计划等，于一定时间内予以改善，加予拨款条件，或要求由托管机构代管数目及督导，以及有赔款条件（赔款条件就是如果机构想拿到钱，需要什么改善）。但是这个机构有潜质的话，监察机构要求一些托管机构去代收，通常这些托管机构是一些比较有规模的低风险机构。监察员会对服务机构实地探访和财务审核，出席其周年大会，需定时汇报机构进展，不增加拨款。如果次次没有改善，拨款部门甚至会取消拨款。

2. 对中度风险机构的监察

中度风险机构，“表现一般、财政来源不够多元化、董事会成员面对一些问题、人力资源面对一些问题，总之有些问题，不是差又不是好，它既不是高风险也不是低风险，普普通通，或墨守成规，乏善可陈或其他问题”（萧建华，2012）。

监察及培育中度风险机构，即澄清期望，假若没有改善或会加予拨款条件，可能实地探访或出席其会员大会，如情况恶化，或定为高风险机构，可能要定时汇报。如情况改善，或转为低风险机构。

3. 对低度风险机构的监察

低度风险机构，是指达到监管部门所定标准的机构。监察低风险机构的方法是，信任其服务质素，不需频密监察，只需年度评估。如有需要才实地探访，如有需要，或增加拨款。如表现良好，或请求他们成为信托人，协助高风险的机构降低风险。

第四节　社会工作评估流程

社会工作评估流程是指社会工作评估步骤，包括确认评估项目立项、评估前准备、评估实施、评估报告撰写、确认评估结果。

一、评估项目立项

根据前述分类，若由外部人员或机构开展评估，通常有两种形式，一种是委托方召集临时评估专家小家，由委托方组织实施；另一种是将此评估任务委托给特定机构进行评估，由特定机构组织实施。如果是后者，委托方和特定机构需要就评估意图、评估对象、内容及结果等进行合同谈判，如果双方达成一致，则签订评估项目合同。

二、评估前的准备工作

（一）评估前的行政协调工作

评估前的准备工作，包括评估对象的确定、评估团队组建、评估程序、时间进度安排、评估经费预算、评估内容大纲、评估工具设计（如问卷设计、访谈大纲设计等）、工作安排及评估质量控制方法、评估结果的发布渠道等。

评估主体根据评估项目合同或评估工作计划，对评估关注事项，事先协调好的评估程序开展评估，但是，评估程序往往在操作过程中会做些调整、改进。

（二）评估内容及标准的确定

评估的重点和难点是评估内容及标准的确定。

在实践中，有些评估项目开始评估时，关注焦点并不清晰，委托方或提出评估工作的一方只有一些疑问提出。例如，某基金会资助一些非政府组织开展农村生计发展项目若干年，如果当地政府关注以下问题：这些项目怎么开展服务的？这些项目发展对社区的影响是什么？到底有没有改善所服务社区的经济条件？在这些发展项目评估过程中，评估的焦点是什么？这就需要评估主体不断地聚焦评估内容。评估主体可能是基金会项目官员，也可能是当地政府相关部门，也可能是特定召集的研究小组，或者混合各方的成员组成的评估团队。

在这个过程中，评估团队一般会开发评估标准，特别是针对大型评估项目，或者评估团队成员较多的时候。但是，对于一些小型服务项目，或者关注焦点在未来服务发展方向的服务项目，评估团队也可能没有评估标准。

评估服务方案或社会政策，通常有六种标准，即效率（efficiency，成本—效益净现值）、效能性（effectiveness，包括生产更多的产品或服务所进行的公共投资的边际效益）、充分性（adequacy）、公平性（equity，服务可提供给所有潜在的服务使用者，不管使用者是什么样的文化、种族或社会背景）、回应性（responsiveness，所提供的服务能够弹性并适时回应个别使用者的需求和偏好）、适宜性（appropriateness）（黄源协，2004）。

在具体评估标准设计时，一般采用社会科学研究方法的程序进行设计。也就是说，评估团队通常会根据评估所要解决的问题、评估主要内容等设计评估指标。比较常见的有以下几种方式。

一是依据评估所针对的服务合同设计评估指标。评估所针对的服务，如果有服务合同的话，服务合同即是评估的法定依据。如某社会工作服务项目合同中已规定该项目提供什么服务、具体的服务手法、服务各项指标数量、服务进度安排等方面，评估即按服务项目合同开展。有的评估团队会采用 SWOT（优势 strengths、劣势 weaknesses、机会 opportunities 和风险 threats）进行分析，并回应评估关注焦点。

二是依据服务过程逻辑设计评估指标。这种设计方法，通常关注服务输送过程的各个环节，关注每个环节的服务质量。评估团队参照服务质量标准体系，发展评估指标体系。有些评估团队甚至找出影响服务质量的关键因素，以改善服务质量。

三是其他设计评估指标的方法。比较常见的还有按照成本—收益方法、形成性评估、总结性评估、影响性评估等设计评估指标。

三、评估实施过程

评估实施过程的重要内容是评估资料收集，一般通过自评评估、文献资料、现场评估（如焦点小组访谈）、问卷调查等方式收集资料。对于收集上来的资料，评估团队会进行比对，通过三角论证的方式来确定资料的可信性。

在收集资料之前，如果是牵涉到较多的利益相关方，为了更顺利地进行评估，评估团队一般会采取如下措施，即发布评估标准，甚至对评估标准进行解读、制作被评方的迎评工作指引等，甚至有被评方对评估报告初稿反馈的环节，以便于被评方做好准备；培训评委或制作评委工作指引或评委手册，以便于评委凝聚评估价值共识、了解评估程序、掌握评估工具使用方法。

四、评估报告的撰写

从评委书写评估格式的自由度上看，评估报告可以被区分为自由格式和固定格式。自由格式是指评估报告没有格式要求，能够反映被评估对象的经验、问题和建议即可。固定格式是指评估报告有相对固定的写作提纲或设置有明确内容的表格栏目，评委将内容填写上去。

评估报告按照撰写报告者的不同，通常分为两种，一种是自评报告，另一种是评委报告。

自评报告，通常要求被评估对象对照社会服务合同要求填写相关内容实施情况，包括指标（包括产出量指标和成效指标）完成情况、预到的挑战和应对措施、本阶段项目经验总结与反思、财务结算与预算的差距等。

评委报告，通常要求特约评委根据社会服务合同要求和社会工作专业服务质量要求，对社会工作服务机构所提到的服务进行监测、评估，甚至督导。评委的角色依据评合同的规定而有所不同。评委根据了解到的信息，需要在评委报告中呈现对当前服务的进度及服务质量的情况，指出当前服务值得肯定的地方和不足之处，并力所能及地提供服务发展方向指引和改善策略。

五、确认评估结果

在评估开始时，评估项目出资方或委托人与评估团队会就评估结果如何发布，达成协议。即使没有这方面的评估协议，评估双方对评估结果的使用进行商议。此外，对于评估过程存在的问题，出资方或政府主管部门还设有申诉渠道，以保证评估的公正性。

参考文献

陈锦棠. 2006. 社会服务成效评估：程序逻辑模式之应用. 香港：香港基督教女青年会出版社.

陈锦棠. 2008. 香港社会服务评估与审核. 北京：北京大学出版社.

陈树强. 2003. 增权：社会工作理论与实践的新视角. 社会学研究，（5）：70-83.

方巍，张晖，何铨. 2010. 社会福利项目管理与评估. 北京：中国社会出版社.

官有垣，陈锦棠，陆宛苹. 2008. 第三部门评估与责信. 北京：北京大学出版社.

郭毅权. 2008. 儿童之家评估工具的设立：充权评估模式//陈锦棠，等. 香港社会服务评估与审核. 北京：北京大学出版社.

何宝英. 2008. 项目评估方法及模式//陈锦棠，等. 香港社会服务评估与审核. 北京：北京大学出版社.

黄源协. 1999. 社会工作管理. 台北：扬智文化事业股份有限公司.

黄源协. 2004. 公共政策：理论、实务与分析. 台北：高点文化事业有限公司.

梁伟康，黎志棠. 2003. 社会服务质素标准集思锦囊. 香港：仁爱堂，香港仔街坊福利会社会服务中心.

刘淑琼. 2008. 绩效、品质与消费者权益保障——以社会服务契约委托的责信课题为例//官有垣，陈锦棠，陆宛苹. 第三部门评估与责信. 北京大学出版社.

罗希 P，李普希 M，弗里曼 H. 2007. 评估：方法与技术，邱泽奇，王旭辉，刘月，等译. 重庆：重庆大学出版社.

王思斌. 2006. 社会行政. 北京：高等教育出版社.

萧建华. 2012. 加拿大社会工作与服务机构的培育管理. 岭南大讲堂社工系列演讲.

徐明心，张超雄. 2000. 社会工作行政的本质：探索、反思与启示//何国良，王思斌. 华人社会社会工作本质的初探. 香港：香港八方文化企业公司.

Ginsberg L H. 2005. 社会工作评估原理方法. 黄晨熹译. 上海：华东理工大学出版社.